基于"标准"的教师教育课程改革新编教材系列

德育与班级管理

第二版

● 主 编　段作章　刘月芳

南京大学出版社

图书在版编目(CIP)数据

德育与班级管理 / 段作章,刘月芳主编. —2版. —南京:
南京大学出版社,2019.8(2023.7重印)
ISBN 978-7-305-22478-2

Ⅰ. ①德… Ⅱ. ①段… ②刘… Ⅲ. ①德育—师资培训—教材
②班级—学校管理—师资培训—教材 Ⅳ. ①G41 ②G424.21

中国版本图书馆 CIP 数据核字(2019)第 150940 号

出版发行	南京大学出版社		
社　　址	南京市汉口路 22 号	邮编	210093
出 版 人	金鑫荣		

书　　名　德育与班级管理
主　　编　段作章　刘月芳
责任编辑　钱梦菊　　　　　　编辑热线　025-83592146
照　　排　南京开卷文化传媒有限公司
印　　刷　南京鸿图印务有限公司
开　　本　787×1092　1/16　印张 17　字数 400 千
版　　次　2019 年 8 月第 2 版　2023 年 7 月第 7 次印刷
ISBN　978-7-305-22478-2
定　　价　42.00 元

网　　　　址:http://www.njupco.com
官方微博:http://weibo.com/njupco
官方微信号:njupress
销售咨询热线:(025)83594756

＊版权所有,侵权必究
＊凡购买南大版图书,如有印装质量问题,请与所购
　图书销售部门联系调换

修订说明

不断吸纳新思想、新理论,保持教材与时俱进,是一部好教材的应然追求和基本品性。基于"标准"的教师教育课程改革新编教材《德育与班级管理》于2014年出版以来,以其关怀实践、注重案例教学、方便学习而受到学生的好评。四年来,社会在发展,形势在变化,党的十八大以来,中共中央对学校立德树人提出了新期待、新要求;师范生也要参加国家教师资格证考试,通过者方可获得教师资格证书。为适应新形势新要求,更好地服务于学生的学习,我们决定对《德育与班级管理》进行修订。这次修订属于微调性质,在不"伤筋动骨"的前提下,从"内容"和"形式"两个方面对教材进行修订与完善。

在内容方面,主要做了一些增加调换工作。增加的内容集中在三个方面:一是在每一章增加了"内容提要"和"本章小结";二是用二维码增加了一些扩展阅读的理论文章或实践案例;三是为了更好地服务于学生参加国家教师资格证书考试,我们在保持教材理论体系的前提下,增加了一些近几年国家教师资格证考试的真题,将理论学习与实践训练结合起来。调换的内容主要是案例部分,用近几年来形成的更具先进性、典型性的案例替换了原来教材中的案例。

在形式上,在每一章的开头,增加了"内容提要"和"思维导图",以便于学生从整体上了解本章的内容要点和知识结构。在每一章的结尾,增加了"本章小结",归纳概括本章的主要观点和结论。此外,为了便于学生扩大阅读,而又不加大教材的厚度,我们在教材的有关部分用二维码技术提供了一些新近的有阅读价值的理论文章或案例。

编者

2019 年 6 月 30 日

前 言

2006年6月,教育部颁布的《关于进一步加强中小学班主任工作的意见》指出:"中小学班主任是中小学教师队伍的重要组成部分,是班级工作的组织者、班集体建设的指导者、中小学生健康成长的引领者,是中小学思想道德教育的骨干,是沟通家长和社区的桥梁,是实施素质教育的重要力量。""班主任岗位是具有较高素质和人格要求的重要专业性岗位。""履行好班主任的职责,必须树立正确的教育理念,遵循中小学生身心发展的规律,运用科学的教育方法,善于利用各种教育资源。"

2011年,教育部颁布了《教师教育课程标准(试行)》,该标准体现了国家对教师教育机构设置教师教育课程的基本要求,是制定教师教育课程方案、开发教材与课程资源、开展教学与评价,以及认定教师资格的重要依据。2012年,教育部又颁布了《中学教师专业标准(试行)》,该标准是国家对合格中学教师的基本专业要求,是中学教师开展教育教学活动的基本规范,是引领中学教师专业发展的基本准则,是中学教师培养、准入、培训、考核等工作的重要依据。

值得重视的是,《中学教师专业标准(试行)》对班级管理工作进一步提出具体而明确的要求:建立良好的师生关系,帮助中学生建立良好的同伴关系;根据中学生世界观、人生观、价值观形成的特点,有针对性地组织开展德育活动;针对中学生青春期生理和心理发展特点,有针对性地组织开展有益于身心健康发展的教育活动;指导学生心理、学业等多方面发展;有效管理和开展班级活动;妥善应对突发事件。这就意味着班级管理要逐渐摆脱经验管理的束缚,走向专业化;班主任必须具有较高的专业化水准。班主任专业化,是班主任个体的、内在的专业品质不断提升、发展、完善的过程。内在的专业品质包括:专业理念、专业知识、专业能力、专业人格和专业发展的意识等。毫无疑问,职前培养阶段就应该为职后的班主任专业发展奠定扎实的理论素养和技能基础。然而,从教师职前培养的现状来看,体现教育特色的课程仅有"教育学""心理学""学科教学论",大都不开"班主任工作""班级管理"一类的课程,师范类学生有关班级管理的理论与技能主要是从"教育学"这门课程的"班主任工作"一章获得的,远不能满足他们入职后的专业化发展需要。

为了促进教师专业化,提高教师教育专业化水平,保证教师教育的质量,江苏师范大学教育科学学院在认真学习"两个标准"的基础上,以"两个标准"的精神为指导,组织编写了高等师范院校教育学公共课教材《德育与班级管理》。

我们在编写本教材时所遵循的原则是:(1)关怀实践。本书采取自下而上的研究思路,深入中小学调查研究,倾听一线教师的呼声,了解他们在班级管理中最为困惑、最为棘手的问题,而后加以集中梳理,确定本书的编写框架:班级德育(上、下)、班级管理概述、班级管理的主体、班集体建设、班级实务管理(上、下)。这种结构体系比较贴近班级管理实践,针对性强,有利于师范类毕业生走上工作岗位后较快地适应班级管理的工作。(2)注重案例教学。"德育与班级管理"是一门实践性很强的课程,为了引导学生更好地掌握班级管理的基本理论和技能,我们在编写过程中选择了一批优秀班主任的成功案例附于各章之中,旨在印证理论观点,力求理论阐释生动化、形象化。(3)方便学习。每章最后的复习思考题突出本章的重要知识点,便于学生掌握和应用。

本书各章的作者依次为:刘月芳(第一、二章),杨乃红、秦启轩(第三章第一至三节),陈鹏(第三章第四节),吴义昌(第四章),佟雪峰(第五章),何勤(第六章第一节,第七章第一节),熊岚(第六章第二节),安瑞霞(第六章第三节),段作章(第七章第二节),许静(第七章第三节)。最后由段作章、刘月芳同志统稿。

在本书的编写过程中,我们参考引用了许多研究成果和材料,在此一并表示感谢。

本书的顺利完成和出版,得到了南京大学出版社领导与编辑的热情指导和帮助。在此,我们也一并表示衷心的感谢。

由于我们的水平所限,加上编写的时间紧促,难免有疏漏和不妥之处,敬请读者不吝指正,提出宝贵意见。

编　者

2013 年 7 月

目 录

第一章　德育(上) ·· 001
　　第一节　德育概述 ·· 002
　　第二节　德育目的 ·· 006
　　第三节　德育内容与德育课程 ··· 010
　　第四节　德育过程 ·· 021

第二章　德育(下) ·· 029
　　第一节　德育原则 ·· 030
　　第二节　德育途径与方法 ··· 041
　　第三节　德育模式 ·· 050
　　第四节　德育评价 ·· 062

第三章　班级管理概述 ·· 074
　　第一节　班级与班级管理 ··· 075
　　第二节　班级管理的目标与内容 ·· 082
　　第三节　班级管理的过程与原理 ·· 092
　　第四节　班级管理模式 ·· 102

第四章　班级管理的主体 ··· 116
　　第一节　班主任 ··· 116
　　第二节　学生 ·· 128

第五章　班集体建设 ·· 136
第一节　班集体概述 ··· 136
第二节　班集体形成与发展 ··· 143
第三节　班集体建设策略 ·· 148

第六章　班级实务管理（上）··· 174
第一节　班级工作计划与总结 ··· 174
第二节　班级学生的发展指导 ··· 184
第三节　班级活动管理 ··· 209

第七章　班级实务管理（下）··· 220
第一节　班级偶发事件的处理 ··· 220
第二节　班级学生的操行评定 ··· 229
第三节　班级管理资源的开发与利用 ································· 234

附录一　中小学德育工作指南 ·· 251
附录二　中小学生守则 ·· 259
附录三　中小学班主任工作规定 ··· 260

参考文献 ··· 262

第一章 德育(上)

内容提要

立德树人,德育为先。本章主要从理论上阐述德育的内涵、功能、目标、课程以及德育过程的内在规律。本章学习目标:理解德育概念,了解德育的功能与地位;熟悉德育目标的含义及确定的依据,理解我国现阶段的德育目标;熟悉德育的基本内容,理解现阶段我国德育的主要内容;理解和掌握德育过程的基本规律,分析与解决德育实践中的问题;理解品德结构,了解品德形成的过程和中学生品德发展的特点。

思维导图

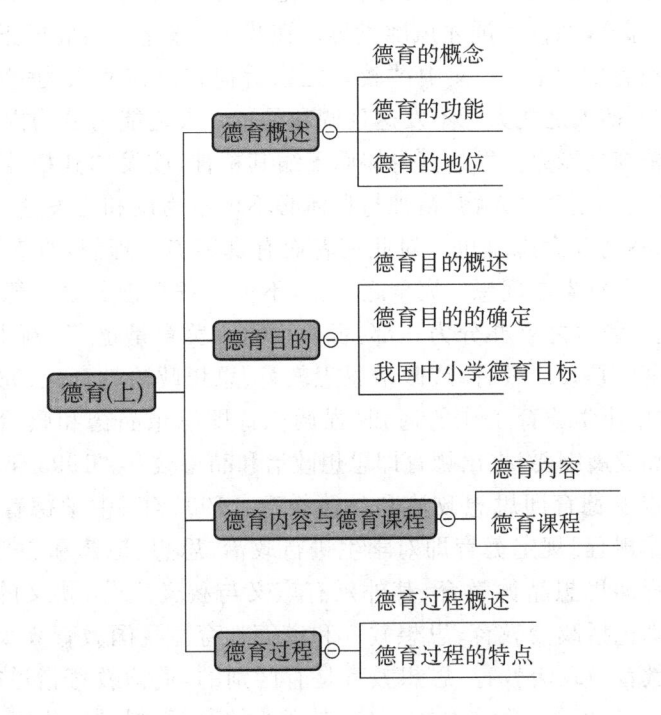

德育(上)
- 德育概述
  - 德育的概念
  - 德育的功能
  - 德育的地位
- 德育目的
  - 德育目的概述
  - 德育目的的确定
  - 我国中小学德育目标
- 德育内容与德育课程
  - 德育内容
  - 德育课程
- 德育过程
  - 德育过程概述
  - 德育过程的特点

第一节 德育概述

一、德育的概念

德育是教育者按照一定社会或阶级的要求，有目的、有计划、系统地对受教育者施加思想、政治和道德影响，通过受教育者积极的认识、体验、身体力行，以形成他们的品德和自我修养能力的教育活动。简而言之，德育就是教师有目的地培养学生品德的活动。德育是我国全面发展教育的一个重要组成部分。

在古代典籍中有许多"教"字的表述包含"德"的教育思想，《中庸》中提出"修道之谓教"，《学记》中"教也者，长其善而救其失者也"，"建国君民，教学为先"。这里"教""教学"都有教化之意。《大学》指出："大学之道，在明明德，在亲民，在止于至善。""道"即教育的意思，而教育实际上就是德育。在西方教育史上，很长一段时间也将德育等同于教育的概念。夸美纽斯认为教育在发展健全个人。加里宁指出："在我看来，教育是对于受教育者心理上施行的一种确定的、有目的的和有系统的感化作用，以便在受教育者的身上养成教育者所希望的品质。"苏联的教育著作把教育当作德育概念来使用十分普遍。古人并无德育概念，更无"德育"名称，它是近代以来出现的新名词，一般认为英国思想家斯宾塞1861年出版的《教育论》一书中最早明确提出把教育分为德育、智育、体育三部分，德育一词才风靡世界。在我国，德育一词最早正式出现在1906年王国维的《论教育之宗旨》一文中："教育之宗旨何在？在使人为完全之人物而已。何为完全之人物？谓人之能力无不发达且调和是也。人之能力分为内外两者：一曰身体之能力，一曰精神之能力。发达其身体而萎缩其精神，或发达其精神而罢敝其身体，皆非所谓完全者也。完全之人物，精神与身体必不可不为调和之发达。而精神之中又分为三部：知力、感情及意志是也。对此三者而有真善美之理想，真者知力之理想，美者感情之理想，善者意志之理想。完全之人物，不可不备真善美之三德。欲达此理想，于是教育之事起。教育之事亦分为三部：智育、德育、美育是也。"[①]新中国成立后受政治影响，德育一度就是政治教育，或政治思想教育、思想政治教育。1988年《中共中央关于改革和加强中小学德育工作的通知》强调德育即思想品德和政治教育。1993年《中国教育改革和发展纲要》提出德育即思想政治和品德教育。1995年《中国普通高等学校德育大纲》申明德育即思想政治和品德教育。1995年《中学德育大纲》、1998年《中小学德育工作规程》规定德育即对学生进行政治、思想、道德和心理品质教育。目前，一般认为德育即思想品德教育，其外延有广义与狭义之分，狭义的德育即道德教育，广义的德育则包括政治教育、思想教育和道德教育。我国教育界大多认同广义德育。但是，道德教育与政治教育、思想教育是有区别的，道德教育指道德品质的教育；政治教育主要是政治思想、政治立场、政治态度的教育；思想教育指世界观、人生观等方面的教育。

---

① 王国维：《论教育之宗旨》，《教育世界》1956年第56卷。

> **真题链接**

辨析题:德育就是培养学生道德品质的教育。
参考答案:此观点错误。

二、德育的功能

(一) 德育的社会性功能

德育是教育的子系统,教育又是社会这个大系统中的子系统,它与政治、经济、文化等都是构成这个大系统的重要因素。社会的稳定和发展,也就是社会的政治、经济、文化以及教育因素本身的稳定和发展。所以,德育的社会性功能,主要体现为政治功能、经济功能和文化功能。

1. 德育的政治功能

教育的政治功能主要是通过德育的功能来实现的,德育的政治功能主要通过政治关系的再生产、社会政治意识的传播与生产、政治结构的充实与更新、政治行动的引导等方面体现的。

2. 德育的经济功能

从宏观上看,通过德育形成一定的社会意识形态,其中最主要的是形成一定的经济文化、经济思想、经济道德,以此影响整个社会生活、经济行为的价值取向。在学校德育参与下所形成的各种社会意识形态总是以其独特的方式对经济的发展或延缓起导向作用。每一种社会意识形态,总是一方面,从思想上调节和控制人们之间的关系,影响人们观察、认识自然与社会的立场、观点、方法;另一方面,又通过意识形态对政治、上层建筑的作用,影响各种经济的决策和运行,从而最后影响整个社会有机体的发展。德育通过形成一定的社会意识形态对经济所发挥的功能,既可能是维护性的,即维持和保存社会既定的意识形态;也可能是变革性的,即通过德育树立和发展新的意识形态,充当经济、社会变革的先导。它既可能发挥正向功能,即推动经济的发展,也可能是负向功能,阻碍经济的发展。例如新教伦理对西方资本主义的发展所起的积极推动作用;我国封建社会的《礼记》开篇就提出"奇技奇器以疑众,杀!"这里把科学技术视为洪水猛兽,以及在教育中灌输的重本抑末、重农轻商、重义轻利等观念对经济发展的导向作用,对我国封建社会的经济产生了消极的影响;改革开放后提出的"科学技术是第一生产力"对经济向现代化方向发展产生了巨大的作用。

从微观上看,德育提高劳动者的思想道德素质,发挥其在物质生产中的积极性;通过传播一定的哲学思想与科学精神,推动科学技术的进步;传播一定的哲学世界观,为科学技术的进步提供思想上的启示,培养科学工作者锲而不舍的探索精神,养成科学工作者坚持真理和修正错误的勇气,培养科学工作者为人类谋福利的精神。爱因斯坦曾告诫学生:"你们只懂得科学本身是不够的,关心人的本身,应当始终成为技术上奋斗的目标。"德育可培养科学工作者集体合作及尊重他人的良好品德,美国1942年的"曼哈顿计划",以及1961年的"阿波罗登月计划",前者动员15万人,后者组织400万人;德育引导人们合理的消费需求,培养正确的消费观;德育培养人们的竞争意识、公平意识、效益意识、诚信观念等经济道德,从而促使生产、消费和流通各领域健康和谐发展。

3. 德育的文化功能

(1) 保存、传递和活化文化的功能。德育作为教育的一部分,最初就是与传授生产经验的智育并列的专门传递风俗、禁忌、群体生活准则的活动,并在文化保存、传递过程中发挥着独特的作用。德育传递的文化与智育不同,这种不同不仅表现在所传递文化的类别上,如德育主要传递的是道德文化、政治文化等,而智育主要传递的是各种科学文化、技术文化等。这种不同还表现在文化的形态上,智育传递的主要是政治形态的文化,而德育除了传递政治形态的文化,如道德政治、政治知识、哲学知识外,还传递规范形态的文化,如世界观、人生观以及各种价值观;除了传递浅层规范文化,也传递深层的价值观;除了传递理性形态的文化,还传递非理性形态的文化,如情感、态度、信仰等;除了传递意识层面的文化,还传递潜意识层面的文化,如各种文化心态、社会风尚等。

价值观念、信仰、思想道德、风俗等文化要素要显示自己的生命力,一方面要借助文字和先进的科技手段,另一方面更需要活化,即由人们掌握并在人们的行为中表现出来。完成这些文化要素的活化过程,只有通过德育,只有在德育过程中人们才能深切理解思想、信念、风俗、道德等文化要素,掌握表现这些文化要素的行为方式和方法,也只有在长期的、反复的德育过程中,人们才能养成践履这些文化要素的行为习惯和品德结构。

(2) 选择文化的功能。德育是形成人的选择观点的唯一途径。选择的观点以人的需要为基础。德育引导人们明确自己的需要,区分需要的主次缓急,评价文化要素中的是非善恶,进而决定选择文化中的何种要素。德育过程本身实际地践履着文化选择。德育过程的本质是形成年青一代符合社会要求的思想品质。文化选择同时也意味着文化排斥,即排除陈旧的、过时的或与时代要求相悖的、有害的文化要素,淘汰一切无用的内容,批判有害的文化要素,澄清文化方向。这种排斥主要是在德育中完成。

(3) 创造、发展新文化的功能。教育者在传递一定文化的时候,并不是依样把这种文化介绍给受教育者,而是常常加上自己的理解和创造。受教育者在继承一定文化的同时,又通过自己的实践和思考,不断地补充、丰富、更新、发展原有的文化,即在继承一定文化的同时,进行着新质文化的创造和发展。

(二) 德育的个体性功能

1. 德育的个体品德发展功能

促进学生个体的品德发展与完善是德育的本体功能,德育的其他功能的发挥都以此为基础和中介。个体的品德是包含不同品德形式、内容、能力的多维度的、复杂的结构系统,德育要实现促进个体品德发展的功能,就必须全面促进品德的内容、形式、能力结构等系统发展。

2. 德育的个体智能发展功能

真善美的追求都离不开人的智能水平和人的创造性的支持,而人的智能发展的方向、效率又受人的价值观、道德观的支配与规约。德育支配并制约着个体智能发展的价值方向,激发个体智能发展的动力,促进个体创造性人格的实现。德育对学生个体智能发展发挥着重要的积极作用。

3. 德育的个体享用功能

德育是促使人们道德完善的基本途径,一方面,德育使人感受到遵循某种道德规范对自身来说是一种约束、限制、牺牲和奉献;另一方面,德育又使人感受到遵循某种道德规范的愉悦、幸福和满足,得到自我的充分发展和自由,体验到只有人才有的高级享受。这种个体的精神享用和自我超越就是德育的个体享用功能。德育在后一方面作用的实现必须以前一方面的作用为基础,但不能据此只看到德育的前一方面作用而否认德育的后一方面作用。而应该看到,德育使儿童从小就懂得了从符合道德规范的行为中得到赞许、表扬、肯定,懂得在使他人得到满足和快乐的行为中可以体会到自我的满足和快乐,懂得维护集体的思想和行为可以获得荣誉和尊重。儿童的这种情感和认识正是道德人格完善的起点。以此为起点,德育还进一步使人感受到道德人格在完善中的自我提升和满足。

三、德育的地位

(一)德育地位的历史考察

德育的地位不是抽象的、固定不变的,而是具体的,随着社会历史条件的发展变化而有所变化的。在原始社会,教育带有极端的局限性和原始性,德育和其他方面教育与实际生活完全结合在一起,不存在什么地位问题。人类进入文明社会以后,学校开始与生产、社会相分离,内容也逐渐丰富起来,实际存在着德、智、体方面的教育。古埃及的学校也极为重视这方面的教育,要求学生尊日神、忠国君、孝双亲。中国与古埃及学校把德育视为教育的根本,在世界古代教育中是具有代表性的。近代,学校开始逐渐由以德育为主转向重视科学知识传授,在理论上也出现了德育的地位问题。有些教育家始终把德育放在首要位置,赫尔巴特把德育作为教育的根本目的,认为"教育的唯一工作与全部工作可以总结在这一概念之中——道德"。

新中国成立以来,我国一直重视德育,把德育作为全面发展教育的重要组成部分,20世纪六七十年代强调的是政治功能,80年代以后逐步认识其多种功能和价值,在"以经济建设为中心"的新时期,又出现一系列淡化甚至否定德育地位的倾向,这些倾向主要有:唯物质需要的实惠论和单纯物质刺激论对德育的否定;科技直接物化论和评价人的唯生产能力标准对德育的否定;人的本性自私论和非德论对德育的否定;以智代德论对德育的否定;以法代德论对德育的否定;完全寓他论对德育的否定。

2012年11月中国共产党第十八次全国代表大会报告中提出"把立德树人作为教育的根本任务",为教育指明了前进的方向。为落实党中央号召,教育部于2014年印发《关于全面深化课程改革的意见》,该《意见》指出,"立德树人是发展中国特色社会主义教育事业的核心所在,是培养德智体美全面发展的社会主义建设者和接班人的本质要求"。

2017年10月,中国共产党第十九次全国人民代表大会报告中指出,"要全面贯彻党的教育方针,落实立德树人根本任务,发展素质教育,推进教育公平,培养德智体美全面发展的社会主义建设者和接班人"。2018年9月,习近平在全国教育大会上强调,坚持把立德树人作为根本任务,培养德智体美劳全面发展的社会主义建设者和接班人,"要努力构建德智体美劳全面培养的教育体系,形成更高水平的人才培养体系。要把立德树人融入思想道德教育、文化知识教育、社会实践教育各环节,贯穿基础教育、职业教育、高等教育各领域"。

(二)德育在全面发展教育中的地位

德育、智育、体育、美育、劳动技术教育构成全面发展的教育,一方面,德育体现着教育的性质,贯穿于其他各育和受教育者全部的活动中,对其他各育和受教育者的发展起定向与动力的作用。德育是教育的灵魂,正如苏霍姆林斯基所说:"德育是照亮一切的光源。"另一方面,德育与其他各育构成完整的有机的整体,各自都有其独特的作用,应有其独特的地位,不能相互割裂、相互替代,这是理解德育地位的基本观点。

第二节 德育目的

德育目的是德育的首要问题,德育目的制约着整个德育活动,一切德育措施都是为实现既定的德育目标服务的,对德育目的的理解将影响对德育内容、德育课程、德育方法、德育管理等一系列问题的理解。研究和确定德育目的,对于德育理论建设和德育工作的顺利进行,是十分必要的。

一、德育目的概述

德育目的是通过德育活动在受教育者思想品德的形成和发展上所要达到的总体规格要求,也即德育活动所要达到的预期目的或结果。它是教育目的在人的思想品德素质方面的要求。与德育目的相关的概念有德育目标、德育任务等。事实上,德育目的是不同层次的、相互联系的各级各类具体目标的集合,德育目的即德育总目标,是德育活动的总方向,这是第一层次的目标;第二层次是各级各类学校的德育目标;第三层次是各级各类学校德育目标具体化的德育课程目标;第四层次是可操作的各种具体德育活动目标。

德育目的是德育活动的出发点和归宿。任何德育活动总是围绕某种德育目的展开的,为实现某种德育目的服务的,最终也是以能否达到某种德育目的来衡量其成效。德育目的为整个德育活动指明了方向和前进的目标,它指导、调节、控制着整个德育活动,对有效地开展德育具有导向、选择、协调、激励和评价功能。

二、德育目的的确定

德育目的具有强烈的主观性,德育目标的确定首先要反映一定的价值取向和教育理想。同时,德育目标的主观性又以客观性为存在的前提,恰当的德育目标的制定又必须考虑社会发展的现实和要求,以及受教育者身心发展的规律。确定德育目的的基本依据因此可以概括为主观的理论依据和客观依据两方面。

(一) 确定德育目的的理论依据

人们在确定德育目标时往往直接受其形而上的理念、人性的假设和理想人格等观念及价值观念的影响,由于人们的教育价值观和世界观不同,于是就有不同的德育目的的选择。教育价值观、世界观有以个人为中心的,有以社会为中心的,有以文化为中心的,与之相应的德育目的的理论也不同。具有代表性的有以下三种:

1. *神学本位论的德育目的观*

所谓神学本位论的德育目的观,就是主张德育的目的在于使人摆脱人性,养成神性,信仰上帝、皈依上帝、追随上帝。这是产生于古代西方社会并在当代余绪未绝的一种德育目的观。其中,中世纪基督教的德育目的观最为典型。在西方,宗教与道德教育有极为亲近的关系,至今在某些国家的道德体系中宗教的色彩十分浓厚。在某种意义上,宗教形塑着人们的灵魂,但随着教育的人文主义思想的勃兴和科学理性的彰显,神学的目的观逐渐被世俗的、人性的目的观取代。

2. *个人本位论的德育目的观*

所谓个人本位论的德育目的观,就是主张德育应以人的本性与需要为出发点制定德育目的、建构德育活动的目的论。其旨趣在于强调个人价值对道德发展的作用,强调个体的道德主体性和道德的自由、自治。个人本位论一直是西方具有强势地位和影响的德育目的观。19世纪末和20世纪上半叶是个人本位论的全盛时期,卢梭、裴斯泰洛齐、福禄培尔等是个人本位论的代表。到了20世纪,个人本位论继续高歌猛进,人的本性、人的价值、人的尊严、人的主体性成为道德教育的主题,无论是杜威的实用主义、萨特的存在主义、罗杰斯和马斯洛的人本主义、马里坦的永恒主义,还是柯尔伯格的认知发展道德教育理论、拉思斯等人的价值澄清学说、麦克菲尔的体谅模式,无不以人的道德本性和道德需要为出发点设计德育目的。个人本位论对于凸显人的价值、人的尊严、人的个性都有重要意义。但对个人道德价值的过分强调不可避免地会导致道德教育中的个人主义、相对主义和对社会制约性的疏离。

3. *社会本位论的德育目的观*

所谓社会本位论的德育目的观,就是主张以社会需要为出发点而制定德育目的、建构德育活动的目的论。与个人本位论相对立,社会本位论培养符合社会主流道德需要的公民,使受教育者实现个体道德的社会化,从而保证社会的存续与发展作为道德教育的根本追求。19世纪下半叶是社会本位论的鼎盛时期,洛克、赫尔巴特、孔德、涂尔干等是主要代表。社会本位论的德育目的观认识到了社会发展对人的道德发展的决定性。它对于维护社会秩序、促进社会和谐发展无疑具有重要意义。但过于浓郁的社会本位色彩,又不免使德育忽视人的道德发展的个性、自主性,带有明显的局限性。

（二）确定德育目的的客观依据

确定德育目的的客观依据首先是指德育目的的制定必须考虑到一定的社会历史条件。与价值取向相比，社会历史条件对德育目的的制约更具有基础和决定的性质。德育目的的确定受一定社会历史条件的制约，主要是指受生产力与科技发展以及社会政治经济制度的制约，受历史发展进程和文化传统的制约。此外，教育对象的身心发展实际、品德的心理结构及其发展规律等也是德育目的确定的重要的制约因素。

> **链接**
>
> 没有人文主义的价值导引，科学的发展及应用容易走到邪路上去；但没有科学的发展，人文主义在很大程度上就成了一种没有多大意义的精神会餐。21世纪是一个高科技与高情感相融合的时代，人文主义教育的复兴在教育目的上具有三方面的表现：为善为教育的终极目的；提倡科学人道主义教育；加强道德教育。当代人文主义教育目的立足于个人逐渐转变为关心个人，又关心他人、集体乃至整个人类，认为德育不仅仅是养成学生良好的道德品质，还要使学生形成伦理的理智活动方式，能用一种更广阔的伦理思维和伦理行为去审视自然、社会与人的方方面面，做出伦理上的价值判断和行为上的抉择。把伦理道德教育从人与人和人与社会的关系扩展到了人与自然的关系中，要求教育要培养学生亲近自然、热爱自然，帮助他们形成维护生态、保护环境的责任感，使人类历史进入到一个生命至上和自然至上的合二为一的时代。[①]
>
> **以科学人文主义教育的这些基本观点来观照我国当前的德育目的，对你有何启示？**

三、我国中小学德育目标

中外教育思想史上，对德育目标很少有专门阐述，德育目标大多涵盖于教育目标中，与教育目标的表述相一致，不同学派对德育目标也不外乎从社会需要、个人需要或二者兼顾的角度出发加以阐述，分别表现为"社会本位""个人本位"和二者兼顾这三种不同的德育观。在不同国家、不同时代，既存在一定的共通性、共同性，也存在一定的民族性、时代性。

1987年，美国总统在国情咨文中提出美国十大任务中，强调学校应培养美国人的"国民精神"，包括爱国精神、自我修养、责任、纪律等。1990年以后，日本把德育目标表述为"以教育基本法及学校教育法所规定的教育根本精神为基准，将尊重人的精神和对生命的

[①] 扈中平：《教育目的论》，湖北教育出版社1997年版，第223—231页。

敬畏观念贯彻于家庭、学校及社会的具体生活中,为创造有个性的文化与发展民主社会及国家而努力,进而培养对和平国际社会做出贡献的具有自主性的日本人,以培养作为基石的道德情操为目的"。新加坡、马来西亚、韩国、德国、法国等都将培养具有民族精神和良好个性品质的现代国民作为德育目标的核心。

新中国成立后至20世纪80年代,德育目标变动频繁,缺乏系统一贯性。党的十一届三中全会后,1986年《中共中央关于社会主义精神文明建设指导方针的决议》、1993年《中国教育改革与发展纲要》第二十八条对学校德育目标做了明确表述,规定"用马列主义、毛泽东思想和建设有中国特色的社会主义理论教育学生,把坚定、正确的政治方向摆在首位,培养有理想、有道德、有文化、有纪律的社会主义新人,以此作为学校德育的根本任务"。1994年《中共中央关于进一步加强和改进学校德育工作的若干意见》中明确提出新时期学校德育的总目标:"努力培养有理想、有道德、有文化、有纪律的献身中国特色社会主义事业的建设者和接班人。"据此,国家教委于1993年、1995年先后正式颁发《小学德育纲要》和《中学德育大纲》,分别对小学阶段、初中阶段、高中阶段的德育目标做了具体的规定。

2017年8月,为了全面落实立德树人的根本任务,教育部颁布了《中小学德育工作指南》,在指南中明确了现阶段我国德育的目标。

(一)总体目标

培养学生爱党爱国爱人民,增强国家意识和社会责任意识,教育学生理解、认同和拥护国家政治制度,了解中华优秀传统文化和革命文化、社会主义先进文化,增强中国特色社会主义道路自信、理论自信、制度自信、文化自信,引导学生准确理解和把握社会主义核心价值观的深刻内涵和实践要求,养成良好政治素质、道德品质、法治意识和行为习惯,形成积极健康的人格和良好心理品质,促进学生核心素养提升和全面发展,为学生一生成长奠定坚实的思想基础。

(二)低学段目标

1. 小学低学段

教育和引导学生热爱中国共产党、热爱祖国、热爱人民,爱亲敬长、爱集体、爱家乡,初步了解生活中的自然、社会常识和有关祖国的知识,保护环境,爱惜资源,养成基本的文明行为习惯,形成自信向上、诚实勇敢、有责任心等良好品质。

2. 小学中高学段

教育和引导学生热爱中国共产党、热爱祖国、热爱人民,了解家乡发展变化和国家历史常识,了解中华优秀传统文化和党的光荣革命传统,理解日常生活中的道德规范和文明礼貌,初步形成规则意识和民主法治观念,养成良好生活和行为习惯,具备保护生态环境的意识,形成诚实守信、友爱宽容、自尊自律、乐观向上等良好品质。

3. 初中学段

教育和引导学生热爱中国共产党、热爱祖国、热爱人民,认同中华文化,继承革命传统,弘扬民族精神,理解基本的社会规范和道德规范,树立规则意识、法治观念,培养公民意识,掌握促进身心健康发展的途径和方法,养成热爱劳动、自主自立、意志坚强的生活态度,形成尊重他人、乐于助人、善于合作、勇于创新等良好品质。

4. 高中学段

教育和引导学生热爱中国共产党、热爱祖国、热爱人民,拥护中国特色社会主义道路,弘扬民族精神,增强民族自尊心、自信心和自豪感,增强公民意识、社会责任感和民主法治观念,学习运用马克思主义基本观点和方法观察问题、分析问题和解决问题,学会正确选择人生发展道路的相关知识,具备自主、自立、自强的态度和能力,初步形成正确的世界观、人生观和价值观。

第三节　德育内容与德育课程

一、德育内容

德育内容指的是用什么样的道德规范、政治思想和世界观去教育下一代。德育内容是德育目标的具体体现,只有通过与德育目的相适应的德育内容的教育,目的才能落到实处。否则,德育目的就成为空话。因此,如何确定德育内容,德育应包含哪些基本内容,这些基本内容如何根据不同教育阶段学生的特点进行编排等,是德育工作所必须研究并加以解决的问题。

(一) 确定德育内容的依据

用怎样的德育内容来培养、教育学生不是由教育者主观随意决定的,而是有它的客观依据。

1. 德育任务和目的决定着德育内容的性质

德育内容服务于德育目的和任务,因而它总是直接反映和来源于社会的政治、思想观点和道德规范。在阶级社会中,统治阶级总要以本阶级的政治观、世界观和道德观来培养、教育下一代,都有自己确定的培养目标。因此一定时期的德育内容也就与这一时期德育的任务与目的紧密相连,具有历史性和阶级性的特点。

2. 学生的年龄特征决定了德育内容的深度和广度

各级各类学校都有共同的德育目标,总目标是统一的、一贯的。因此德育内容有一贯性和连续性,同样一种德育的内容,从小学、中学到大学,各个教育阶段都应当有。但是由于年龄和身心发展水平的差异,不同教育阶段的学生所接受的德育内容的层次高低、深度和广度也就迥然不同。而且任何一项德育内容都不是由单一的一个层面而是由深浅不同的多层次所构成的。因此,确定德育内容时必须使德育内容的层次与学生的年龄特征相适应,才能为学生所理解和接受,否则,即使内容正确无误,如果内容的深度、广度脱离了受教育者的发展实际,其结果必然是无效的或收效甚微。

3. 当前形势和学生思想品德实际决定了德育内容的针对性

各个时期国内外形势的不同必然会引起学生思想的变化。因此,必须针对不断变化的形势和学生的思想实际进行形势和任务等方面内容的教育。

由上面的分析可知,确定德育内容要受多种因素制约,由于其制约作用各不相同,因而德育内容可分为基本的和变动的两部分。一般来说,由德育目标和学生年龄特征所决定的内容是基本的和相对稳定的,由形势和学生的思想品德实际确定的内容是有针对性和可变性的。

(二) 我国中小学德育的基本内容

我国中小学德育的基本内容有以下几个方面:

1. 基本文明行为习惯和行为规范的教育

对学生进行文明行为和行为规范的教育,培养学生文明行为习惯,是中小学教育的重要内容之一。学生无论在学校、家庭和公共场所,都应遵守文明规范。文明行为习惯的内容广泛,涉及人们生活的各个方面,是一个有教养的人的文化修养和精神内涵的标志或表现。文明行为教育的具体内容是很多的,诸如:在社会公共生活中,礼貌待人,保护儿童,尊重妇女,尊敬老人,关心帮助残疾人,维护公共秩序,爱护公共财物,保护环境和资源,讲卫生,爱清洁等。在学校,则应尊敬师长,爱护同学,遵守纪律,维护秩序。在家庭,则表现为乐于承担家庭责任,孝敬老人,爱护和平等对待家庭成员等。

《中小学生守则》和《中小学生日常行为规范》是学生必须遵守的基本行为准则,中小学应当教育学生坚持不懈地遵守执行。也可根据实际情况制定各学校和班级自己的行为守则、行为规范。

链接

中学生日常行为规范
(修订)

一、自尊自爱,注重仪表

1. 维护国家荣誉,尊敬国旗、国徽,会唱国歌,升降国旗、奏唱国歌时要肃立、脱帽、行注目礼,少先队员行队礼。

2. 穿戴整洁、朴素大方,不烫发,不染发,不化妆,不佩戴首饰,男生不留长发,女生不穿高跟鞋。

3. 讲究卫生,养成良好的卫生习惯。不随地吐痰,不乱扔废弃物。

4. 举止文明,不说脏话,不骂人,不打架,不赌博。不涉足未成年人不宜的活动和场所。

5. 情趣健康,不看色情、凶杀、暴力、封建迷信的书刊、音像制品,不听不唱不健康歌曲,不参加迷信活动。

6. 爱惜名誉,拾金不昧,抵制不良诱惑,不做有损人格的事。

7. 注意安全,防火灾、防溺水、防触电、防盗、防中毒等。

二、诚实守信，礼貌待人

8. 平等待人，与人为善。尊重他人的人格、宗教信仰、民族风俗习惯。谦恭礼让，尊老爱幼，帮助残疾人。

9. 尊重教职工，见面行礼或主动问好，回答师长问话要起立，给老师提意见态度要诚恳。

10. 同学之间互相尊重、团结互助、理解宽容、真诚相待、正常交往，不以大欺小，不欺侮同学，不戏弄他人，发生矛盾多做自我批评。

11. 使用礼貌用语，讲话注意场合，态度友善，要讲普通话。接受或递送物品时要起立并用双手。

12. 未经允许不进入他人房间、不动用他人物品、不看他人信件和日记。

13. 不随意打断他人的讲话，不打扰他人学习工作和休息，妨碍他人要道歉。

14. 诚实守信，言行一致，答应他人的事要做到，做不到时表示歉意，借他人钱物要及时归还。不说谎，不骗人，不弄虚作假，知错就改。

15. 上、下课时起立向老师致敬，下课时，请老师先行。

三、遵规守纪，勤奋学习

16. 按时到校，不迟到，不早退，不旷课。

17. 上课专心听讲，勤于思考，积极参加讨论，勇于发表见解。

18. 认真预习、复习，主动学习，按时完成作业，考试不作弊。

19. 积极参加生产劳动和社会实践，积极参加学校组织的其他活动，遵守活动的要求和规定。

20. 认真值日，保持教室、校园整洁优美。不在教室和校园内追逐打闹喧哗，维护学校良好秩序。

21. 爱护校舍和公物，不在黑板、墙壁、课桌、布告栏等处乱涂改刻画。借用公物要按时归还，损坏东西要赔偿。

22. 遵守宿舍和食堂的制度，爱惜粮食，节约水电，服从管理。

23. 正确对待困难和挫折，不自卑，不嫉妒，不偏激，保持心理健康。

四、勤劳俭朴，孝敬父母

24. 生活节俭，不互相攀比，不乱花钱。

25. 学会料理个人生活，自己的衣物用品收放整齐。

26. 生活有规律，按时作息，珍惜时间，合理安排课余生活，坚持锻炼身体。

27. 经常与父母交流生活、学习、思想等情况，尊重父母意见和教导。

28. 外出和到家时，向父母打招呼，未经家长同意，不得在外住宿或留宿他人。

29. 体贴帮助父母长辈，主动承担力所能及的家务劳动，关心照顾兄弟姐妹。

30. 对家长有意见要有礼貌地提出,讲道理,不任性,不要脾气,不顶撞。

31. 待客热情,起立迎送。不影响邻里正常生活,邻里有困难时主动关心帮助。

五、严于律己,遵守公德

32. 遵守国家法律,不做法律禁止的事。

33. 遵守交通法规,不闯红灯,不违章骑车,过马路走人行横道,不跨越隔离栏。

34. 遵守公共秩序,乘公共交通工具主动购票,给老、幼、病、残、孕及师长让座,不争抢座位。

35. 爱护公用设施、文物古迹,爱护庄稼、花草、树木,爱护有益动物和生态环境。

36. 遵守网络道德和安全规定,不浏览、不制作、不传播不良信息,慎交网友,不进入营业性网吧。

37. 珍爱生命,不吸烟,不喝酒,不滥用药物,拒绝毒品。不参加各种名目的非法组织,不参加非法活动。

38. 公共场所不喧哗,瞻仰烈士陵园等相关场所保持肃穆。

39. 观看演出和比赛,不起哄滋扰,做文明观众。

40. 见义勇为,敢于斗争,对违反社会公德的行为要进行劝阻,发现违法犯罪行为及时报告。

北京市中小学生日常行为规范

(2016年修订)

一、爱党爱国爱人民。了解党史国情,珍视国家荣誉,崇敬英雄模范。热爱祖国,热爱人民,热爱中国共产党。尊敬国旗、国徽。升降国旗脱帽、肃立,行注目礼,少先队员行队礼。会唱国歌,声音洪亮。传承中华优秀传统文化,理解民族传统节日的含义。

二、勤奋学习。学习态度端正,有适合的学习方法,专心听讲,学会独立思考,乐于科学探索。有良好的阅读习惯,在文艺、体育、科技等方面培养自己的兴趣、爱好。

三、健康身心。培养运动兴趣,养成锻炼习惯。按时作息,合理饮食,讲究卫生。读、写、坐、立、行姿势正确。乐观向上,了解自我,有学习、生活目标。善于和他人沟通合作,遇到困难和挫折积极面对。

四、勤俭自立。热爱劳动,珍惜劳动成果,生活不攀比。自己事情自己做,学会管理个人生活,掌握基本的劳动、生活技能。

五、珍爱生命。热爱生活,懂得生命的宝贵。掌握基本的自护自救方法。未经父母或监护人同意,不在外边留宿。不接受陌生人赠予的物品。拒绝烟酒,远离毒品。

六、遵纪守法。遵守校规校纪,了解个人成长、社会生活必需的法律法规,依法规范自身行为。明辨是非,有正义感,学会运用法律方式维护自己的权益。

七、孝敬父母。体谅父母辛劳,关心父母健康,积极承担力所能及的家务劳动。听从父母的教导,主动与父母交流,礼貌回答问话。外出和回到家时主动与家人打招呼。

八、尊敬老师。见到老师行礼,主动问好。回答老师问题要起立,进入办公室要经过老师同意。接受老师的帮助和教育,正确对待老师的批评和建议,知错就改。

> 九、团结同学。热爱集体,关爱同学。同学之间相互尊重,互相帮助。善于发现、乐于学习同伴的长处和优点,分享彼此的成长进步。发生矛盾时多做自我批评。
>
> 十、诚实守信。真诚待人,信守诺言。不说谎,不作弊。答应别人的事努力做好,借别人的东西按期归还,拾到他人的财物及时交还。
>
> 十一、举止有礼。衣着得体,行为端庄。自觉使用礼貌用语及体态语。尊重他人隐私,不妨碍他人的工作、学习和休息。尊重不同民族风俗习惯。尊重世界各地文化差异,在国际交往中真诚友好,大方自信。
>
> 十二、遵守规则。认识并遵守交通标志、标线和信号灯。乘坐公交车、地铁及购物时自觉排队,主动给老幼病残孕人士让座,公共场所靠右行走。观看演出或比赛时,遵守场馆要求。在图书馆阅览或博物馆参观时保持安静。
>
> 十三、爱护环境。热爱大自然,保护动植物。出行尽量选择步行、骑车和公共交通工具。节约资源,水龙头随手关紧,不用灯时随手熄灭,用餐不剩饭和菜。爱护公共财物,维护环境卫生,自觉进行垃圾分类。
>
> 十四、热心公益。乐于奉献,有社会责任感。关心和帮助有困难的人。主动进行实名志愿者注册,积极参加校内外公益活动和志愿服务。
>
> 十五、文明上网。合理使用网络,浏览健康内容。利用网络资源提高学习与生活质量。以规范、文明语言发表网络言论,传播正能量。

2. 基本道德品质的教育

基本道德是个体生活的基础性道德要求,它往往是历史上传承下来的为人类社会广泛接受的道德规范,德育的基础正是要教会学生做人的基本价值。所以,诸如公平、正直、诚实、勤劳、勇敢、仁爱等品质应当成为中小学德育的奠基性内容。美国当代教育家厄内斯特·波伊尔也建议"基础学校"的道德教育应当教会学生诚实、尊重、负责、同情、自律、坚韧和奉献七项美德。[①] 1987年成立的亚洲国家道德教育研究会,宗旨也是寻找"普遍的道德价值",用于改进参与国的道德教育。

3. 马克思主义基本理论教育

马列主义、毛泽东思想是科学的世界观和方法论,是我党我国各项方针政策的理论基础。要使学生坚定正确的政治方向,树立远大的理想,形成高尚的道德品质,就必须使他们真正接受马克思主义,逐步学会用马克思主义的立场、观点和方法观察问题、分析问题。这是社会主义学校与资本主义学校德育内容的根本区别所在。

4. 爱国主义教育

爱国主义就是千百年来巩固起来的对自己祖国的一种最深厚的感情,也是对祖国在历史和现实中所起的进步作用的正确理解,力图使祖国更加富强,为世界和平与人类进步做出更大贡献的一种坚定的志向与行动。爱国主义体现一个国家和民族的凝聚力,它历

---

① [美]厄内斯特·波伊尔:《基础学校——一个学习化的社区大家庭》,王晓平译,人民教育出版社1998年版,第152页。

来是鼓舞人们外御列强、内修国昌的强大精神力量。当前弘扬爱国主义精神,对于提高民族自尊心、自信心,激发为祖国的繁荣昌盛而奋发学习、工作的热忱具有特殊重要的意义。而且,爱国主义教育对于全面提高学生的思想道德素质也具有重要的意义。要教育学生接受马克思主义,首先要教育他们爱国。爱国思想感情是形成社会主义、共产主义思想品德的起点。如果一个人对国家的前途、民族的命运和人民的利益不放在心上,成天斤斤计较个人的眼前利益,那就根本不可能接受社会主义和共产主义。同时,还要对学生进行我国独立自主的和平外交政策、热爱和平以及发展各国人民友好合作的教育。

但是爱国主义教育应建立在理性思考的基础上,具体说来要注意正确处理以下几种关系:爱祖国与爱国家的关系,爱国与爱人类的关系,爱国与改革开放的关系,爱国情感与爱国行动的关系。

5. 集体主义教育

集体主义教育是社会主义道德教育最重要的内容之一。集体主义是社会主义道德的核心,是人们相互关系的基本原则,也是人们对集体、对国家的基本行为准则。年青一代是社会主义事业的建设者和接班人,必须从小教育他们树立"心中有他人,心中有集体,心中有人民,心中有祖国"的集体主义观念,使他们善于正确处理个人与集体的关系,防止极端个人主义的滋生。以集体主义精神教育年青一代就是培养具有为人民服务的思想情感,培养他们在集体中生活和工作的习惯,在集体中努力实现个人的价值是学校德育的重要使命。

集体主义教育的开展应当注意的是:一是教会学生采取一种积极的集体主义立场,所谓积极的立场,指的是个人要怀着积极关心、参与建设的立场,为创造一个真实的集体,实现真正的集体利益而奉献个人的积极性、创造性。集体主义教育应当与对个性、个人的尊重辩证、有机地结合起来。二是注意在个人利益与集体利益出现矛盾时采取集体至上的原则,反对一切损人利己、损公肥私的思想和行为。

6. 劳动教育

坚持对学生进行正确的劳动教育,要使他们懂得劳动创造世界、劳动创造价值的道理,养成勤俭节约、艰苦奋斗的精神和爱护公共财物的高尚品质。要根据学生的年龄特点组织他们参加适当的工农业生产劳动、服务性劳动和公益性劳动,养成良好的生活习惯,培养必要的劳动技能。

7. 民主法制和纪律教育

我国社会主义法制是保障人民的合法权益、调节人们之间的关系、规范和约束人们的行为、保障社会主义建设得以正常进行以及制裁和打击社会不法行为的强有力的工具。社会主义的民主是人类历史上真正的大多数人的民主,是为社会主义公有制服务的。民主与法制密不可分,因此对中学生要进行民主法制教育,使他们明确社会主义公民的基本权利和义务,掌握初步的法律知识,增强自己的民主意识和参与意识,增强法制观念。同时纪律是人们进行正常生活、学习、劳动的必要前提条件,要教育学生增强纪律观念,自觉遵纪守法,同一切违反和破坏纪律的行为做坚决斗争。

8. 理想信念教育和人生观、世界观教育

理想是人们对未来生活的向往和追求,它反映一个人的生活目的和为之奋斗的目标。

人生观是指人们对人生的目的和意义的根本观点。理想与人生观是相互渗透的。当人们在社会实践中、在教育影响下形成了一定的理想和人生观,将对人的一生产生重大的影响,所以理想和人生观是世界观构成的核心。世界观是人们对世界一切事物的最根本的、总的看法和态度。马卡连柯有句名言:"培养人,就是培养人对前途的希望。"学校德育要帮助学生树立远大的理想,初步奠定人生观和科学世界观的基础。

9. 青春期教育和良好个性心理品质教育

中学生处于从性的萌发向性的成熟发育转化的重要时期,因此要通过青春期教育,使学生掌握心理发展和心理卫生的基本知识,正确认识和对待这一时期出现的各种生理及心理变化,引导他们树立正确的性意识和性观念,学会正确处理两性关系。同时,中学生处于人生的关键期,应十分重视个性心理品质的培养,让他们形成良好的个性心理品质走向社会。

(三) 德育的时代主题

1. 公民教育

随着全球化时代的到来和我国《公民与道德教育发展纲要》的实施,以培养合格公民为目的的公民社会的培育和发展将成为未来社会发展的主流,与之相关联的公民教育研究将持续升温,公民教育将继续成为德育内容研究的重点。

2. 网络道德教育

随着网络的普及和发展,作为"第四媒体"的互联网正渗透进社会生活的各个层面,网络在改变人们生活方式的同时,也在深刻地影响着人们的价值观念,因网络所引发的青少年道德问题也将日益严重,行之有效的网络道德教育仍将是家长、教师乃至学生本人最为关切的问题,网络道德教育内容的实施仍将成为重要的研究领域。

3. 科学精神和科学道德教育

科学是把双刃剑,一方面,科学给人类带来了福音;另一方面,科学也可能会给人类带来灾难。人类发展到今天,已经取得了大量的科学成果并造福人类,但科学迫切需要规范与引导,通过教育使科学更好地造福人类,迫切需要加强科学道德与科学精神的教育。

4. 生态道德教育

科技飞速发展,全球生态危机引发了一场意义深远的环境革命,促使人们从根本上改变人与自然的关系。开展环境保护,进行生态建设,是人类社会发展史上迎接的第三次生存考验。人类怎样走向健康生存?人类怎样走向持续发展?这些已成为21世纪各国研究的热点和时代发展的主题。因此,生态道德教育将责无旁贷地承担起引导人们科学地走健康生存与可持续发展道路的历史使命和时代责任。

5. 心理健康教育

近年来随着青少年心理问题的增多,心理健康教育也成为人们关注的热点。对心理健康教育实效性的关注,心理咨询与道德教育结合的可能性和具体途径等将成为研究的重点。

6. 价值取向教育与信仰教育

在当前社会道德问题剧增,德育实效低迷的境况下,许多教育理论工作者和研究人员都将其归因于价值取向和信仰教育的缺失。价值取向教育与信仰教育被普遍地认为是解决德育问题的根本所在,价值取向教育和信仰教育将成为未来德育内容研究的重点。

2017年8月颁布的《中小学德育工作指南》指出,现阶段我国德育尤其要加强以下方面的内容:理想信念教育、社会主义核心价值观教育、中华优秀传统文化教育、生态文明教育和心理健康教育。

链接

社会主义核心价值观

社会主义核心价值观主要由坚持马克思主义指导思想,坚持中国特色社会主义共同理想,坚持以爱国主义为核心的民族精神、以改革创新为核心的时代精神和坚持社会主义荣辱观组成。2012年11月,党的十八大报告首次以12个词概括了社会主义核心价值观:"倡导富强、民主、文明、和谐,倡导自由、平等、公正、法治,倡导爱国、敬业、诚信、友善,积极培育社会主义核心价值观。"党的十八大以来,以习近平同志为核心的党中央高度重视培育和践行社会主义核心价值观。习近平曾这样总结24字的社会主义核心价值观:富强、民主、文明、和谐是国家层面的价值要求,自由、平等、公正、法治是社会层面的价值要求,爱国、敬业、诚信、友善是公民层面的价值要求。这个概括,实际上回答了我们要建设什么样的国家、建设什么样的社会、培育什么样的公民的重大问题。

习近平总书记指出:"核心价值观,其实就是一种德,既是个人的德,也是一种大德,就是国家的德、社会的德。"一个人只有胸怀爱党爱国爱人民爱社会主义的大爱,才能有大德、有大情怀,自觉把个人理想融入党和国家事业发展全局。

应把社会主义核心价值观融入国民教育全过程,落实到中小学教育教学和管理服务各环节,深入开展爱国主义教育、国情教育、国家安全教育、民族团结教育、法治教育、诚信教育、文明礼仪教育等,引导学生牢牢把握富强、民主、文明、和谐作为国家层面的价值目标,深刻理解自由、平等、公正、法治作为社会层面的价值取向,自觉遵守爱国、敬业、诚信、友善作为公民层面的价值准则,将社会主义核心价值观内化于心、外化于行。

二、德育课程

(一)德育课程的概念

德育课程是德育目标、德育内容在德育活动过程中最直接的体现。在我国,使用

"德育课程"这一术语是近年来才开始的,以往的德育理论与实践中,这部分内容以"德育内容""德育的途径""德育组织形式"等方面来体现。德育目标要求简明扼要,具有明确的导向性和概括性,但这仅仅是一个培养思想品德的设计蓝图,如果不通过德育课程落实到教育课程中去,再好的德育目标只能成为一纸空文,而德育目标又是德育课程研究和编制的基础与前提。前面所阐述的德育内容也必须以某种组织形式加以编排与实施。因此我们可以广义上理解德育课程:在教育环境中,一切影响受教育者思想品德发展的可控或可导的因素综合体。在构成这种综合体的诸种因素中,从实践上,可以包括系统、持续的影响因素,以及偶发的暂时的影响因素;从空间上,可以包括课内与课外、校内与校外(但一定是处于教育环境之中)的影响因素;从其影响性质和特点上,可以包括有目的、有计划、有组织的正规德育课程,以及无计划、无组织的非正规德育课程。

(二) 德育课程的种类

就课程的分类而言,不同学者的角度不同,分类也不尽相同。根据国内外课程理论和我国现阶段中小学课程计划的规定,结合德育的工作特点,一般将德育课程划分为三种类型:学科性德育课程、活动性德育课程和隐性德育课程,前二者属于德育显性课程,与后者相提并论。1993年我国正式实施的《九年义务教育全日制小学、初级中学课程计划》中,德育课程主要包括两部分:一是"学科",包括思想品德、思想政治、青少年修养、劳动、社会等;二是"活动",包括晨会、班团队活动、社会实践活动、校传统教育活动等。前者属于知识或理论课程,后者为活动和实践课程,构成学校正规或显性课程,是德育课程的主干。

1. 学科性德育课程

学科性德育课程又称认知性德育课程,是学校课程体系中以直接传授和学习系统的道德及思想政治的知识、观念、理论,以促进受教育者思想道德认识、观念、理想乃至道德情感、意志、行为习惯的形成与发展的正规课程。它是以专门的学习科目来体现德育目标、德育内容的,其内容规定在教学大纲和教科书里。和其他德育课程相比,学科性德育课程是中小学德育课程中唯一有专门教材和教师、有固定教学时间的课程类型,是德育的基础性课程。

1872年日本颁布学制要求小学校开设修身课,中学开设"修身学"。1882年法国在西方率先以法令形式规定道德课为学校的正式课程,此后各国纷纷开设道德课、公民课等。杜威把这种途径称之为"直接的道德教学"或"关于道德的教学"。我国1902年钦定的学堂章程(壬寅学制)规定蒙学和小学堂均开设修身课。1904年的癸卯学制把修身立为小学课程之首。1923年改为公民课后又改为三民主义、党义课。1948年恢复公民训练课。新中国成立后,按老解放区的经验在中学设政治课。1950年教育部《中学暂行教学计划》规定中学六个年级均开设政治课,后反复变化,"文化大革命"中时用时废。1986年《义务教育全日制小学、初级中学教学计划》规定小学开设思想品德,初中开设政治课(① 青少年修养;② 法律常识;③ 社会发展简史),高中开设政治课(① 政治经济学常识;② 辩证唯物主义常识)。课程根据传统学科性课程的特点进行编排。21世纪初,我国新一轮基础教育课程改革全面展开,对小学德育课进行了改革,低年级开设"品德与生活"、高年级开设"品德与社会",课程类型也由传统的学科课程改为综合实践课。

学科性德育课程主要有以下几个特点:

(1) 思想性。科学性与思想性相统一是各科教学必须遵循的基本原则,而学科性德育课程则以直接传授道德知识或价值、培养思想品德为根本目的,课程的思想性或教育性是第一要义。

(2) 系统性。学科性德育课程注重由德育课程标准与计划所构建的德育目标体系的整体性,考虑到不同层级、不同类型学校德育的内在联系和同一层级德育课程目标、内容的内在联系,在体现其在不同层级、水平、类型中的差异的同时,又反映它们的内在结构特点,体现出整体联系、层层推进、不断深入的系统性特点。

(3) 直接性。学科性德育课程的编制,依据德育课程计划,从课程内容的选择、安排,到课程的实施、评估,都直接为设定的课程目标服务,并直接体现出课程目标。

(4) 认知性。学科性德育课程注重对以道德价值为基础的知识认知、把握,注意德育内容的自身逻辑,在不同层级、不同阶段充分体现个体的认知特点。在实施、评价过程中,和其他类型的德育课程相比,它侧重引导学生系统掌握有关思想、政治、道德知识,培养他们的世界观、人生观、道德品质和初步的价值评估、判断、推理和选择能力。

(5) 计划性。计划性是正规课程的共同特点。学科性德育课程作为专门的德育课程,是学校有目的的、有计划、有组织安排的教学科目,它被列入课程表之中,按严格的教学规程开展教学。从对学科性德育课程的定义与特点分析可以看出,学科性德育课程的最主要的功能在于传授道德或以道德价值观为基础的知识,发展学生的道德认识能力。

与传统学科性德育课程不同,现代学科性德育课程的根本特征在于探究与疏导,其主要表现是:德育课程的学习既要体现自觉原则,又要体现学习的自愿原则。从教育者角度看,这种课程的展开是疏通、引导、启发的过程;从受教育者角度看,这种课程的展开是探究、讨论、研究的过程。德育活动应充分发挥受教育者的积极性、主动性,体现学习者的自觉自愿,提倡一种少灌输的教育,强调认知在道德发展中的作用,重视通过德育科目所设置的内容,以适合学生品德发展水平的方式方法,传授道德知识或价值观念,加强道德思维能力的培养,让学生在德育课程的学习过程中学会认识、判断、推理、评价、选择。强调学科性德育课程在整个学校课程体系中的相对独立性,强调它在德育课程结构中的基础地位。

2. 活动性德育课程

活动课程又称"经验课程""生活课程""儿童中心课程"。活动性德育课程是指以学生的兴趣、需要和能力为基础,利用校内外的教育资源,通过学校组织或学生自己组织的一系列活动,旨在增进学生的道德认知和实践能力,改善其道德生活而实施的德育课程。活动性德育课程与学科性德育课程相对应,是通过活动的形式,以社区、经验、生活、劳动等为内容来体现德育目标、德育内容的课程类型。它有一定的结构、相应的活动纲要与活动指导书,与学科性德育课程既相辅相成又有相对独立性,自成体系,是德育的主导性课程。

活动性德育课程具有以下几个特点：

（1）实践性。它是活动性德育课程的根本特征。德育的最终目的不仅是让学生掌握有关的道德规范、原则和价值观，而是要养成相应的行为习惯，因此，它更强调和重视在实践中通过活动和交往来获得相应的价值和观念，并形成相关的行为习惯。学科性德育课程发展学生的道德认知能力，养成正确的道德判断能力，告诉学生何者为善，何故为善，这是德育中具有重要意义的一个方面。但人们并不一定因知善而行善，行善的品质只有在实践活动中才能形成，活动性德育课程的最大价值在于可以弥补知而不行之弊。

（2）间接性。活动性德育课程的目标隐含在活动中，隐含在学生的经验中，德育的要求反映在活动之中。

（3）灵活性。由于学生的兴趣、需要、能力不同，年龄特征各异，而且不同性质的活动又可以有不同的表现形式，即使是同一性质的活动也可以有不同的表现形式。因此，在活动性德育课程的编制，特别是其课程内容的组织、课程的具体实施方面，具有较大的灵活性，它可以因世界、空间、学校、教育对象而异。

活动性德育课程的最大优点是切合实际，贴近生活，弥补学科性德育课程知、行分离的不足。应把活动性德育课程作为德育的主导课程，要求把"活动"作为学校课程来开设，应该有与其他学科相同的系统的课程标准和课程编排，组织与实施的具体计划、方案。

3. 隐性德育课程

隐性课程又称"隐蔽课程""潜在课程""非正式课程"等，对隐性课程的认识目前还存在分歧。一般认为隐性德育课程是指学校情境中以间接、内隐方式呈现的，对学生的品德发展能够产生一定影响的德育课程。它与显性德育课程（包括学科性德育课程和活动性德育课程）相对应，广泛存在于课内外、校内外有目的的教育活动中。它既存在于学科性德育课程、活动性德育课程之中，也存在于德育环境内的体制与气氛之中。

隐性德育课程具有以下几个特点：

（1）影响的间接性、内隐性。显性课程主要以直接的、外显的、明确的方式影响学生，而隐性课程则主要是以间接的、内隐的方式来影响学生，这些影响隐藏于各种显性课程背后，也隐藏于学习活动环境氛围之中，隐藏于学校的一切教育、教学、管理之中。

（2）范围的广泛性。隐性德育课程浸润于一切学校活动或以学校为主导的活动之中，有时还涉及家庭、社区。

（3）发生作用的无意识性。隐性课程对学生来说是一种无意识的教育影响，它的作用和效果是通过提高无意识的、非特定的心理反应而发生作用的，即在不知不觉中受到潜移默化的影响。

隐性德育课程的特点决定了隐性德育课程是一个复杂的系统，由于学校环境中的一切活动、行为皆以育人为中心，都是含有价值、态度的成分，所以说，学校中任何教育目标下的活动、行为都隐含了育德的因素。除了专门为育德而设置的科目、活动等显性德育课程外，其他因素如校园文化都可以是隐性德育课程，而且学科性德育课程与活动性德育课程中的一些非显性育德因素，如教风、学风等也包含其中。

第四节 德育过程

德育过程是一个十分复杂而又相对独立的过程。探讨德育过程就是为了剖析和研究德育过程的特点和规律，为制定德育原则、进行德育工作提供科学的理论依据。正确理解德育过程将有助于深刻理解德育的原则、方法，提高德育工作的科学性。

一、德育过程概述

（一）德育过程的概念

德育过程是教育者根据一定社会的要求和受教育者思想品德形成发展的规律，有目的地对受教育者施加教育影响，并通过受教育者心理内部矛盾运动，而使其养成一定的思想品德的过程，也就是把一定社会的思想准则和道德规范转化为受教育者个体的思想品德的过程。

（二）构成德育过程的要素

构成德育过程的要素是教育者、受教育者、德育内容、德育方法。教育者（包括教育集体）是教育主体，是德育过程的组织者，起主导作用。受教育者（包括受教育者的个体和群体），具有教育客体和教育主体的双重性质。德育内容和方法是教育者采用的影响、作用于受教育者的中介或手段。

（三）思想品德教育过程与思想品德形成过程

这是两个不同的过程，它们既有区别又有联系。其区别在于：思想品德形成过程是构成品德的各要素（如知、情、意、行等）由简单到复杂，由低级到高级，由量变到质变的矛盾运动过程，其实质是一个发展过程。思想品德教育过程即德育工作者根据思想品德形成的规律，有目的、有计划地促进学生思想品德形成的过程，其实质是教育过程。其联系在于：两者是教育与发展的关系。一方面，发展离不开教育。学校思想品德的形成要受学校、家庭和社会等多方面因素的综合影响，其中有正式的和非正式的，有自觉的和自发的，有可控制的和不可控制的因素。各种因素相互交叉、相互制约，其中学校德育是正式的、自觉的和可控制的影响，它是促进学生思想品德形成和发展的主导因素。另一方面，教育必须遵循发展的规律。思想品德教育过程必须依据学生思想品德形成和发展的规律，才能有效促进学生品德的形成和发展。

真题链接

辨析题：德育过程就是品德形成过程。

参考答案：此说法错误（解析略）。

(四)德育过程与教学过程

这是两个相对独立的过程,两者的任务各有侧重,同时两者又相互联系、相互渗透。德育过程是提高学生的道德认识、丰富道德情感、锻炼道德意志、培养道德行为的过程,其实质是"育德",主要是解决受教育者对客观事物采取的主观态度问题。教学过程是教师引导学生掌握知识、认识客观世界,并通过知识的传递与掌握来促进学生身心全面发展的过程,其实质是"育智",主要是解决认识世界和改造世界的问题。两者又紧密相连。一方面,德育任务的全面完成离不开教学这一基本途径;另一方面,德育可为学生的学习起导向和提供动力的作用,影响到教学过程的有效进行。

二、德育过程的特点

学生思想品德的形成是外部影响与个体活动相互作用的结果。在构成德育过程的各因素之间必然存在着不以人的意志为转移的本质联系,表现出其固有的规律性特点。从学生思想品德形成的内部结构、思想品德发展的内部动力、思想品德发展与外部环境的关系及学生思想品德形成和发展的历程等四方面来看,德育过程存在着以下四个规律性的特点。

(一)德育过程是促使学生知、情、意、行统一发展的过程

知、情、意、行是构成思想品德的基本心理要素。

知,即道德认识,是指人们对行为规范及其意义的理解和掌握,是对是非、美丑、善恶、荣辱的认识、判断和评价,以及在此基础上形成的道德观念和评价能力。知是形成思想品德的基础,一定品德的形成总是以一定品德的认识为必要条件。

情,即道德情感,是指人们运用一定的道德观念评价自己与他人的品行或某种事物而产生的内心体验和主观态度。它在道德认识基础上产生和发展,对道德行为起巨大的调节作用。当学生对某个问题产生一定的情感,具有强烈的爱憎、好恶时,就会促使他们对这个问题的追求或舍弃、赞成或反对。反之,如果学生对某一道德问题抱冷漠态度,缺乏情绪体验,他的行为就不会表现出强烈的、鲜明的反应。正如列宁所说:"没有人的情感,就从来也不可能有人对真理的追求。"道德情感是一种巨大的力量,它能推动道德认识转化为道德行为,发展为道德信念。

意,即道德意志,是指人们为实现一定的道德目标和道德行为做出的自觉不懈的努力。意是调节行为的一种精神力量。意志薄弱者尽管有某种道德认识和情感,但一遇到内外各种困难便不能坚持确定的道德原则。只有意志坚强的人才能严格约束自己,克服种种困难,坚持不渝地履行自己的道德义务,即使犯了错误,一旦认识到也有毅力及时加以改正。

行,即道德行为,是指人们在道德认识、道德情感和道德意志的支配下,对他人和社会所采取的行为方式和行为习惯。行是衡量一个人觉悟高低、品德好坏的根本标志。

知、情、意、行是相互渗透、相互促进的一个整体。在这个整体中,知是基础,是形成思想品行的先导。情和意是两个必备的内在条件,起调节作用。知深、情切、志坚就必有行。

行是关键,是知识、情感、意志的集中表现。反复的道德行为又能扩大、加深和提高认识,增强情感,磨炼意志。因此,德育过程必须坚持晓之以理、动之以情、导之以行、持之以恒,全面影响知、情、意、行几个要素,促使它们统一发展。只有当知、情、意、行四个要素都得到相应的发展时,受教育者的思想品德才会发展到更高级的水平。

知、情、意、行四个要素各有其相对独立性。一般地说,德育首先要提高道德认识,并循着知、情、意、行的程序进行。但由于学生所处的环境、接受的影响各不相同,知、情、意、行的发展往往是不平衡的。基本要素的不平衡性,决定了德育工作的多端性。教育者要深入了解学生,根据其要素的发展情况来选择最需要、最迫切和最能奏效的方面作为德育的开端,促使各要素的发展从不平衡到相对平衡,统一地得到发展,以形成良好的品德。例如对行为规范认识不高的学生,应从提高认识入手;对于坚持性差,缺乏必要意志力的学生,应着重于行为习惯的训练,从锻炼意志入手;对于情感冷漠,尤其是心灵受过创伤的学生则要多关心体贴,动之以情,从打开心灵窗户入手;对能说会道而不付诸行动的学生,则应严格要求,从加强行为的培养和训练入手。

真题链接

1. 王军写了保证书,决心遵守《中学生守则》,上课不再迟到,但是,冬天王军迟迟不肯钻出被窝,以至于再次迟到,对王军进行思想品德教育的重点在于提高其(　　)。

A. 道德认识水平
B. 道德情感水平
C. 道德意志水平
D. 道德行为水平

答案:C。

2. 辨析题:德育过程是对学生知情意行的培养提高过程,应以知为开端,知情意行依次进行。

参考答案:错误。

(二)德育过程是促进学生思想内部矛盾运动的过程

学生思想品德的形成和发展是其思想内部矛盾运动的过程。辩证唯物主义认为,每一种事物的发展过程中,都存在着自始至终的矛盾运动,事物发展的根本动力在于事物的内部矛盾运动,在学生思想品德的形成和发展过程中,也自始至终存在着矛盾运动。教育者的教育影响是学生思想品德形成和发展的不可缺少的重要条件,但教育者无法代替受教育者的内部思想矛盾运动。教育者的教育影响要为学生所接受,还必须经过一个内因变化的过程,即经过学生的各种思想因素的矛盾运动。

教育者的德育要求与学生已有的品德结构和水平的矛盾构成了德育过程的基本矛盾。当教育者根据一定的德育目的和任务提出要求时,学生往往要以"自己的"方式即已有的品德结构和水平做出反应,或全部接受,或部分接受,或排斥,从而形成了德育过程的基本矛盾。

要使教育者的德育要求内化为学生的思想品德,关键是要把德育要求转化为学生内在的品德需要。只有当教育者提出的德育要求转变为学生自己的内在品德需要时,才能真正引起和推动学生思想的内部矛盾运动,促使品德的形成和发展。而要把教育者的德育要求内化为学生的内在需要,一方面,要求教育者要对德育要求精心设计,只有那种高于学生的原有水平,且经过主观努力又能达到的要求才是最恰当的要求,才能有效地把德育要求内化为学生的内在品德需要。另一方面,要求把教育和自我教育很好地结合起来。学生既是德育的客体,又是德育的主体,学生在接受教育者的教育时,自己也在不断地进行自我教育,所谓自我教育是指学生为形成良好的思想品德而进行的自觉的思想转化和行为调控活动,德育过程始终是德育与自我德育相结合的过程。

总之,思想品德的形成和发展如果离开学生的内因,教育这个外部条件就不能发挥作用;如果只有学生的内因,而没有良好的教育条件,学生的思想品行的发展就没有明确的方向,也达不到教育要求。因此,在德育过程中,既要充分发挥教师的主导作用又要充分调动学生的主动性和积极性,通过学生积极的思想内部矛盾运动,推动学生思想品德的形成和发展。

真题链接

像任何事物的发展一样,学生品德的发展也是由其内部矛盾推动的。学生品德发展的内部矛盾是(　　)。

A. 社会道德要求与学生现有品德发展水平之间的矛盾
B. 学习德育要求与学生现有品德发展水平之间的矛盾
C. 学生品德发展的社会要求与学校德育要求之间的矛盾
D. 学生品德发展的新需要与其现有发展水平之间的矛盾

答案:A。

【例说】1-1

小李的变化[①]

教室里静悄悄,同学们在认真地上第一课。忽然,一个学生的书包里窜出一只青蛙,"呱呱"地叫着跳向讲台。全班顿时乱了,班主任一查,是小李干的。一气之下狠狠地批评了他一顿。可是,第二天,小李又带进来一只小猫。接着小狗、老鼠、麻雀……天哪,有一次他竟把一条蚯蚓放到了讲台上。从此小李在班主任心目中成了不可救药的"皮大王"。批评、监视、处罚,都没有能使小李转变。好不容易撑过了一年,他升入初二,班主任长透一口气,包袱终于送出去了。

进入初二,小李还是那么调皮。新班主任没有对他采取什么"下马威",而是仔细观察他,不久就发现有一门课小李不但上课认真听,下课还要盯着问,这是生物课。

[①] 郭景扬:《两种方法两种结果》,《人民教育》1985年第12期。

班主任把小李找来。小李怀着惴惴不安的心情走进办公室,准备承受暴风雨般的批评。可是出乎意料,班主任没有批评他,而是问他:"你喜欢动物吗?"他点点头。

"那很好。我们班成立一个动物兴趣小组,你来当组长好吗?"

他惊愕了。当组长?从小学到中学,从来都是挨批评的对象,从没有想过有人叫他当干部。

动物小组开展了观察昆虫活动。小李在课余和同学们一起捕捉昆虫,制作标本。各种各样的昆虫,有许多种类他都认识,可这蝴蝶、螳螂、蝗虫……各种各样的名字怎么写?碰到了难题,他问生物老师,并且认真学习查字典。半年过去了,小李在班主任的引导下,从观察昆虫活动中,懂得了各门功课的重要性,对学习产生了浓厚的兴趣,也逐渐改掉了散漫的习惯,认真学习,取得了很大的进步。在全市昆虫标本制作比赛中,动物小组制作的标本获得鼓励奖。他还写了科学小论文——《蚯蚓对农业生产的作用》。

分析案例:小李之所以取得如此大的进步,在于班主任始终注意调动小李的主动性、积极性,促使其思想内部矛盾运动。

(三)德育过程是组织学生活动与交往、统一多方面影响的过程

活动与交往是形成学生思想品德的源泉。一方面,个体的思想品德是在活动与交往中逐渐形成的。青少年正是在与外界社会接触和相互作用中,接受来自家庭、社会和学校等各方面的影响,逐步形成和发展了自己的道德思想和行为习惯,并且在活动与交往中不断加深认识,丰富情感体验,磨炼意志。另一方面,思想品德又在活动与交往中表现出来。只有在活动与交往中反复表现出某种行为才算是具备某种品德。

学生的活动与交往是广泛而多样的。学生不仅与教师、家长交往,而且要与社会中各种人交往,还要接触广播、影视、书报杂志等。这其中有积极的、消极的,有自觉的、自发的,有可控的、不可控的等诸多影响。学生的思想品德是在各方面综合影响下形成和发展的。其中教育者根据思想品德教育要求进行的活动和交往在学生品德的形成和发展中起主导作用。因此,德育过程是教育者精心设计和组织各种教育性活动与交往,统一协调各种德育影响的过程。

真题链接

"寓德育于教学之中,寓德育于活动之中,寓德育于教师榜样之中,寓德育于学生自我教育之中,寓德育于管理之中。"这体现的德育过程是( )。

A. 培养学生知情意行的过程

B. 促进学生思想内部矛盾斗争发展的过程,是教育和自我教育统一的过程

C. 长期、反复的逐步提高的过程

D. 组织学生的活动和交往,统一多方面教育影响的过程

答案:D。

(四)德育过程是长期的、反复的、逐步提高的过程

从思想品德的结构来看,知、情、意、行是构成思想品德的四要素,要形成某一思想品德不仅仅是形成某一正确观念、某一良好习惯,而是要使知、情、意、行四者都得到统一发展,只有当四个要素作为一个整体都得到相应的发展时,我们才称之为具备某一思想品德。而知、情、意、行四者在个体身上发展又往往是不平衡的,因此,决定了德育过程是长期的、复杂的。即使是某一正确观点、某一良好习惯的形成,也非一朝一夕所能奏效的,需要长时期的培养和多次的训练。

从思想品德的内容看,任何一项社会政治、思想和道德内容都是由不同的、多层次的结构系统组成的,都必须经过长期的、反复的教育才能转化为受教育者个体的思想品德。而且,品德的提高是永无止境的,永远也不会达到尽善尽美的程度。

从影响学生思想品德形成和发展的因素来看,学生思想品行的形成和发展要受到许多因素广泛复杂的影响,是许多因素共同作用的结果。社会现实中既有积极的因素,即与德育要求一致的思想观点和道德行为,能给学生品德以正确影响;又有与德育要求大相径庭的思想观点、不良行为给学生品德以错误、弱化甚至抵消德育效果。这种真善美与假丑恶并存并同时作用于学生,而他们世界观尚未定型,可塑性大,容易"近朱者赤,近墨者黑"。当不能自觉抵制不良因素的诱惑,思想上就容易出现波动和反复,表现为昨天已经解决了的问题,今天因未能抵制不良诱惑而旧病复发。可见,思想品德的形成和发展不是直线上升的,有时进步快,有时进步慢,前进了还会出现后退,经常反复,有时还会反复好几次。因此,进行德育时必须坚持渐进性,做深入细致的工作,不断地抓反复、反复抓,把"塑造"和"改造"很好地结合起来,企图一蹴而就、一劳永逸的想法是违背德育规律的。

链接

品德形成的一般过程

品德的形成过程经历依从、认同、内化三个阶段。一是依从,依从包括从众和服从两种。从众是指人们对于某种行为要求的依据或必要性缺乏认识与体验,跟随他人行动的现象。服从是指在权威命令、社会舆论或群体气氛的压力下放弃自己的意见而采取与大多数人一致的行为,服从可能是自愿的,也可能是被迫的,被迫的服从也叫顺从,处于依从阶段的品德水平较低,但它是品德形成的开端环节,不可缺少。二是认同,认同是在思想、情感、态度和行为上主动接受他人的影响,使自己的态度与行为与他人相近。认同实质上是对榜样的模仿,试图与榜样一致,它不受外力控制,行为有一定的自觉性、主动性和稳定性。三是内化,指在思想观点上与他人的观点一致,将自己认同的思想与自己原有的观点、信念融为一体,构成一个完整的价值体系。在内化阶段个体的行为具有高度的自觉性和主动性,表现为"富贵不能淫,贫贱不能移,威武不能屈"。

复习思考题

一、单项选择题

1. 德育的个体发展功能的发挥应注意(　　)。
   A. 强调德育的外在强制性
   B. 注意功能实现的间接性
   C. 注重个体的享用性
   D. 尊重学习个体的主体性

2. 德育目标确定了培养人的总体规格和要求,但必须落实到(　　)。
   A. 德育内容
   B. 德育规律
   C. 德育原则
   D. 德育方法

3. 下列说法,错误的是(　　)。
   A. 教师对学生的德育影响,必须经过他们主体的选择、吸取与能动的实践活动,才能转化为学生的品德
   B. 学校的德育工作必须主要放在调节学生品德发展的外部环境方面
   C. 德育要注意发挥知、情、意、行的整体功能
   D. 自我教育能力是德育的一个重要条件,只有注意培养学生的这种能力,才能使他们的品德内部矛盾转化

4. 德育过程是对学生知、情、意、行的培养提高过程,其进行的一般顺序是(　　)。
   A. 以知为开端,知、情、意、行依次进行
   B. 以情为开端,情、知、意、行依次进行
   C. 以意为开端,意、知、情、行依次进行
   D. 看具体情况,可有多端

5. 德育过程的主要矛盾是(　　)。
   A. 教育者与德育内容、方法的矛盾
   B. 正确思想与错误思想的矛盾
   C. 学生知的深与知的浅的矛盾
   D. 教育者提出的道德要求与受教育者已有道德水平的矛盾

二、辨析题

1. 德育工作者在德育过程中,应贯彻"理智主义",而非"情感主义"。
2. 道德认识是形成品德的基础。
3. 隐性德育课程就是校园文化建设。
4. 个体的道德认识与道德行为是完全一致的。

三、简答题

1. 简述我国德育中小学的基本内容。
2. 简述德育过程的基本规律。

3. 怎样理解德育过程是长期的、反复的、不断提高的过程?
4. 简述德育的基本功能。

四、德育过程要做到"晓之以理、动之以情、持之以恒、导之以行",试以所学的德育原理分析。

本章小结

广义的德育包括政治、思想、品德,心理或法纪教育,狭义的德育就是道德教育。中共十八大把立德树人作为学校教育根本任务,为我们认识新时期德育指明了方向。德育目标的确定既要根据社会发展需要,又要考虑青少年身心发展的特点,要根据立德树人的总目标确定各级学校的具体德育目标。德育内容是德育目标的具体化,根据立德树人的总目标从政治、思想、道德、心理和法纪方面确定德育的基本内容,新时期尤其要加强理想信念教育、社会主义核心价值观教育、中华优秀传统文化教育和生态文明教育。明确了德育目标与内容,就需要研究德育过程,从品德的结构、德育的内部动力、德育的影响因素和德育过程的历程四个方面对德育过程进行分析。本章还揭示了德育过程的四条基本规律,即德育过程是促使学生知情意行统一发展的过程,是促使学生思想内部矛盾运动的过程,是在活动与交往中统一各种影响的过程,是长期的、反复的不断提高的过程。

第二章　德育(下)

内容提要

本章主要论述德育原则、德育方法、德育模式、德育评价，通过本章的学习，应达成如下学习目标：理解与掌握德育的基本原则，并运用德育原则分析与解决中小学德育实际中的问题；熟悉德育的基本途径；掌握和运用德育基本方法；了解品德评价的功能、方法及实施要求；理解皮亚杰和柯尔伯格道德认知发展阶段理论，了解主要的德育模式和当前德育发展的基本走向。

思维导图

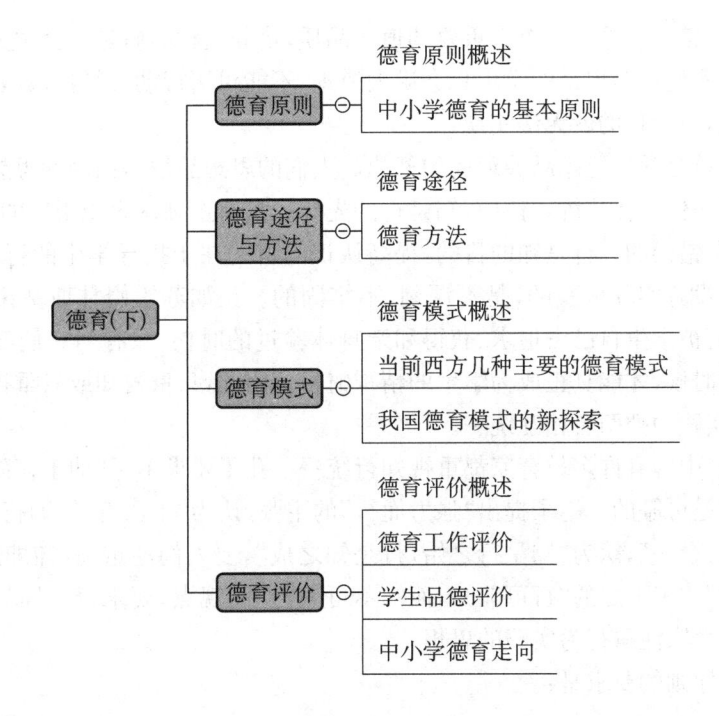

- 德育(下)
  - 德育原则
    - 德育原则概述
    - 中小学德育的基本原则
  - 德育途径与方法
    - 德育途径
    - 德育方法
  - 德育模式
    - 德育模式概述
    - 当前西方几种主要的德育模式
    - 我国德育模式的新探索
  - 德育评价
    - 德育评价概述
    - 德育工作评价
    - 学生品德评价
    - 中小学德育走向

第一节 德育原则

一、德育原则概述

德育原则是教育者进行德育工作时必须遵循的基本要求。这些基本要求是根据教育目的、德育任务及青少年思想品德形成的规律提出来的,也是人们长期以来德育实践经验的总结。德育原则是在德育规律的基础上制定的,德育规律的认识程度直接影响着德育原则制定的科学性,从而影响着德育原则对德育实践的指导性。教育者遵循德育原则进行德育,可以提高德育工作的自觉性和科学性,减少盲目性,有效地提高德育效果。

二、中小学德育的基本原则

(一)知行统一原则

知行统一原则的含义,是指进行德育既要对学生进行系统的理论教育,又要引导学生进行实际锻炼,把提高思想认识与培养道德行为结合起来,使学生成为知行统一、言行一致的人。

知行统一、言行一致是一个人重要的道德品质,培养这种品质是社会主义教育目的所要求的。如果我们培养出来的学生只会讲大道理,不能付诸行动,说得多、做得少,德育目标就难以达到,教育目的就无法实现。

知行统一符合学生思想品德形成的规律。人们的思想品德是稳固的思想认识与相应行为方式的统一体。在这统一体中,知是行的先导。没有正确认识做指导的行为,往往是盲目的,甚至是错误的。行是知的目的,提高认识的目的在于指导学生的行动,没有道德行为的认识是没有实际体验的,是不深刻、不牢固的。正如苏霍姆林斯基说的:"道德准则,只有当它们被学生自己去追求、获得和亲身体验过的时侯,只有当它们变成学生独立的个人信念的时候,才能真正成为学生的精神财富。"因此,只重视知或只重视行都具有片面性,必须在实践中把两者相互统一。

自古以来,中国有许多教育家都重视知行统一。孔子要求弟子"讷于言而敏于行",认为"言过其行"是可耻的。墨子提出"强力而行"的主张,认为"士虽有学,而行为本焉"。王守仁主张"知行合一",认为"知是行之始,行是知之成",要人们注重"真知即所以为行,不行不足谓之知"。王夫之的"行可兼知,而知不可兼行"的观点,要求行先知后,知行并进,反映了古代教育家注重行为实践的思想。[1]

贯彻这一原则的要求是:

---

[1] 《中国大百科全书》总编辑委员会:《中国大百科全书》(教育卷),中国大百科全书出版社1985年版,第518页。

1. 进行系统的理论教育,从根本上提高学生的道德认识

列宁说过:"没有革命的理论,便没有革命的行动。"要向学生进行系统的马列主义、毛泽东思想和社会主义道德准则、行为规范的教育,帮助学生形成正确的思想观点、政治观点和道德观点,使学生从根本上掌握明辨是非、美丑、善恶、荣辱的标准,并学会运用它解决现实生活中的问题,指导和评价自己的行为,这对提高学生道德行为的自觉性、主动性、防止盲目性是十分重要的。另外,在理论学习中既要充分重视以感性认识为基础,又要使学生善于将感性认识上升到理性认识,防止理论成为无源之水、无本之木。

2. 组织和指导学生参加各种实践活动

要在提高学生思想认识的同时,尽力为学生创设实际锻炼的机会和环境,激发他们对实践活动的积极态度和愿望,使他们在实践中加深认识,增强情感体验,磨炼意志,坚定信念,形成良好的思想品德。实际锻炼主要有两种形式:一种是经常性的锻炼,就是要求学生在学习、课外活动、家庭生活等日常生活实践中履行学生守则和道德规范;另一种是组织学生参加以德育为主要目的的活动,包括各种形式的班会、团队活动等。

3. 全面评价学生的思想品德

动机与行为有时是不一致的,完全相同的行为方式,由于动机不同,因而可能是完全不同的品德的表现;同一动机也可表现为不同的行为方式。因此,教师在评价学生的行为时既要看行动,又要分析其动机;既要看实践,又要看认识。对学生的行为要调查清楚,不要轻易地表扬和批评,更不要搞形式主义。苏联教育家苏霍姆林斯基坚决反对在教育过程中搞任何形式主义的东西。他说:"在学校里不许讲空话,不许搞空洞的思想,要珍惜每一句话。当儿童还不能理解某些词句的含义时,就不要让这些词句从他们的嘴里说出来,请不要把那些崇高的、神圣的语言变成不值钱的破铜币。"

(二) 正面教育与纪律约束相结合的原则

这一原则的含义是指进行德育既要坚持进行正面疏导,启发自觉,调动学生接受教育的内在积极性,又要辅之以带强制性的纪律约束,督促其严格执行,把两者有机结合起来。

这一原则体现了我国社会主义教育性质和教育目的的要求。历史上一切剥削阶级为了训练驯服的奴才,往往采用压服和欺骗的手段。我国社会主义教育要把青少年培养成富有自觉性、积极性和创造性的现代化建设人才,必须积极疏导,启发自觉,对他们进行正面教育。而且以马列主义、毛泽东思想为核心的德育内容,是科学的、先进的革命理论,用不着欺骗和强制,完全能为年青一代所掌握,成为他们的信念。

这一原则符合德育过程中内因和外因的辩证统一的规律。教育者的教导和纪律约束是学生思想品德形成和发展的外因,学生思想内部矛盾斗争是内因。学生思想品德的形成和发展离不开教师的教导和纪律约束,但它不能代替学生的思想斗争,只有通过摆事实,讲道理,正面引导学生自己去理解、去体验、去追求,才能使教育要求转化为学生的内在需要。

这一原则符合青少年身心发展的特点和规律。青少年可塑性强,易接受积极的影响,也易接受消极的影响,他们所存在的问题有许多是属于认识问题。因此,教育者应坚持说服疏导。同时,青少年自我控制、自我调节的能力还未得到很好的发展,意志力相对薄弱,需要从外部给予一定的制约。

【例说】2-1

浪花的精神

一个学生有上进的愿望,却缺乏坚强的意志和克服困难的精神。一天,老师约他来到河边,指着奔腾的河水讲到巨石上飞溅起千朵浪花,用诗一般的语言对学生说:"你看,那浪花多美,它晶莹、洁白,银光闪闪似冰凌,似雪花,似出水白莲。你喜欢这跳跃的浪花,还是喜欢平淡无奇的流水?""当然喜欢浪花。""浪花的精神是什么?""这……""是蓬勃奋起,无所畏惧,与它相比,缓慢而行的流水则黯然失色。"当天,这位同学在日记中写道:"……一朵小小的浪花也有奋斗的精神,我作为一个人,有什么理由不去奋斗呢?"从这以后,这位同学时时注意磨炼自己的意志,进步很快。

这位教师运用了什么德育原则?对你有什么启示?

贯彻这一原则的要求是:

1. 坚持积极引导、正面教育

良好的思想品德是逐渐地确定下来的,不可自发生成。教育者必须有计划、有系统,由浅入深、由简单到复杂,生动具体地进行正面教育,使受教育者形成正确的观点,提高认识。进行正面教育时,要注意充分发挥榜样的示范作用,而不是简单地进行灌输,对学生出现的问题,也不能使用简单的"堵"的办法,而是要采取多种方式进行疏导。

不管采用什么方式进行疏导,都要抓住时机,把握住"火候",因势利导,否则会导致疏而不通、说而不服。教育实践表明,德育时机往往集中在以下几个方面:(1)兴趣点。当学生对某事物发生兴趣,产生积极追求的欲望时,比较容易接受外界影响,这正是德育实施的有利时机。(2)荣辱关头。学生受到表扬、奖励或批评、处罚时,思想总会发生一些变化,这些变化,对于学生的成长至关重要,需要加以引导。(3)求异点。学生出现求异心理时,思想总处于活跃状态,这时进行疏导往往更有针对性和深度。(4)疑惧点。学生犯错误,会疑虑重重,产生心理压力,渴望别人的理解和帮助。教师如能不失时机地给予关怀和指导,无异于雪中送炭,定会收到理想的教育效果。

2. 正确处理正面材料与反面材料的关系

儿童青少年时期是积极上进、乐观向上、充满阳光的时期,进行德育应以正面积极的道理、事实为主。如果消极的、阴暗的东西接触太多,容易形成消极的甚至是反社会的人格。但另一方面,有比较才有鉴别,适当地接触反面材料有利于学生理解、领会正面的教育。而且在当今改革开放的社会,学校不可能完全封闭起来搞"孤岛教育"。关键是要把正面教育和反面教育、正面材料和反面材料有机结合,把握好适当的度。这也是当今教育工作者和家长感到棘手的问题。

【例说】2-2

> **继续战斗**[①]
>
> 美国的霍夫兰德等人在第二次世界大战末期,曾根据美国政府的要求,希望说服士兵们相信对日本的战争可能要延长,以防止他们产生日本会提前投降的幻想。霍夫兰德等人准备了两种不同的说服信息。第一种是只提供正面论据,强调日本军队人数多,士气高,有武士道精神,还控制了不少当地资源。而美国到太平洋盟军基地的补给线很长,不容易迅速供应补给品,因而战争可能要继续两年。第二种是提供了正反两方面的论据。除了介绍上述第一种论据外,还强调了不利于日本继续作战的因素。如"盟军的海军力量强于日本""在过去两次海战中,日本海军损失惨重"等,结论还是战争要继续两年。结果发现,对于受教育程度较高的士兵来说,提供正反两方面论据比较容易改变态度。而只提供正面论据更有助于受教育程度较低的士兵改变态度。这可能因为受教育程度较低的士兵理解能力较差,分不清正反两方面论据中,哪些是正确的,哪能是不正确的,因此,他对正反两方面的论据感到无所适从,较难改变态度,而受教育程度高的士兵,理解能力较强,能对相反的论据进行客观分析,而且还会对说服者产生公正感,从感情上倾向于说服者,因而较易改变态度。
>
> **上述案例对你有何启示?**

3. 将正面教育与建立必要的规章制度结合起来

正面教育与纪律约束是相辅相成的,没有必要的纪律约束,学生行为就无章可循。正面教育难以落实到行动中去,就会成为空洞的说教;但如果只用行政命令颁布规章制度,不伴之以正面说理,启发自觉遵守,这样规章制度也不能起到很好的教育作用,因此,要把两者很好地结合起来。

4. 以表扬为主,批评处分为辅

教师要通过表扬、扶植、肯定学生品德中的积极进步的因素,用以战胜和克服落后的、消极的东西,对学生的错误要及时批评,对隐患毒瘤也要"动手术",才能"气顺脉通"。

---

① 黄向阳:《德育原理》,华东师范大学出版社2000年版,第166页。

【例说】2-3

如此教育学生

　　常山县新昌初中坐落在离县城40公里的一片田野上,9个班级,26名教师。1995年8月,刘校长从常山三中调来以后,狠抓教学质量,极有起色。1996年被县教委评为教学质量优胜学校,其中初二年级的三个班均有不俗表现。

　　学生程××就读于初二(2)班。他的班主任是1994年7月毕业于杭州某成人大专中文班的郑××老师。郑老师读大专之前代过课,25岁,学校安排他教两个班的语文,任一个班的班主任。为确保期末考试本班有5名学生进入年级前10名,郑老师专门召开了一个主题班会,让大家来讨论如何加强纪律、提高成绩。同学们气氛热烈,纷纷举手发言献计献策。最后,集体通过了五条班规,由班长抄好贴在教室墙上。其中有两条班规简直是匪夷所思:一是课堂上违反纪律的,全班同学每人打他两巴掌;二是座位安排实行浮动。遵守纪律、学习好的同学坐前排,反之,则调到后排以示惩戒。这样一来,明显有悖于现代教育思想的"体罚"就被披上了"班规生约"的堂皇外衣。

　　一天下午3时左右,初二(2)班恰逢自修课。坐在教室正中靠左一排的程××和同桌的曾××,为了将课桌与右排对齐,边商量边做了移动。正好被突然进门的班主任郑老师发现。郑老师见状脸一下子沉了下来,冲到跟前一人捆了一巴掌,将两名学生拉到讲台上,令全班同学根据"班规"每人打他们两耳光。于是,全班到堂的37名同学(包括16名女生),轮流走上讲台,每人分别捆了程××、曾××两个耳光。体罚整整持续了一节课……

　　十四五岁的少年,自然缺乏分辨是非的能力,而此时的郑老师也全然没有意识到,他所监督执行的这场惩戒"游戏",性质是何等恶劣,将会给受罚者幼小的心灵造成多么大的创伤。事后,同学们向记者描述,受罚之时,程××全身打颤,脸颊由白变红,时合时开的眼里充溢着羞耻和惶恐,他双眉紧皱,嘴巴微张,一阵阵抽噎,整个人像只遭受灭顶之灾的羔羊。终于挨到体罚结束,程××眼泪汪汪瘫坐在位子上一言不发。

　　几天过后,此事便风平浪静了。学校领导由于十分信任郑老师,竟也一直没觉察。程××回家后举止反常,父母只当老师是恨铁不成钢,出发点是为自己孩子好,赶到学校与郑老师私下恳谈了一番,仍望老师严加管教,只是请求下手不要太重。郑老师一口应诺,还应邀上程家吃了顿饭。本来就比较欣赏程××的郑老师专门给他调了位子,与全班成绩最好的学生同桌。程××也很争气,期中考试英语、自然都拿了班级第一,总分居全班第五。郑老师专门奖励他一支钢笔和一本笔记本。还委任他为自然课代表、班级宣传委员。

转眼到12月17日,上午第三节课,郑老师上语文课上到一半的时候,发现程××一直在埋头做数学试卷。郑老师走过去把数学试卷撕了。一拎程××的头发令其站起来,说:"你语文学得这么好了,语文课做数学,就不要上我的课了。"手一挥,叫程××出去。程××在教室外站了半节课。第四节课是自然课。郑老师将程××的位置移到后排。放学吃中饭,郑老师正在寝室里烧菜,有同学来告知程××坐在教育里木讷无言,一动也不动,不回家去吃饭。郑老师惊觉不对,马上扔下手中的菜勺,赶到教室,连呼三声,程××全无反应,便速命纪律班长和生活班长搀扶程××去新昌卫生院。又命学生通知程××的父母。卫生院检查后未发现生理上有何异常。送回家后,程××不吃不喝,反应迟钝。家里人极度恐慌。第二天上午,送程××至杭州市人民医院儿科住院治疗。精神病医生诊断为:急性心因性反应,反应性木僵。程××整整五天不言不语,不吃不喝,大小便失禁,头颅左右摇晃。直到12月27日才吞吞吐吐说了第一句话,其间一直靠打针补充营养。医生给其开出了两个月的病假,令其静养一段时间再去上学。

请你仔细阅读这一篇文章,并谈谈自己的感想。

真题链接

班主任陈老师通过生杏的酸涩和熟杏的香甜来教育一位早恋初三女生,告诉她,谈恋爱和吃杏子是一样的道理,中学生还没有生长成熟,此时若谈恋爱,就如同吃生杏子一般,只能又苦又涩;只有到成熟后再去品尝,才会香甜可口,无比幸福。从而使这位女生从早恋中走了出来。这体现了德育的哪一原则?(　　)

A. 知行统一原则　　B. 长善救失原则　　C. 有的放矢原则　　D. 疏导原则

答案:D。

(三)严格要求与尊重学生相结合原则

这一原则的含义是指德育过程中,教育者既要在学生原有的品德基础上提出进一步的、严格的、坚持不渝的要求,又要尊重、爱护和信任学生,把两者结合起来,使教育者的要求易于转化为学生的思想品德。

教育工作就是按照一定的要求培养人,如果没有要求,放任自流,实际上就取消了教育。对学生严格要求是人民教师的神圣职责。

教育者的严格要求,是促使学生产生思想品德的关键动因。没有这个动因,就不可能引起受教育者的思想内部矛盾运动。形成品德,最终要依赖于学生的内部动因。而尊重、爱护和信任学生,能使学生容易把教师的教育要求转化为自己的道德需要,促使其内部矛盾运动,形成教育者所期望的思想品德。

【例说】2-4

一位母亲与家长会[①]

一位母亲参加幼儿园的家长会,老师说:"你的儿子有多动症,在板凳上3分钟都坐不下来。"回家的路上,儿子问她,老师都说了些什么？她鼻子一酸,差点流下泪来。然而,她还是告诉儿子:"老师表扬你了,说宝宝原来在板凳上坐不了1分钟,现在能坐3分钟了。别的家长都非常羡慕妈妈,因为全班只有宝宝进步了。"那天晚上,她儿子破天荒地吃了一碗米饭,并且没让她喂。

在小学的家长会上,老师说:"全班50名同学,这次数学考试,您儿子排在第49名。我们怀疑他智力上有些障碍,你最好能带他去医院检查一下。"回去的路上,她流下了泪。然而,当回到家里,看到诚惶诚恐的儿子,她又振作起精神说:"老师对你充满信心。她说了,你并不是个笨孩子,只要能细心些,努力些,会超过你的同桌。"说这话时,她发现,儿子暗淡的神情一下舒展开来。第二天上学,儿子比平时都要早。

孩子上初中,又一次家长会。老师告诉他:"按你儿子现在的成绩,考重点中学有点危险。"她怀着惊喜的心情走出校门,她告诉儿子:"班主任对你非常满意,他说了,只要你刻苦努力,用功学习,很有希望考上重点中学。"

高中毕业,儿子把一封印有"清华大学招生办公室"的特快专递交到母亲手里,边哭边说:"妈妈,我一直都知道我不是个聪明的孩子,是您……"这时,她悲喜交加,再也按捺不住十几年来凝聚在心中的泪水,任它打在手中的那只信封上。

案例分析：我们的学生为什么害怕老师开家长会？其原因在本案例中可见一斑。有些老师往往把家长会开成了学生们深恶痛绝的告状会,开成了家长们敢怒不敢言的训话会。

值得庆幸的是,案例中的儿子有一位聪明的母亲,她始终对儿子充满信任和宽容,并想方设法保护了儿子的自尊和自信,使儿子一路闯关,踏入了万众向往的清华园。

严格要求与尊重学生是辩证统一的关系。一方面,"爱之深,求之切"。没有发自内心的热爱和尊重,便不会有对受教育者的严格要求。严格要求是以尊重、热爱为前提,严源于爱,否则严会变成无理无度。另一方面,没有严格要求,对受教育者的热爱和尊重便无法得到体现,甚至还会娇宠、放纵学生。严格要求是保证受教育者健康发展的必要条件,是对受教育者最大的尊重和热爱。正如马卡连柯说的:"我的基本原则永远是尽量多地要求一个人,也要尽可能地尊重一个人。实在说,在我们的辩证法里,这两者是一个东西:对

---

① 刘燕敏：《一位母亲与家长会》,《读者》2003年第2期。

我们所不尊重的人,不可能提出更多的要求。当我们对一个人提出很多要求的时候,在这种要求里也就包含着我们对这个人的尊重,正因为我们向他提出了要求,正因为他完成了我们的要求,所以我们才尊重他。"

贯彻这一原则的要求是:

1. 爱护、尊重、信任每一个学生,建立尊师爱生的良好的师生关系

教师要充分信任学生,保护其自尊心,激发其上进心,增强其自信心,对差生更应如此,要一视同仁地给予同样的爱护和尊重。

2. 善于向学生提出正确、合理、明确而具体的要求

所谓正确,就是符合德育大纲。所谓合理,就是要求要适度。所谓明确具体,就是要求的意义要明确,内容要具体。另外,教师提出的要求要前后连贯。当学生已达到某阶段的要求后,要善于向他们提出新的更高的要求。要求一旦提出,要坚持到底,不能朝令夕改、虎头蛇尾。

【例说】2-5

妈妈和我

"三八"妇女节,上海向明中学初一(3)班同学邀请了部分同学的母亲一起来开"妈妈和我"主题班会。会上主持人问一个同学:"你妈妈最喜欢什么?"这个同学站起来脱口而出:"我妈妈最喜欢吃鱼尾巴。"他的话把大家全逗笑了。主持人又问这位同学的妈妈:"能否请您谈谈,您为什么爱吃鱼尾巴?"这位母亲脸涨得通红,站起来第一句话就说:"我错了。我们爱他,每次吃鱼总是把最好的给他吃,可是,他并没有懂得爱,反而认为我们喜欢吃鱼头、鱼尾。我们对爱的理解是不全面的。"

这位家长违背了什么德育原则?从中应吸取什么教训?应怎样做为好?

(四)集体教育与个别教育相结合原则

这一原则的含义是指教师在德育工作中要组织和培养好学生集体,依靠和通过集体对其成员发生教育影响,使学生集体在教育中充分发挥作用;教师在对集体进行教育的同时,又要注意个别教育,通过对个别学生的教育,影响学生集体,将集体教育与个别教育有机地结合起来。

这一原则的提出是由社会主义教育的性质和任务决定的。集体主义是社会主义道德的基本原则,培养集体主义精神是我国社会主义学校德育的基本任务之一,而集体主义精神,只有通过集体和集体教育才能培养起来。

这一原则体现了青少年思想品德是在活动交往中形成和发展的规律。学生的活动和交往大部分是在学生集体及其影响下进行的,学生集体尤其是班级集体对学生思想品德的形成和发展具有特殊作用。"蓬生麻中,不扶自直",学生集体的影响作用会大大超过教师个人对学生的直接影响。另外,集体是由个人组成的,由于每个学生的气质、性格、思想

基础不同,他们对集体教育影响的态度也会有差异。这就要求在进行集体教育时,辅之以个别教育。

苏联教育家马卡连柯在其教育实践中,十分重视集体的教育影响作用。他说:"教育了集体,团结了集体,加强了集体以后,集体自身就能成为很大的教育力量了。"因此,他认为,教师要影响个别学生,首先要去影响这个学生所在的集体,然后通过集体和教师一起去影响这个学生,并且使教育集体和教育个人同时、平行地进行。马卡连柯称之为"平行影响"原则。

贯彻这一原则的要求是:

1. 重视组织和培养集体

集体不是各个成员在数量上的简单相加,更不是乌合之众,而是一个有正确的政治方向、有共同的奋斗目标、有坚强的领导核心、有健全的组织机构和严密的纪律、有正确的舆论及良好的作风和传统的学生联合体。这个集体不是自发形成的,是在教育和自我教育中逐渐形成的,教师要研究集体形成的规律,精心组织和培养集体,尤其要注意在集体活动中培养和健全集体。

2. 善于发挥集体的教育影响作用

教师不应单枪匹马地做工作,而要始终注意充分依靠和发挥学生集体的作用。学生集体教育中的作用主要有:集体目标的动力作用、集体舆论的约束指向作用、人际关系的调整作用、遵守纪律的保证作用、成员个性发展的积极作用等。尤其要注意组织学生积极参加集体活动,使集体中的每个成员始终把自己同集体紧紧联系在一起。

3. 把个别教育与集体教育、教育个别与教育集体有机结合起来

苏霍姆林斯基指出:"集体的精神世界和个性的精神世界是依靠相互的影响而形成,人从集体中吸取许多东西,但是,如果没有组成集体的人们的多方面的、丰富的世界,也就不会有集体存在。"我们在教育中要以集体为教育的出发点,要善于提出统一要求,促使集体健全地发展;但集体又是由个人组成的,集体活动要为个人的发展提供有利条件,让集体的每个成员都能够有条件充分发挥他们的天资才能和爱好,因此,在以集体教育为主的同时要加强个别教育,使集体和个人和谐发展。另外,在充分利用和发挥集体对个人的教育作用的同时,又要注意通过个人来影响集体。尤其要做好那些在班里有一定影响力的学生工作,发挥他们的积极影响。同时,也要注意做好差生的转化工作。

(五)从学生实际出发的原则

这一原则是指在德育过程中,要针对学生的年龄特点、个性差异、思想状况及具体教育情境提出具体的教育要求,选择恰当的内容和方法,有的放矢地进行教育。

这一原则是根据教育必须适应青少年身心发展的规律的教育原理及思想品德形成规律而制定的。不同年龄阶段具有不同的年龄特征,同一年龄的学生由于个人经历、所受教育影响及个人的主观条件等不同而具有不同的特点。学生是品德形成的主体,教育影响要通过学生自身思想斗争及自我教育而起作用,这就决定了教育要求、内容和方法等必须

从每个学生的实际出发。

贯彻这一原则的要求是：

1. 深入了解学生的个性特点和内心世界

这是开展德育活动的基础和前提。只有做到这一点，班主任的工作才能符合实际，对学生进行的教育才能有的放矢，防止工作的主观主义和一般化的倾向。

有经验的班主任，一拿到学生的名单后，往往在开学之初便着手了解学生。如熟悉学生的学籍卡，找原任班主任了解情况，有重点地走访家长和学生等，使班级管理有一个良好的开端。假如班主任对学生的基本情况一无所知，便着手对学生分组、排座次、委派干部，就难免盲目、主观，为今后的工作埋下隐患。

了解学生包括个人和集体两个方面。了解学生个人情况，主要包括个人德智体发展情况，学生的兴趣、爱好、特长、品质、性格，他们在家庭生活中的地位及其社会交往情况。了解学生集体情况主要包括全班学生的年龄、性别、家庭等一般情况，学生的一般发展水平和有特殊才能的学生情况，班风与传统等。

2. 根据学生个人特点有的放矢地进行教育

《三国志·华佗传》有这样一段记载：东汉时期有两个州官，一个叫倪寻，一个叫李延，同时来到华佗这里求医，这两个人的症状都是头痛发烧。华佗诊断后，给倪寻吃泻药，给李延吃发汗的药。两个州官不解地问：我们同样头痛发烧，为什么用药不同呢？华佗说：倪寻是因为吃东西而不适，由内食伤引起的头痛发烧；李延则是外部受凉风寒感冒，导致头痛发烧的。你们俩的情况不同，我们医治办法自然不同。两人听了华佗的话之后，感到有道理。于是，按照华佗的嘱咐服了药，他们的病很快就好了。华佗对症下药的治病方法启示我们，德育工作必须从学生实际出发。由于学生个人都有自己的生活环境、成长经历和个性特点，因而对他们的教育必须有的放矢，采用不同的内容和方法加以教育引导。俗话说得好，一把钥匙开一把锁。为了打开每个学生的心灵之锁，必须善于找到并运用特定的钥匙，也就是要打破"一般化""老一套"的教育方法，力求找到适合学生特点，开启学生心灵的德育内容和方法，创造性地进行教育。

3. 根据学生的年龄特征科学地实施德育

中学生的品德发展和思想认识具有明显的年龄特征，因此进行德育必须研究每一个年级学生的思想特点。一般说来，初一学生刚入中学，对新的学习生活充满新鲜感、好奇心，但他们的自觉性、独立性较弱，对突然增多的课程门类和较深的学习内容一下子难以适应，容易因松散而出现掉队者。初二学生进入青春期，出现男女界限，开始考虑人生理想，学习上也开始出现分化现象。初三学生对升学考虑较多，情绪不稳，容易冲动，常走极端，最怕失学待业。高一学生生理发育趋于成熟，渴望自主、自理，渴望得到别人的理解和尊重，希望生活丰富多彩，视道德、纪律为小事。高二学生接近成人，重充实实力，讲平等竞争，不满足于课堂所学知识，注重自学和课外活动，思想活跃，爱发议论，容易脱离社会现实只强调自我，爱和异性在一起。高三学生面临毕业，考虑自己的人生、专业、前途，理想初步形成，学习负担重、时间紧，思想紧张，心事重重，但比较冷静沉着。只有清醒地把握每一个年级学生的年龄特征，才能对学生德育进行整体规划、统一安排，以保证德育切合学生实际。

（六）教育影响的一致性和连贯性原则

这一原则是指在德育过程中，教师必须主动地协调来自各方面对学生的教育影响，使之步调一致、前后连贯，促使学生的思想品德朝着统一方向发展。

这一原则主要是依据学生思想品德形成的规律而提出的。一个人思想品德是在各种因素的综合作用下逐渐形成的。来自校内外的各种影响因素是复杂多样的，若各方面的影响不一致，甚至相互矛盾，就不能形成合力作用于学生，教育的作用就会被削弱、抵消，使学生产生思想混乱，形成不良品德。因此，必须使这些影响因素综合一致，密切配合。另外，学生品德的形成，必须经过一个长期培养、循序提高的过程，要使学生明了一个道理，形成一种观点信念，养成良好的行为习惯，或是转变已形成的错误观点，纠正不良习惯，则需要更长的时间。至于形成品德体系，更需教育者长期不懈的努力。因此，进行德育要前后连贯，系统地、连续不断地进行。

贯彻这一原则的要求是：

1. 统一校内各种教育力量

学校中的团队组织、班主任、任课教师、管理人员及一切工作人员都应在学校党组织和行政领导下协调一致，形成统一的教育力量，尤其是班主任更应做好协调工作。

2. 统一校外各种教育影响

家庭、社会的影响往往是广泛的、经常的，但同时带有自发性、复杂性，学校应发挥其主导性、权威性，积极主动地协调、统一各方面的影响。教师要主动联系家庭，通过家访、书面联系、家长会、家长委员会、家长学校等途径，取得家长的配合和支持，使家长成为学校德育的有力助手。另外，学校还要主动地与校外各教育机构取得联系，协调对青少年的校外教育。

3. 做好衔接工作

包括做好小学与初中、初中与高中及学期与学期之间学生品德教育的衔接工作，做好班主任和教师因工作调换而产生的衔接工作，还要注意处理好集中性教育与经常性教育的关系。

真题链接

针对我国目前家庭教育与学校教育对学生品德要求出现的差异甚至对立的现象，应强调贯彻的德育原则是（　　）。

A. 发扬积极因素，克服消极因素　　B. 理论联系实际
C. 教育影响的一致性与连贯性　　　D. 正面启发，积极引导

答案：C。

（七）发扬积极因素、克服消极因素的原则（长善救失原则）

这一原则是指在德育工作中，教育者要善于依靠、发扬学生自身的积极因素，调动学

生自我教育的积极性,克服消极因素,以达到长善救失的目的。

贯彻这一原则的要求:

(1) 教育者要用一分为二的观点,客观地评价学生的优点与不足。

(2) 教育者要有意识创造条件,促进学生思想中的消极因素转化为积极因素。

(3) 教育者要引导学生提高自我认识、自我评价、自我调节的能力,启发他们自觉思考,克服缺点,发扬优点。

真题链接

初(1)班小王同学在黑板上画了个漫画,并写上"班长是班主任的小跟班"。班主任冯老师看了,发现漫画真画出了自己的特征,认为他有绘画天赋。于是请他担任班上的板报和班刊绘画编辑,并安排班长协助他。在班长的帮助下,小王同学发挥了自己的才能,出色地完成了任务,克服了散漫的毛病,后来还圆了他考取美术专业的大学梦。冯老师遵循的主要德育原则是( )。

A. 疏导原则　　　　　　　　B. 教育影响一致性与连贯性原则

C. 长善救失原则　　　　　　D. 严格要求与尊重学生相结合原则

答案:C。

第二节　德育途径与方法

一、德育途径

德育途径是指德育的实施渠道或形式。我国中小学德育的途径有:政治课与其他学科教学、课外活动与校外活动、劳动、共青团与少先队活动、班主任工作等。

1. 政治课与各科教学

这是学校有目的、有计划、系统地对学生进行德育的基本途径。思想政治课(小学为思想品德课)是对学生实施德育的专门途径。通过这一途径可以向学生进行系统的政治思想教育。

学校的中心工作是教学,教学是学校德育的最基本途径。各科教材包含丰富的德育思想,只有充分发掘教材本身所具有的德育因素,把教学的科学性与思想性统一起来,才能在传授与学习科学知识的同时,使学生受到科学精神、社会人文精神的熏陶,形成良好品德。同时教学过程的每个环节都具有教育性,课堂教学中的师生互动、课堂气氛、教学方法,课外辅导,作业布置与批改,学业成绩的检查与评定等各个环节都会对学生的思想品德产生影响。

2. 课外活动与校外活动

课外、校外活动是整个教育体系中必不可少的组成部分,它不受教学计划的限制,具有参与的自愿性、内容的丰富性、形式的多样性以及活动的自主性的特点，是生动活泼地向学生进行德育的一个重要途径。

3. 社会实践活动

活动与交往是学生品德形成的基础，开展形式多样的社会实践活动有利于学生的品德形成与发展，社会实践活动是学校德育的不可缺少的重要途径。社会实践活动的形式主要有：社会生产劳动、社会宣传与服务活动、志愿者活动、社会调查（包括参观、访问、考察等）。这是生动活泼地向学生进行德育的一个重要途径。

4. 共青团、少先队、学生会和社团组织的活动

通过学生自己的集体组织进行德育，有利于调动学生的积极性和创造性，培养学生的主人翁意识和自我教育、掌握管理的能力，培养优良品德。

5. 班主任工作

班级是学校教育工作的基本单位，班主任是班级教育与管理的主导力量，学校的各项工作都要通过班主任强有力的领导与管理才能实现，德育工作更是需要班主任的力量来实现。

6. 校园文化

校园对学生的思想品德有着潜移默化的影响。校园文化从形态上可以分为校园物质文化、制度文化和精神文化，校园文化建设可以从这三方面进行，从而营造出"让学校的每一堵墙壁都说话"的环境，使学生在潜移默化中受到教育。校园文化还可以分为各种亚文化，如教师文化、学生文化、班级文化、宿舍文化等，要全方位发挥其作用。

7. 家庭、社区、学校三结合教育

学校要主动争取家庭、社区、社会各方面的支持和配合。可以通过家庭访问、家长会、家庭教育咨询、家长委员会、家长学校等形式，了解家长对子女教育的情况，向家长介绍教育子女的科学方法，交流成功的经验，帮助家长创造良好的家庭教育环境。要积极争取乡镇、街道、工厂、部队、文化科学宣传等单位的支持，建设一支相对稳定、由各条战线优秀分子组成的校外辅导员队伍；在条件成熟的情况下，争取建立"社区教育委员会"，以组织、协调社会各界支持、关心学校工作，形成全社会关心青少年健康成长的氛围。

2017年8月中华人民共和国教育部颁发了《中小学德育工作指南》，该《指南》指出，通过课程育人、文化育人、实践育人、活动育人、管理育人和协同育人等六大德育途径进行德育，实现立德树人的目标。（详见附录一）

二、德育方法

德育方法是为了完成德育的任务而采取的活动方式和手段。它包括教育者的工作方法和受教育者的活动方法。德育方法随着德育目的、德育理念的变化，德育经验的积累，德育手段的更新以及受教育者状况的不断变化等因素不断地变革与创新。目前，我国中小学常用的德育方法主要有以下六种。

(一) 说服教育法

说服教育法是通过摆事实、讲道理,提高学生思想认识的方法。说服教育法是德育的基本方法。向学生进行德育,首先要提高他们的思想认识,启发他们的自觉性,这就需要以理服人,而不是以力服人,对于不同年龄阶段的学生,不管采用何种德育方法,往往都离不开说服教育。

说服的方式丰富多样,归纳起来可分为两类。一类是言语说服,包括口头语言与书面语言说服,主要有讲解、报告、谈话、讨论、指导阅读等;另一类是事实说服,主要有参观、访问、调查等。其中每一种方式往往也有各种不同的形式。

运用说服教育法时要注意:(1)说服要有针对性、启发性、感染性、民主性和客观性。(2)善于抓住时机进行说服。(3)说服要与提出行动要求相结合。(4)说服的各种方式应相互配合、综合运用。

说服是最常见的德育方法,但是,无数事实证明,"说"而不"服"的现象还是屡见不鲜的。究其原因,大概有三:一是老师"说"的内容是老生常谈,毫无新意,听者乏味,更不动心;二是老师说的态度欠妥,讽刺挖苦,无限上纲,无法接受;三是老师"说"的方法简单生硬,当众数说,毫不委婉,令人不服。说服教育成效显著的老师大都能掌握说服的艺术,善于摆事实,讲道理,把深奥的道理说得通俗易懂,使人心悦诚服;或用寓言故事,揭示事物的本质,给人留下隽永的回味,从而转变不正确的思想;或用名言警句从侧面回答学生的问题,使学生听着有味,继而大悟,改变认识。

(二) 情感陶冶法

情感陶冶法是教育者有目的地利用环境或者创设一定的情境,对受教育者进行积极影响使其耳濡目染,心灵受到感化的一种方法。这种方法的特点是利用了情境的暗示和感染作用,将理与情、情与境融为一体,使受教育者产生情感的共鸣,并且在不知不觉中受到潜移默化的影响。

情感陶冶的方式主要有三种:(1)教育者的爱和人格感化。即通过教育者对受教育者真诚的、无微不至的关心爱护及教育者高尚的人格,感化熏陶学生,使之形成教育者所期望的良好的品德。(2)环境陶冶。即通过创设良好的学习和生活环境,使学生的身心长期受到熏陶,逐渐养成良好品德。或者根据特定的教育目的的要求特意创设教育情境和氛围,来暗示、感染学生使之产生情感上的共鸣,激发学生产生高尚的道德情感。(3)艺术陶冶。即借助于音乐、美术、诗歌、小说、影视等艺术手段创造的生动形象感染学生,在欣赏、评论、创作及演出过程中受到陶冶。

运用情感陶冶法时要注意:(1)教育者必须加强品德修养,恪守教师职业道德,处处以身作则,使学生能在经常性的身教中受到熏陶。(2)教育者要精心设计教育情境。既要让学校的每一堵墙都说话,又要根据具体的任务选择不同的方式,创设特定的情境。

真题链接

某中学为了对学生进行思想品德教育,组织学生观看《建国大业》等爱国主义影片。该校采用的这种德育方法是( )。

A. 实际锻炼法　　B. 情感陶冶法　　C. 说服教育法　　D. 个人修养法

答案:B。

(三)榜样示范法

榜样示范法是教育者运用他人的模范行为和优良品德影响学生,促使其形成优良品德的方法。这种方法的特点是把抽象的道德规范和高深的政治思想原理具体化、人格化,以生动具体的典型形象影响学生心理,使教育有很强的吸引力、说服力和感染力。

榜样的类型主要有:老一辈无产阶级革命家、革命先烈以及历史上出现过的伟人的典范;现实生活中先进模范人物的典型事迹;艺术作品中典型人物的示范,家庭成员、教师和同学中的先进人物的示范;艺术作品中艺术形象的影响。

运用榜样示范法时要注意:(1)要向学生提出明确的目的要求。不管学习何种类型的榜样,都应使学生明确向榜样学什么,怎么学,调动他们学习榜样的积极主动性。(2)慎重地选择、树立榜样。树立和选择榜样时要注意榜样的权威性、针对性和相近性,运用榜样进行教育时要坚持客观性。(3)要引导学生对榜样进行分析。通过对榜样的分析,了解榜样,对照自己找出差距,激发学习榜样的自觉性。

真题链接

有同学在班上丢了30元压岁钱,如何解决这个问题呢?王老师通过讲"负荆请罪"的故事,教育拿了钱的同学像廉颇将军一样知错就改,不久犯错误的同学把钱悄悄归还了失主。王老师采用的德育方法是( )。

A. 榜样示范法　　　　　　　　B. 品德评价法
C. 实际锻炼法　　　　　　　　D. 个人修养法

答案:A。

(四)实际锻炼法

实际锻炼法是教育者组织学生按照一定的要求,参与各种实际活动,在活动中形成良好的思想品德和行为习惯的方法。

实际锻炼的内容广泛,方式多样。概括起来主要有这样几种方式:(1)委托任务。教育者或学生集体委托学生完成一定的工作任务,在完成具体任务的过程中,培养学生优良的品德和行为习惯。(2)组织活动。组织学生参加各种实际的活动,是实际锻炼的最主要的形式。这些活动包括学习活动、课外活动、劳动以及一定的社会实践活动等,在活动中,学生加深认识,丰富体验,锻炼意志,培养习惯。(3)执行制度。让学生按照学生守则、课堂纪律、作息制度等必要的规章制度进行锻炼。

为提高实际锻炼的效果,应注意:(1)始终坚持严格要求,不能松松垮垮,流于形式,而且要教育学生从点滴做起,认真对待每一项活动,"莫以善小而不为,莫以恶小而为之"。(2)实际锻炼要与教师的说理有机结合,不断提高学生对实际锻炼意义的认识,使其产生自觉锻炼的要求。(3)对锻炼的结果要及时地进行评价总结,表扬先进,激励后进,讲求锻炼的经常性和反馈的及时性。

真题链接

孟子说:"天将降大任于斯人也,必先苦其心志,劳其筋骨,饿其体肤,空乏其身,行拂乱其所为,所以动心忍性,增益其所不能。"这段话体现的德育方法是(　　)。

A. 实际锻炼法　　B. 个人修养法　　C. 情感陶冶法　　D. 榜样示范法

答案:A。

(五)自我教育法

自我教育法是指在教育者的启发和引导下,受教育者对自己的思想品德表现进行自我认识、自我克制、自我激励、自我评价、自我调节等以提高自己的思想品德水平的方法。自我教育是一种自觉的思想转化和行为控制的活动,是一个人在品德修养上能动性的表现,它贯穿于思想品德形成的整个过程。从这个意义上说,运用任何教育方法都离不开学生的自我教育。

教育与自我教育是相互联系的。教育离不开自我教育,自我教育能力的发展可促使学生更好地、更自觉地接受教育的影响,增强和巩固教育效果;学生自我教育的能力和要求是通过教育而逐渐形成发展的。我国著名教育家叶圣陶说过:"教育的目的就是为了不教。"苏联著名教育家苏霍姆林斯基亦曾断言:"只有促进自我教育的教育才是真正的教育。"

提倡进行自我教育,绝不意味着可以降低教育者的责任和要求,进行"放任教育";相反,教育者更应加强有计划的指导和培养。在运用自我教育法指导学生自我教育时,要注意以下几点:(1)激发学生自我教育的愿望,培养自我教育的自觉性。这是引导学生做好自我教育的前提条件,只有当学生产生了自我教育的强烈需要和动机时,他才有可能进行自我评价、自我调节、自我监督等。因此,教师要设法引导学生"卷入"新旧思想的斗争、道德或价值的冲突、道德行为的选择中去,使其产生自我教育的强烈愿望。(2)指导学生掌握自我教育的标准。学生明确自我教育的标准,是进行自我教育的基础,只有明确要求,才能知道努力方向,并以此不断调节自己。(3)创设有利的道德情境,组织各种实践活动,发展学生的自我教育能力。随着自我意识的发展,中学生已有一定的自我教育能力,产生自我教育的需要,但发展毕竟不够充分、成熟,需要教师不断加以控制、训练和培养。因此,教师应指导学生在各种不同情境中,在不同的活动中,培养自己的自我教育能力。

【例说】2－6

千教万教教人求真，千学万学学做真人[①]

某教师班上的学生都是大城市的孩子，思想活跃。很多学生每天都看电视新闻、看报。前段时间社会上开展"打假"活动，每到下课、中午休息，他们大谈假货及其危害。谈到激动时有的学生就愤愤不平地说："如果我是市长，我一定会重惩这些制造假货、坑害百姓的人。"看到学生们这种义愤填膺、个个都与制假者势不两立的样子，联想到他们当中平时也有不少爱抄袭作业，甚至考试作弊的情况，这位教师是这样进行教育的：

首先，要求学生调查列举一项假货产品以及它给人们带来的危害，然后在班会上汇报自己的调查结果，班会上学生争先恐后，发言非常热烈。有的说："如果我是厂长、经理绝不做这坑人的事。"有的说："我宁肯少吃一顿饭，也不做这缺德事。"最后一致认为：全国上下一齐努力，一定会改变这种不良风气。轮到老师发言，这位老师就肯定了他们这种对社会负责的热情，接着提出，我们同学中在对待学习上是不是也有这种不良风气？我们应如何看待呢？

问题提出后，热烈的场面顿时消失，足足沉默了好几分钟，突然有个班干部说："我认为我们班上的同学考试成绩也掺假，是作弊得来的。"接着学生们慢慢地又谈开了。有的说："有个别同学平时抄袭作业，考试作弊，完全是个人不努力造成的，考试时怕考糟了无法向老师家长交代，采取了最终是欺骗自己的手段，这与社会上制造假货没什么两样。"有的同学说："我考试作过弊，那是迫不得已，我知道作弊是饮鸩止渴的蠢办法，但我怕家长知道后挨训，怕班主任考试后谈心，怕老师排名次。"有个女生坦诚地说："老师和同学们都认为我是好学生，但我并不是同学们想象中的好学生，上次考历史时我作了弊，因为我平时不重视副科，又怕排名次。考后我的成绩排在全班第三，但我心里却有非常大的负罪感，今天说出来，请同学们批评，我会轻松一点。"有的同学提出改变社会风气，要从自身做起，有的同学提出我们应从分数中解放出来，明确读书是为了掌握真本领，将来好适应社会、服务社会。有的同学说作弊学生本人应负主要责任，但老师要把好监考关，学校也不能光以分数来评判学生等。大家你一言，我一语，把作弊的原因、危害分析得清清楚楚。

[①] "新时期中学班主任工作的理论与实践研究"课题组：《中学班主任工作100例》，教育科学出版社1995年版，第24—26页。

> 最后,老师做了小结,肯定了大家对社会上不正之风痛恨的感情;同意他们对学习上搞不正之风的分析;表示了自己要全面地看待学生,不能只注重分数,不能简单地排名次,然后以陶行知先生的话"千教万教教人求真,千学万学学做真人"结尾。
> 不久,一次小测验,发完卷子后,老师故意离开教室,临近考试结束时方回来。考完后,老师问一个平时表现较差的学生,感觉如何。这个学生说:"老师,有几道题我硬是做不出来,我这次不知用了多少毅力强迫自己,生怕一抬头看到别人的答案。这次我可能不及格,但心里很舒服。"听他这么说,许多同学都笑了。
> 请你仔细阅读上面这篇文章,并谈谈自己的感想。

(六) 品德评价法

品德评价法是指通过对学生已经形成或正在形成的思想品德给予肯定或否定的评价,以激励其上进,预防和克服不良品德滋长的方法。品德评价具有激励、导向、约束等多方面的作用,具有经常性(随时、随地、随事)、广泛性(学习、生活、活动)、深刻性(引起良心自责,触动人的心灵深处)等特点,对形成品德尤其是巩固行为习惯方面具有十分重要的作用。因而品德评价法也是常用的德育方法。

品德评价的方式主要有表扬与奖励、批评与惩罚以及操行评定等。

表扬是对学生思想品德行为做出好的评价。可以是口头表扬,也可以是书面表扬,目的是增强学生的上进心和自信心。奖励是对学生特别突出的思想品德行为的肯定。一般要采用比较隆重的形式,发给奖状、奖品、纪念章或者授予光荣称号等。目的是强化学生的先进思想和行为,激励他们更加严格要求自己、完善自己。

批评是对学生不良思想行为做出否定评价,以终止其不良的思想品德。批评的方式可以是个别进行,也可以当众进行。惩罚是对学生严重不良行为的否定。当学生的不良思想行为经过反复说服、教育无效时,为维护集体利益,也为教育本人,必要时应该给予一定的强制,直到给予某些惩罚。目的是制止其不再发展下去并从错误中扭转过来。惩罚能引起学生内疚的痛苦和不愉快的情感,并使学生学会用意志努力去克服自己不良的行为习惯,从而培养学生良好的意志品质。当然惩罚往往也有副作用。惩罚的方式一般有谴责与处分两种,处分只对错误严重而又屡教不改的学生采用。处分一般为警告、记过、留校察看、开除学籍等。

操行评定是在一定时期内对学生思想行为所做的比较全面的评价。它应以德育大纲中的德育目标为评价标准,以"学生守则"等为基本内容来考查学生平时在课内课外、校内校外对待学习、社会活动、劳动及对待集体和同学等各方面的表现,从而做出概括性的总结。一般是一个学期做一次,有操行等级与书面的操行评语两种形式。

奖惩不仅是十分重要的方法,而且是教师的基本教育手段。恰当地使用奖惩,是十分复杂的,需要教师在实践中不断摸索,这里大致谈几点注意事项:(1)奖惩要适当,要有教育意义,不要滥用,尤其是惩罚更要慎用。(2)奖惩要公平合理,实事求是,对学生要一视同仁。(3)奖惩要及时,时机要恰当。(4)奖惩方式要多样化。(5)奖惩要注意学生的年龄特征和个性差异。

真题链接

班主任赵老师经常运用表扬、鼓励、批评和处分等方式引导和促进学生品德积极发展,这种方法属于(　　)。

A. 说服教育法　　B. 榜样示范法　　C. 情感陶冶法　　D. 品德评价法

答案:D。

【例说】2-7

陶行知的四颗糖[①]

陶行知先生在担任一所小学的校长时,看到男生王友用泥块砸班上的同学,当即制止了他,并要他放学时到校长室去。

放学后,陶行知来到校长室,王友已经等在门口准备挨训了。陶行知没有批评他,却送了一块糖给他,说:"这是奖给你的,因为你按时来到这里,而我却迟到了。"

王友惊疑地接过了糖果。

接着,陶行知又从口袋里掏出一块糖给王友,说:"这块糖也是奖给你的,因为当我不让你再打人时,你立即住手了,这说明你很尊重我,我应该奖励你。"

王友迷惑不解地接过了糖。

陶行知又掏出第三块糖,说:"我调查过了,你用泥块砸那些男生,是因为他们不守游戏规则,欺负女生。你砸他们,说明你很正直善良,有跟坏人斗争的勇气,应该奖励你啊!"

听到这里,王友感动极了,他流着眼泪后悔地说:"陶校长,你打我两下吧!我错了,我砸的不是坏人,而是自己的同学呀!"

陶行知满意地笑了,他随即掏出第四块糖,递给王友:"为你正确地认识错误,我再奖给你一块糖。"待王友接过糖,陶行知说:"我的糖没了,我看我们的谈话也该完了吧!"

陶行知的批评具有幽默性、启发性,对你有何启发?

---

① 杨海东、高爱玲:《骨干教师谈成长》,哈尔滨工业大学出版社2005年版,第229页。

【例说】2-8

"道德币"与"道德银行"[①]

2003年11月5日,位于杭州钱塘江畔的浙江工业大学之江学院举行了简短而隆重的启动仪式,宣布道德银行正式成立并运行。全院所有大一大二的学生都被吸纳为储户,其他学生也自愿申请开户。深蓝色的"道德银行储蓄卡"样式与常见的银行储蓄卡相似,有户名、账号及存入、支出、结余等栏目,不过币种一栏却写着"道德币"三个字。按照"道德银行"的评估原则,学生参加青年志愿者活动、社会公益活动和其他各类好人好事都可以获得相应的"道德币"。如义务献血一次,登记在"道德银行储蓄卡"上就是2万元的"道德币"。除了负责存款的存储部外,银行还设立了支取部。支取部部长、人文系大二法律专业的潘艳乃介绍说,如果出现各种违纪行为,就必须处以2万元至10万元的罚款。此外,当"储户"自身有需求时,也可以凭卡支取,如"储户"可根据其好人好事所积攒下来的"道德币"向"银行"申请相应的帮助或享受相应待遇。这些优先帮助和待遇包括:享受申请勤工助学岗位,参加学生会组织的各类学习培训优先考虑待遇,可申请获赠一季度的学科报纸、杂志等。

学期终,道德银行还将对"存款高额者"进行"十佳道德富翁"排名,并予以表彰和宣传。学生在道德银行中的储蓄等级还将被列为团内评优、学校评定奖学金的参考。

目前,学院已有3 350多名大学生成为道德银行中的储户。其中179位储户已获得第一笔"道德币"。

这是一个奖惩法的案例,有效地运用了奖惩,但有人认为这种方法过于功利,你对此有何看法。

德育过程是一个错综复杂充满矛盾的过程,德育方法也是丰富多样,每一种方法都有其独特的功能,又有其局限性,教师要根据具体的情况选择不同的方法,并使各种方法互相配合发挥最佳效果。正如苏联教育家马卡连柯说的:"没有任何十全十美的方法,也没有一定有害的方法。使用这种或那种方法的范围,可以扩大到十分普遍的程度,或者缩小到完全否定的状态——这要看环境、时间、个人和集体的特点,要看执行者的才能和修养,要看最近期间要达到的目的,要看全部的情势而定。"[②]

[①] 张乐:《关于道德银行的报道》,《北京青年报》2003年11月26日。
[②] 邱国梁:《马卡连柯论青少年教育》,中国青年出版社1984年版,第35—36页。

第三节 德育模式

一、德育模式概述

(一)德育模式的含义

"模式"一词是 model 的汉译名词,有模型、范例、典型等意思。一般指研究对象在理论上的逻辑轮廓,是经验与理论之间的一种具有可操作性的知识系统,是再现现实的一种理论性的简化了的结构形式。德育模式是一种运用"模式"研究法,对在德育现象中逐步形成的、相对稳定的、较为系统而具有典型意义的德育经验,加以抽象化、结构化,使之形成特殊的理论形态。德育模式是在一定的教育理念下,对德育过程及其组织方式、操作手段、评价机制做出简要的特征鲜明的表述。

模式研究的出现是方法论的变化,以前的研究受因素分析的影响,习惯于对教育的过程、原则、内容、方法、手段等分别研究,而忽略各部分之间的联系或关系;或习惯于停留在对各部分关系的辩证理解上,而缺乏可操作性。德育模式的研究指导人们从整体上去综合地探讨德育过程中各因素之间的相互作用和多样化的表现形态,以动态的观点去把握德育过程的本质和规律。模式研究采用系统研究的方法,是方法论上的一种革新。首先在教育领域采用"模式"研究法的是英国师范教育专家乔伊斯和韦尔,他们在 20 世纪 60 年代出版了专著《教育模式》。

德育模式是联结德育理论和德育实践的纽带和桥梁,起中介作用。德育模式上秉抽象理论,下承具体实践,既是德育理论的范型化,又是具体经验的概括化。它以范式所独具的具体性、可操作性相异于一般理论,又以其内在的逻辑性和完整的科学性而有别于具体的德育经验。

(二)德育模式的结构

(1)理论依据。德育模式是一定的德育理论与思想的反映,是在一定理论指导下的德育行为范型。不同的德育理论往往提出不同的德育模式,同一德育模式可能综合多种德育理论。

(2)德育目标。在德育模式的结构中目标处于核心地位。不同的德育模式是为完成一定的德育目标服务的。

(3)操作程序。每一种德育模式都有特定的逻辑步骤或操作程序。

(4)实现条件。是指使德育模式发挥效力的各种条件因素。

(5)评价体系。不同的德育模式所要完成的任务和达到的目标不同,使用的程序和条件不同,当然其评价的方法和标准也有所不同。比较成熟的德育模式已经形成了一套评价体系,有的还没有形成。

（三）德育模式的特点

（1）指向性。由于任何一种德育模式都是围绕一定的德育目标设计的，而且每种模式的有效运用也需要一定的条件，因此不存在对任何德育过程都适用的普遍有效的模式，也谈不上哪一种模式是最好的。最好的是在一定情况下达到特定目标的最有效的模式。

（2）操作性。德育模式是一种具体化、操作化的德育思想或理论，它把某种理论或活动方式中最核心的部分用简化的形式反映出来，为人们提供了一个比抽象的理论具体得多的行为框架，便于人们理解、把握和运用。

（3）完整性。它是德育现实与德育理论构想的统一，有一套完整的结构和一系列的运行要求，体现着理论本身的自圆其说和过程的有始有终。

（4）稳定性。德育模式是大量德育实践活动的理论概括，在一定程度上揭示了德育活动带有普遍性的规律。对德育起着普遍的参照作用，具有一定的稳定性。

（5）灵活性。根据具体情况进行调整，德育有模而无常模，德育无常模是为至模。

（四）德育模式的种类

德育模式从宏观与微观划分可分为宏观德育模式与微观德育模式。宏观模式可分为：德目模式、能力（全面主义）德育模式、生活德育模式。微观模式即特殊德育模式，更多的是根据不同类型级别学校的实际情况或侧重于完成某种德育任务而提出的。如：侧重认知发展的德育模式，侧重情感培养的德育模式，侧重行为训练的德育模式。下面介绍的德育模式就是据此划分的。美国道德教育专家哈什将德育模式分为理由建构模式、体谅模式、价值澄清模式、价值分析模式、道德认知发展模式、社会行动模式。

二、当前西方几种主要的德育模式

（一）道德认知发展模式

道德认知发展模式是由瑞士心理学家皮亚杰和美国道德心理学家柯尔伯格共同创建。皮亚杰早在20世纪二三十年代就提出了道德认知发展的理论，而柯尔伯格的贡献则体现在从实践上构建了一个可以操作的德育模式。

1. 皮亚杰的道德发展阶段论

瑞士著名心理学家皮亚杰在20世纪30年代就对儿童道德判断的发展进行了系统研究。他采用对偶故事法研究儿童道德判断发展的水平，认为儿童道德判断的发展是一个由他律到自律、由客观责任感逐步向主观责任感的转化过程。根据公正观念的发展水平，儿童的道德发展可分为四个阶段：

（1）前道德阶段（1—2岁）：儿童处于感觉运动时期，行为多与生理本能的满足有关，无任何规则意识，因而谈不上任何道德观念发展。

（2）他律道德阶段（2—8岁）：儿童主要表现为以服从成人为主要特征的他律道德，

故又称为服从的阶段。他律道德阶段又分为两个阶段：

其一，自我中心阶段(2—5岁)：这一阶段儿童处于前运算思维阶段。其特点是单向、不可逆的自我中心主义，片面强调个人存在及个人的意见和要求。

其二，权威阶段(5—8岁)：思维正由前运算思维向具体运算思维过渡，以表象思维为主，但仍不具备可逆性和守恒性。因此，这一时期儿童的道德判断是以他律的、绝对的规则及对权威的绝对服从和崇拜为特征。他们了解规则对行为的作用，但不了解其意义。他们常以表面的、实际的结果来判断行为的好坏，认为服从成人就是最好的道德观念，服从成人的意志就是公正。如果违背成人的法则，不管动机如何都应该受抵罪的惩罚，而且惩罚越厉害越公平。

（3）自律或合作道德阶段(8—11、12岁)：儿童思维已达到具有可逆性的具体运算，有了自律的萌芽，公正感不再是以"服从"为特征，而是以"平等"的观念为主要特征，逐渐代替了前一阶段服从成人权威的支配地位。意识到准则是一种保证共同利益、契约性的、自愿接受的行为准则，并表现出合作互惠的精神。开始以动机作为道德判断的依据，认为公平的行为都是好的。关于惩罚，认为只有回报的惩罚才是合理的。

（4）公正道德阶段(11、12岁以后)：这时儿童的思维广度、深度及灵活性都有了质的飞跃，此时才真正到了自律阶段。这一阶段的儿童开始出现了利他主义。他们基于公正感做出的判断已经不再是平等基础上的法定关系，而是人与人之间的道德关系；将规则同整个社会和人类利益联系起来，形成具有人类关心和同情心的深层品质。

皮亚杰在儿童道德发展规律研究方面的杰出贡献：（1）在认知发展与道德发展的关系方面，肯定了认知发展是道德发展的必要条件，认为道德情感的激发有赖于道德认识，价值判断有赖于事实判断。（2）关于儿童的道德发展的规律问题及道德发展过程中的质和量的问题，皮亚杰提出儿童的道德发展是一个连续的整体过程，在这个连续的过程中，由于心理结构的变化而表现出明显的阶段性特征。（3）关于教育在儿童道德发展中的作用，皮亚杰认为认知发展是道德发展的一个必要条件，可以通过教育的手段加以促进。

皮亚杰的道德发展阶段理论的局限性：（1）随着儿童年龄的增长以及同伴间相互关系的不断发展，儿童道德判断的基础便从考虑后果转为考虑意图，在这个转变过程中，起重要作用的是同伴的协作，而不是成人的教育或榜样，从而否定了榜样的作用，这是不对的。（2）皮亚杰虽然揭示了道德认识在儿童道德发展中的作用，也注意了情感和意志的发展在儿童道德发展中的作用，却忽视了"行"的因素，也是错误的。（3）关于成人的强制或约束以及协作在儿童道德发展过程中的作用，皮亚杰绝对否定成人约束对儿童道德发展可能具有的积极作用，这是错误的。

2. 柯尔伯格道德认知发展阶段理论

20世纪70年代柯尔伯格采用"道德两难故事"的方法，对儿童道德发展进行了实证研究，提出人类存在文化上具有普遍性的基本的道德价值，这些基本道德价值表现为一个有相同阶段的连续发展的过程，即著名的道德发展"三水平六阶段"。

表 2-1 道德判断发展的阶段

水平	阶段	道德推理的特点	关于"海因兹两难"的道德推理	
			不该偷的理由	该偷的理由
前习俗水平	1	以惩罚与服从为定向	偷东西会被警察抓起来,受到惩罚。	他事先请示过,又不是偷大东西,他不会受重罚。
	2	以工具性的相对主义为定向	要是妻子一直对他不好,海因兹就没有必要自寻烦恼,冒险偷药。	要是妻子一向对他好,海因兹就该关心妻子,为救她的命去偷药。
习俗水平	3	以人与人之间和谐一致或"好男孩—好女孩"为定向	做贼会使自己的家庭名声扫地,给自己的家人(包括妻子)带来烦恼和耻辱。	不管妻子过去对他好不好,他都得对妻子负责。为救妻子去偷药,只不过尽了丈夫该尽的义务。
	4	以法律与秩序为定向	采取非常措施救妻子的命合情合理,但偷别人的东西犯法。	偷东西是不对,可不这么做的话,海因兹就没有尽到丈夫的义务。
后习俗水平	5	以法律的社会契约为定向	丈夫没有偷药救妻子的义务,这不是正常的夫妻关系契约中的组成部分。海因兹已经为救妻子的命尽了全力,无论如何都不该采取偷的手段解决问题。但他还是去偷药了,这是一种超出职责之外的好行为。	法律禁止人偷窃,却没有考虑到为救人性命而偷东西这种情况。海因兹不得不偷药救命,如果有什么不对的话,需要改正的是现行的法律。稀有药品应当按照公平原则加以调控。
	6	以普遍的伦理原则为定向	海因兹设法救自己妻子的性命无可非议,但他没有考虑所有人的生命的价值,别人也可能急需这种药。他这么做,对别人是不公正的。	为救人性命去偷是值得的。对亚太地区任何一个有道德理性的人来说,人的生命最为宝贵,生命的价值提供了唯一可能的无条件的道德义务的源泉。

不同发展阶段的人的道德推理方式和性质是不一样的,上述三水平六阶段的顺序由低到高逐步展开。更高层次和阶段的道德推理能兼容更低层次和阶段的道理推理方式;反之,则不能。柯尔伯格认为道德发展是学习的结果;道德发展有赖于个体的道德自主性,"道德不能从外部强加于我,而是个体内部与外部环境交互作用的产物;冲突的交往和生活情境最适合于促进个体道德判断力的发展"。

根据道德认知发展理论,柯尔伯格提出了道德教育就是为了促进个体道德判断按阶段有顺序地发展,道德教育应奉行发展性原则。为此,他和他的追随者在学校教育实践中探索出了两种道德教育的方法,即"道德讨论法"和"公正团体法"。前者引导学生就道德两难问题进行讨论,诱发认知冲突,引起积极的道德思维,从而促进道德判断能力的发展。后者是创设充满民主的道德气氛,培养学生集体行为规范、共同负责的精神,建立有益于团体发展和学生生活的集体行为规范,给学生更多的民主参与机会,利用学校环境和伙伴之间的影响促进学生道德发展。

认知性道德发展模式向世人提供了一种重视理性思维的德育模式,还向世人展示了一种从基础理论到开发应用的研究模式。在当代学校德育模式中,认知性道德发展模式可能是理论基础最为坚实的模式,但它的理论假设并非无懈可击。有研究发现有些文化背景下的人根本没有出现阶段五和阶段六的道德发展特征；美国心理学家吉利根发现女孩子的回答不能完全归纳在"正义"概念之下，而可以归入"正义"之外的"关心"概念里；柯尔伯格的经典理论没有对道德判断力向更高水平和阶段发展具有不可逆性做出圆满的解释；不少人批评这个模式忽视道德发展中的情感因素。认知性道德发展模式阐述了道德发展阶段，主张发展性德育，并探索了有效的德育方法，对我国的德育改革具有很好的启示。这种模式对于使用者有相当高的要求。要成功地运用这个模式，教师不但要有一整套提问的策略、控制和指导班组讨论的能力，而且要对道德发展理论有精深的理解，了解并掌握各个发展阶段的道德思维方式。如果教师没有受到良好的训练，就极有可能滥用和误用这个模式。

真题链接

1. 小星判断道德问题时，不仅能依据规则，而且能出于同情和关心做出判断。根据皮亚杰道德认知发展理论，小星的道德认知发展处于（　　）。

A. 自我中心阶段　　　B. 权威阶段　　　C. 可逆阶段　　　D. 公正阶段

答案：C。

2. 小华认为：法律或道德是一种社会契约，为维护社会公平，每个人都必须履行自己的权利和义务。但同时他又认为，契约可根据需要而改变，使之更符合大众权益。根据柯尔伯格的道德发展理论，小华的道德判断处于（　　）。

A. 前习俗水平　　　B. 习俗水平　　　C. 后习俗水平　　　D. 超习俗水平

答案：C。

（二）价值澄清模式

价值澄清模式是20世纪60年代产生于美国的一种德育模式，其目的在于塑造人的价值观。代表人物有美国的路易斯·拉思斯、梅里尔·哈明等人，其代表作是1963年出版的《价值与教学》一书。价值澄清模式基于杜威的经验论、人本主义心理学以及存在主义提出了两个基本的理论假设：一是当代儿童生活在价值观日益多元化且相互冲突的世界，这些价值观深深地影响着他们的身心发展；二是当代社会不存在一套公认的价值观。由此，他们认为教师不能把价值观直接教给学生，而只能通过学习评价分析和批评性思考等方法，来帮助学生形成适合本人的价值观体系[①]。基本观点：学校道德教育的目的在于要创造条件，利用一切有效途径和方法帮助青少年澄清他们选择时所依据的内心价值观，并将其公之于众。提出了价值澄清的构成要素：关注生活，接受现实，激发进一步思考，提高个人潜能。

价值澄清模式的实施步骤与方法：价值澄清的完整过程可划分为选择、珍视和行动三个阶段，具体又分为七个步骤。选择阶段：(1) 完全自由地选择；(2) 在尽可能广泛的范围内进行自由选择；(3) 对每一种可能选择的后果进行审慎思考后做出选择。珍视阶段：

---

① 冯增俊：《当代西方学校道德教育》，广东教育出版社1993年版，第85页。

(4)做出喜欢的选择并对选择感到满意;(5)乐于向别人公布自己的选择。行动阶段:(6)根据做出的选择行事;(7)作为一种生活方式不断重复。价值澄清的教学方法:路易斯·拉思斯在《价值与教学》一书中提出了近20种方法,最主要的方法包括:澄清应答法、价值表填写法和价值观延续讨论法。

采用价值澄清模式的基本原则是:(1)避免说教、批评、灌输,不要把焦点集中于对或错上面;(2)促进学生反思自己的行为,要让学生独立负责地做出决定;(3)不要强求学生有问必答;(4)澄清法主要在造成气氛,目标是有限的;(5)主要帮助学生澄清自己的思想和生活;(6)避免空泛的讨论,要及时结束讨论;(7)不要针对个人;(8)教师不必对学生的话和行为都做出反应;(9)不要使学生迎合教师;(10)避免千篇一律。

价值澄清模式的优点是:在价值冲突的背景中具有重要意义,它是相对主义思潮在道德教育中的呈现,具有实用性、操作性、现实性、有效性等特点,在西方被学校和教师广泛接受。(1)尊重学生的地位,引发学生的主动性;(2)注重发展学生的道德意识、道德判断和价值观的选择能力;(3)注重现实生活;(4)具有很强的可操作性。但近年来,澄清是非的价值观受到了严厉的批评。这种模式对价值的个性特征的过分强调,极容易导向价值相对主义。

(三)关心体谅模式

与认知性道德发展模式不同,关心体谅模式把道德情感的培养放在中心地位。该模式由英国学校德育专家彼特·麦克菲尔等首创。先在英国使用,后在北美流行;先在中学试用,后也在小学流行。

1964—1971年,他们以问卷和访谈的形式对英国中学13~18岁的男女学生进行了三次大规模的调查,要求他们分别记述一件对自己好、不好、既谈不上好也谈不上不好的事件,通过对这些好事与坏事的分析,提出了学校德育的一些基本假设。

麦克菲尔认为,满足学生与人友好相处的需要是教育的首要职责;道德教育重在引导学生学会关心,学会体谅,并在关心人、体谅人中获得快乐;角色尝试有助于青少年敏感而成熟的人际意识和社会行为的发展;学校要重视营造和谐的人际关系和生活关系。关系比教材更重要,但还是根据学生记述的好事与坏事,提炼出许多典型的人际—社会情境问题,开发了一套中学生的教材——《生命线》。《生命线》包括三部分:设身处地、证明规则、你会怎么办。

认知发展模式与关心体谅模式都是价值多元化、道德相对论压力下的产物,两者一个重知、一个重情,各自为培养学生道德判断力、道德敏感性提供了一种新思路。两者分别以道德两难问题与人际—社会情境为基本教材。道德两难问题就是人际或社会情境,而人际—社会情境却未必具有两难性质。体谅模式也用过冲突情境,其目的在于引导学生设身处地学会关心、学会体谅,以理解和消除冲突。而在认知发展模式中,设置和运用两难问题,意在加剧学生之间的道德冲突,造成学生认知失衡,在此基础上促进学生道德判断力的发展。前者虽然鼓励学生进行角色扮演,但以小组讨论为主;后者也可以组织学生围绕情境问题进行讨论,但常用的方法是角色扮演和模拟表演。尽管体谅模式的理论与实践都建立在大规模的实证研究的基础上,但教育界只对其实践部分给予充分的肯定,而对其理论假设争议较多。其对青少年学生的需要和特点的描述带有人本主义色彩,而关于道德感染、道德表率、观察学习和社会模仿的观点又有明显的行为主义倾向。

关心体谅模式提供了一整套提高学生人际意识与社会意识的开放性情境教材,并且为教师理解和使用这套教材提供了一系列的教师指南,如《中学德育》《学会关心》等。指南详细阐述了《生命线》各部分各单元的教育目的和意图,还提出了与教材配套的教学方法、策略和程序方面的建议,使体谅模式具有很强的操作性。围绕《生命线》组织起来的是一种较为复杂的德育模式,所有的情境教材既可以供群体使用,也可以供个体使用,并且适用从小品到社会戏剧等多种形式的创造性活动。我国正把"学会关心"视为学校德育的一个重要目标,关心体谅模式对我国德育实践具有重要的实践意义。

【例说】2-9

善待布赖恩[①]

帮助有学习缺陷的儿童融入普通班级中,在美国是一项得到优先考虑的教育措施。某校,有个名叫布赖恩的9岁小男孩,他患有轻度小儿麻痹症,是全班捉弄的对象。他松不开夹克衫拉链,课间休息在操场上动作不协调,诸如此类的事情常使他遭人取笑。每当布赖恩不停地遭到嘲笑时,常见他整堂课哭哭啼啼。

有一天,布赖恩没有来上学。华伦太太抓住这个机会,要求全班学生讨论一下她认为班上存在的这个严重问题。学生们听到老师说存在一个"问题"时,似乎都感到十分惊讶,但他们还是围在一起展开了讨论。

华伦太太解释说:"有的人天生就有病,不能像正常人那样运用自己的肌肉,要他们像正常人那样行动是很困难的。我不知道,各位如果你们自己不能做一些事情,还被其他小朋友取笑,你们会是什么样子?"

教室里一片安静。华伦太太说话的语气不愠不火,但充满了关心和敏感性。有个女孩开始说话了:"蒂姆和杰克取笑布赖恩的时候,我感到非常难过。"

杰克马上应道:"我不是想伤害他呀。"

讨论继续进行着,几乎每个学生都发言。有些学生站在布赖恩的立场,杰夫说:"如果有人那样取笑我,我会很生气,很难过。"珍尼特提出了"公平"问题:"那不公平——就像我们做游戏时那样,故意跑得那么快,而布赖恩没有办法跑快,我们是在作弊。"

这是一场没有答案的情感讨论。第二天,布赖恩回到学校,有好几个学生主动上前帮他拉夹克衫拉链。课间休息时,布赖恩和大家一起打球,三次安全上垒。日子一天天过去,取笑人的现象再没有发生。

案例分析:关心体谅模式就是引导学生站在别人的角度,设身处地替别人着想,案例中老师引导学生体谅布赖恩,引起学生情感上的共鸣。

---

① 黄向阳:《德育原理》,华东师范大学出版社2000年版,第171页。

(四) 社会行动模式

为了让美国中学生有目的地参与民主生活并形成改变环境、影响政府决策和促进社会变革的能力,美国教育家弗雷德·纽曼等于 20 世纪 70 年代开发了社会行动模式。纽曼认为道德行动的前提是有采取行动的能力,道德教育的关键在于培养和提高学生的社会行动能力。正是基于这样的考虑,纽曼强调社会行动模式的重点在于培养学生的环境能力,特别是培养他们的公民行动能力。而这种环境能力既需要设置相应的课程加以培训,又需要在实践中养成。纽曼设计的社会行动模式的结构:制定政策目标,支持目标的工作,解决心理哲学难题。公民社会行动的第一步,是根据道德审议和社会政策研究制定政策目标(如废除《反堕胎法》)。制定政策目标之后,大家聚集一切力量支持该目标的实现,这将广泛涉及政治程序知识、辩护技能、团体程序技能以及管理技能等。公民行动中往往需要解决一些心理哲学问题(如关心人与关心事业或制度的冲突、正直方面的问题、权力使用的问题等)。公民行动的结果就是实际政策的结果。纽曼把模式的设想首先贯彻于美国威斯康星州麦迪逊一所中学的"社区问题课程",该课程渗透在学校的学科教学和学生的"社区参与计划"中。

社会行动模式旨在提高学生揭露、研究和解决社会问题的效力。纽曼像柯尔伯格一样,注重发展学生的道德推理能力,但比柯尔伯格更注意培养学生维持社会行动的环境能力。纽曼的观点是,如果没有教会学生把自己的道德理想付诸实践,他们的道德反思和道德讨论将永远是空中楼阁。如果学生感到自己无力在实践中贯彻自己的决定,他们对该怎么改变社会这个问题上就不会有多大的兴趣。学习如何在公共事务上施加影响是一件复杂的事情,纽曼设计的社区问题课程是长期的学科间课程。该模式既要求学生完成一定的课业,又促进他们主动介入社区生活。但纽曼又十分小心地把自己的模式与"现场研究"或类似是放羊式的社会实践课区别开来。但是,社会行动模式实施过程中的心理问题和管理问题是个难题,而且实施中对外部与内部环境的要求很高,推行起来困难。在校内外安排频繁的活动往往会影响其他相关学科的进行,甚至造成学校正常教学秩序的混乱。

尽管存在上述问题,社会行动模式的课程计划还是给学生提供了一种主动参与民主过程的途径,而其他模式都没有给政治参与提供如此丰富的机会。道德品质是在参与社会生活的行动中形成的,所以,我国学校相当注重组织学生开展社会调查、社会实践、社区服务活动。但是由于缺乏一以贯之的教育理念,这种活动收效并不明显。因此,作为德育途径之一的社会调查与实践,需要在一定的教育理念的基础上,加以改组、重构和系统化,社会行动模式在这方面为我们提供了可资借鉴的经验。

(五) 品格教育模式

品格教育是继道德认知发展、价值澄清理论之后当今美国学校道德教育的主要模式之一,是一项全员参与、带有全国性的教育改革运动。代表人物是美国的托马斯·利考纳。早在 20 世纪初,品格教育作为世俗价值教育的模式在美国被广泛地推行。但是,从 20 世纪 40 年代到 60 年代期间,美国公立学校大量地削减道德教育在课程体系中的比例。到 20 世纪 60 年代,受道德相对主义和文化多元主义的冲击,学校加大实施"价值中立"性的课程。价值观教育尤其是价值澄清理论占据美国学校道德教育的主流。同时,另一种道德价值教育的形式,即柯尔伯格的道德发展理论受到教育界的追捧。这两种模式在很长一段时间内成为美国道德教育的主导理论。然而,这两种道德教育形式并不能有效地解决美国社会日益剧增的道德滑坡问题。20世纪80年代,针对美国社会严重的青少年道德问题,以及比较高的青少年犯罪率,品格教育得以复兴并不断推进,到了20世纪末,美国品格教育运动迅速扩展到全国,成为北美地区道德教育的主流。

不同的品格教育研究专家和研究机构给予了品格教育不同的内涵。总体来讲,品格教育旨在教育青少年一代具有诸如尊重、责任、诚实、爱国和谦虚等道德价值,并以这些价值指导自己的行为。比如,品格教育协会联盟(CEP,Character Education Partnership)界定"品格教育是指在我们学校或社区实施的,旨在使孩子理解、关心并实践核心道德或公民价值观的有目的的教育过程"。品格教育研究专家罗克伍德教授认为,"品格教育是指那些旨在通过明确教授那些非相对的、被确信可以直接导致好行为的价值观,直接和系统地形成青少年行为的各种教育项目"。品格发展中心(Character Development Center)则提出,"品格教育是关于教授、实践和模仿个体的和社会公共的美德与品质的教育,这些美德和品质能使人成为品德高尚的人"。尽管不同的研究者、研究机构给予了品格教育不同的定义,但都明确地表达了要教授学生核心道德价值的思想,学生道德品格的发展应是学校道德教育的基本目标。

品格教育的方法与实施策略:不同的品格教育项目在具体的教育方法上存在差异。归纳起来大致可分为三类:即直接教授,强调习惯的训练和美德行为的养成;间接教授,强调品格教育必须有意识地利用学校生活的方方面面,不能将品格孤立化、法典化或者打包成教学单元;通过社群建设来教授。利考纳是新品格教育的倡导者与研究者,尤其是他提出的品格教育的学校方略和家长方略,对品格教育实践的深入推进具有十分重要的影响。他提出的12条品格教育策略:重视教师的作用;在教室里创建一个道德社区;实施道德纪律;创建一个民主的教室环境;通过课程来教授价值;运用合作学习策略;培养学生的学校责任感和对学习价值的关心;鼓励道德反思;教授解决冲突的方法;培养教室外的关心;在学校创建一种积极的道德文化;要求家庭和社区作为价值教育的协助者。具体可整合为三个方面:一是整合品格教育课程,创造良好的认知环境,教师要通过课程传授价值标准,将课程作为养成品质、价值观和伦理意识的手段。二是优化学校德育环境,发掘隐蔽性教育资源。三是学校、家庭、社区协作共同参与品格教育。

品格教育的影响及评价:品格教育运动的积极价值在于它重新拾起道德传统,创立了新的综合德育模式,取得了显著的德育效果。与其他德育模式相比具有自己的独特优势,它的相对性比价值澄清模式更少,比认知性道德发展模式更容易实施。各种不同的德育模式都产生了不同程度的影响,也都存在各自的局限,未来的发展趋势将向综合化发展。

以上介绍的五种德育模式在理论假设、侧重点、教材和教法是有所不同的,但从中可看出德育模式发展的趋势:德育的重心从道德知识系统的教授和良好行为习惯的训练,转向侧重培养适应价值多元特点的道德判断力、道德敏感性、道德行动能力;从重视直接的道德教学转向强调间接的道德教育;从封闭的学科性教材转向开放的情境性教材，为吸纳教育过程当事人的个人经验和体会留有余地；从以教师的教导、说服、劝诫为主转向小组讨论、角色扮演、社会调查、社会实践、社区服务为主，从方法上保证学生主动参与学校德育。总之，未来的德育是"培养道德判断力、道德敏感性、道德行为能力"的德育，是"非课程化"的德育，是"情境性"的德育，是"诉诸学生生活体验和主动参与"的德育。

【例说】2-10

取消比赛资格[①]

三班来了一个姓包的实习老师，能歌善舞，对学生特别和蔼。她来到学校不久，就在班上组织了一支舞蹈队，准备代表学校参加市团委组织的"自编韵律操大奖赛"。因为班里的男同学不够，包老师从她实习的另一个班里抽调了7名男同学一道参加排练。韵律操由包老师编排，参加排练的同学也提出了许多修改意见。老师和同学们都很兴奋，都很认真，三个星期以来，几乎每天下午放学之后都自动留下来，伴随着优美的乐曲，排练了一遍又一遍。比赛前一天（星期六），大家牺牲休息时间，聚在一起，进行最后的排练。校长还特地前来看望大家，勉励同学们为学校争光。同学们笑着向校长表示有信心获奖，一定会给学校争得荣誉。

可是，在比赛前发生了一件意外的事情。一个评委走到队阵前，问站在前排的冬冬："你们是几中队呀？"冬冬说："有两个中队。"结果被取消比赛资格，包老师还受到批评。原来，按市团委要求，必须以中队为单位参加比赛。包老师向评委道歉，并且告诉他们：我们事先不知必须以中队为单位组队参加比赛，我们是因为一个中队的男生不够，才从另一个中队抽了几个人的。评委们了解事情的真相之后，还是不让参加比赛。

大家默默无语，跟着包老师离开了赛场。许久，才有几个同学说话。有个同学说：评委太不近人情了，我们又不是故意的，一个机会也不给。另一个说：我表弟那所学校从全校挑选学生参加比赛，没有查出来，我们真是冤枉，白忙了几个星期不算，反过来让学校受了批评。还有一个同学压低声音说：是呀，要是冬冬不实话告诉他们，一点事也没有。说不定，这会儿我们都站在领奖台上了。马上有个同学制止说：这事不能怪冬冬，要是老师知道不能两个中队参加就好了……

这些议论包老师和冬冬都听到了，冬冬涨红着脸，放慢了脚步，一个人落在后面。包老师把这一切看在眼里，觉得有许多话要跟同学们讲，跟冬冬讲。

[①] 黄向阳：《德育原理》，华东师范大学出版社2000年版，第143页。

问题：

1. 同学们离开赛场时为什么默默无语？假如你是队中一员，当时有什么感受？你会对同学、对包老师、对冬冬说些什么？同学们的议论对不对？为什么？

2. 冬冬为什么涨红了脸，放慢了脚步，一个人落在后面？假如你是冬冬，心里有什么样的感受？你会对老师和同学说些什么？

3. 当时包老师是怎么想的，她心里的感受是什么？假如你是包老师，你会对冬冬说些什么？会对同学说些什么？

4. 评委为什么批评包老师？包老师说明缘由之后，评委为什么还坚持取消冬冬他们的比赛资格？假如你是评委，你会怎么办？你会对包老师说些什么？

扮演：

1. 校长和参赛队员的对话。

2. 包老师和评委的对话。

3. 离开赛场后同学们的议论，冬冬对老师和同学们说的话，包老师跟冬冬及同学们说的话。

1. 班会讨论：冬冬该不该说实话？为什么？

2. 辩论赛。正方：冬冬该说实话；反方：冬冬不该说实话。

试比较以上两种活动方案。

三、我国德育模式的新探索

（一）"学会关心"德育模式

"学会关心"是21世纪的教育哲学，也是一种实践性的教育模式。"学会关心"德育模式是一种重在道德学习的德育模式，它以"学会关心"作为基点与核心，是道德教育从"培养论"向"学习论"转移的过程，或者说，这一过程是道德教育重点由教育培养逐步转向自主学习的过程。道德教育从以往强制性的教育转向自主性道德学习，更符合德性形成的规律。更重要的是，促进了教育中授—受关系、人—人关系的转变。"学会关心"德育模式的操作办法主要分为两个方面：一方面是营造关心性体系；另一方面是指导关心品质学习的具体方式，主要包括品德践行作业、设岗服务制、道德游戏、关爱叙事等方式。"学会关心"采取"践行—体验—认知"的路线。

（二）欣赏性德育模式

有论者认为，在道德教育中始终存在着一个巨大的矛盾，即教师的价值引导与道德学习主体的自主建构之间、道德"相对主义"与"绝对主义"之间的矛盾。"欣赏性德育模式"的基本假设是：道德教育的内容与形式如果可以处理成一幅美丽的画、一曲动听的歌，那么与这幅画、这首歌相遇的人就会在"欣赏"中自由地接纳这幅画、这首歌及其内涵的价值。这样,欣赏性德育模式的具体目标是"道德学习在欣赏中完成"。从逻辑角度看,这一目标的实现可以表达为三个方面:一是建立参谋或伙伴式的师生关系;二是德育情境与要素的审美化;三是在"欣赏"中完成价值选择能力和创造力的培养。在德育过程中存在可以被学生欣赏的审美对象,即"德育美",这是欣赏性德育的前提。德育过程诸要素的审美化是这一模式建构的关键。因而,必须进行道德教育活动的形式美、作品美和师表美的创造和欣赏。

(三)对话性德育模式

德育对话强调对话内容与生活世界的联系,强调理解的重要性。德育对话是人与人之间的对话,而非人与物之间的关系。德育对话是师生之间心理交流的过程,此过程包括一系列环节。有一些基本策略:第一,营造自由的交往情景;第二,鼓励学生的自我表达;第三,培养学生的质询意识;第四,建构开放的话语模式。

(四)活动性德育模式

活动道德教育模式中的"活动",是指具有道德教育意义或功能的个人外部活动,或影响个人道德意识、道德行为,调节人际关系的外部活动,它至少包括学生主动参与的游戏、劳动,学生之间的外部协作和其他集体性活动等。此外,"活动"具有其道德发展和道德教育意义,主要体现在两个方面:第一,活动是个体道德形成、发展的根源与动力;第二,活动是学生自我教育的真正基础。由于活动德育模式中的"活动"必须是学生自由自主的活动,因而教师将肩负更多的责任。活动德育模式的代表人物是山东师范大学的戚万学。

(五)主体性德育模式

主体性道德人格,是独立、理性、自为、自由的道德人格。主体性德育强调主体性道德人格的培养是德育的核心,具体包含三方面内容:第一,提升学生的需要层次;第二,培养学生理性的和自主性的道德判断和道德选择能力;第三,引导学生形成普遍化的自主教育。为此,它重视对个体的自主、独立和人格尊严的尊重,对学生需要、自主的道德判断和道德选择能力的珍视,对民主、平等的师生关系的建构。它拒斥灌输,坚持价值引导与自主建构的统一。

(六)体验性德育模式

情感体验式德育强调在德育回归生活世界的前提下,体验是道德教育的本体。学生只有通过自己的体验才能获得对道德规范的理解,才能获得对道德人生的意义、价值和幸福的体悟。体验德育悉心引导学生成为真正的体验者,关注体验者的体验过程;重视关系互动和情绪、情感的作用机制;强调道德教育的情景性、建构性、生成性和创造性,最终实现道德发展的知情行的合一。

(七)生活德育模式

生活德育与以往的运动式德育和塑造型德育有着本质性的区别,主要表现为:第一,生活型德育是以现时的、自然的、真实的生活为基本途径对学生实施的德育;第二,生活型德育主张学校德育是对"人"的教育,必须尊重学生的人格,尊重学生的主体性;第三,生活型德育注重转变和深化学生的品德"情感"。实施生活型德育必须坚持三个根本性原则,即主体性原则、主导性原则和创新性原则。生活型德育的具体目标是,帮助学生在日常生活实践中学会按照一定的品德规范去生活。为了使这一目标更具操作性,可将其分解为四个更具体的指标,即学会品德实践、学会品德体验、学会品德感悟、学会品德选择。相应地,该模式的基本框架是:引导—品德实践、引导—品德体验、引导—品德感悟、引导—品德选择,这个过程由主导性贯穿,可循环往复。

(八)生命德育模式

生命德育主张道德教育要回到生命之中,遵循生命之道,关爱生命。为此,德育要尊重学生个体的生命需要,要以学生的生命为出发点,要顾及个体生命的多样性、独特性和能动性,重视学生对生命的感知、体验和领悟。通过对德育内容和方式进行生命意识的改造,以及通过生命故事的叙述与倾听,使学生在获得道德发展的同时感悟生命的意义。

第四节 德育评价

我们在了解了德育的目标、内容、课程、途径与方法等诸要素之后,还必须掌握德育评价的理论和方法。学校德育方案可行与否,教师的德育工作过程状况如何,效果与目标是否能够达到或者已经达到,德育活动质量如何,学生思想品德的现状如何,学生接受教育后是否发生了某种积极变化等,这一系列的问题都是德育评价必须解决的。德育评价是德育过程中的一个必不可少的环节。

一、德育评价概述

(一)德育评价概念

德育评价是依据德育目标与一定的评价标准,通过科学的方法与正确的途径,多方面搜集事实材料,对德育活动及其效果做出价值判断的过程。德育评价包括对德育工作的评价与对学生思想品德的评价两方面。德育评价对象应是整个德育运行系统,它包括两大方面:从教育者活动为主的方面看是德育的工作过程,从受教育者方面看是德育的结果。德育工作的评价包括对德育的决策过程与德育的实施过程的评价,德育质量主要体现在学生思想品德水平的提高上,因此德育质量的评价要以学生品德评价为主,德育质量评价的难点与关键也在于对学生品德的科学评价。这里主要谈品德测评。

(二) 品德测评的功能

1. 评定功能

通过测量，对照有关标准，对德育工作及其结果予以评价，可以确定德育工作及其结果水平的高低。德育工作结果水平的高低必须分为两个侧面：一是以外在的客观标准为评价标准，它可以是社会的准则、规范，也可以是一定时期一定文化背景下所确立的工作及其效果标准。如德育课程标准、日常行为规范、职业道德规范等。另一方面是存在于测评对象之内的相对标准，即常模，这在学生品德测评中使用比较普遍。

德育评价的评定功能在实际中可以表现为几种正向作用：一是描述作用，即对德育工作及其结果的描述，说明此刻的状态和位置；二是教育作用，特别是对受教育者思想品德发展状况的对比描述，以及在描述基础上进行的价值判断，能够使受教育者相对客观、公正地认识自己，教育自己；三是导向作用，对德育工作及其结果做出何种价值判断，对与错、善与恶、美与丑，其标准本身具有导向的性质，能够使德育工作者有意识地调整工作方向与工作重心，也能够使受教育者根据评价状态及标准调整自己的努力方向，及时纠正自己或进一步强化自己的品行。

2. 诊断功能

德育评价是基于测量基础上的对德育工作及其结果的诸因素的综合考虑，因此，其评价结果能够说明效果优劣、水平高低，并分析出优劣高低的原因，即可以做出诊断。

德育评价诊断功能的恰当发挥，具有这样几种作用：一是咨询作用，即根据评价结果，了解有关德育工作及其结果的状态，分析成败的原因，由此掌握改进工作、强化活动的必要信息；二是决策参谋作用，尤其是对德育方案、计划及教育措施的决策，提供基本依据；三是警示、预告作用，提醒教育活动主体关注什么，密切注意什么，下一步的选择应当重点抓什么等。

3. 反馈与调控功能

整个德育评价，无论何种形式的评价，其结果一旦及时告知德育主体，并引起德育主体的关注，便是评价信息反馈回路的接通，否则便很难体现德育评价作为德育过程重要环节的意义。

除了用于选拔的评价外，大多数德育评价结果都应根据评价目的反馈给德育活动主体。何种评价结果反馈给何种主体（学校、教师或学生），应充分考虑德育及其思想品德的特性，尤其是学生的思想品德测评的结果，更应慎重反馈。反馈是为了改进德育工作，是为了促进学生品德的发展。因此，对于德育主体来说，可以依此对工作方案、计划、措施做出调整，而学生也可以在教育者指导下对个人的思想品德发展方向、改进方式等做出调节、控制，这些反映的都是德育评价的调控功能。

4. 预测功能

预测功能主要体现在对学生思想品德的测评之中。品德测评是在对学生现在及过去大量行为全面了解与概括的基础上，判断学生及其群体的特征与倾向，尽管这些行为特征与倾向可能具有一定的偶然性，但总体说来它具有必然性，我们可以在一定程度上据此预测学生及群体的发展倾向。

5. 传导功能

通过德育评价,学校、家庭、社会以及个人与集体之间都能够取得对德育工作及其结果的某些侧面的了解、认识,从而相互沟通、相互联系,实现认识、倾向与情感上的了解与理解。德育的这种传导功能还表现在德育外部,能够把德育劳动的价值传导给社会,使人们认识到德育对其他各育及个人发展的效果与价值。

(三) 德育评价的种类

德育评价的类别可以从不同的维度做出不同的区分。从德育评价是否数量化来区分,有定性的评价、定量的评价和定性与定量相结合的评价;从德育评价所依据的参照标准来区分,可以分为绝对评价与相对评价;从德育评价对象来区分,有德育工作评价与德育工作结果评价即学生思想品德评价;从德育评价本身所要达到的目的来看,有决策性德育评价、诊断性德育评价和总结性德育评价;从德育评价的主体来分,有个人评价、集体评价、自评与他评。

(四) 德育评价的基本过程

德育评价是一个完整的连续的过程,包括测量和评价两方面,评以测为基础,两者密切联系,一般要经历以下四个阶段。

1. 德育评价目标的确定

德育评价是有指向的活动,评价什么是德育的根本问题。德育评价目标与德育目标在根本上应当是一致的,但是,德育目标与德育评价目标在德育系统中所起的作用是有区别的。德育目标在德育活动中起导向作用,决定德育的方向、内容、方法、形式。而德育评价目标在德育活动中起反馈、调节作用。德育目标尽管比较具体,但仍具有一定的抽象性,而德育评价目标是德育目标的细目化、行为化。

2. 德育评价指标体系的设计

指标是目标的具体化、操作化,它具有一致性(目标与子目标的一致)、可测性(具体化、操作化)、独立性(指标之间相对独立)、完备性(指标体系必须尽可能反映测评目标,反映品德生成的诸种环境)和可比性、可行性的特点。

3. 德育评价的组织与实施

主要包括测评的时间与时机的选择、测评空间的组织、测评人员的选择和测评方法的运用。

4. 德育测评结果的分析

这是德育评价的最后阶段,也是德育测评的意义所在。通过必要的综合处理后,可以根据测评目的,参照相应的标准进行结果解释。这种解释可以是描述等第、位次的,也可以是分析、问题诊断式的,还可以是预测式的。测评结果的分析与解释可以用评语式、图示式、表册式等几种方式来表示。

二、德育工作评价

德育是否能够达到预期的培养学生思想品德的目的有赖于德育工作质量。然而,德育工作质量如何,需要通过科学的方式来把握,并做出科学的评价。德育工作评价是对整个德育活动系统的评价,主要包括德育决策与德育实施两大方面。通过德育工作评价,德育工作者可以获得对德育工作实际情况的了解,从而能够认识到在德育实际工作中的哪些环节、哪些方法是有效的、正确的,哪些是无效的、不正确的,进而能够根据实际情况及时采取有针对性的措施,以提高德育工作质量,保证德育目的的实现。

德育工作评价的主要任务有以下几方面:为了正确地实施德育决策,需要对有关的德育实施方案做可行性评价;为了正确地实施德育工作,需要对德育工作的问题及时地做出诊断,这就是要进行诊断性评价;为了及时地、不断地获得信息反馈,就需要进行形成性评价;为了获得德育工作的完整情况,也需要对德育工作做出总结性评价。

(一)德育方案的可行性评价

德育工作方案是关于整个德育工作的设想,因此必须采用系统分析的方法加以评价。所谓系统分析的方法就是指从系统的观点出发,考虑德育实际工作过程中可能有的各种不确定因素,对能够实现德育目标的若干方案,通过经验判断,选出评价者自己认为比较满意的方案的过程。其操作步骤如下:德育工作方案评价的组织;确定德育工作方案评价的目标及指标体系;收集信息资料;由有关评价者做出评判。

(二)德育实施过程的评价

德育实施过程的评价,依据评价对象、评价目标、评价主体的不同可以划分为不同的类型。这里主要依据评价对象的不同,分为德育实施过程的整体评价和德育实施过程的要素评价两方面。所谓整体评价,就是对德育实施过程中所涉及的要素做整体评价;所谓要素评价,就是对构成德育过程的某一个要素做独立的评价。

1. 德育实施过程的整体评价

德育实施过程大致可以分解为五大要素:德育管理、德育队伍、德育课程、德育方法和德育环境。德育实施过程的要素究竟可以分为哪几类,德育工作者可以在遵循科学性原则的基础上,结合德育工作评价的实际情况做出不同分类。德育实施过程的五大要素本身也是由若干要素构成的,所以,这五大要素还可以在不同的层次上做进一步的划分。任何一种评价要能够进行,其最基本的条件是要有一个正确、合理的指标体系和一个科学可行的评价标准体系。德育实施过程中各个要素的评价指标包括在整体德育评价指标体系中,因此,明确了德育实施过程的整体评价指标体系,实际上也就明确了德育实施过程某一要素的评价指标体系。从评价标准来说,德育实施过程的整体评价的标准要具体落实为每一个要素的评价标准。因此,每一要素的评价标准综合在一起就构成了整体的评价标准体系。由于整体评价与要素评价的这种关系,在论述整体评价中,我们主要着眼于评价指标体系;在论述要素评价时,我们则主要着眼于评价标准。

一种评价指标体系,实际上就是对普及对象的构成要素的逐层分解。下面我们提出一个供德育工作者参考的德育实施过程的评价体系。

表 2-2 德育实施过程整体评价指标体系[①]

目　　标	指　　标
德育管理	德育目标 德育工作计划或方案 德育领导体制和组织系统 德育工作制度 德育管理方法
德育队伍	德育骨干队伍的配置 德育工作者的道德素养 德育工作者的理论素养 德育工作者的工作能力 德育工作者的工作实绩
德育课程	思想品德课 各科教学中思想品德教学 班级德育工作 早会、班会、校会等活动 家庭、学校、社区教育网络
德育方法	德育方法的科学性 德育方法的适用性 德育方法的独创性 德育方法的实效性
德育环境	校园文化环境 班级文化环境 家庭文化环境 社区文化环境

2. 德育实施要素评价

德育实施过程的要素是指德育实施过程整体的诸要素及各自的具体内容。要素评价可以是某一目标方面的,也可以是几个方面的,要视评价目标和对象范围而定。这里仅就几个要素分别陈述其评价的基本内容及指标。

(1) 班主任工作评价。主要考察他们是否切实履行了工作职责,包括深入了解本班学生的各种情况和表现,培养积极分子,组织班集体核心,建设班集体水平,贯彻学生守则,提出班级工作计划和按时召开主题办会,协调教师群体的工作影响,指导班队活动,与家长保持联系,协调校内外教育力量,对学生做出准确的操行评定等。

(2) 思想政治(或品德)课的评价。主要包括目的是否明确,内容是否正确,过程是否合理,方法是否恰当,效果是否明显。

(3) 学校与社会、家庭三结合教育网络的评价。这里主要从学校作为主导方面的角度来评价。评价的指标包括:联系机制是否形成,联系方式和联系频率如何,三方面对教

---

① 班华:《现代德育论》,安徽人民出版社 1996 年版,第 255 页。

育工作和受教育者的评价是否一致,学校是否有校外兼职人员,是否组织公益活动和其他参观、访问、调查活动,是否建立了德育基地或与德育基地联系如何,学生在校内外的表现是否一致等。

三、学生品德评价

德育工作的结果最终要通过学生的思想品德来体现,因此,德育评价的核心是学生的品德评价。学生的品德评价是指依据一定的测评指标,运用一切科学可行的方法、技术,系统地收集有关的资料消息,对受教育者的思想品德做出价值判断。它与学校德育工作评价以及其他教育评价不同的是:学生品德评价属于个体精神领域中具有价值意义的那部分个体品质的评价,虽然个人的言行与思想存在一致的关系,但并不存在必然的关系;品德无绝对零点,绝大多数评价只是相对而言;品德测评的主要目的在于教育与促进。因此,必须将测量和评价、定性和定量、静态和动态、测评和教育指导相结合。

学生品德评价不仅是运用评价手段探索客观事实的过程,它本身也是对学生进行品德教育的过程,或者说是思想品德教育的一部分。品德评价的过程一般也要经历如下环节:一是建立学生思想品德评价体系;二是运用一定的评价工具,并选用一定的方法去测量学生品德事实和做出价值判断;三是在评价中,通过评价结果来教育学生。

(一)品德评价的基本要求

1. 多主体评价

品德作为一种个体内在稳定的心理特征,是在一定的社会情境中以提高行为方式表现出来的。这种外显性,使得品德这种内隐的心理品质具备了可评价的客观基础。但由于社会情境的多样性与人的内心世界的复杂性,一种品质的行为表现也是灵活多变的。为较准确地评价个体的发展状况,需要提供多种社会情境下的行为线索,多采用多主体评定。根据学生的生活空间,汇集来自自身、同学、教师、家庭等各方面的信息,采用自我评定、同伴评定、班主任和任课教师评定以及家长评价相结合的多主体评价,发挥各种评价的优势功能,以达成比较客观的品德评定。自我评定侧重于反省性的自我剖析,以了解学生的自我概念为主,即自我意识、自我体验与自控能力;同伴评定侧重于激励性的他评,以了解学生的学习、生活与人际关系状况;班主任评定重点评定学生对集体的态度以及道德人格状态;任课教师评定侧重评定学生在学习活动中的责任感与合作性;家长评定侧重评定爱心、责任感与劳动态度,并作为学生在自然状态下真实德性的重要反映指标。

2. 多方法整合

品德评价有多种方法,由于每一种方法在测量知、情、意、行某一要素上各有其优势,不同的评价指标对各种评定方法的适应状态也是不同的。因而评定方法需要有选择地加以使用。而品德结构是一种知、情、意、行一体化整合机构,因而必要时应采用多种方法结合,构成一个综合性方法系统,才能较完整、全面地评价品德全貌。

3. 定性与定量结合

目前大部分学校采用等第评定加操行评语的操作方式。一是以等第评定为量化标识,其步骤为:首先确定评价的内容与标准;其次,让学生自评自报,学生小组评议;再次,班主任在征求任课教师意见的基础上,结合同学评议结果及自己的观察做出等第评定,最后由学校审定。二是以操行评语为质性评价,操行评语首先要全面收集来自学生本人、同伴、班主任和任课教师等各方面的评价信息,并参考校外表现,最后由班主任综合各方面材料,写出个性化评语,采用操行评语可以不用一个统一的尺度去评价所有学生,关注每一个学生在其原有水平上的发展,有利于实现评价尺度的多样化。但操行评语有两个缺点,一是语言定性描述,很难反映学生间的量化差异,具有一定的模糊性;二是评价的基础较多依赖于日常印象,带有一定的主观片面性。因此,通常将操行评语与等第评价结合起来。

(二)品德评价的常用方法

1. 侧重品德测查的方法

(1) 行为观察法。行为观察法即评价者根据预定的指标,有计划、有目的地直接观察被观察对象的言语、行为等外部表现,写出观察记录,并作为评价的资料进行评价的方法。观察法通常是在教育的自然状态下,通过对学生课堂行为、品德表现、交往态度等有目的的观察,了解学生在道德学习方面的积极性与参与性,获得对学生道德学习状态更全面、更真实的了解。一定情境中的教育观察所获得的信息比较真实,有较高的可信度,但学生的心理有时具有一定的闭锁性,要准确把握学生的内隐的动机、态度与价值观需要结合其他方法。

(2) 调查法。调查法是运用座谈、访问、问卷等方式,有计划、有系统地向熟悉被评价对象的第三者或被评价对象本人收集材料,然后通过对材料的整理分析来了解被评价对象品德的形状、特征,并对其品德做出评价的方法。

(3) 情境测验法。情境测验法就是设置一个活动情境或一个问题情境,观察被评价者在这一情境中的反应,从而评定其品德水平。其中设计活动情境称为活动情境测验;设计问题情境称为问题情境测验。

2. 侧重于品德评定的方法

(1) 总体印象评价法。这种评价方法是品德测评者根据自己平时对学生情况的了解及业已形成的总体印象进行价值判断的一种方法。这种方法的操作步骤是先明确分派的任务和要求,再回想与综合对学生业已形成的印象做出总体价值评定。

(2) 操行评定法,又称品德鉴定法。一般指品德测评者根据自己对测评对象长期的观察和了解,参照有关标准用陈述句的形式,对学生某一时期的品德水平与状况概括地做出个人鉴定意见。其操作步骤是:了解情况,民主评议(包括个人、集体、干部、任课教师、家庭几方面),明确鉴定内容与要求,结合自己观察的事实进行评语鉴定,最后反馈给学生、教师、家长与领导。

(3) 写实测评法,又称纪实法。就是实事求是地把学生品德行为的表现记录下来,客观地反映事情的本来面目,作为品德评价的依据。其操作步骤是:明确写实的内容与要求,捕捉搜寻纪实的有关事实与行为,选择其中一些有代表性的资料进行详细记录,期末整理后概要地计入有关栏目中。类似写实测评法的另一种方法是档案资料品德测评法。档案资料包括政治思想品德课考试成绩、平时品德测评分数、期终评语和所有重大行为事件、奖惩记录。

(4) 等第测评法,又叫等级评定法。即按照一定标准对被测评者的品德水平和状况予以总括性的等级评定,以显示品德发展水平的差异。这种方法可看作评语鉴定测评与写实测评法的改革形式。

(5) 操行加减评分的测评法,又称品德考核加分减分法。实际上可以看作对评语鉴定测评法与等第测评法的一种改革形式,其操作方法是:测评者首先根据德育大纲、守则和规范对学生日常行为的要求,提出一系列评语式的测评项目,然后对每个测评项目做出一些具体规定,指明达到什么程度加多少分,或违反到什么程度扣减多少分。测评前,每个人都有一个相同的基础分,学期初公布于众,学期结束时算出所奖加总分与所扣减总分,最后加上奖加的总分数,并减去所扣减的总分数,即得到品德测评的分数。

(6) 积分测评法,又称积分法。一般是将德育目标或规范要求具体化为一些操作行为,并用具体项目表示。每个项目定出分数值及评分要求,开学初即向学生公布,然后定期进行测评,期末累加起来,即得到某一时期的品德分数。有时还进一步把这个品德积分转化为等级。

(7) OSL 测评法。这种方法是以品德教育为目的的测评方法,实际上它是一种表现为品德测评方法的德育方法,是品德测评的教育作用发挥的一种模式。O 是英文 on(做到)的缩写,S 是 short(稍差)的缩写,L 是 long(较差或需努力)的缩写,即品德养成的结果(做到、稍差、较差)主观测评的一种简便的标记符号。

(三) 品德评价的新发展

1. 从评价的功能看,逐步淡化管理功能,强化发展功能,追求评价的激励性

品德评价强调以客观性为科学基础,同时更要强调其激励性。评价的最终目的是教育,是实现学生的品德发展,这是高于一切的教育原则。品德评价过程逐渐成为不断激励学生品德发展的历程。为此一方面注意追求评价的激励性,倡导激励性他评。维果斯基曾说过,一个人是从别人那里看到自己的,个性是通过别人的反馈而成为现在的样子的。一个人道德的发展是与经常获得正确的他评分不开的。如果学生不仅知道,而且体会到教师和集体对他的优点既注意到了,又很赞赏的话,那他就会尽一切努力变得更好。另一方面注意回归评价的反思性,实践反思性自评。品德作为个体社会行为的内在自觉机制,本身建立在道德反思能力的基础上。品德评价应通过自我反思机能的激活,促进道德主体的形成。可通过学生写道德日记、心语作文等形式进行自我对话、自我剖析、自我超越。

2. 从品德评价的过程看,崇尚评价的真实感,构建生态性评价系统

品德结构的核心是动机,没有对动机的探测和监控,评价就失去了灵魂。没有让被评者进入一种自然状态,评价就不可能达到真实的境界。因此,应模糊或淡化评价活动与教育活动之间的界线,构建生态性评价系统。为此,评价时应注意:一方面利用现实情境,捕捉真实道德信息,同时,通过情境观察(创设一种道德情境,让被试置身其中,引发种种道德行为,进而对其进行品德评价)、情境问卷(先假设一种道德情境,让被试想象自己处在其中会如何想、如何做,并以被试自陈方式加以表述)、情境判断(先由主试陈述道德故事,让被试对其中的人物行为表明态度,如柯尔伯格的两难故事法)等方法创设适应性情境。

3. 从评价的方法看,重视过程性评价和质性评价

青少年品德的发展处于不定期,对品德评价的结果理解与其说是学生品德的好坏,不如说是学生道德学习状况的优劣。品德评价应当充分关注道德学习的过程,以过程的把握实现对结果的控制,重视道德活动的质量。评价时注意量化评价与质性评价相结合,结合学生的生活与成长,采用档案袋评价、学生作品分析等方式进行评价。

四、中小学德育走向

(一)德育目标:立德树人

2012年11月中国共产党第十八次全国代表大会报告中提出"把立德树人作为教育的根本任务",为落实党中央号召,教育部于2014年印发的《关于全面深化课程改革的意见》指出,立德树人是发展中国特色社会主义教育事业的核心所在,是培养德智体美全面发展的社会主义建设者和接班人的本质要求。2017年10月,中国共产党第十九次全国人民代表大会报告中指出,要全面贯彻党的教育方针,落实立德树人根本任务,发展素质教育,推进教育公平,培养德智体美全面发展的社会主义建设者和接班人。立德树人成为新时期德育目标的根本要求。

(二)德育取向:回归生活

在一个人的生活中,德育是无处不在的,既不存在没有生活的德育,更不存在没有德育的生活。生活德育是德育界学者为了克服知性德育的学术性、思维性,在借鉴前人相关思想基础上提出的一个重要命题。意指生活就是德育,生活与德育之间的关系是完全统一的关系,有什么样的生活,就有什么样的德育。通过过道德的生活来学习道德,或者说真实有效的德育必须从生活出发,在生活中进行并回到生活。回归生活的道德教育理念主要有三个方面的含义:其一,课程把生活作为本源,以生活为本。课程源于生活,是出于生活的需要而产生的。新课程是按照一种生活的逻辑来建构的,改变了过去学科逻辑的体系。其二,课程目的指向生活。"品德与生活""品德与社会"及"思想品德"是为学生学习如何过有道德的社会生活而设置的课程,这也是它们所要承担的特殊任务。其三,通过生活学习生活。"生活"既是德育新课程的目的与归宿,同样也是本课程据此进行的过程和手段。

(三)德育方式:关注对话

随着知识经济的发展,中国社会发生了深刻的变化,人们越来越关注自身的个体性、主体性、能动性,关注个体的价值,从德育主体看,需要形成一种主体精神。现代学校德育为适应这一社会要求,充分关注学生主体性精神的培养,对以往德育过程中重说教、重灌输、重工具价值的做法提出挑战,由此带来德育方式的变化。德育对话的具体表现形态有教学主体与课程文本的对话、教学主体之间的对话、教学主体的自我对话三种形态。

（四）德育资源：全面开放

现代中小学青少年思想道德的发展是在学校、家庭、社区、社会传媒等多种资源共同影响下形成的。侧重专攻于学校一隅，并不能真正促进青少年思想道德健康和谐发展。因此，多种德育资源的相互整合开放，是中小学德育的一个必然趋势。中小学教师应从开放整体的角度看待新时期的德育工作，增强针对性，利用周边一切蕴含德育效果的资源，加强德育工作的创新。

（五）德育评价：注重发展

德育评价是学校教育评价的一项内容，是指依据一定的德育目标，运用可行的方法和技术，对德育的过程与效果做出价值上的考察判断，有效地促进受教育者的思想品质向预期目标发展。发展性德育评价指以肯定学生的优点和进步为主，共同提出改进建议，促进学生发展的德育原则信念和价值目标为引导的德育评价。它以促进学生的道德思维能力，特别是促进形成独立思维和批判性思维能力，发展学生自己的道德观为目的，强调个体的参与、自主活动是道德发展的前提。传统的德育评价强调学生对道德知识的掌握，而发展性德育评价主要表现在重视发展，淡化甄别与选拔，注重综合评价，关注个体差异。发展性品德评价强调以人为本，促进发展。发展性品德评价建立在师生双方相互理解、相互信任的基础之上，和谐气氛贯穿评价过程的始终。其评价形式多样化，具体可表现为以下几个方面：(1) 评价主体多元化：师评、生评、他评；(2) 评价手段多样化：成长记录、活动记录、观察记录、调查报告等；(3) 评价标准多维化：涉及思想品德、学习能力、交流与合作、个性与情感。

复习思考题

一、单项选择题

1. "桃李不言，下自成蹊"这句话所体现的德育方法是（　　）。
   A. 说服教育法　　B. 锻炼法　　C. 陶冶法　　D. 榜样法

2. 某班一群学生喜欢足球，经常逃课踢球，常常因足球而打架，后来老师成立了足球队，选了队长，立了队规，此后，同学们都很遵守纪律。这体现的德育原则是（　　）。
   A. 长善救失
   B. 导向性
   C. 因材施教
   D. 教育影响的一致性与连贯性原则

3. 班主任李老师接受一个新班后，针对该班纪律散漫、学风懈怠的情况，首先运用板报、墙壁等媒介做好舆论宣传，建立良好的班风，同时以真诚的爱感化学生，促使学生积极进取。一个学期下来，该班班风、学风焕然一新。李老师运用的主要德育方法是（　　）。
   A. 个人修养　　B. 榜样示范法　　C. 实际锻炼法　　D. 情感陶冶法

4. 马卡连柯提出"要尽量多地要求一个人，也要尽可能地尊重一个人"反映了德育的（　　）。
   A. 疏导原则
   B. 因材施教原则

C. 导向性原则　　　　　　　　　　　　D. 尊重学生与严格要求相结合原则

5. 进行德育要循循善诱、以理服人,从提高学生认识入手,调动学生的主动性,使他们积极向上。这一原则是(　　)。
   A. 导向原则　　　　　　　　　　　　B. 疏导原则
   C. 因材施教原则　　　　　　　　　　D. 教育的一贯性原则

6. 集体教育和个体教育相结合的德育原则是下列哪位教育家提出的(　　)?
   A. 马卡连柯　　B. 加里宁　　C. 乌申斯基　　D. 赞可夫

7. "让学校的每一堵墙壁都开口说话。"苏霍姆林斯基的这句话体现的德育方法是(　　)。
   A. 说服教育　　B. 榜样示范　　C. 陶冶教育　　D. 实际锻炼

8. 进行德育的基本途径是(　　)。
   A. 思想品德课和其他各科教学　　　　B. 课外活动与校外活动
   C. 劳动　　　　　　　　　　　　　　D. 班主任工作

9. 小琴在班上玩手机,小雨提醒小琴学校规定课堂上不准玩手机,可小琴不听,因此小雨认为小琴不是好学生。根据柯尔伯格道德发展理论,小雨的道德发展处于哪一阶段(　　)?
   A. 惩罚与服从　　B. 相对功利　　C. 遵守法规　　D. 道德伦理

10. "夫子循循然善诱人,博我以文,约我以礼,欲罢不能"体现的德育原则是(　　)。
    A. 思想性　　B. 疏导　　C. 连贯性　　D. 一致性

二、辨析题

1. 根据柯尔伯格的观点,道德发展的阶段性是固定的,相同年龄段的人都能达到同样的发展水平。
2. 榜样示范法就是要以现实生活中模范人物的先进事迹影响人。
3. 德育评价是对学生品德的评价。
4. 正面教育是以正面的材料教育学生。

三、简答题

1. 简述运用说服教育法的基本要求。
2. 什么是德育模式?试列举三种德育模式。
3. 试述德育的基本方法。
4. 简述贯彻德育的连贯性与一致性原则的基本要求。

四、材料分析题

材料:

初一(2)班学生李小刚对学习毫无兴趣,成绩极差,各科考试很少及格,一次期中数学考试,他一道数学题都答不上来,就在试卷上写下了这样一段话:"零分我的好朋友你在慢慢地向我靠近零分你是如此多青难道你把我当着一个无用的人我不是一个无用的人我是人我也有一颗自尊心再见吧零分"

数学老师阅卷时,看到这份无标点、别字连篇、字迹潦草的答卷后,非常生气地把李小刚叫到办公室,交给了新任班主任梁老师,梁老师问明情况后,并没有直接训斥李小刚,而是耐心地帮助李小刚在他的"杰作"上加上了标点,改了错别字,重新组织了那段话。零分,我的好朋友,你在慢慢地向我靠近。

零分,你如此多情,

难道你也把我当作一个无用的人。

不,我不是一个无用的人!

我是人,我也有一颗自尊心。

再见吧,零分!

然后,梁老师让李小刚读了这段话,赞叹道:"这是诗,一首很好的诗啊!"

听到这句话,李小刚感到很诧异,梁老师接着说:"诗贵形象,你的这首诗很形象,诗言情,诗言意,从这首诗中可以看出你是一个不甘与零分为伍的人。"

"这是诗?我也能写诗?"

没想到梁老师不但没有批评他,还会如此评价他,李小刚非常感动。

从此,在梁老师的不断鼓励下,李小刚驱散了心中的阴霾,坚定了学习的信心,端正了学习的态度。

两年后,李小刚顺利地考上了高中。

问题:

(1) 梁老师成功运用了哪一种教育原则?

(2) 结合材料,阐述贯彻其原则的基本要求。

本章小结

确定了德育目标、内容,认识了德育过程的基本规律,就要研究德育的具体实施。根据德育过程的规律,进行德育要遵循基本的准则和要求,即德育原则。不仅要掌握各原则的含义,而且要运用各原则去分析、指导教育实践。中小学德育方法有说服教育法、榜样示范法、情感陶冶法、实际锻炼分法、品德评价法和自我教育法等。德育方法多种多样,要根据德育目标、内容、德育对象的特点、具体的情境等选择恰当的德育方法,综合、创造性地运用德育方法。不管采用什么样的德育方法都要通过一定的实施渠道即德育途径来进行,要通过课程育人、文化育人、活动育人、实践育人、管理育人和协同育人全方位进行德育。有影响的德育模式有道德认知发展模式、关心体谅模式、社会行动模式等。德育最后一个环节是德育评价,也是德育的难点,包括德育工作的评价和学生品德评价两大方面,评价的方法多样化。当前德育呈现出目标立足于立德树人,取向上回归生活,方式上关注对话,资源上全面开放,评价上倡导发展性的趋势。

第三章　班级管理概述

内容提要

班级管理与教育能力是中学教师专业标准中的核心专业能力之一,对于中学教师尤其是班主任的专业成长至关重要。本章主要论述班级管理的基本理论知识,涉及班级及班级管理的内涵、特点与功能,管理管理目标的内涵、作用与特点,班级管理的内容范畴,班级管理的过程与相关原理,以及班级管理的模式。尤其在班级管理模式一节中,结合新时期班级管理面临的各种挑战,针对传统班级管理模式的缺陷,提出民主式、小组式和自律式三种现代班级管理模式。

思维导图

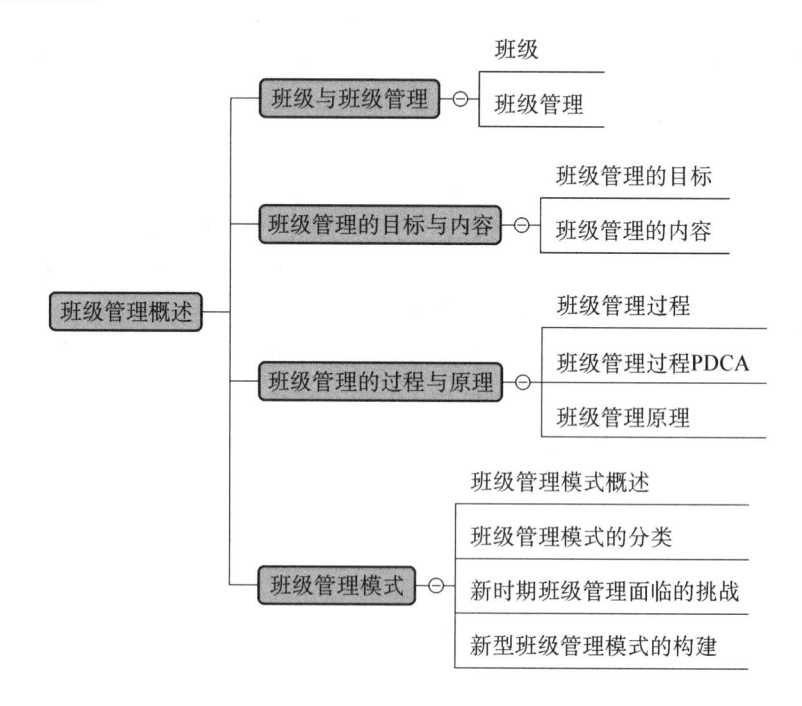

- 班级管理概述
  - 班级与班级管理
    - 班级
    - 班级管理
  - 班级管理的目标与内容
    - 班级管理的目标
    - 班级管理的内容
  - 班级管理的过程与原理
    - 班级管理过程
    - 班级管理过程PDCA
    - 班级管理原理
  - 班级管理模式
    - 班级管理模式概述
    - 班级管理模式的分类
    - 新时期班级管理面临的挑战
    - 新型班级管理模式的构建

第一节 班级与班级管理

一、班级

（一）班级的概念

从组织行为的角度来界定班级的概念，班级是学校教育活动的基本单位。但从班级的内涵而言，应包括两层含义："班"和"级"。学校将年龄和发展水平相当的一群学生安排在一个固定的组织中，形成了"班"；因为"班"处于学校教育系统中一定的教育阶段上，而被称之为"级"。所以，班级是一定年龄阶段、发展水平相当的一群学生组成的学校教育基层组织。

班级是现代学校教育制度的产物，是与班级授课制的建立联系在一起的。古代社会，无论是东方还是西方，教育教学的组织形式主要是个别授受的形式。即使教师面对着一群学生进行教学，也并不具备现代"班级"的意义。近代西方经济的发展，提出了普及教育的要求，教学活动中个别授受的传统教育教学的组织形式已不适应社会发展的要求，15—16世纪欧洲的古典中学出现了班级教学的尝试。率先使用"班级"一词的是文艺复兴时期的著名教育家埃拉斯莫斯。当然，那时班级中开展的教育教学活动远没有现代班级活动那么规范、高效和丰富，这与当时班级组织的初级性有关。17世纪捷克大教育家夸美纽斯总结了当时已有的班级教育实践的经验，从理论上分析并规范了学校教育教学的基本组织形式"班级授课制"，从而使班级成为学校教育教学活动的基本组织。

现代学校以年级和班级为基本组织构架，这意味着人们认为同年龄的学生有同等的学力，同一年级的学生可以用同一教材、同一进度、同一方法和同一标准学习和接受教育。随着社会的发展，当人们更关注教育的民主化、个性化，更关注学生作为个体的人的发展时，便对这种固定的教育活动组织——"班级"提出了改革的要求。诸如20世纪初出现的沃德的"分团制"、伯克的"个别计划"、华虚朋的"文纳特卡制"、帕克赫斯特的"道尔顿制"、贝里的"底特律计划"、霍西克的"合作小组计划"，直至当下的多级制、不分级制，无一不冲击着班级的组织束缚。这说明，班级是学校教育教学活动的基本组织，但不是唯一的组织形式。

真题链接

把大班上课、小班讨论、个人独立研究结合在一起，并采用灵活的时间单位代替固定划一的上课时间，以大约20分钟为一个课时。这种出现于美国20世纪50年代的教学组织形式是（　　）。

A．文纳特卡制　　　　　　　　B．活动课时制
C．道尔顿制　　　　　　　　　D．特朗普制

答案：D。

【例说】3-1

大山深处的复式班

在灵川县海洋乡有一个中心岐教学点,位于大山之中。这个中心岐教学点,有两名教师却承担着安泰村学前及小学一二三年级学生的教学任务。教学点共有十五名学生,四个班(年)级,只有秦兴国和蔡教宏两人负责教学。两位老师既要负责四个班(年)级语文、数学、体育、书法等各门功课的教学,还得兼任厨师和采购员。为了更好地照看孩子和方便教学,他们采取了复式班教学法,即不同年级的学生在同一教室先后上课。一个年级上课时,另一个年级自习或作业。复式班教学法往往是在教学资源严重不足的地方人们不得已采取的应对措施,相对一班一教室,一课一老师而言,存在天然缺陷。然而两位老师却化劣势为优势开展"我是小小老师"教学活动,让高年级教低年级,角色互换,培养学生口语表达和自主学习能力。复式班教学可以认为是多级制的体现。[①]

(二) 班级的特点

1. 组织性

班级是学校实施教育教学的基本单位,是由一定数量的特殊人群形成的社会群体。根据现代社会学理论,只要社会群体具有以下三个组织特征,便成为社会组织:(1)具有明确的组织目标;(2)具有严密的组织机构;(3)具有严格的组织规范。在通常情况下,班级具有上述三个特征,因此,班级也是一种社会组织。

班级是作为一个正式群体而存在的。与其他社会组织一样,班级有其特定的成员、特定的目标、特定的文化、特定的人际交往及特定的功能。从功能的观点来看,班级可以被看作一个社会化的机构,也包含着个性化的功能。为了实现这种功能,班级中存在着多种目标,如由课程与教学大纲规范的教学目标等,班级是实现这种目标的机构和主要场所。因此,班级不仅是一个微观的社会体系,同时也是一种社会组织。

2. 教育性

学校是专门的教育组织,学校教育是教育者根据社会的要求,有目的、有计划、有组织地向受教育者的身心施加影响,使其向着期望的方向发展的活动。学校教育活动所依托的最基本的组织就是班级,所以班级是一种教育组织。

班级聚合着各种教育的影响力,形成班级自身特有的教育氛围,对学生的发展发挥着教育的作用。

班级是学校组织系统中的有机组成部分,班级的各种活动是根据学校的要求运作的。

[①] 资料来源1:百山百川行226集 http://travel.cntv.cn/2014/03/14/VIDE1394795165 293900.shtml
资料来源2:灵川中心岐教学点教师秦兴国:一枝撑起学子梦 http://edu.gxnews.com.cn/staticpages/20160810/newgx57aa5a8b-15258039.shtml
参阅:一个老师的学校 http://www.enshi.cn/20110617/ca221552.htm

学校的教育意图要通过班级管理者渗透到班级的教育教学等各项活动中,使学生在各项活动的参与中接受教育影响。为了实现学校的培养目标,学校为各个班级安排了教师、课程,教师通过课程教材引导学生认识自然、认识社会、认识人生,形成正确的世界观、人生观、价值观,掌握科学文化知识和技能,发展智力、体力和创造才能,培养学生高尚的道德品质。在教育教学活动中教师的思想观点、人生态度、行为方式、人品学养也会潜移默化地影响学生。

除了课程教学外,班级还会组织各种其他的活动,如班队活动、文体活动、科技活动、社会实践活动等,所有这些活动无不渗透着教育的因素,使学生融于班级形成的教育氛围之中,成为促使学生社会化成熟的有利环境。

作为教育组织的班级,对学生产生的教育影响不仅来自学校内部的教育因素,还有通过班级聚合的校外的教育影响。

由于班级里的学生来自不同的家庭,学生在班级生活中会将受家庭影响的不同的思想观念、兴趣爱好、情感态度、价值取向、行为习惯反映到生活中来,通过班级的活动和学生之间的交往,影响班级的组织环境,影响班级中学生的成长。

当今的学生生活在一个开放的社会环境中,当社会信息传播的渠道越来越多时,学生的生活也就越来越贴近社会,这使得社会中的各种信息对学生的影响也更直接、更快捷。事实上,当代学生的思想观点和行为方式的形成无不反映出当代社会发展的特征。

班级通过参与活动的主体——教师和学生及开展的各项活动,对来自学校、家庭、社会的影响进行有机的整合,形成班级特有的组织文化。班级组织文化会对来自各方面的影响进行过滤、筛选、再整合,以班级发展目标、班级舆论、行为规范、人际关系等方式影响学生的学习和活动。由此可见,班级是一个教育组织。

作为教育组织的班级,有明确的组织目的性和独特的教育性。其目的性表现为班级的活动是为了实现学校的培养目标,因而,不论是在对来自各方面影响的吸收和整合上,还是在各种班级活动的组织上,都是围绕着学校设定的教育目标进行的。独特的教育性体现为班级对学生的影响是直接的主导性影响。学生在学校中的学习生活是直接在班级中进行的,班级对学生的影响是自觉的而不是自发的。作为班级成员的学生,不仅会沉浸在班级的文化氛围中,还会认同和强化班级的文化氛围,使自身不仅成为受教育者,还会成为自我教育者。

3. 社会性

班级是社会的微型缩影,是一种具有教育作用的特殊的社会组织。班级具有社会性的特殊结构,这种特殊的组织结构决定了班级的特殊的社会组织功能:吸收并反映来自社会的各种信息;提供学生参与社会人际交往的环境;为学生个体的社会化成熟提供实践性条件。

如果说学校是社会系统中的子系统,班级则是学校系统中的有机组成部分。作为微型系统的班级,有着独特的社会性组织结构。社会赋予班级的任务决定了班级组织的结构,这种结构服务于班级的目标,主要包括职权结构、角色结构和信息沟通结构。参与班级活动的每一个主体都有自己独特的角色,在班级中每个角色都有自己明确的地位、责任和权利,还建立了规范班级成员的组织制度。

作为微型社会组织的班级是一个开放的组织,以学校为中介吸收并反映着来自社会的各种信息。班级活动系统的信息传递过程并不只是教师和学生的信息双向传递过程,而是在校内外环境各种信息因素影响下进行的。这里有教师传递的反映社会育人要求的教育教学信息,又有师生间、学生间个体信息的交互;除了正式信息的交流,还有非正式信息的交流。信息的来源通过教师和学生的社会交往,通过现代媒体,开放性地辐射到社会系统。所有这些信息都会对学生的成长产生影响,因此作为社会组织的班级,必须对来自各方面的信息进行必要的过滤、加工、整合,以保证信息对学生成长的积极影响。

班级是以学生为主体的小社会,学生在以社会化学习为中心的共同活动中所形成的各种关系,是宏观的成人社会中人际关系的某种折射。研究表明,儿童社会人与人之间一般有两种关系,一种是在角色分配、执行社会义务基础上形成的关系,一种是建立在情感基础上的关系。这两种关系在班级的人际关系形成中都有所表现。班级中基于角色分配而形成的人际关系与社会生活中的角色关系几乎同构,既有由于班级工作任务分配而形成的担任班级职务和不担任班级职务的角色关系,也有由于学生个性影响形成的核心人物、明星人物、中间人物、孤星人物。学生在班级中的这种角色地位具有相当的稳定性,这种角色地位会强化他们的性格和行为的发展,直到影响他们成人后的社会角色行为。事实上,学生因年龄、性别、能力、成绩及所处不同角色的历程与环境等,致使他们进入不同类型的学校和班级,并在班级中承担不同的角色,学生的这种分化和分类现象会与他们未来的社会角色地位的分配和所处社会的阶层密切相关。基于情感而形成的人际关系在班级中更多地表现为非正式的存在,他们在非正式群体中的角色地位往往与在正式组织中的地位不同。但非正式群体的影响往往会比正式组织中教师、父母的影响更加重要。学生正是在班级人际关系中学习和演练着未来成人社会中人际关系的处理,学会如何与人交往,找到自己的人生位置,明白如何扮演好自己的人生角色。

学校教育的过程是社会文化和规范个体化、学生社会化的过程,而班级则为学生个体提供了必要的实践活动条件。学校中学生以班级为单位的学习、活动和交往,正是接受社会主流文化影响、适应社会角色生存、学会与人交往的个体实践过程,也是学生个体社会化成熟的过程。

二、班级管理

(一) 管理的含义

要明确说出管理是什么,就像要用钉子把 Jell-O(一种果冻)钉起来一样困难。[①] 把管理作为一门学问来研究,是 20 世纪的事情。过去 100 年来管理在社会发展中所起的作用,使管理成为一种社会职能。管理也从一种不可明确表述的、非正式的、临时性的活动,发展成为一种可以从所有可能角度进行解析的活动。正是因为如此,不同的行业、不同的组织可以从不同的角度给管理下定义。从学校教育组织的特点出发,不妨给管理做如下的界定:管理是管理者运用一定的原理和方法,在特定的组织中,引导被管理者去行动,使

---

① [英]斯图尔特·克雷纳:《管理百年》,邱琼等译,海南出版社 2003 年版,第 3 页。

有限的资源得到合理的配置,以实现预定目标的活动。

理解管理的内涵,应当注意以下四个要点:

1. 管理是社会组织活动中的现象

管理是对组织而言的,只有在社会组织活动中,为了实现共同的组织目标,才需要管理。

2. 管理是管理者与被管理者之间的行为

管理者在管理活动中处于主导的地位,有一定的职位、职责和职权。管理者的职责是由其所担任的职位决定的,职权则是由其所在的职位、所负的职责赋予的。管理者运用自己所拥有的职权引导被管理者去行为。在管理者引导被管理者行为的过程中,也会受到被管理者的影响,从而影响最终的管理结果。

3. 管理者通过对组织资源的合理配置实现组织目标

组织的资源表现为组织所拥有的人、财、物、时间、空间、信息。不同的组织其管理资源不同。任何组织的资源都是有限的,管理者只有对组织的资源了如指掌,精心配置,才可能高效率地实现组织预定的目标。

4. 管理者是运用一定的原理和方法来进行管理的

这些原理和方法的运用体现着管理的职能:计划、组织、指挥、协调、控制。管理者就是通过计划、组织、指挥、协调、控制来合理地配置组织资源,以高效率地实现组织预定的目标。

(二) 班级管理的含义

班级管理可以从两个层面来理解,一是学校对班级的管理,一是班主任主导的班级管理。学校对班级的管理包括班级的编制、班主任的委任、班级活动空间的确定、以班级为单位的活动的总体安排等。显然班级管理是学校管理工作的一个重要组成方面,但学校对班级的管理并不直接对具体的班级实施管理,班主任对班级的管理则是对具体班级的直接管理。本课程所指班级管理主要是从这一层面而言的。

第一,班级管理的组织对象是班级。每一个班级都有固定的学生、班主任和任课教师。根据学校的教育任务和培养目标,根据班级学生的年龄特征、学生的个性特点和学习任务,每个班级都会有也应当有班级的目标。

第二,班级的管理者和被管理者就是这个班级的教师和学生。班主任是主要的管理者,在班级管理中起主导作用,其他任课教师协助班主任管理班级。班级作为学校的基层组织,有自己的组织结构,这就是班级的行政组织和团队组织。每一个学生在班级组织结构中都有自己的位置,在班级活动中体现着自己的作用。因此,班级的管理者不仅指教师,还指在班级活动中发挥管理作用的学生。这就更突现了班级管理中管理者与被管理者之间的交互影响。

第三,班级目标的实现在于班级资源的合理配置。班主任在班级资源的配置和利用上起着关键的作用。每个班级都有自己的人、财、物、时间、空间、信息等资源,班主任正是通过对自己班级学生特点和任课教师特点的了解,通过对自己班级所关联的学生家庭、社会背景具备的经济基础的了解,通过对学校、家庭、社区所提供的设备、时间和空间条件的了解,通过对可利用的信息沟通渠道的把握,科学地确定班级发展的目标,合理配置所有的资源,积极组织班级的各项活动,高效率地实现班级预定的目标。

第四,班级管理的过程就是班级活动的计划、组织、指挥、协调、控制的过程。班主任和所有参与班级管理的人,首先要明确班级发展的目标,以明确管理活动的目的性;根据班级的发展目标,制订班级活动计划,拟定班级各项工作任务;由班主任负责各项任务的分配,组织各项任务的落实,指挥各项活动的开展,协调与校方、其他班级、教师、家长、社会相关方面的关系,检查、处理、调整和解决计划落实中存在的问题。

基于以上的分析,可以给班级管理做如下的定义:班级管理是班级管理者对特定班级的资源进行合理的配置,通过计划、组织、指挥、协调、控制,引导被管理者高效率地实现班级目标的活动。

(三)班级管理的功能

认识班级管理的功能,要将班级管理放在学校管理系统的三个层次中去理解。学校管理的三个层次是指高层管理、中层管理和基层管理。高层管理是由校长、副校长实施的,是学校管理中的决策层;中层管理是由教导主任们实施的,是学校管理中的协调层;基层管理是由班主任实施的,是学校管理的执行层。班级管理属学校管理系统中的最基层,是在校长领导下的管理工作,管理者主要是班主任。班级管理中班主任只有相对独立的自主权,与校长、教导主任是被领导与领导的关系。学校总体目标的实现、学校规划和规章制度的实施、校长的决策和意图,都要通过班级管理来实现。

在班级管理过程中,班主任是班级的组织者和领导者,必须把握班级管理的目标,并在班级管理的工作中发挥主导作用,采用科学的管理方法,与学生建立良好的关系;班主任是校长实施管理的助手和骨干,必须认真领会和服从校长的决策,积极贯彻和推行校长的工作意图,创造性地做好自己的本职工作,尽到应尽的责任;班主任是联系各任课教师的纽带,必须主动协调各任课教师,向任课教师反馈学生对各科教学的意见和要求,听取各任课教师对搞好班级管理的意见和建议,协调好任课教师与学生的关系;班主任还是协调和沟通社会教育和家庭教育的纽带,必须要主动争取家长和社会有关方面的支持,开展对学生的教育工作,动员一切可以教育学生的力量参加到教育工作中来;班主任更是学生的朋友和兄长,必须融入学生中,了解和研究学生,引导学生关心班级的发展、关心自己的发展,积极参与班级建设,使学生成为班级管理和建设的主人。

从以上的分析可以看到班级管理在学校管理中的地位和班主任在班级管理中的重要作用。班级管理的功能主要体现在以下几个方面:

1. 发展功能

学校教育是有目的、有计划、有组织的培养人的活动,培养人的基层组织是班级。班级管理是学校工作的基础,是开展教育活动的保证,是班集体建设的基本手段,是锻炼和培养学生自治自理能力的重要途径。班级管理的根本功能在于促进学生的身心全面发展。班级管理的发展功能体现为促进学生个体的社会化和个性化,是社会化和个性化的统一。班级管理主要通过实现目标、实施计划、建设班集体等实现班级管理的发展功能。

教育的基本职能是实现人的社会化。个体的社会化是指个体在特定的社会与文化环境中,形成适应于该社会与文化的人格,掌握该社会公认的行为方式,是个体学习所在社会的生活方式,通过与社会环境的相互作用,将社会所期望的价值观、行为规范内化,获得社会生活必需的知识、技能以适应社会需要的过程,更具体地说是指"自然人"或"生物人"成长为"社会人"的过程。社会化是人生存和参与社会生活的必要途径,是人之为人的根本。对人类社会而言,社会化使社会能够在生物学意义和社会学意义上生存、延续和发展下去。个体社会化的过程是一个延续终身的过程,影响社会化的因素包括学校、家庭、同伴群体、大众传播媒介等,其中学校是青少年社会化的主要场所,学校对青少年的社会化是通过有目的、有计划、有组织的教育完成的。陶行知先生曾深入浅出地阐明了教育的本质与人的社会化的要义,即"教人学做事和学做人",为学生做一个合格公民奠定基础。

个性是每个个体在实践活动中形成的独特性,包括能力、特长、独立自主性、自觉能动性和创造性等方面。人的个性化是与社会化相对应的,是一个尊重差异性的追求过程,它的核心是个体在社会实践活动中促进自主性、独特性和创造性的形成和发挥。在社会化过程中,个体总处于矛盾中,个体一方面要使自己的行为、态度符合社会的要求,与社会保持一致;另一方面又要随时表现自己的个性,因此在社会化过程中必然伴随着人的个性化同时也要求个性化。个性化的形成与实现依赖于教育作用的发挥。所谓个体的个性化是把自己本身的存在看成个人的,并追求与人不同的行动方向。班级管理对个体个性化的促进功能主要表现在它促进人的主体意识的发展、人的个体特征的发展和个体价值的实现。

2. 选择功能

所谓选择功能,是指学生在教师指导下逐步选择适合自己的社会角色和职业。实际上,青少年学生在进入社会之前,在班级教育过程中,教师担负着职业指导的任务,要帮助学生选择今后的专业方向。随着改革开放的深入,经济迅速发展,青少年选择职业的门路日益加宽。普通教育与职业教育一体化发展迅速,有些地方在班级课程设置中增加了有一定职业倾向的课程,有组织地开展实践活动,发挥各个学生的特长与才能,开辟个人通向不同职业的途径,为寻求不同职业目标创造条件。在班级工作中发挥主导作用的班主任,要全面深入地分析每个学生的能力、爱好、特长、个性倾向。同时,在班级教育中,应重视培养学生对社会变革和职业变动的适应能力。简言之,班级选择功能是在当前多元价值的条件下,为学生在多重社会角色和不同的职业结构中,选择较为合适的社会角色和职业。

3. 保护功能

社会生活环境和学生的学习生活环境,直接或间接影响着青少年学生的身心健康。照管学生是学校所提供的最有形的服务。学校在班级管理过程中,应当注意加强营养保健,增加户外活动,创设学习、文体、休息等方面合理调度配置的环境,指导学生心理自我保健,提倡讲究个人卫生和仪表,从而保护青少年学生身心健康发展。同时应当注意保护学生免受校内外的权利侵犯、财产损失、身体伤害等。然而,片面追求升学率的重压、社会不良风气的侵蚀、教师职业素养的不足等原因,学校、班主任等忽视班级保护功能的发挥,致使学生体质下降,心理不健康现象有增无减,甚至遭遇种种不法侵害。

4. 调整功能

发展功能、保护功能和选择功能主要探讨了班级对学生的作用。然而,班级管理对教师同样具有重要作用。在班级中,班级生活的构建是师生之间、学生之间共同作用的结果。其中,师生之间的相互作用占据着重要的地位,可以说是班级生活的主要部分。班级中缺乏了教师,也就不能称其为完整的班级。对于教师来说,他们既是班级中的一个管理者,同时也是班级的成员。受自我概念的影响,处于班级群体关系之中的教师与处于班级群体关系之外的教师,其认识和行为有很大的不同。另外,教师实践的对象——学生是具有主动性、独立性的人,学生也以特定的方式在行为上、思想上作用于教师,使教师的行为或认识尽可能满足自己的需要,这也对教师的行为具有调整的作用。师生双方在行为、认识以及需要方面一致性的达成,有利于班级整体功能的发挥,也有利于教师角色的社会化。

真题链接

华老师认为课堂管理是教学的一部分,课堂管理本身可以教给学生一些行为准则,促使学生从他律走向自律,使学生逐步走向成熟。这主要说明课堂管理具有哪一功能?(　　)

A. 维持功能　　　B. 导向功能　　　C. 发展功能　　　D. 调节功能

答案:C。

第二节　班级管理的目标与内容

一、班级管理的目标

(一)目标与班级管理目标

目标是个体、群体或组织对所从事的某一项活动所期望达到的结果。人类的任何实践活动都是有目的的,都是为了实现一定的目标而进行的。管理活动是一种有目的的实践活动,因此任何管理活动都有明确的目标。所谓管理目标是指"管理系统在一定时期内预期达到的目的和取得的成果"[①]。学校管理和班级管理都是人有目的的管理活动,都有相应的管理目标。

班级管理目标是一定时期内班级管理活动预期达成的成果。班级管理目标是班级管理者对一定时期内班级活动结果的预设。由于班级是一种教育组织,班级管理旨在对班级中学生的教育和培养,所以班级管理目标首先在于学生的发展;班级又是一种社会组织,由学生群体组成,班级管理的目标还在于形成班级组织的凝聚力,使班级成为一种具有教育作用的集体,并在学校中发挥应有的基层的作用。

---

① 顾明远:《教育大词典》(第七卷),上海教育出版社1990年版,第209页。

班级是学校中的基层组织,班级管理目标与学校教育目标有着内在的层次性联系。班级管理目标是由学校的教育目标规定的,与学校教育目标在方向上是一致的,体现着学校教育目标的要求。班级管理目标是班级管理者为有效实现学校教育目标,完成学校教育的任务,从班级实际出发,所确定的一定时期内管理活动的结果和所要达到的标准。班级管理目标从属于学校教育目标。

(二)班级管理目标的作用

1. 导向作用

班级是学校的基层教育组织,班级的组织功能就在于按照学校的要求认真贯彻体现社会要求的教育方针。班级管理的目标必然体现着一定社会和学校对学生培养的基本方向和质量规格,并将其具体化。班级管理目标的确定,规范了班级活动的性质和范围,预期了班级发展的定位性要求,也为每一个学生的发展提出了预期性要求。班级管理目标不仅引导着班级的整体活动,也引导着每一个学生的发展。

2. 驱动作用

班级管理目标是班级工作进取的方向,是每个学生成长的标尺,它预示了学生未来的发展面貌,也规定着学生当下的活动状态。班级管理目标的设定是从发展的角度预设未来的,目标所设定的学生发展标准是需要通过学生的努力,甚至是班主任和全班学生的共同努力才能实现的。当管理目标成为班主任和全班学生的共识时,目标就会成为师生共同的发展需要,成为大家的努力方向,成为一种班级成长的驱动力。这种驱动力对学生而言既是一种外在的驱动力,让落伍者奋力赶上,让先进者更先进;也是一种内在的驱动力,使学生从目标中看到自己的不足,促使学生不断向上。班级管理目标也是一种班级工作的驱动力,是班级各项工作的依据和标尺,要求班主任按照目标去推动班级的各项工作,千方百计去实现目标。如果班级管理失去了目标,班主任和学生都会感到茫然失措,失去前进的动力。

3. 激励作用

目标是行为结果的预期,确立的目标一旦被人们所认同,并成为人们的内在需要,就会对人们产生强烈的吸引力,这时目标就有了激励的含义。这种激励的含义在于,学生会将进取目标当作一种鼓舞,从实现目标的过程中体验到成功的喜悦;在班级的各项活动中,当有人不断接近目标时,对班级中的其他学生会成为一种激励;在目标实现的过程中,各个班级之间的相互竞争同样也是班级激励的力量。正是这种激励的作用,调动着班级学生和班主任实现目标的自觉性和主动性,培养着他们在班级活动和工作中的责任感和主人翁精神,激励他们为实现目标做出更大的努力。

4. 评价作用

班级管理目标指示着班级的努力方向,又规范着班级的具体工作和活动。实现班级管理目标的过程,是一个不断地用目标衡量班级目标实现的过程,这就是目标的评价作用。在实现班级目标的过程中,首先要计划如何才能实现,要做哪些工作,这个计划制订的依据就是确立的目标;在落实计划时,各项工作做得如何,是否需要调整,如何鼓励大家更好地工作,其依据和标准还是目标。所有这些工作的核心问题就在于各个阶段的工作是否与确定的目标相一致。所以班级管理过程中,管理目标是评价班级活动和发展的基本标准。在班级管理过程中,目标评价贯穿于管理的全过程。不仅如此,学校对班级工作的考核、对班主任的评价,学生对班主任的评价,班主任对学生的评价,同样离不开班级管理目标。

【例说】3-2

<u>每天一起进步一点点</u>

我从县实验小学调到城南小学任教,领导安排我教毕业班。后来才知道这个班的学生不仅学习成绩差,行为习惯也不好,从二年级开始就没教师愿意教,每学年安排课务时领导都很头痛,要到处求人代课。学生个体没梦想,集体没目标。我当然不能撒手不管。于是,我请大家当小老师,每人写一句自认为适切的目标,然后组织全班同学讨论,并通过投票选出大家"公认"的班级目标:"每天一起进步一点点"。目标制定后,我便在班级组织"共享成长"活动。每天晨会,我都让一些学生向大家介绍自己的"进步",课间也要求同学之间相互交流自己的"进步",班会课还会让一些同学汇报在课间听到的你认为最值得与全班同学分享的"同伴的进步"。实施一段时间后,大家有了较大的进步,于是,他们不再满足于"进步一点点",而是追求"我们还能有更大的进步"。小E开始向"优秀"挑战,小F一直在追求小组中"不让一个人掉队"。班长小G还策划毕业后全班同学如何"共享成长"……[1]

(三)班级管理目标的特点

1. 发展性

班级管理中制定的目标应当体现学生发展的要求。作为班级的管理者应当明白,不是学生为班级而存在,而是班级为学生而存在。班级是为学生的发展而存在的。学生的发展不是一个独立的自然成熟的过程,作为个体的学生,是在掌握人类集体活动的客观成果的经验总结与能动地"内化"过程中完成的。苏联心理学家列昂节夫认为这种"内化"是在同周围的人们的实践性或言语性的交流中,在人们的共同交流活动中进行的。班级所营造的集体活动的环境提供着有利于学生发展,特别是学生人格发展的最重要的环境性条件。因此,如何组织和培养有利于学生发展的班级集体,就成为班级管理的中心工作。班级管理目标的设定必须体现班级管理中的发展性要求。

2. 针对性

班级管理目标的确定必须具有针对性。班级管理目标应当能反映班级学生发展的实际要求和实际发展的可能性。不同的班级其成员的组成、班级结构的形成、班级核心成员

---

[1] 资料来源:杨娟.每天一起进步一点点:一个后进班集体建设的故事[J].江苏教育研究,2015·07B/08B:110-112.

的特点、班级活动的价值取向、班级的风气、与班级相关的社区环境和人员背景,都会有所差异。不同的班级,管理者的工作重心就应当是不同的。班主任在深入了解班级学生的个人特点及家庭背景的基础上,确定学生发展的基点和可能,制定出有针对性的管理目标,才能有效地实施目标、实现目标。

3. 层次性

班级管理的目标应当是有层次的目标。班级管理目标的层次性包含两方面的内容。一方面,班级管理目标应当有明确的层次目标体系,班级管理的总目标确定后,还应当分解出不同层次的子目标。子目标的分解存在着两种思路:将班级管理的总目标分解为班级中各小组的目标,再分解为小组成员的个人目标;将班级管理的总目标按班级工作的性质或学生发展的各方面的要求分解为子目标。子目标的实现保证着班级管理总目标的实现。另一方面,班级管理目标的层次性还体现为不同时期制定的目标,即既要制定班级发展的近景目标、中景目标,还要制定班级发展的远景目标。近景目标的实现是中景目标实现的基础,中景目标的实现是远景目标实现的保障。

4. 可评价性

班级管理的目标具有班级发展的评价功能,因此班级管理目标的制定就必须注意其可评价性。班级是学校教育和管理的最基层的组织,班级管理需要有正确的管理理念,更需要具体的,具有可操作性的指导。制定班级管理的目标,既要明确班级发展的定位性目标,更要认真制定引导班级活动的可操作性的具体行为指标。要让学生知道在班级的各项活动中,在自己发展的各方面到底应当怎么做,其行为的标准是什么。

（四）制定班级管理目标的依据

1. 依据学校教育目标

班级是学校中的基层组织,班级管理目标与学校教育目标有着内在的层次性联系。班级管理目标是由学校的教育目标规定的,与学校教育目标在方向上是一致的,体现着学校教育目标的要求。

每一所学校都有自己的教育任务和培养目标,不同层次、不同类型的学校其教育任务和培养目标是不一样的。每一所学校都根据自己的教育任务和培养目标制订学校管理的工作计划,而学校工作计划的落实则是靠班级管理来实现的。从学校管理的角度讲,为实现学校的教育目标,也必须要求班级管理目标与学校教育目标相一致。

班级管理者在制定班级管理目标时,要注意学校的总体工作部署,深入体会学校的总体工作意图,紧扣学校的总体要求,而不能各行其是。

2. 依据一定的社会背景和学校具体情况

任何学校办学,不能超然于社会的总体要求之外,不能离开社会的总体制约。学校必须按照社会发展的要求为社会培养合格的人才,这就是学校教育的社会制约性。所以学校要按照政府的教育方针政策办学,为实现政府提出的教育目的而努力。班级管理目标也不能违背这个大的主题,不能背离社会对人才培养的总体要求。

学校办学的社会背景是有层次的。对学校办学产生直接影响的社会背景,大到国家民族,小到省市社区,当其透过学校影响班级管理时,班级管理者应当对其进行综合的分析。基于国家民族的发展向学校教育提出的要求,是方向性的要求,关乎学校办学的性质。省市社区提供的办学影响体现了学校办学的地方特色,是学校教育在今天不断民主化、多元化、自主性发展的过程中,对学校教育提出的新要求。当这些影响透过学校向班级管理提出要求时,也对班级管理者提出了要求,要求班级管理者是一个眼界开阔、关心社会发展的人。但从另一方面说,班级管理者不能将社会环境中的非主流影响当作主流影响看待,否则会被学校周边、学校家长、社区舆论搅得分不清是非主次,偏离正确的方向。

由于社会环境对各学校提供的办学环境和办学资源不同,不同的学校其具体情况也会有所不同。处于不同经济水准地区的学校,其办学的物质条件、学校师生员工的工作生活态度和价值取向都会有所不同,学校的办学理念和形成的教育观念也会有差别;学校所在社区的经济发展特色不同,学校的校本教育、管理的设计和措施就会不同;学校所在社区的居民构成不同,学校的生源结构会不同,针对不同的生源结构,学校也必须采取不同的教育思路和方法;学校办学的硬件和软件环境不同,同样会限制学校办学的方略和具体工作手段。班级管理在具体的学校环境中,在确定班级管理的目标时,是无法超越学校的具体环境和条件的制约而想当然的。这就要求班级管理者实事求是地分析学校为班级管理提供的环境和条件,了解和把握学校的现实情况,充分利用学校的各种资源,找到与学校教育目标相一致的,最有利于学生发展的班级管理目标定位。这就是说,班级管理者在制定班级管理目标时,应当采取务实的态度,切忌虚空和盲目。

3. 依据班级实际情况

制定班级管理目标,不仅要关注社会社区环境、学校环境,还要关注班级环境。每一个班级都有自己的实际情况和特点。

班级的实际情况和特点首先指学生的组成情况,即学生来自什么样的社区环境,具有什么样的家庭背景,学生的发展水平、学习状况、学习习惯如何。每个班级组成后的基础和条件是不一样的,所以班级管理者在确定班级管理目标时,不能只将考虑的重点放在班级发展的目标上,把目标定得越高越好,而是要从班级的实际情况出发。这样确定的目标才有可能实现。

在班级活动中,班级的实际情况和活动特点往往会表现得比较复杂,这需要班主任深入去了解和分析。班主任可以通过学生档案、学生作业等文字性资料了解学生,可以通过家访、联系社区、与任课教师沟通交流了解学生,还可以通过组织班级活动、与学生交流谈心了解学生。

对班级的现实情况要进行多方面的分析,尽量找出存在问题的深层原因,必要时可以进行"反向"思考,不要只看表面的现象;要善于发现本班学生共同的东西,掌握了班级学生的共同点,就能抓住大多数,制定的班级管理目标就有了群众基础;还要善于发现新情况,特别是新情况发生的苗头,在事情发生的开始有效地把握住事情发展的方向,正确引导,使好的事物健康成长,把问题消灭在发生的最初时间,这对于确定班级的管理目标是非常重要的。

如果班级管理者在确定班级管理目标时抓不住管理的特点,或只看到班级表层的现象,就会使确定的班级管理目标流于一般,往往成为学校教育目标的重复性"抄袭",失去了班级管理的导向意义。

二、班级管理的内容

班级管理的工作内容可以分为四个方面：班级组织建设、班级日常管理、班级活动管理、班级教育力量管理。

（一）班级组织建设

组织是管理的一项重要职能。从管理的角度讲，组织职能的着眼点在于管理的"要素"和要素之间的"关系"，就是对管理的要素确立起合理的关系，使整个教育活动有序化。因此组织职能实质上是实现管理计划，达到管理目标的手段。[①] 班级是一个组织，班级管理目标的实现在于班级管理中组织职能的实现。但一个班级的组成，最初只是一个学生群体，当这个学生群体还没有建立起有序的"要素"关系时，是不可能确立组织的发展目标的，当然也就谈不上组织目标的实现。因此，实现班级管理目标的一项基础性工作就是进行班级组织建设。用教育学的术语说，就是通过班级组织建设，使一个学生群体转化为班级集体。这样的集体才能成为一个真正的组织，才能具备管理的组织职能。将一个学生群体培养建设成一个班级集体，是班级管理者的重要任务。

一个真正的班集体，有明确的奋斗目标、健全的组织系统、严格的规章制度与纪律、强有力的领导核心、正确的舆论和优良的作风与传统。[②] 班级组织系统的建立，领导核心的形成是培养的过程，更是教育的过程，是班集体建设的基础性工作。这个基础性工作的完成，才能使班级中的各种"要素"有序。这个过程伴随着学校规章制度的执行、班级规章制度的建立和班级纪律的形成。正是在这样的班级组织的构建中，形成班级的舆论导向，并逐渐形成班级的传统。只有当班级成为一个具有凝聚力的组织时，才可能有班级共同奋斗目标的出现。当然班集体建设的过程是一个渐变的阶段性发展过程。

班级组织建设的渐变发展过程一般可以分为三个阶段：组织的初建阶段、组织的发展阶段、班集体的形成阶段。在组织的初建阶段，班主任承担着主要的领导工作，班级目标的确定、机构的设置、规范的建立，主要是在班主任的引导下进行的。当班级目标逐渐为班级成员所接受，班级组织机构能有效运作，班级的各项任务能基本完成，班级在向自己设定的目标迈进时，可以认为班级建设进入了组织发展阶段。当班级的目标成为班级学生自觉追求的目标，班级制定的规范被内体化为班级学生的行为规范，班级形成了特有的组织氛围，班级成员间具有了强烈的凝聚力，班级设定的目标有了充分的达成保障时，班级的组织建设则达到了班集体形成的阶段。

在班级组织建设的过程中，班主任起着重要的管理和导向作用。班主任的集体观会直接影响班级组织建设。从班级管理的现实分析，存在着三种不同的"班级集体"观："管理集体"观、"标准集体"观、"自治集体"观。[③]

"管理集体"观是指班主任在班级管理中，直接或间接通过班级组织中的"管理

[①] 杨乃虹：《现代教育管理原理》，中国人事出版社 2001 年版，第 210 页。
[②] 王道俊、王汉澜：《教育学》，人民教育出版社 1989 年版，第 525 页。
[③] 金含芬：《学校管理系统分析》，陕西人民教育出版社 1993 年版，第 312—316 页。

者",借助一定的规章制度或班级纪律去约束学生,实现学生的思想与行为控制的管理主义的班级集体观。这种集体观是近代学校创始以来一直沿用至今的传统班级管理体制。在管理主义体制下,班主任的作用主要是通过日常工作或活动要求的传达、控制,以体现自己旨在维护班级秩序的权威。在这种集体观的支配下,班主任进行的传达和控制即使是采用班会形式,对学生进行间接的支配,其本质上是相同的。在这里,对学生行为产生影响的是规章制度和班级纪律,班主任关心的是如何对学生表现出来的错误行为进行控制和纠偏;学生关心的是如何表面地、形式地维护规章制度;班级中的"管理者"——班长、班级委员、小组长们的职责是从事监视,要求自己的同学、伙伴"不许偷懒""不准迟到""不准做小动作"等,他们行使的是"警察"的职能。在这种集体观的指导下,班级管理者的行为不再是教育的行为,这也正是"管理集体"观在班级管理中表现出来的致命弱点。

一般来说,集体可分为两种:具备定型结构的定型集体与具备非定型结构的非定型集体。定型集体如军队、政府机关、公司企业等,在这种结构中个人的作用和充当的角色是固定的,他们之间是命令—服从的关系。集体的目标是单一而固定的,并要求高效率地达成目标。非定型集体如自发的社团等,在这种结构中个人的作用和角色是流动的,彼此的关系是相互扶助。其目标也是流动的,更崇尚的是个性与创造。学校中的班级集体与社会上的这两种集体都有区别,班级并不是一个已经成型的集体,而是一个在不断建设和发展中的组织,其目标是将班级建设成一个适宜学生成长发展的集体。正是由于学生的发展性,使得班级中学生各自的作用和角色也在不断地变化,班级管理的目标也在不断地调整,这个发展变化的过程是需要教育者的引导的,班级的管理不能像定型集体那么严格控制,也不能像非定型集体那么自主。

"标准集体"观是指班主任在班级管理中,要求班级中的每一个人都应视自己为班级的一员,或在心理上视自己归属为所在的集体。这样的集体是以心理一体感所结成的集体,是每一个人都希望归属的集体。集体的每一个成员只有在感受到集体的魅力,置身于此并得到积极的评价时,才能接受来自集体的影响,并"内化"集体的规范。在这种集体观的指导下,如何使学生学习、生活的归属班级化为"标准集体",是班级管理的核心问题。

"标准集体"形成的过程从本质上说,一是加强班级凝聚力,二是集体规范的建立并实现"同步化"的过程。心理学家勒温认为,个人是通过接受集体的归属意识,接受新的价值观与信念体系。班级管理中,只有当学生感受到对集体的归属感时,他才能从集体中接受一定的价值观和信念体系。如果学生对班级缺乏同一感,对班主任缺乏依赖,教师的说教只能造成适得其反的后果。如果不在班级中培养集体意识,教师所要输入的信念体系也绝不会在学生身上得到内化。从一定意义上说,形成班集体的过程,就是班级中每一个学生充当一定的角色,将社会所要求的价值观和信念体系内化并经验的过程,也是通过自身个性的发展而实现社会化的过程。而如何实现角色的人格化和个性的社会化,并维持两者的动力平衡,这正是需要发挥班主任主导作用的问题。在班集体建设的过程中,班主任应当注意班级成员集体意识的培养、归属感的形成,通过班级成员自然、积极的交往,内化集体规范,使班级成为一个自主性的组织,形成特定的优良班风,创造具有凝聚力的班级文化。

"自治集体"观是班主任在班级管理中着眼于学生一定角色的作用,实现自我参与,形成自治意识,将集体规范加以内化或同一化,并创造新的集体规范的班级集体观。在"自治集体"观的指导下,班级管理的中心课题是如何利用集体中学生的要求,激起并促进班集体质的发展。这里重要的不是如何去解释一个集体,而是如何去组织培养班集体,如何在班级集体化的过程中去发展和培养每个学生的人格,如何去创造一个集体。

"自治集体"观告诉班主任,班级管理中首先要正视集体发展的原动力——班级的主要矛盾。班主任工作的重点不在协调制度上的要求与个人要求的均衡上,不在学生角色的人格化或个性的社会化上,而在激化班集体发展的现有水平同新的要求水准之间的矛盾上。解决了这一主要矛盾,班集体就获得了发展。更确切地说,集体的发展无非就是发展集体同个人之间的相互关系,通过个人的利益与集体的社会利益的对立统一,依靠集体成员的共同目标和共同行为,使班级成为一个社会化的"自治集体"。

这样的"自治集体"具有以共同目标为导向的共同的社会性行为;有其自身的自治机构和自治能力;集体成员之间有以内在友情关系起支配作用的健康舆论导向;整个集体形成自觉的纪律与责任感,有能长期持续的共同的自治意识;发展成为受更远、更高的社会目标支撑而开展行动的集体。

在这里,教师不是在集体之外,而是同学生一道,是同一个集体的主体。让学生成为班级的主人,组织他们自主的、集体的行动,指导他们克服成长中的困难和挫折,让他们满怀理想,这就是班主任的固有使命。

(二) 班级日常管理

班级日常管理是指班级管理者每一天所进行的常规性具体管理活动。

确立了班级组织的目标,建立了班级组织机构,制定了班级组织的行为规范,提出了班级组织发展的远景,这并不是班级管理的全部,只是班级管理中优化管理条件的必要工作。班级管理目标及发展远景的实现,是在日常班级管理工作中落实的。班主任正是通过每天进行的大量的具体管理工作,保证班级活动的正常运行,实现着班级组织建设的目标。

班级的日常管理是与学生的学习、生活及开展的各项活动紧密联系的。

学生在班级的主要活动是进行文化科学知识的学习,班主任要做好学生学习的指导和协调工作。班主任要善于发现学生学习中存在的问题,帮助学生找到解决问题的方法,协调学生之间、任课教师与学生之间的关系,协调家长和学校之间的关系,为学生的学习创造条件。班主任还要注意学生的学习态度、学习方法等个人因素,帮助学生调整自我。

学生在班级中的学习和生活是学生思想品德发展的重要途径,班主任要注意做好学生品德发展的指导工作。班主任要善于关注学生日常生活、学习中的表现,他们交往的社会关系,接受的各种影响,思想品德方面的种种变化,及时加以引导。

学生在学校的学习和生活基本上是以班级为单位的,班主任还要组织好以班级为单位开展的体育活动和卫生保健工作,特别要注意保证学生在校期间的安全,对学生进行自我安全和保护的教育,进行法律法规教育。

班级学生的日常学习和生活是需要时时引导和激励的,要使学生的行为向着教育的要求发展,就应不断地对学生提出要求,并不断地对学生的行为做出评价,使学生及时获得自己行为的反馈信息,知道自己的努力方向。所以,对学生进行评价也是班主任管理班级的一项日常工作。

(三)班级活动管理

班级活动管理是指班主任指导或直接组织晨会、班会、团队活动等各种课外校外活动。这些由班主任组织的课堂教学以外的班级教育活动是实现班级管理目标的重要途径,是班级管理的重要工作。

晨会是对班级一天的工作进行全面管理的重要形式。在晨会上班主任可以对过去一天的班级情况加以总结回顾,对新的一天的学习及其他方面的活动提出要求,给予指导,让学生对一天的学习活动有清醒的认识和心理准备,提高学习和活动的效率。

班会是班级行政管理的重要手段。班会的时间跨度远大于晨会,可以是一个星期,可以是一个月,也可以是一个学期。班会一般要列入班主任的工作计划,有明确的教育主题,集中解决班级管理中的一些问题,体现着班级行政管理的效率。

团队活动等课外校外活动主要是实现对学生的政治组织管理和社会实践性活动管理。通过这些活动增强学生的政治归属意识、集体意识,培养学生的社会实践能力、学生自主活动和自我管理的能力。这类活动是形成班级组织文化的重要途径。

(四)班级教育力量管理

班级教育力量管理是指班主任对班级有影响的各种教育力量的协调和统合。在班级管理中班主任并不是唯一的管理者,也不是唯一的教育者,能对组织的发展和学生的成长产生影响的管理者和教育者还有任课教师、学校工作人员和学生家长。从教育的目的而言,这些力量是班级教育的力量,但从高效率地实现教育目的的班级管理来说,这些力量更是影响班级管理的重要力量。对这些力量进行协调、统合,是班级管理的必要组成部分。

从本质上讲,班级是一个教育组织,班级管理的目的在于营造一个良好的教育环境,促进学生的发展。从本质上讲,班级又是一个社会组织,所以班级管理又是一种社会管理,社会管理的核心是人际关系的管理。班级中的教育管理活动是由班级教育活动中的各种人际关系构成的,因而,处理好班级管理中的各种人际关系,就成为班级管理成败、管理绩效高低的关键因素。

如果做具体分析,就应该看到班级教育管理工作不仅仅是班主任的事。班级教育管理工作的内容是多方面的,涉及班级任课教师、团队辅导员、学生集体、学生社团组织、学校行政管理人员、工勤人员、学生家长、校外教育组织和相关人员。组织得好,他们都是班级的教育力量,是可挖掘的班级教育资源。

作为班级管理负责人的班主任,应当成为班级教育管理中处理各种人际关系的专家,要善于调动班级教育关系中的积极因素,协调好班级教育的各种力量,充分利用班级教育关系中的各种资源。班主任在处理这些关系时要注意各种资源特有的教育功能,注意协调好这些资源在教育中的交互关系,以发挥这些资源的有效教育性。

这里要求班主任在协调各种教育关系时,首先要处理好校内的教育关系,强有力地贯彻学校领导的教育要求;其次要团结所有任课教师,主动与他们沟通,向他们了解和传递有关学生的信息,在对学生教育的观念和意见上达成一致;第三要关心、支持并在必要时参与团队及学生社团的活动,帮助学生协调这些活动与班级活动之间的关系,帮助学生协调与学校行政人员和工勤人员的关系,让学生了解他们为学生的成长做出的努力,让学校行政和工勤人员成为影响学生发展的正面因素;第四要注意充分利用校外教育力量,协调好校内外教育力量之间的关系,如加强与学生家长的联系,了解家长中可资利用的教育资源,了解学校周边社区的各种教育资源。与各方面密切合作,互相支持,为学生发展创造一个良好的社会环境。

【例说】3-3

班级管理的边界在哪里?

(1)近日,某县教体局下发通知称,因部分学校供应的学生牛奶疑似存在安全隐患,经检测合格后恢复供奶。但要求班主任提前一小时试喝,待班主任试喝后没有发现异样,确保安全后方可发给学生饮用,如班主任不按要求操作造成后果的将严肃处理。

(2)最近有网友把自家孩子班级群(高三年级)的微信截图发到网上,引起上万名网友的激烈讨论。事情是这样的,网友家娃的班主任以学校禁止学生带智能机进校园为由把学生的手机"没收"(高考后归还)了,并在家长群里公布了这件事。家长群里炸了锅,有的家长趁机赶紧拍马屁,各种拥护摇旗呐喊助威;有的家长则不满意班主任的做法,认为孩子虽然带了手机,但被没收手机的时候并没有在玩手机。让孩子带手机也是为了方便和家长联系,班主任此举是否侵犯了孩子的隐私权?如果手机损坏学校赔不赔?于是当场与老师争辩了起来,班主任也毫不客气怼了回去,建议家长带孩子转班。

(3)某地一初级中学学生小A,假期中骑车玩耍,不幸被撞身亡。学校得知情况后,派班主任等前往慰问家属,却不想,令人无法想象的事情发生了,家长竟然将来人扣为人质,以班主任没有尽到管理责任为由,要求班主任和学校巨额赔偿!

(4)上周末,我和一位担任初中班主任的好友一起吃饭,刚开始,朋友间好久没见说说笑笑很是开心,吃着吃着我就发现不对劲了,整个吃饭过程中,朋友的手机微信信息基本没停过,我调侃怎么业务这么繁忙,她把手机拿给我看,上面全是学生发过来的作业,我心生感慨,朋友却习以为然。

> 作为班主任,还要面临学校各部门安排的各种活动,做表格,写总结,开会等等。应对各种检查,有种随时参战的感觉。遇到平时测验或者考试,还要精心组织、精心准备材料,对成绩进行梳理对比,对学生进行心理辅导。每天都会接到家长的电话、微信消息,有请假的、咨询孩子情况的、要求老师关注自家孩子的……有时候累了一天,刚刚睡下,就接到家长电话,询问孩子最近表现、成绩下降原因,这个时候不得不打起精神与家长进行沟通,这一沟通就不是简单三五分钟能解决的事情了。
> 　　朋友说,担任班主任后,连续三年,几乎都是晚上8点半下班,回到家后再吃饭(前提是有家人做饭),洗漱完躺到床上基本上是10点半以后了,再翻开教案看下明天的课程,伴随着疲惫入睡,日复一日……
> 　　班级管理究竟管理什么？其边界在哪里？

第三节　班级管理的过程与原理

一、班级管理过程

班级管理过程是班级管理者在教育管理科学的指导下,按照班级教育管理的目标,对班级进行整体控制和有效运行的过程。

传统的班级管理总是将班级管理看成是单一维度的由计划、实施、检查、总结四环节构成的连续不断的运行过程。然而,班级管理工作涉及方方面面的因素,是多因素共同作用下的复杂系统过程。如果用系统分析的方法对班级管理的过程进行分析,会使我们对班级管理的过程有新的更深入的认识。美国学者霍尔于1969年提出的三维结构法就是一种对多因素参与的系统活动的有效分析方法。这种方法集中体现了系统工程方法的总体化、综合化、最优化、程序化和标准化的特点,是系统工程方法论的基础。我们将霍尔三维(知识维、逻辑维、时间维)结构用于班级管理过程的分析,可以从理论维、设计维、操作维来展开。[1]

从理论维看,班级管理过程是管理者确定教育管理指导思想,调整更新教育管理观念的过程。科学的班级管理离不开科学理论的指导,班级管理者应当通过教育科学、心理科学、管理科学和哲学等学科的学习,掌握教育管理的基本原理,树立正确的教育管理思想,学会对班级进行科学的系统的分析,从整体上把握班级管理的运作情况及发展规律,科学地指导班级的全面工作。在社会变革的背景下,作为一个开放系统的班级也会在社会多种因素的影响下,在学校的发展中,在学生的成长中,不断出现新的变化,班级管理者的教育管理知识和理念也应随之而更新。所以班级管理过程的运作首先

---

[1] 林冬桂等:《班级教育管理》,广东高等教育出版社1999年版,第45—58页。

是理论维的运作,它为班级管理提供科学的理论依据和方法论的指导,以保证班级管理过程的科学性和方向性。

【例说】3-4

(1) 预备铃响之后,我拿着书本走进教室,看到黑板上还留着上节课的内容,眉毛便拧在了一起,大声地问道:"今天谁值日?为什么不擦黑板?"班上鸦雀无声。我见没人答应,火上来了,生气地又问了一遍。这时,坐在最后的梁荣同学跑上来,迅速擦了起来。这是一个学习较差的学生,老师们都不喜欢他。他认真而大力地擦着黑板的每一个角落,弄得课室内尘土飞扬。这时,我说:"同学们,都瞧见了吧,这就是由于一个人的不负责任造成的。"不知是谁小声嘟囔了一声:"今天不是他值日。"一个成绩优异的学生慢腾腾地站了起来,用几乎听不到的声音说:"今天……是……是我……值日。"我愕然了,干咳一声,说:"你先坐下,下回注意。"这时,梁荣同学擦完黑板,默默地回去了。课后,我无意中听到学生的私语:"×××同学就好了,不做值日,老师都不会责罚他。上次,我忘了擦黑板,就被罚了。""谁叫你的成绩不好?""老师就是偏心"……

我呆住了,也陷入了深深的沉思中。①

(2) 经过昨天一天熟悉学校的环境之后,今天开始接手三年一班的班主任工作。区老师对我很是放心,虽说是辅助班主任,但基本上都会交给我去跟。班主任的工作就是负责学生们的日常学习生活,包括早读、大课间早操、活动、午间餐、眼保健操、吃午饭、午休、值日等等,事无巨细,都要面面关怀备至。总的来说,班主任,就是保姆式的工作。②

(3) 作为年轻的班主任,为了能很好地与学生打成一片,我总是以大姐姐或哥哥的身份出现在他们需要我的地方,把他们当成自己的小弟弟、小妹妹看待,没想到尴尬的事情也随之出现了。那天,我又像往常一样到教室随便看看,只见几个女同学凑在一起谈着什么,神情很严肃的样子,我好奇地上前询问,其中一人回答道:"老师,某某想认您做叔叔。"当时我一下子愣在那里……

请你从以上案例,反思班主任在班级管理行为背后可能隐藏的班级管理理念或思想是如何影响到班级管理的。我们应当具备什么样的管理理念或思想?

从设计维看,班级管理过程是对班级进行系统分析、科学决策的过程。作为开放系统的班级,其功能的实现既要受到班级系统内部的要素、结构和运作状态的影响和制约,也要受到班级外部各种因素的影响和制约。因此,进行班级管理就必须对班级进行系统的分析,分析班级系统中各要素的地位、作用及发挥作用的条件;分析要素组合的方式及其

---

① 资料来源:王益红.用爱心对待每一位学生[J].考试周刊,2011(86).
② 资料来源:http://blog.sina.com.cn/s/blog_6b7f99650100y9z1.html

结构的最佳模式;分析班级功能的现状和取得育人最佳效能的条件。从班级学生的实际和班级其他各种因素变化的实际出发,才能对具体实施的对策和举措进行正确的决策。班级管理过程设计维的运作,最终是要为班级管理设计出一个切实可行的运作方案,使班级各项活动有计划、按步骤地进行。这是班级管理目标实现的重要条件。

从操作维看,班级管理过程是将班级管理设计方案具体实施和调控的过程。这些方案包括培养目标、班级活动、班集体建设和班级教育力量管理等。班级管理的最终目标就是在动态的班级管理运作的过程中逐步实现的。管理的过程理论告诉我们,班级管理操作维的运作通常包括如下四步骤:计划、实施、检查、总结。操作维是一个循环往复、逐步上升的发展过程,每一个循环都标志着班级管理发展到了一个新的阶段,标志着一个新的运作过程的开始。

班级管理过程是理论维、设计维、操作维三维协同运作的过程。理论维保证着班级管理过程的科学性,设计维保证着班级管理过程的计划性,操作维保证着班级管理过程的实效性。这三个维度在协同运作中互相联系、互相渗透,在不断取得动态平衡中推动班级管理活动的健康发展。

二、班级管理过程 PDCA

班级管理过程操作维的运作可以借鉴 PDCA 循环理论。PDCA 循环又叫戴明环,是由美国著名质量管理专家戴明提出的,在全球得到广泛应用的一种管理工作方法。

PDCA 是英语单词 Plan(计划)、Do(执行)、Check(检查)和 Action(行动)的第一个字母,PDCA 循环就是按照这样的顺序进行质量管理,并且循环不止地进行下去的科学程序。P(plan,计划):包括方针和目标的确定以及活动计划的制订。D(do,执行):具体运作,实现计划中的内容。C(check,检查):分析执行计划的结果,分清哪些对了,哪些错了,明确效果,找出问题。A(action,处理、评价和总结):对检查的结果进行处理,对成功的经验加以肯定,并予以标准化;对于失败的教训也要总结,引起重视;对于没有解决的问题,应提交给下一个 PDCA 循环中去解决。[1]

PDCA 循环是全面质量管理所应遵循的科学程序。但是,其内在精神和操作程序在班级管理过程中是可以学习和借鉴的。

(一)计划

计划是在科学理论指导下,班级管理过程设计维运作的产物,也是班级管理操作维的起点,对班级管理过程的各个环节的运行起着导向作用,班级管理过程都是根据计划来安排和协调的。班级计划是班级管理活动的起始环节,是进行班级管理活动的重要依据。制订班级计划的重要意义在于有目的、有组织、有序地管理,从而提高管理效率。

制订班级计划不是漫无目的地闭门造车,它必须遵循下列要求:必须以我国的教育方针、法律法规和政策、学校总体教育计划和当前的中心任务为指导,必须从班级学生的实际出发,必须以教育科学和管理科学理论为基础。这样的计划才能起到鼓动和激励的作用。

---

[1]《现代管理词典》编委会:《现代管理词典》(第 2 版),武汉大学出版社 2009 年版,第 171—172 页。

制订班级计划要遵循的一般步骤和方法:首先,要广泛获取信息,听取学校领导布置的工作任务,调查班级的实际情况,了解学生的思想倾向和愿望,还要阅读理论材料,学习别校别班的经验等;其次,发动师生充分讨论,然后把讨论中的各种意见归纳起来,形成多种方案;最后,在分析、比较、研究的基础上果断决策,在几种不同的可行方案中选择一种最佳的行动方案,并以计划的形式体现出来。

班级计划有多种类型,一般分为学期计划、月计划和周计划三种。学期计划是全学期班级工作的总纲,它要求把本学期准备实现的目标,以及为实现目标所要努力的主要方面和要组织的较大活动,按照时间顺序做出安排。月计划和周计划是根据学期计划和某一阶段学校的任务,在本月或者本周开始时制订的工作计划。这种计划要制订出具体的内容、时间、地点、方式和措施。据 PDCA 循环理论,计划内容要回答"5W1H",即:为什么制定该措施(Why)? 达到什么目标(What)? 在何处执行(Where)? 由谁负责完成(Who)? 什么时间完成(When)? 如何完成(How)? 计划只是班级管理者的理想。理想要变成现实,必须付诸实践。

(二) 实施

实施是班级管理运作的中心环节,是管理者按照计划指挥全班学生分工合作,各司其职,积极主动完成所承担的任务,达成班级管理目标的过程。

在实施阶段,班主任的主要任务是做好组织、指导、协调、激励工作。组织指的是合理调配人力、物力、财力,尤其是合理安排好班干部的工作。比如:由谁来担任班长?哪些人适合做团队工作?哪些同学能够担任学习小组长?这些问题都应该认真考虑,统筹安排。

为了建立健全的班集体,班主任应该悉心指导班干部开展工作:(1) 教育班干部树立全心全意为同学服务的思想,摒弃"当班干部吃亏"的错误想法。(2) 教育班干部以身作则,平等待人,有事和大家一起商量,克服以权力自居、指手画脚的不良作风。(3) 教给班干部管理班级的方法,包括从全局考虑问题的方法,布置工作、总结工作的方法,表扬与批评的方法,与后进生交往的方法,抓全面的方法等。(4) 帮助班干部树立威信。例如,班干部取得成绩时,班主任应该及时给予表扬。在工作中"得罪"了同学,班主任应该及时给予调解。班干部组织活动时,班主任应该大力支持,当好后盾。(5) 敢于放手,当好参谋,无论是主题班会、节日庆祝会、郊游,还是各种文娱、体育活动都是学生展示其才干的舞台,在这些活动中,班主任应该敢于放手,让学生自己去组织、去设计,让他们在"台前"亮相,班主任在"台后"指挥,帮助他们出点子,想办法,当好参谋把好关。与此同时,班主任还要经常从班干部那里及时了解有关活动开展的情况。

协调也是一项重要的工作。班级的实际工作表明,班级计划的实施并非一帆风顺。由于学生管理经验不足、是非观念不强、方法简单,因而,班级中正确的思想和行为有时候得不到多数学生的理解和重视,甚至遭到反对。出现这种现象,班主任应该组织班干部做好宣传教育工作,协调好方方面面的关系,旗帜鲜明地支持正确的言行,使整个班级形成正确的舆论。同时,在班级管理过程中,班级之间、班级与学校之间、班级学生与任课教师之间都不可避免地产生冲突与矛盾,班主任更要主动地做好各方面的协调工作。

激励是实施阶段的关键一环。在执行阶段,班级工作的好坏,取决于全体师生的工作积极性和主动性。只有少数班干部的积极性而没有全体同学的积极性,计划是不可能实现的。因此,班主任要善于做好动员、激励工作,尊重信任学生,凡事与学生商量,让他们出主意、想办法。在激励过程中,重要一点是对学生进行思想教育,把班级工作的蓝图和每个学生的理想结合起来,要使全体学生树立这样一种观念:班级工作做好了有自己的一份功劳,做不好也有自己的一份责任,这种观念就是主人翁的责任感。除此之外,班主任要教育班干部处处起好带头作用,以班干部的积极性去点燃全体学生的积极性。

总之,组织、指导、协调、激励是班主任在实施阶段自始至终要重视的管理活动,只有重视了这些活动,才能保证计划的顺利实施。

(三) 检查

检查是管理者对班级管理计划实施过程进行检查、评价和纠偏,以保证班级管理活动指向管理目标的实现。

检查是班级管理过程的中继环节。正确的计划能否比较顺利地实现,有缺点错误的计划能否及时得到修正,有赖于检查的质量。检查具有双重作用:既能监督和考核班级的各项工作,又能检验和考查班主任以及班干部本身的管理水平。客观有效的检查就像一面镜子,把班主任和班干部的实绩照得清清楚楚,从而促使班主任和班干部学习管理,研究管理,更好地提高管理水平。

检查有平时检查、阶段检查,有自上而下的检查、学生自查和互查。班主任应该重视平时的检查,每天到学生中走一走、看一看,包括学生的早操、课间操,学生的课外活动,学生的进餐,学生的上学和放学都应该在观察之列。很多问题往往就在"走一走"和"看一看"的过程中发现的。同时,还应该重视学生的自查和互查,这种方式比自上而下的检查更为深入和具体,能起到互相学习、取长补短、共同勉励的作用。总之,在班级管理中,班主任应该充分重视检查,灵活地确定检查的种类和方法,使检查切合实际。在检查过程中,班主任应该对计划的执行情况进行及时评价,表扬先进,鞭策落后,促使全体学生为实现班级计划而努力奋斗。

(四) 总结

总结是对一项相对独立或相对完整的班级管理活动进行总的分析和价值判断,以肯定成绩,吸取教训,寻找规律,处理遗留问题,明确继续前进的方向。总结是班级阶段性管理过程的终结环节,对班级管理过程起着承上启下的作用。总结可以增加班级管理的预见性,提高工作效率。总结就是回顾过去,把在班级实践中的大量素材加以概括、提炼,从中找出规律性的东西,使今后的管理活动减少盲目性。

做好总结工作十分重要。班主任应该亲自动手做好活动总结、学期总结和学年总结,对班级工作做出全面而明确的结论。取得了哪些成绩,存在哪些问题,成绩是怎么取得的,缺点是怎么产生的,错误是怎么犯的,都要说出个所以然,这样才能使总结真正起到推动班级工作的作用。同时,还要做好专题总结,比如,体育锻炼情况总结、课外活动情况总结、团队活动情况总结、学习情况总结等。在此基础上,还要求每个班干部做好个人小结,比如,班长工作小结、团支书工作小结、兴趣小组工作小结等。

做好总结也应该要有严格的要求,所做的总结应该与计划相对应。计划中提出的任务和要求,在总结中应该能找到相应的答案。总结要突出中心,不能面面俱到;总结要立足现实,又要着眼于未来,这样才能产生鼓舞的作用。总结一定要实事求是,不夸大,不缩小,如实地反映班级的面貌,不能有意拔高,或者对未来的设想当成现实来编造,这种弄虚作假的作风一定要摒弃,否则就失去了总结的意义。

计划、执行、检查、总结的有机结合,构成了班级管理的全过程。每一个环节都渗透着教育学、心理学、管理学等科学理论和方法论,同时统筹好培养目标、班级活动管理、班集体建设和班级教育力量的协调和管理。从计划到总结,不是过程的结束,而是一个新的过程的开始。对于方案效果不显著的或者实施过程中出现的问题,进行总结,为开展新一轮的 PDCA 循环提供依据。这些职能活动不是简单地重复,而是阶梯式地螺旋上升,不断前进,不断提高。

【例说】3-5

"未来班"的创建经过[①]

李镇西

1. 确定目标。"集体主义教育的实践,首先在于激励学生自由地、自觉地实现集体的目标。"(苏霍姆林斯基)1982年2月我大学毕业分配到乐山一中,接任当时初一(1)班班主任,为了对学生进行集体主义教育,使全班形成凝聚力,使班里的每个学生都能感受到来自集体的约束力量,我启发学生们为自己所热爱的班集体提出一个奋斗目标。经过反复讨论,大家一致认为我们班应成为既洋溢着集体主义温暖又充满进取创新精神的富有鲜明个性的班集体。学生们还提出了基本实现这一目标所需要的时间——两年,同时又决定为这一崭新集体取一个响亮的名字,并设计一系列班级标志。

2. 设计标志。我把确定班名、提出班训、创作班歌、构思班徽、绘制班旗的过程,看作对学生进行集体主义教育和创造精神培养相统一的过程。人人动脑,个个动手,并通过"班名、班训讨论会""班徽、班旗图案展评""班歌歌词朗诵会""最佳班级标志评选"等主题班会充分调动每个人关心集体的热情和创造精神。在这个基础上确定班名为"未来班",同时还确定了班训、班歌、班徽、班旗。

3. 追求进步。"未来班"应该名副其实,因此,学生们在确定目标、设计标志后,便把成立"未来班"作为一个集体的奋斗方向。大家为之还订了一些具体的条件,由于目标明确,因此一时间班内风貌明显优于过去,大家在各方面自觉严格要求自己,好人好事不断涌现。整个集体朝着自己的目标不断迈进。

[①] 节选自《关于"未来班"的实验报告》。李镇西.我这样班主任——李镇西30年班级管理精华[M].桂林:漓江出版社,2012:50-53.

> 4. 成立大会。到了初三,"未来班"的条件基本具备,于是在1984年1月1日这一天我们举行了隆重的"未来班"成立大会。在热烈喜庆的气氛中,唱起了班歌,宣读家长的贺信,老师致辞,同学们互相祝贺勉励,大会还通过了将收到的一笔家长贺款捐赠给北京圆明园修复工程处的决定。最后,同学们表演了自己编写的三幕话剧《相会在未来》。
>
> 5. 激励奋进。"未来班"的成立对整个集体是一次极大嘉奖。但班集体还存在着许多不足,离党和人民对中学生的要求还有距离,所以,"未来班"的称号对全班同学又是一种有力的鞭策。"珍惜'未来班'的荣誉,无愧'未来班'的称号",这成了每个学生发自内心的自我警诫。毕业前夕,由学生们自己撰文、自己刻写、自己油印、自己装帧的厚达两百多页的毕业纪念册《未来》,便是三年"未来班"事迹和精神的结晶。

三、班级管理原理

班级管理原理是在对班级整体进行科学分析的基础上揭示出来的班级管理的实质及运行的基本规律。对班级管理原理的认识与把握,有助于班级管理工作的科学化和优效化。

(一)整体优化

整体优化原理有两层含义,一是班级管理要从班级整体出发,二是班级管理的目的是班级系统的优化发展。从班级整体出发是班级管理的策略,班级系统的优化发展才是班级管理的目的。

1. 一切管理要从班级整体出发

系统的概念告诉我们,系统是由若干个有联系的要素组成的有机整体。系统的基本属性之一就是它的整体性。作为一个整体的系统,对外界有其适应性,对于内部结构有自我调节、自我控制的特征。因此,系统中的一切管理都要从整体出发。

班级是一个相对独立的系统。每个班级都由自己独特的不同于其他班级的内部要素构成。每个班级的人的构成、事的构成、影响因素的构成、可用资源的构成等都不会一样,但所有的这些要素都是班级整体的有机组成部分。在班级管理过程中,管理者考虑这些要素系统相关问题的处理时,必须将其放在班级整体的架构下,从整体出发来决定管理的对策。一般地说,班级管理中各要素系统都能达到最优,班级整体的发展也会达到最优。但班级的资源是有限的,要使班级系统中的每一个要素系统都达到最优往往是不可能的。比如,一个班级要想在学校的各项活动中都争最优,这个班级就只能让学生整天疲于奔命,最后的结果可能是一项都不优。在班级学生精力有限的条件下,要求班级在各项活动中都达到优秀是不可能的。每个班级的建设都应当有自己的特色,在发挥特色的前提下带动班级的整体发展。所以要整体优化,有时要牺牲部分的优化,有时甚至是局部的不优化才能达到整体的优化。班级中的有些工作可以先放一放,抓住主要矛盾,解决了主要矛盾,其他问题的解决就有了契机。比如,管理一个差班,不妨先将学生学习成绩的提高放一放,而是通过抓学生能做好的活动让学生树立自信心,班级有了整体的自信心,其他工作才能摆到议事日程上来。所以整体优化原理告诉我们,应当强调整体的优化,要求局部服从全局。

2. 优化是目的,整体是策略

班级管理追求的是整体优化,但实现优化必须通过整体。从这个意义上讲,整体又是一种策略,或说整体又是一种手段。因为从系统论的角度看整体,整体并不等于各部分的简单代数和,只要系统内部各部分的联系是一种积极的正向联系,系统的整体功能就会大于部分功能的简单代数和。"麻生蓬中,不扶自直"就说明了这个道理。集体的教育力量永远大于个人对个人的影响。因此,班主任最重要的工作就是组织和培养班集体,使班级的几十个学生不是作为独立的个体,而是作为有机的整体而存在。形成班集体后,就可以让班主任省下更多的时间和精力去关注有利于学生发展的其他事情。因为班集体有了明确的共同奋斗的目标,有了自己的骨干力量,有了正确的舆论和优良的班风,就有了自我调节的功能。

这就是说,班级管理要从整体入手,把对整体的管理作为管理的策略和手段,把整体目标的实现作为管理措施的出发点,协调班级系统中各要素的关系,才能求得班级管理的最优化。

(二) 合理组合

合理组合原理是指对班级中的各种要素进行合理的配置,以取得管理的最大效益。合理组合是实现班级管理整体优化的前提和重要保证。

按一定方式组合起来的整体称之为组合,相对稳定的组合称之为结构。组合的方式不同,产生的组合效益不同,系统的整体功能也就不同。系统的要素经过合理的组合,会使整体产生质的飞跃。班级管理中的人、事、活动、影响因素等各种要素也存在着组合问题,或者说结构问题。这就要求管理者在分析的基础上,将其组合成一个统一体,围绕班级整体目标,协调一致地发挥作用。简言之,就是"整体把握,科学分解,组织综合"。

合理组织首先要有一个整、分、合的观念,即把整体分解为要素,再对各要素进行分析,根据要素的功能再按一定的方式进行重新组合。整体观点是合理组合的大前提,不充分了解整体的全貌、系统的目标和运行变化的规律,分析必然是混乱的。对系统及组成要素的分析是关键,没有分析的整体是混沌的原始物,就不可能进行合理的组合、适当的组织,不可能按科学规律进行最佳效益的综合协作或协同考虑,也就不能构成有序的系统。最后是在分析的基础上进行合理的组织,这样就可以使整体由原来的无序走向有序。有序的程度越高,整体的结构也越紧密,系统功能也越佳。

比如,班干部的选择就有一个整、分、合的要求。如果我们只根据学生个人的特长选干部,学习好的学生当学习委员,唱歌好的学生当文艺委员,体育好的学生当体育委员等,不考虑这些学生其他方面的能力和在班级中的作用,这样组成的班委会并不能成为班级的核心。应当首先将班级作为一个整体看待,从班级的特点、班级的目标、班级学生的现状等方面对班级进行分析,体育委员应当是在爱好体育的学生中有威信、有组织能力的人,他的体育成绩不一定是拔尖的,其他干部亦是如此。让有威信、能带头、能组织的学生当班干部,才能使班委会成为班级的核心。

班级合理组织的目的是使班级达到整体优化。但任何优化都是条件下的优化。条件变了,在先前条件下视为优化的结果,也可能并非是最优的。所以班主任应当十分关注班级各方面的发展变化,从班级整体发展出发,悉心分析班级各方面的情况,合理组织配置班级资源,调整班级管理策略,这样才能取得班级管理的最优化。

(三) 开放闭合

开放和闭合原理有两层含义:一是指班级对外环境的适应,二是指班级内部的控制,这两者之间又是辩证统一的。班级环境是班级赖以发展的全部外部条件的总和,班级是在与班级外部环境的相互作用中显示其引领学生发展的功能的,从这个意义上讲班级作为系统是开放的。但班级又是内部各要素系统的外部环境,班内各要素系统及其相互关系的控制又是班级管理内部运行和外部适应的必要条件。适应是对开放系统而言的,而控制则是对封闭系统而言的。开放和封闭都是班级有效管理的必要条件。开放才能为班级的发展设定目标,获得发展的信息资源和动力;封闭才能有效地利用班级的资源,实现班级发展目标。

强调班级管理中的开放,是为了让班级管理者不仅仅注意班级内部的情况,还要考虑外部环境对班级的影响和对班级发展提出的要求,否则会导致班级发生的有些问题找不到症结所在,看不到外部环境变化对班级发展提出了新的要求,或不能有效地利用外部环境所能提供的教育资源。当然,班级管理的开放是相对的,班级管理的开放是有一定界限的,或说班级管理的活动是有一定领域的。管理者要注意的是界限对开放带来的投入和产出、输入和输出是要进行筛选和过滤的,这才能保证获得班级发展资源而不使之流失。

强调班级管理中的闭合,是为了使班级管理成为有效的管理。不闭合的管理等于不成回路的输电线,线再粗也输不出电。不闭合的管理等于数学中没有解的方程式,再多也无用。比如,班主任向班集体提出了必须执行的要求,班级就应当准确无误地执行班主任的指令。为了指令的有效执行,班主任的管理工作就不能只停留在发布指令上,还必须要有执行的保证条件、执行情况的检查监督手段、执行结果的评价处理办法。所有这些管理的手段和办法要形成一个封闭的回路,才能保证指令的落实。

开放会给班级管理带来不稳定因素,会使原来的班级失去平衡,所以班主任在管理中要特别注意防止干扰;闭合在于班级内部各管理因素的相互连接、制约,所以班主任在管理中又要防止内耗。

(四) 动态平衡

班级管理是一个开放闭合的过程。班级原来处于稳定、平衡、有序的状态,这种状态会由于开放过程中内外信息的交流,特别是外部环境的影响而被打破;也会由于闭合过程中的内耗、矛盾的激化而受到影响,使班级变得无序、混乱、失衡。我们常看到一个日本电玩进入中国市场,一个韩剧的开播,都会影响班级学生的心态和行为;也常会看到班主任向班干部了解班内情况时引起的"干群"矛盾。所以,班级管理中的开放和闭合,使得班级要永远保持原有的稳定与平衡是不可能的。稳定平衡是相对的、动态的，班级正是在从不平衡走向新的平衡中发展完善的。一个落后的班级不可能永远落后，一个先进的班级也不可能永远先进，关键在于班级管理者应当具有动态平衡的意识，通过开放为班级找到发展的契机和资源，通过闭合提高班级管理的有效性，这样才能推动班级不断发展和进步。

（五）共轭控制

共轭控制原理是指两种相辅相成的控制，即直接控制和间接控制。班级管理从一定意义上说就是班级管理者对班级的控制。因为班级管理就是班级管理者在一定的班级管理理念的指导下，对班级的各项工作和活动进行协调，以达成既定目标的活动。因此，班级管理者必须查明班级各项工作和活动的结果，将它与既定的班级管理目标做比较，以得出评价，并决定如何采取行动改正或调整今后班级的各项工作和活动，以防班级工作和活动偏离既定目标。这就是一个控制过程。只有控制才能维持班级系统的动态平衡。这就是班级管理的控制功能。

班级管理者对班级工作和活动的控制，可以通过学校和班级已经制定的各项规章制度、班级公约、班级纪律、班级组织的力量来实现。这种控制叫作直接控制。这种控制的工具是班级管理中的闭合回路，具有班级组织中定向自我调节的作用，人为的因素较少，更多的是照章办事。控制的关键是认法不认人，在规章制度面前人人平等，而且"执法"要坚决。采用的方法是检查和奖惩，管理者必须认真检查班级各项工作和活动的结果，了解每个学生在活动中的表现，并对他们的行为结果做出合理而公平的评价，该奖的奖，该惩的惩，使奖惩具有教育性。

班级管理者对班级的控制还可以借助其他手段和工具达到目的，这种控制叫作间接控制。比如，对学生错误行为的教育不是直接束缚于纪律，不是管理者的直接说教，而是通过活动来进行，如通过社会咨询等社会服务性工作帮助学生提高对实践重要性的认识，通过学生自己的辛勤劳动了解他人工作的辛苦，学会对他人劳动成果的尊重，通过排除影响自己学习的干扰，理解为他人的工作提供方便等。间接控制的关键是选择有效的工具和手段，通过人为组织的活动、事实或人为性的工具，来调整现实和目标的偏差。间接控制的人为性比较强，这就更需要提高班级管理者的管理艺术。

直接控制和间接控制互为共轭控制。在班级管理的过程中，对班级的控制要依靠规章制度和纪律，依靠学校赋予班主任的职权，也要注意控制的艺术，利用一切可以利用的工具和手段，发挥人的主观能动性，重视人的因素，特别是学生的主体性因素，使两种控制相辅相成。

（六）信息反馈

信息反馈原理是说在班级管理中，班级建立的控制系统将班级管理的信息输送出去，再返回班级活动中对信息加工的结果，并对信息的再输出发生影响，以达到班级管理的目的。

控制的本质是协调、调整，以实现既定目标，而反馈又为调整系统的决策提供了信息，所以，信息反馈是控制过程的一个必要组成部分。正如维纳所说，反馈的特点就是用"过去的操作情况,去调整未来的行为"。控制依赖于信息的反馈。

班级管理者应当注意的是,在班级建设中要注意建立班级管理信息反馈系统,注意各种信息的收集。既要注意正式渠道信息的收集,又要注意班级中非正式渠道信息的收集,为正确的决策提供保障。

班级管理者还应当注意的是,信息反馈往往会产生两种不同的效果:反馈的信息影响了管理者对班级情况的判断和决策,进而影响了班级活动,导致班级的运行加剧偏离原定目标,这叫正反馈;反馈的信息使班级管理者的决策更有利于原定目标的实现,则叫负反馈。班主任对反馈的信息及影响信息再输入的行为结果应当有预见性分析,利用反馈信息控制和协调班级的各项活动,使班级健康发展。

▶微信扫描目录页二维码,阅读"班级议事的组织架构、流程和一般原则"。

第四节 班级管理模式

一、班级管理模式概述

(一)班级管理模式的概念

模式,是指某种事物的标准形式或使人可以照着做的样式,如模式图、模式化。[①] 模式具有方法论层面上的意义,介于理论与实践之间,是一种指导实践的理念性方法。

在教育实践过程中,有很多不同类型的模式,如教育模式、教学模式、管理模式等。教育中的管理模式又分为很多种,就管理的主体而言,教育管理模式可包括学校管理模式、班级管理模式和学生自我管理模式等。

其中,班级管理模式是班级管理主体在班级范畴内采用的教育管理模式,它是指由班级管理主体在一定的教育管理思想指导下,根据学校总体教育目标和班级具体教育目标的要求,在特定的班级背景下,以特定的手段和方式而实施的班级运行的一种理论框架和方法论体系。

(二)班级管理模式的要素

任何班级管理模式都由四个基本要素组成,包括管理理念、管理目标、实现条件和管理过程。班级管理模式不是一成不变的,它总是随着时间的推移而不断创新和发展,但这些基本要素的构成却是保持不变的。[②]

1. 管理理念

任何教育实践活动都离不开思想的指导,思想正确则实践必定高效,而一旦思想出现偏差,实践也必然走上弯路。班级管理模式常常是管理主体在一定的管理理念下构建起

---

① 中国社会科学院语言研究所词典编辑室:《现代汉语词典》(第5版),商务印书馆2008年版,第961页。
② 齐学红:《班级管理》,武汉大学出版社2011年版,第138—140页。

来的,现实中主要存在两大班级管理理念,即科学主义和人本主义。科学主义强调结构、效率,行为过度就容易背离教育的本质,忽视人的发展规律;人本主义则是对科学主义的批判与超越,旨在回归到人的本质和教育的本质,强调"以人为本"。但事实上,科学的管理理念既不是单纯的科学主义管理理念,也不是单纯的人本主义管理理念,而是科学与人文理念的融合。科学与人文理念的融合是一种科学人文主义理念的体现,它迎合了人本主义管理理念的需要,在批判科学主义理念并承认其某些合理要素的基础上实现对其的超越。

2. 管理目标

一方面,班级管理模式要遵循学校的总体教育目标;另一方面,每种管理模式也有自身的具体管理目标。广大中小学的总体教育目标就是以育人为目的,这是所有班级管理模式必须要遵循的目标。但具体到每个模式,其所要达到的具体目标则是有所区别的。例如,有的模式侧重于培养学生的集体意识,强调教师与学生、学生与学生之间的相互影响,着眼于人的社会性品格的培养;有的模式侧重于学生个体主体性的发挥,着眼于个人潜能的开发与健全人格的培养;有的模式则强调文化的聚合作用,注重班集体文化的建设,坚持集体教育与个别教育的相统一;有的模式则强调结构的制约作用,通过建立特定的班级管理结构实现对班级成员的教育与管理等。不同的班级管理目标规定着班级管理模式的具体行为。

3. 实现条件

班级管理模式的构建和运行需要一定的支撑条件,包括物质条件和非物质条件两个方面。就班级的物质条件而言,主要包括班级的人员结构与规模、学校的硬件设施、班级学生的家庭经济背景等。不同的物质条件影响班级管理模式的建构与实施,例如,规模较大的班级适宜采用科层式的管理模式,而规模较小的班级则适宜采用情感式的管理模式。就非物质条件而言,主要包括学生的知识水平、智力水平、心理水平和道德水平。班主任和教师应根据学生不同的年龄阶段和发展水平选择与设计相应类型的管理模式。例如,小学尤其是低年级的学生适宜采用活动式的管理模式,而高年级的学生则适宜采用综合型的管理模式。与此同时,班主任及教师的人格特点和专业水平也是影响班级管理模式制定的非物质条件。

4. 管理过程

围绕特定的管理目标,每一个管理周期内的活动,都要经历"计划—实行—检查—总结"四个环节。[1] 其中,计划是对班级未来工作进行规划和安排,是班级管理活动的起点。计划的制订,反映了班级的现状与目标的差距,以及怎样抓住主要矛盾,谋求达到预期目标的策略。实行是班级管理者按照计划的安排,指挥全班学生分工合作、各司其职、各尽其才,积极主动完成所承担的任务,达到班级管理目标的过程,是整个过程的中心环节。检查是以计划为依据,通过一定的途径和方法,对实行过程进行检查与评价,发现问题及时调控,保证管理活动在有效的管理计划内运行。总结是对一项相对独立的管理活动进行总的分析与评价,总结成绩与收获,发现存在的问题,为制订下一阶段的计划做准备。

---

[1] 张济正:《学校管理学导论》,华东师范大学出版社1990年版,第194页。

二、班级管理模式的种类

班级管理模式根据不同的分类方法,有不同的种类。按照管理的民主程度可分为包办式管理模式、民主式管理模式、自律式管理模式和放任式管理模式;按照班主任的工作角色可分为命令型管理模式、说服型管理模式、参与型管理模式和授权型管理模式;按照管理的结构可分为平行式管理模式和科层制管理模式;按照管理的内容可分为目标管理模式、日常管理模式和活动管理模式;按照学生之间关系的性质可分为合作型管理模式和竞争型管理模式等。

在此,我们按照管理的核心来划分班级的管理模式。在通常情况下,根据班级管理的核心要素,主要有以教师(班主任)为中心的管理模式、以制度为中心的管理模式、以组织结构为中心的管理模式、以学习为中心的管理模式和以学生为中心的管理模式。在本部分,主要分析与反思前四种传统型的管理模式,以学生为中心的现代管理模式将在第三部分详细论述。

(一) 以班主任为中心的管理模式

在这一模式的班级中,班主任是班级管理的核心,其往往习惯"包揽"班级中所有宏观和微观的事务,包括学生的学习、生活、卫生和纪律等各项工作都照顾得非常周全而细致。这种模式往往发生在新任班主任或低年级的班级管理中。由于所有的事情都要照顾到位,所以这些班主任几乎天天披星戴月、早出晚归,可谓不辞辛劳、兢兢业业。由于"包办"了一切,他们感受最深的一个字就是"忙"。因此,这种模式又被称为"保姆式"管理模式。但从另外一个角度讲,这种模式有时又被称为"警察式"管理模式,因为在这种模式中,班主任也是规则的制定者和监督者。一旦学生违反了某些规则,将会受到惩罚。

这种模式的特点主要表现为:(1) 包办性。如前所述,这种模式的班主任几乎总揽了班级中的所有事务,无论是学习还是生活,无论是课内还是课外,都照顾得非常全面而周到。这种模式对于低年级的学生来说固然有可取之处,但随着学生的成长与自我意识的增强,对高年级学生的效果越来越不明显。有时为了班级的管理,班主任往往会绞尽脑汁地想尽一切办法。而一旦到了"江郎才尽、黔驴技穷"的时候,他们将束手无策。(2) 权威性。从事务掌控的角度,班主任是"保姆",学生是"婴儿",前者掌握着后者的"饮食起居"等一切生活与学习事宜,在后者面前有着无比的权威。从规则的制定与执行的角度,班主任是班级中的"行政官员",以"权威者"自居,是规则的制定者和监督者;学生是"平民百姓",是权威的"服从者",是班主任所制定规则的执行者。(3) 单向性。班主任与学生的关系是一种"管理"与"被管理"的关系,他们之间缺乏一定的均衡制约机制,只是一种班主任制约学生的单向机制。作为管理对象的学生,对班集体中的很多事务无权干涉,是一个被忽视的群体;而作为管理主体的班主任,则是掌握着整个班级的"生杀大权",聚表扬与惩罚、班干部任免、活动组织等无数权力于一身。

这一模式是官僚制度社会体制派生出来的政治模式的一个变种,具有明显的"官本位"色彩。这种管理模式主要存在以下弊端:其一,加重了班主任的工作负担。众所周知,我国现有中小学的班主任一般是由任课教师兼职,全职的班主任只是少数。因此,对于大部分的班主任来说,除了参与班级管理之外,还需要承担大量的课程教学工作。如果班级管理工作占据了他们工作的大部分精力和时间,他们就很难应付好所担任的教学任务。此外,对于班主任的身体和心理也是一个极限的挑战。其二,养成了学生的依赖心理。"在家靠父母,在校靠老师",这往往成为依赖性学生的顺口溜。对于班主任而言,不可否认,对学生的德、智、体、美等方面的发展承担着全面的教育责任,但这种宏观的教育责任往往被班主任理解为统揽班级的一切事务。因此,班主任常常是为了所有的学生、所有的事情忙得团团转;班干部只不过是班主任的"扬声器"或"传声筒";广大普通的学生则一点不动脑子,"享受"班主任所"安排"的一切。久而久之,有些学生就养成了对班主任严重的依赖心理。其三,抑制了学生独立人格的形成。正因为学生对班主任的严重依赖心理,学生独立人格的形成受到严重阻碍。因为班级中的大多数事务都掌握在以班主任为核心的教师团体中,班主任的权威得到过分的强调,学生只能无奈地或无条件地服从,他们基本没有机会和权利发表自己的意见和观点。学生以质疑或是反抗的冲动表现出来的某些创新点刚刚萌生,往往就被无情地扼杀在摇篮里。

(二)以制度为中心的管理模式

这种管理模式主要是依靠建立严格的规章制度和不同层面的量化目标来确保班级管理工作的规范化和程序化。[①] 因此,在这种模式下,班级日常管理工作的运行过程就是依据所制定的规章性制度、文件和目标实现规范化、程序化运转的过程。涉及班级管理工作的制度有很多,除了国家制定的相关法规、法令和教育行政部门制定的《学生守则》和《学生日常行为规范》之外,还有学校和班主任发布的诸如《班级管理条例》《教室守则》《量化考评办法》等一系列的校本政策。那么,学生所有的行为都被掌控在这些规章制度的评价之下,也就是说学生行为的优劣都要以这些制度为评价依据,并接受相应的奖惩。

这种模式的特点主要表现为:(1)规范性。规章制度的本质性功能就是对人的行为进行规范性要求,以使其符合正常的伦理需要。"没有规矩,不成方圆。"班级管理规定就是在此原理基础上,对学生在学校中的相关行为进行的规范性要求。在形式上,既有总体性规定的《班级管理条例》和《教室守则》,也有具体到不同方面的特有的规定,例如学习方面的《考评办法》、生活方面的《奖惩制度》和卫生方面的《宿舍纪律》等。(2)统一性。规范的目的就是让大家的行为朝向统一的行为标准,这就产生了行为结果的一致性。这种统一的行为在一定程度上为学校以及班级的管理工作带来方便,有利于节省人力、物力和财力资源,增强管理的效率和质量。此外,统一的行为还能带来美的感受,如统一的校服着装。(3)强制性。既然是规范性文件,在某种程度上就有"法律"效力。而法律的一个突出特点就是强制性,因此班级管理的相关规章制度对于班级的每一位学生而言就具有强制性。无论制度制定得是否合理,学生必须按照规定的标准行事,否则将会受到"法律"的惩罚。例如,在学生做广播操时,学生一般都被要求统一穿着校服,违令者可能会遭受扣分的后果。

---

① 张艳薇:《魏书生班级管理模式研究》,辽宁师范大学 2007 年硕士学位论文,第 6 页。

这种管理模式将刚性的法律理念应用到班级管理中,自然会产生一些弊端:其一,过分强调了集体的利益,忽视了个体差异。"统一的校服,统一的行为规范,造就了统一的、没有个性差异的学生。"以制度为中心的管理模式,其初衷就是让学生的行为符合集体的规范,从集体的利益出发规范个体的行为。例如,对于上课迟到的学生,所有的人都采用统一的惩罚标准,而没有去考究每位学生迟到的背后原因是什么。再如,为了规范课堂纪律,有些教师让所有学生都把双手背在身后,这就忽视了遵守纪律的那部分学生,而这些学生是完全没有必要这样做的。这种无差别、规范化的要求和原则,严重压抑了学生的个性发展。其二,影响学生健全人格的形成。班级的规章制度往往是围绕纪律和秩序展开的,因此,"禁止""严禁""处罚"等字眼比比皆是。许多规章制度对学生从入学到毕业的每一个言行都设置了相应的规范标准,相当多的标准都附上了一定的分值,倘若学生的言行不符合这些标准,相应的分值就会被扣减掉。这种管理模式就如同卢梭批判当年的封建教育制度一样,他认为这种环境下的孩子只能在哭泣、惩罚和恐吓中度过,这样的教育只能造就一些年纪轻轻的博士和老态龙钟的儿童,他们缺乏独立自主的能力、缺乏分辨善恶是非的能力,他们往往没有自信、自立和自律的品质,缺乏积极乐观的人生态度和执着追求的人生品格。

【例说】3-6

"按分排座"能否激励学生自主管理?[①]

武汉市第四十九中学有近20年实行班级自主管理的历史。近日,该校高一(1)班根据《班级公约》评定学生的"行为分"排座,分数高的可以"任意"选座位,分数低的只能坐别的同学挑剩下的。量化考核、"按分排座"引起社会的关注。

夏强(化名)是这次"按分排座"男生的第一名,拿到了男生中的首个选位权,他选择了第三排靠中间的位子。"自己选座位,感觉不错。"夏强笑着说。

班主任聂勉说,夏强近期在学校运动会和班级活动中表现良好,获得了多个奖项,平时学习也很认真,乐意为班级服务,只是有过一两次迟到和晚交作业的现象,所以分数比前几名的女生要低一些。

校长吕向东向记者透露,学校有近20年实行班级自主管理的历史,班级可以依据学校有关规定自行制定管理实施办法,培养学生良好的行为习惯。"《班级公约》是学校实行学生自主管理主体性教育背景下班级管理模式的一种尝试。"吕向东说。

据了解,"按分排座"参考的分数并不是考试成绩,而是根据《班级公约》来评定的"行为分",班级在每月(或每两月)第一周班会时间进行按分挑座位,每周还会进行大组(从左到右的几个组)轮换。

---

① 余闯:《"按分排座"能否激励学生自主管理?》,《中国教育报》2013年1月28日。

> "奖惩的数字背后,是教育者的价值观。如果一定要制定这样的班规,那就多设立奖励分,多以教师与同学的欣赏,挖掘学生更丰富的可能潜力。班级建设中应更多地关注同学间的相互评价。"华东师范大学基础教育改革与发展研究所研究员李家成说。
>
> 中国教育科学研究院研究员储朝晖说,学生的自主管理和发展不可能是"管理"出来的,一定要在生机勃勃的生活中实现。教育工作者有时甚至需要"睁一只眼闭一只眼"的智慧,努力激发学生的潜能,而不是只盯着学生的"缺点"。"在班级建设和学生管理中,情感可能远比生硬的制度和条文更容易让学生接受。"

(三)以组织结构为中心的管理模式

这种模式由一个组织严密的人员结构作为班级管理的力量支撑,以实现对班级的程序化管理。班级管理的组织结构有不同的具体表现形式,最常见的就是一种纵向的金字塔型的结构,这种结构从上到下有核心层(班委)、骨干层(组长)、先进层(积极分子)和基础层(一般的学生)四个层级,每个层级的人员规模自上而下逐级增加。在这种管理模式中,班委是班主任开展工作的核心力量,其负责将教师的指令传达给各小组长,并负责监督、协调各小组的执行情况;位于骨干层的小组长则是班主任和班干部开展工作的骨干力量,他们协助班委开展具体工作,负责本小组的日常工作,起到上传下达的作用;积极分子则是小组中人缘好,又乐于奉献的学生,他们对小组长在本小组具体工作的开展起到了重要的辅助作用;处于基础层的学生是最大的群体,他们所做的工作就是具体执行工作,在合作的基础上完成各自的任务或集体的任务。

这种金字塔型的管理模式的特点主要表现为:(1)简约性。这种靠班级组织管理班级的模式被大多数班级尤其是高年级所采用,由于不同层级都承担了相应任务,相当于分担了班主任的大量工作,因此它相对于班主任"包办一切"的管理模式而言,大大减轻了班主任的工作量,节省了工作时间。在这种情况下,班主任才能有更多的时间和精力掌握班级的整体发展方向,实现宏观协调与控制,进而提高班级管理的质量和效率。(2)职责性。处于班级管理组织中的不同层级人员从上到下都有明确的职责分工,一般呈现从宏观到具体的阶梯式分工态势。处于核心层的班委起到上承班主任、下启组长的使命;组长在班委的带领下,组织本小组相关工作的开展;积极分子协助小组长做好本组工作;一般的学生具体实施上级分配的任务。不同层级之间彼此负责,相同层级内相互合作,共同完成班级管理的各项事务,有利于提高班级管理的效率。(3)层级性。任何纵向的管理组织都带有不同程度的层级性,这种金字塔型的班级组织亦是如此。从处于核心层的班委到处于基础层的普通学生,虽然都同处一个班级,但呈现四个不同的层级。层级的出现意味着职责的分配与执行,也就意味着下一层级的学生对上一层级的学生负责,上一层级的学生对下一层级的学生调控。

这一模式实质上是由社会体制中的层级制衍生出来的,这种层级分明的金字塔型结构,在某种程度上是一种集权制度在班级管理中的集中反映,虽然很多时候也渗透着民主理念。因此,这种模式主要存在以下缺点:其一,班委和小组长素质的高低是班级管理成功与否的关键。如果处于较高层级的组织成员都是一个个"扶不起的阿斗"的话,那将最终导致"江山"之倒的严重后果。因此,以此为主要管理模式的班级一定要选择一支健康的班级管理队伍。其二,这种看似"森严"的层级结构强化了学生之间的等级意识。那些处于金字塔顶部的班干部由于长期受到班主任的偏爱与青睐,往往享有很多普通学生没有的特权,因而存在一种明显的优越感和强烈的荣誉感,往往形成一副"官架子",与普通学生产生一定的距离和隔阂;而那些处于"底层"的普通学生由于没有直接和班主任交流的机会而经常备受后者的冷落,与班干部之间的关系也在逐渐疏远。其三,影响学生健全人格的形成。对于班干部而言,那种优越感和荣誉感不可能持续终生,一旦哪一天从"官位"上"下来"或走上工作岗位没有担任相应的"领导"职务,自尊心将会严重受挫,心理上也会无比失落;对于普通的学生而言,在日常管理中为了表现出自己对上级政策的某些不服气,有些个性较强的学生往往会不惜冒着受到惩罚的危险做出惊人的举动;而那些性格内向、性情温驯的学生就只能委曲求全、沉默地接受一切。因此,这种班级管理模式无论对班干部本人的成长还是对普通"平民百姓"的发展来说都是不利的。在这种情境下,如果班主任不对学生们的职位进行定时的选聘与轮流更替,久而久之,处于不同"层级"中的学生之间的关系将会逐渐恶化,最终不利于优秀班集体的形成以及班级每一个成员的健康成长。

(四)以学习为中心的管理模式

在这一模式中,班主任和教师把知识的学习和对知识的掌握程度作为班级管理的核心内容,因此学习成绩也将成为班主任评价学生优劣的唯一标准。[①] 在班主任的日常管理中,无论是班级规章制度的制定,还是班委机构的建立,都是围绕学生学习成绩的提高这个唯一的目的进行。因为长期以来,在中小学的班主任眼里,知识的学习是学校教育最主要的任务,如果学生的成绩搞不上去,他们一方面不好向领导交代,另一方面也无法向学生家长交代。因此,为了维持自己的地位和提高自己的知名度,很多班主任将学习成绩作为评价学生的唯一指标,而忽视了学生在德、体、美等其他素养方面的发展。

这种模式的主要特点表现为:(1)唯学性。既然学习是班级管理的核心任务,那么所有的班级管理活动都是围绕学习展开的,所有的规章制度也都是为了学习成绩的提高而制定的。例如,在座位的安排上,有些班主任不是按照学生的自然身高分配座位,而是根据学生学习成绩的排名从前往后依次安排座位。因为在他们眼里,前面的座位更有利于学生的学习,自然"好"的学生应坐在前面。(2)单一性。这里的学习仅仅指向知识的学习,分数的高低仅仅代表学生理论知识掌握的程度。因此,无论在教育目标、教育内容还是评价方式上都表现为单一性和片面性。首先,在教育目标上,只重视学生智能的开发与知识的增长,而忽视学生情感态度与动作技能等其他素养的培养和

---

① 张继忠:《浅谈班级柔性管理对班主任的要求》,《教学与管理》2002年第19期。

提高;其次,在教学内容与形式上,只关注课堂学科知识的教学,而忽视活动课程、综合课程的组织与教学;在评价方式上,以纸笔评价为主要评价方式,而没有关照学生日常行为的表现。

这种管理模式是"应试教育"的产物。应试教育违背学生的发展规律,以升学率作为衡量班级管理的主要指标,进而影响到班主任以学生的学习成绩作为评价学生的唯一指标。这种模式的不足之处主要体现为:(1)不利于学生人格的培养。"知识改变命运,成绩决定一切。"受这种传统"应试教育"理念的影响,学生们只顾及了知识的学习,而在道德、体能、审美等方面有着不同程度的缺失,严重影响了学生的健康成长,造就的仅是一个知识的"容器"。(2)不利于学生主体性的发挥。学生是一个能动性的个体,是一个活生生的人,在班级管理活动中他们有着自我表现的强烈欲望。而这种以知识的学习为唯一目标的管理方式则忽视了学生的这种需要,没有让学生参与到班级管理活动中来,只是把他们当作被动的管理对象。学习成绩这一"紧箍咒"在他们头上一直紧勒着,永摘不掉,因此也就无法有自我表现的机会。(3)不利于学生创造能力的培养。学生在班级管理的过程中,所追求的唯一目标就是学习成绩的提高,所做的唯一工作就是学习,因而失去了主动参与相关活动的机会,最终他们只能成为只会读书或读死书的"书呆子"。这种以成绩之"一俊"遮其他之"百丑"的管理模式下的学生乐于守纪、顺从,依赖性强,独立性差,个性得不到张扬,进而不利于创新意识的培养和创造能力的提高。

三、新时期班级管理面临的挑战

随着经济的不断发展,素质教育的逐渐推广,课程改革的不断深入,班主任面临的问题越来越多,班级管理的难度也越来越大,传统的班级管理模式已经越来越不适应现代教育管理的需求。新时期班级管理主要面临以下挑战。

(一)新政策的要求越来越高

为进一步加强中小学班主任工作,发挥班主任在中小学教育中的重要作用,保障班主任的合法权益,教育部于2009年8月印发了《中小学班主任工作规定》。文件进一步规定了班主任的职责与义务,并特别要求班主任应全面了解班级内每一个学生,深入分析学生的思想、心理、学习与生活状况;关心全体学生,平等对待每一位学生,尊重学生人格;采取多种方式与学生沟通,有针对性地进行思想道德教育,促进学生德智体美全面发展。2011年10月,教育部《教师教育课程标准(试行)》对中小学教师教育课程目标要求中也提到,教师要了解班级管理的内容与要求,获得与学生直接交往的经验,学会引导学生进行自我管理和形成集体观念。这些文件和政策对班主任的管理工作从管理目标、管理内容到管理方式与方法都提出了全面要求,班主任工作面临前所未有的挑战。

(二)社会文化日趋多元化

随着市场经济的不断发展,教育的信息化、国际化和现代化的进程逐步加快,教育的环境逐渐复杂化。由此也就带来了学生与家长的价值取向越来越多元化,同一个班级里学生的文化背景也变得越来越复杂。尤其是随着近年产业结构的逐步升级，农村劳动力不断向城市转移，城镇化进程日趋加快。随着进城务工人员越来越多，农民工子弟也逐渐融入城市的教育浪潮中，他们要么进入专门的农民工子弟学校，要么和城市里的孩子同在一所学校。因此，这就使得处在同一个班级中的学生拥有着来自不同地区的文化特点，在他们身上烙印着属于自己生源所在地的特有的文化和价值观。他们对班主任的同一管理方法持有不同的意见，有的赞成，有的反对。在这种情况下，班主任作为学生成长的精神领袖，在班级管理中既需要用主流的价值观引领学生，也需要通过灵活的方式对学生不同的文化和价值观给予肯定、接纳与应对。

（三）学生主体意识逐渐增强

首先在新的时期，随着网络信息的逐渐透明以及父母教育理念的逐步更新，学生的自我保护意识越来越强。比如，《义务教育法》和《未成年人保护法》早有禁止教师体罚、变相体罚等侮辱学生人格尊严的行为规定，但此类现象仍然屡禁不止。在网络信息化高度发达的今天，一旦有类似的事情发生就会很容易被曝光于网络上，这就在一定程度上增强了经常接触网络的学生对教师体罚或变相体罚学生行为的敏感度，一旦有类似的情况发生在自己身上，他们就会拿起法律的武器来毅然地维护自己的权利。此外，学生主体意识的增强还反映在班级管理活动的主动参与中。随着现代教育理念的逐渐增强，如今的"00后"已经不是原来甘愿被动接受教育和管理的"机器"了，独生子女出身的他们主体欲望越来越强烈，从小接受"优越教育"的他们特别喜欢表现自我，他们希望班主任和教师能够给予自己足够的成长与发展空间，渴望获得更多的表现机会。

▶微信扫描目录页二维码，阅读班主任如何从"保姆型"转到"促进型"。

四、新型班级管理模式的构建

新型的班级管理模式是以学生为中心的管理模式，是一种在教师的主导下，以学生为主体，充分尊重学生、关心学生、爱护学生，发挥学生主观能动性和创造性，重视班干部的模范带头作用，培养班级的凝聚力，通过情感交流构建良好的师生关系，最终促进学生全面发展的现代班级管理模式。目前，新型的班级管理模式主要有民主式、小组式和自律式等模式。

（一）民主式管理模式

所谓民主式班级管理模式，有两层含义：一是指班主任和有关任课教师要有明确的尊重学生个性、充分发挥学生主体作用的意识，并在教育实践中自觉贯彻这种意识；二是充分发挥班委的核心作用，并千方百计地创造条件让全体学生主动参与班级管理，让学生人人都有机会展示自己的风采，有机会发表自己的意见，形成一套学生自主管理的模式，通过尊重学生的情感需要、人格独立和个性自由，从而创造一种良好的、和谐的和积极向上的班级氛围的管理活动。[①] 主要通过以下途径实现班级的民主化管理：

---

① 王伟娟：《如何建立民主的班级管理模式》，《中学时代》2012年第8期。

1. 民主选举班委会，营造良好的民主管理氛围

班委会是服务班集体的学生组织，自然由班集体民主推荐产生。传统的由班主任任命而组成的班委会不能代表学生集体的利益。因此，在新学期伊始，班主任首先要做的工作就是通过民主的力量组建班委会。学生自愿报名参与竞聘大会，全体学生通过考查参与竞聘学生的人格魅力、管理能力和组织能力等综合素养，对其进行投票，最后按得票多少产生班长以及各职能部门的负责人，形成一支得力的班委团队，建立一支强有力的班干部队伍，形成班集体的核心和凝聚班集体的纽带。在班委会形成的基础上，还要细化分工职责，强化全体学生的监督力度，为班级民主化管理营造"自主、开放、立体"的管理环境。因此，民主化选举产生的班委会不是终身制的，也应在学生监督的基础上不断地更新与完善，进行定期的换届选举，实现班委会在民主基础上的动态发展。

2. 制定民主全员参与的班级制度，发挥学生的主动性和积极性

"自上而下"制定的管理制度具有强制、不易执行的特点，但由学生自身制定的"自下而上"的班级管理制度则具有民主性、全员性和易实现性的特点。为此，在学期初，就需要经过全体学生集体讨论，制定适宜本班级情况的管理制度，包括班级公约、相关行为的评分标准等，每一条款都需要由全班三分之二以上的学生集体举手表决通过。班级制度既然是同学自己制定的，班级成员自然就对这些制度认可并遵守。因此，在实施的过程中，班主任应积极引导学生以"人人负责、人人管理"的意识规范自己的日常行为，加强自主管理意识、自主参与意识，发挥学生的主动性与积极性。当然，这些由学生制定的班级管理制度也必须在日常行为的检验中得以不断更新与完善，以更好地适应班级大部分学生的需要。

3. 加强学生的自主创新能力，实现班级教育价值的多元化

著名的苏联教育家苏霍姆林斯基曾经说过："学习是学生的主要任务，但是，学习并不是学生的唯一任务，而只是学生全体精神生活的一部分。"因此，这就要求在班级管理中，坚决反对"以学习为唯一任务"的单极价值取向及其实践，应通过多种形式促使学生多元化能力与素养的发展，尤其是自主创新的意识与能力。"创新是一个民族进步的灵魂，是一个国家兴旺发达的不竭动力"，一个没有创新的民族，只能驻足不前。作为未来民族创新的每一位成员，班集体中的学生承担着重要的使命。为此，班主任在日常的管理中，除了关注学生的学习以外，还应通过主题班会、活动课程、隐性课程等多种形式，让学生积极、主动地参与各项活动，发挥他们的主观能动性，激发他们的创新意识与批判性思维的能力，培养他们发现问题和解决问题的能力。

真题链接

董老师总是希望在课堂上尽可能地满足学生爱与被爱的需要。董老师的做法体现了哪种课堂管理取向？（　　）

A. 建构取向　　　B. 行为取向　　　C. 认知取向　　　D. 人本取向

答案：D。

（二）小组式管理模式

小组式管理模式，顾名思义就是通过建立职能小组的形式，以简化管理程序的班级管理模式。在这一模式中，不同的小组承担班级具体的各项职能事务，班级全体成员参与小组事务的执行与评价，小组之间相互监督，组内成员之间相互合作，教师在小组运行中主要起着引导和督促的作用。因此，小组管理模式的运行需要注意以下三个方面：

1. 建立若干管理职能小组

小组式管理模式建立的首要工作就是要求班主任根据班级管理的具体规定和相应职能任务，将班里的所有同学分成若干工作小组，每个小组职责明确，及时发现学生存在的各种类型的问题，进而有针对性地解决。例如，纪律组——负责检查与督导课堂内外学生的各种行为规范；卫生组——负责检查教室、校园以及宿舍的卫生情况；学习组——负责了解学生尤其是特殊学生的学习困难；生活组——负责解决学生日常生活中遇到的问题与困难等。每一小组的工作任务代表一种班级管理的工作职责，各组工作责任明确。小组内的所有成员对整组工作的任务负责，把每一天发生的事情记录下来交给小组长，最后由小组长统一汇总，将发现的问题及时汇报给班主任。小组长既对小组成员负责，也对全体同学负责，并同时对班主任负责。

2. 发挥小组成员的主体作用

这里建立的小组不是传统的科层式的管理机构，而是一个由大家共同参与管理的组织形式。因为在每个职能小组中，小组长是轮流替换而不是终身制的，即是通过值周组长的形式得以体现的。也就是说，在每一个职能小组中，每一周都会产生一个新的小组长，新的小组长也是从同一职能小组中产生的，因为他本身就对该组的职能任务有所了解，因此也将很快适应这个岗位。经过不断的轮流替换，一两个月之后组内所有成员都有担任小组长的机会。与此同时，小组成员主体作用的发挥不仅体现在同一职能小组的事务参与中，还体现在不同小组之间的轮流互动中。因此，当小组内所有成员都担任过本小组组长后，小组成员即可以在不同职能小组之间进行流动，让他们参与到更多的班级事务管理中。这样一个学年下来，班级所有成员都有经历过班级所有事务的管理经验，发挥了其作为班集体一员的主人翁地位。

3. 发挥教师的引导作用

学生自我管理机构的建立在一定程度上强化了学生的自我管理意识，发挥了学生的主观能动性和积极性，凸显了学生的主体性地位，但在实施的过程中仍然离不开教师的宏观指导与引导。值周组长所做的所有工作的最终目的都是为了解决问题，那么当他们一旦发现班级在某些方面存在严重问题而通过自己的努力解决不了时，就需要向班主任汇报。因此，值周组长每天和每周工作结束时所做的最重要的工作就是向班主任汇报当天或担任工作一周期间班里所发生的各种问题以及自己在工作中所产生的困惑。班主任在面对小组长反馈的问题时，不是所有的问题都直接参与解决，而是在信任小组长的前提下，给予小组长正确的引导和指导，让他们采用正确的方式、方法更好地处理本小组负责的工作；而对于小组长实在解决不了的问题，班主任则需要亲自与学生沟通，有针对性地解决问题。

（三）自律式管理模式

自律式管理模式是指在教师的宏观调控下，以学生为主体，学生全员参与而实施的一种自我教育与自我管理的班级管理模式。英国社会学家斯宾塞在《教育学》中曾指出："记住你管教的应该是养成一个能够自治的人，而不是一个要别人来管理的人。"学生不仅是学习的主体，也是班级管理的参与主体。因此，只有能够激发学生去进行自我教育与管理，才是真正的教育与管理。管理主要是通过自我管理起作用，最后达到少管理甚至不管理的目的。自律式班级管理模式的建立和运行，需要做以下工作：

1. 创设自主管理的集体氛围

良好的班风、班貌对班集体的发展与成长起着重要的正能量导向的作用。为形成良好的班集体环境和风气，首先要发挥班干部与学生积极分子的作用。班干部和积极分子是班级的中坚力量，是正确集体舆论的主要载体，是班主任工作的得力助手，因此班风建设必须要发挥好这部分学生的作用，使他们紧密团结在班主任周围，成为班主任教育理念的坚定支持者和实施者。其次，要调动全体学生的积极性。优秀班集体的形成不是只靠培养好几个班干部和积极分子就能解决的问题，更为重要的是要把班里所有成员的积极性调动起来。只有这样，才能最终形成良好的班风。再次，提高班主任自身素质，为学生树立模范。班主任要培养学生的自律精神，首先自己就要发挥"身教"胜于"言教"的作用，以正确的教学行为、良好的道德行为引导学生朝正确的方向发展。

2. 制定自我约束的班级制度

在班级管理中，由学校或班主任制定的《学生守则》《学生日常行为规范》《班级管理条例》等都是从外在力量的角度对学生行为进行的规范和约束，不利于学生自主管理意识的形成。自我约束的班级管理制度是通过班级全体学生集体讨论通过并执行的来促使学生良好学习、生活习惯形成的一种制度。其中，《班级文明公约》是一种典型的自我约束的班级规章制度。所谓公约一般是指集体内部成员之间的一个共同遵守的约定，是全体成员经过公开讨论而达成一致意见的汇总体系。因此，《班级文明公约》就是通过班集体的力量共同协商表决通过的一个由班级所有成员共同遵守的自律性的规章制度。在这一制度中，学生既是规则的制定者，也是规则的执行者。它与学校或班主任制定的管理制度相比，最突出的特点就是由"他律"转向"自律"，强调学生自律的效用。

3. 构建自我评价的评价体系

自我评价也是一种从"他律"转向"自律"的重要体现，它是自我约束制度的进一步延伸。传统的评价方式一般是由班主任或班委评价学生，现代的评价方式则强调他人评价与自我评价的结合，尤其强调自我评价的参与。因为通过自我评价，学生既能得到自我行为结果的反馈信息，又能加深对自己行为的自我认识，是一个逐步深化自我了解的认识过程。自我评价制度既需要有量性的与诸如《班级文明公约》相配套的评分细则，也需要有柔性的质性评价。一方面，根据相应的评分细则和标准，学生进行自我评价，并在规定的时间段内如每周、每月公布一次各位的累计分数，让每位学生明确自己在全班同学中的位置，分析自己的缺失之处，进而做出不断的改善。另一方面，学生的自我评价还体现在日常生活中的定性评价上。例如，很多低年级的学生往往有从众和向上的心理，当自己与别人存在差距时，自己也要立志做得更好，进而达到自我提高的目的。

【例说】3-7

班级"软管理"引导学生自主管理[1]

如何让学生由被动管理变为自主管理呢？我尝试着实行班级"软管理"，通过多种手段调动学生的积极性和能动性，让他们自我教育、自我管理，由"要我做"变成"我要做"。

全班52名学生按学号依次担任值日班长，这样人人都可当，人人都能当，让每一名学生都有机会当一天"管理者"。值日班长的工作分为常规工作和创新工作两类。常规工作指的是从早晨的开门、值日到课间，以及两操的纪律、班级的卫生等，这些都是值日班长的工作范围。而创新工作则是每名值日班长根据自身的特长及爱好，自我创新出的特色工作。例如，有设计特长的同学可以在这一天设计一份新的板报，有音乐特长的学生可以在下午的"班班唱"时展示一下自己的才艺等。我并没有给值日班长的工作划定什么范围，我希望能给学生更多自由发挥的空间。

通过一学期的实施，效果很明显，学生们通过角色的转变实现自我、展现自我、提高自我，真正成为自我教育的主人。尤其是那些从没有当过班干部的学生，更是珍惜这个来之不易的机会：他们很早就到校开教室门，帮值日生打扫卫生。家长也对此表示了极大的赞同，觉得给每个孩子提供了平等锻炼、平等发展的好机会。

苏霍姆林斯基曾经说过："只有激发学生进行自我教育的教育才是真正的教育。"随着教育观念不断更新，我在课堂上引入了"小组合作"这一学习方式。

对于小组的组建，我尽量做到公平，达到"组间同质，组内异质"，让学生在课堂上合作学习、合作交流。在课下，我充分发挥组长的带头作用，让小组内的成员互相帮助、取长补短，养成良好的行为习惯，学生在组内真诚合作，组际公平竞争，在合作与竞争过程中逐步完善人格，养成良好的心理素质。

---

[1] 张兵：《班级"软管理"引导学生自主管理》，《现代教育报》2010年4月19日。

合作也让学生掌握了初步的交往能力。现在的学生大多是独生子女,张扬自我而不顾及他人,"组团"让学生们学会了合作,有助于增进学生的感情,比我以前强制规定的"一帮一"要强很多。

在平时的班级管理中,我采用了星级评价擂台。该擂台设在班级的墙壁上,由学生绘制。星级评价实施动态管理,每天一汇总,所有任课教师及全体学生均参与其中。大到国家级的各种比赛,小到每天的习惯养成,只要是获得奖励的学生,都可以得到一颗星,让每位学生的每一点进步都明明白白地展示在大家面前。

星级评价中,我重奖励轻惩罚。扣星,会让学生在班级里处处小心谨慎,与教师形成抵触情绪。长此以往,学生就会失去活力与生机,班级氛围就会死气沉沉。用加星的方式就可以鼓励更多的学生参与到班级管理中,在加星的同时,我也会注意用言语鼓励学生。学期末,我会给星星多的学生写下"星星喜报",让家长与学生一起分享这份喜悦。

复习思考题

1. 怎样全面理解班级的内涵?
2. 班级管理具有哪些功能?
3. 班级管理的内容有哪些?
4. 试述班级管理过程。
5. 试述班级管理的原理。
6. 什么是班级管理模式?班级管理的要素有哪些?
7. 班级管理模式的分类。
8. 现代新型班级管理的主要模式有哪些?

本章小结

本章主要论述了班级管理的内涵、功能、目标、内容、过程与原理,有助于全方位把握班级管理的相关理论知识;并从多维度阐述班级管理模式的分类,同时结合新时期班级管理面临的挑战,提出民主式管理模式、小组式管理模式和自律式管理模式三种现代班级管理模式,对于当今班级管理实践具有一定的启示与指导意义。

第四章　班级管理的主体

内容提要

班主任是班级管理的最重要的主体。我国教育部《关于进一步加强中小学班主任工作的意见》指出，中小学班主任工作是学校教育中极其重要的育人工作，既是一门科学，也是一门艺术。班主任承担多种角色，需要具有比普通教师更高的专业素质。班主任的专业发展是多因素相互作用、长时间持续不断的过程，该过程需要职前培养与在职培训一体化，需要外部教育与自我教育相统一。学生不仅是班级管理的对象，而且是班级管理的主体。在班主任的主导下，学生主动参与班级管理对于学生自身、社会和班主任都具有重要的现实意义。要引导学生积极有效地参与班级管理，班主任不仅要树立民主的班级管理观念，而且要掌握科学的班级管理方法。

思维导图

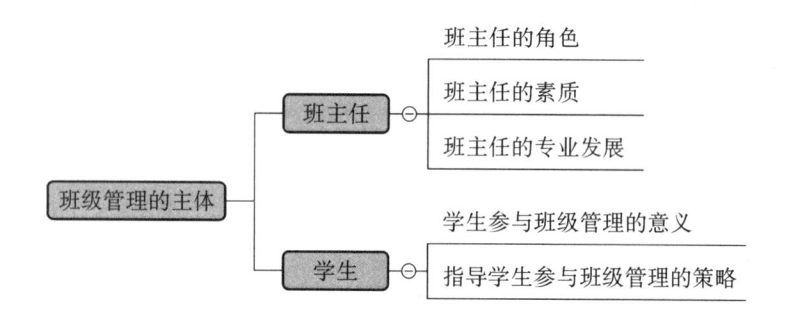

班级管理的主体
- 班主任
  - 班主任的角色
  - 班主任的素质
  - 班主任的专业发展
- 学生
  - 学生参与班级管理的意义
  - 指导学生参与班级管理的策略

第一节　班主任

一、班主任的角色

角色一词源于戏剧，指演员在戏剧中所扮演的人物。自从1934年美国社会学家、社会心理学家及哲学家米德首先运用角色概念来说明个体在社会舞台上的身份及其行为以后，角色概念被广泛应用于社会学与心理学的研究中。作为一个重要的社会学概念，一般来说，角色是指个体在特定社会中的身份和与该身份一致的行为期望。譬如，在学校中，教师这一角色既是一种身份，也是一种与教师身份一致的行为期望。基于此，我们认为，角色大致可以分为身份角色和期望角色两个方面。

（一）班主任角色的产生和发展

在此,班主任角色指的是身份角色。从身份角度说,班主任是学校任命或委派的负责组织、教育和管理班级学生的主任教师。

作为学校中的一种角色,班主任是随着班级组织的出现而产生的。17世纪,捷克教育家夸美纽斯在其代表作《大教学论》(1632)中对班级组织及其制度进行了理论概括,奠定了班级组织的理论基础。此后,班级组织在欧美国家的学校中普遍出现。我国采用班级组织形式始于1862年清政府在北京开办的京师同文馆。直到目前,班级组织仍然是世界范围内学校教育的基本组织形式。

班级组织形成之后,学校对教师工作的安排先后出现过两种形式。一是级任制,它通常也被称为"包班制"。在该制度下,学校安排一位教师承担班级的全部或大部分教育教学工作。当前,这种制度形式仍在一定范围存在着,尤其是在小学低年级或生源不足的地区。二是科任制。在该制度形式下,班级教学工作分别由不同的教师承担。随着教育事业的发展,科任制逐渐成为学校安排教师工作的基本形式。在科任制中,由于有多位教师分别对学生进行教育教学工作,为了协调多位教师的工作,以及负责超出学科教学之外的班级学生的组织、管理和学习活动,就有必要通过一定方式,安排一位教师对班级的各项工作全面负责,这样,班主任这一角色就产生了。

在我国教育史上,中国共产党领导下的老解放区最早使用"班主任"这一概念,当时解放区的小学、中学、师范学校和抗日军政大学等学校中的每个班级都设有班主任。1951年,在继承老解放区教育传统和吸收苏联教育经验的基础上,国家颁布了《政务院关于改革学制的决定》,规定从1952年起在中小学设立班主任,其职责是负责全班学生的思想教育政治工作、道德行为、生活管理、课外活动等工作。至此,我国班主任制度正式确立。

自从确立班主任制度以来,我国对于班主任工作的重视程度不断加强。这在我国最高教育行政管理机关——教育部(或国家教育委员会)的有关政策文件中有非常明显的体现。例如,1978年,教育部颁布的《全日制中学暂行工作条例(试行草案)》指出:"学校应加强对班主任工作的指导,选派政治觉悟较高和较有教学经验的教师担任班主任。"1988年,国家教育委员会颁布了《中学班主任工作暂行规定》,该文件不仅重申了班主任工作在学校教育中的重要作用,而且对班主任的地位和作用、任务和职责、工作原则和方法、条件和任免、待遇和奖励以及班主任工作的领导和管理等方面做出了明确规定,对我国班主任工作的规范化起到了重要的推动作用。2006年,教育部颁布的《关于进一步加强中小学班主任工作的意见》文件指出:要充分认识加强中小学班主任工作的重要意义,进一步明确中小学班主任的工作职责,认真做好中小学班主任的选聘和培训工作,切实为中小学班主任工作提供保障。该文件对我国班主任工作的专业化起到了重要的促进作用。

（二）班主任的具体角色

在此,班主任的角色指的是期望角色。在社会生活中,每个人往往具有多种身份角色,每种身份角色都包含着不同的行为期望。一个人即使扮演某一种身份,由于他往往面对着与该身份具有密切关系的多个主体,该身份也往往包含着多种行为期望。因此,社会学认为,每个人都处于"角色丛"的包围之中。班主任的具体角色就是如此。

从行为期望的主体来说,班主任的具体角色包括外在的行为期望和自我的行为期望,一般来说,班主任的具体角色多指外在的行为期望。从行为期望的权威性角度说,班主任的具体角色包括民间的行为期望和官方的行为期望,一般来说,班主任的具体角色以官方的行为期望为主。在此,班主任的具体角色指的是外在的官方的行为期望。

与其他职业相比较,教师职业的重要特点就是职业角色的多样性。美国学者 J. M. 索里和 C. W. 特尔福德认为,教师的职业角色包括以下 8 种:① 家长的代言人;② 知识的传播者;③ 团体的领导;④ 模范公民;⑤ 治疗学家;⑥ 朋友和知己;⑦ 替罪羊;⑧ 侦探和纪律执行者。[1] 教师工作是复杂的,班主任工作同样如此,班主任的角色也具有多样性。根据教育部《关于进一步加强中小学班主任工作的意见》对班主任职责的规定,班主任的具体角色主要有以下方面:

1. 学生思想品德的教育引导者

在全面发展教育中,育人为本,德育为先。虽然对学生思想品德的教育引导工作渗透于教育教学的各个环节,贯穿于学校教育、家庭教育和社会教育的各个方面,但是,班主任是对学生的思想品德进行教育引导的最主要的力量。教育部颁布《关于进一步加强中小学班主任工作的意见》的直接政策背景就是为了深入贯彻落实《中共中央国务院关于进一步加强和改进未成年人思想道德建设的若干意见》。

为此,班主任要认真落实学校德育工作的要求,积极主动地与其他任课教师一道,利用各种机会对学生进行思想道德教育,引导学生明辨是非、善恶、美丑,确立远大志向,增强爱国情感,明确学习目的,端正生活态度,养成良好的行为习惯。

2. 班级管理者

班级是学生学习和生活的基本集体,是学校开展教育教学工作的基本组织单位。管理优良的班级对于学生的健康发展和学校教育教学工作的顺利开展具有非常重要的意义。班主任是班级管理的第一责任人。在班级管理中,班主任的主要任务包括以下两个方面:

一是进行班集体建设。绝大多数的研究者都认为,组织和培养班集体是班主任的中心工作。为此,班主任应该带领学生确立富有凝聚力的班级目标,建立和健全高效的班级组织机构,制定具有强大指导力的班级规范,努力营造互助友爱、民主和谐、健康向上的班级集体氛围,形成有特色的充满活力的班级文化。

二是进行班级日常管理。无论多么良好的班集体,在其日常运行过程中,必然会出现偶发事件。这些偶发事件很可能会影响班级正常的教学和生活秩序。因此,班主任必须做好班级日常管理工作。为此,班主任应坚持正面教育为主,对学生的点滴进步及时给予表扬鼓励,对有缺点错误的学生要晓之以理、动之以情,进行耐心诚恳的批评教育。另外,在班级日常管理中,班主任还应该做好学生的综合素质评价,科学公正地评价学生的操

---

[1] [美]J. M. 索里、C. W. 特尔福德:《教育心理学》,高觉敷等译,人民教育出版社1982年版,第83页。

行,制定班级工作计划和做好班级工作总结等工作。

3. 班集体活动的组织者

良好班集体的建设必须通过各种活动来实现。班集体是在全班同学参加各种集体活动的过程中逐渐成长起来的,各种集体活动又可以使每个同学都有机会为集体贡献自己的力量,并在活动中展示和发展自己的才能。因此,有效组织班集体活动是班主任的重要职责。

在组织班集体活动过程中,班主任要善于指导班委会和团支部开展工作,组织开展丰富多彩的团队活动;要善于积极组织开展班集体的社会实践活动、课外兴趣小组、社团活动和各种文体活动,充分发挥学生的积极性和主动性,培养学生的组织纪律观念和集体荣誉感。

4. 每一位学生全面发展的关注者

对于班主任来说,关注每一位学生全面发展大致包括以下含义:首先,班主任要关注本班的所有学生,要公平地对待所有学生。获得公平的教育机会是学生的权利,也是现代教育大力倡导的先进理念。不仅如此,教育公平还是社会公平的重要基础。其次,班主任要关注本班学生的思想品德素质、知识能力素质、身体素质和心理素质诸方面的全面发展。再次,班主任要科学理解全面发展与个性发展的关系。全面发展指的是学生在思想品德、知识能力、身体和心理等基本素质方面的发展,也就是说,每个学生在这些基本方面的发展不可或缺,不能相互替代或补充。而个性发展则是建立在全面发展基础之上,它意味着每个学生在这些基本方面中都有自己擅长的方面,同时,每个学生在各方面的发展基础和发展可能性也存在一定差异。因此,个性发展蕴含在全面发展之中,全面发展不等同于均等发展。

与家长主要关注自己孩子的发展相比较,班主任则关注本班所有学生的发展;与任课教师主要围绕本学科教学关注学生的全面发展相比较,班主任则更多地超越具体学科限制,从更宽阔的视野关注学生的全面发展。

要切实有效地关注和促进每一位学生的全面发展,班主任应该了解和熟悉每一位学生的特点和潜能,善于分析和把握每一位学生的思想、学习、身体、心理等方面的发展状况,及时发现并妥善处理各种问题。班主任还应该注意倾听学生的声音,关注学生的烦恼,满足学生的合理需求,有针对性地进行教育和引导,为每一位学生的全面发展创造公平的发展机会。

5. 校内外各种教育力量的协调者

影响班级学生发展的教育力量是多方面的。从区域范围说,这些教育力量可分为校内教育力量和校外教育力量。校内教育力量主要来自班主任、任课教师、学校管理者、学校教学辅助人员和后勤服务人员等。校外教育力量主要包括家庭教育力量和社区及社会教育力量。随着改革开放的逐步深入、高新科学技术的不断涌现和大众传播媒介的日益丰富,校外教育力量对学生发展的影响作用愈来愈大。有研究甚至认为,家庭教育和社会教育对学生影响的权重已由20世纪50年代的40%上升至90年代的90%以上。[1] 我们认为,该判断

---

[1] 王鹰等:《班主任工作技能训练》,人民教育出版社2001年版,第255页。

虽然值得商榷，但家庭教育和社会教育对学生发展的影响愈来愈大却是事实。

影响班级学生发展的各种教育力量的充分协调可以起到整体大于部分之和的效果，而班主任则是校内外各种教育力量的最主要的协调者。为此，班主任不仅应该努力协调好任课教师，做好班级的管理和建设工作、学生的教育和引导工作，积极支持少先队、共青团、班委会开展班级活动，还应该成为沟通学校、家庭和社会的纽带，及时了解学生在家庭和社区的表现，引导家长和社区配合学校共同做好学生的教育工作。

真题链接

在下面的角色中，哪一个不是班主任的角色？（   ）
A. 班级管理者　　　　　　　　　　B. 班集体活动的组织者
C. 校内外教育力量的协调者　　　　D. 教学者
答案：D。

二、班主任的素质

在心理学中，素质一般是指有机体与生俱来的某些解剖生理特点，如身体的构造、形态、感觉器官和神经系统的特点等，素质相对稳定，在后天环境和个体实践活动的影响下，素质的某些特点也会发生缓慢的变化。而在教育学中，素质则主要指个体后天获得的、比较容易改变或提升的身心特点。班主任素质要求中的"素质"主要在教育学视角下使用。

班主任承担着上述多种重要角色，这些角色对班主任的素质提出了很高的要求。我国教育部对班主任的素质高度重视，多次在正式文件中给予明确强调。例如，1979年，教育部在《关于班主任工作的要求》中指出："中、小学班主任应拥护中国共产党，拥护社会主义，热爱祖国，忠诚党的教育事业，能胜任学科的教学工作，具有一定的教育管理学生的经验和组织能力，认真贯彻执行全日制中、小学暂行工作条例（试行草案）中规定的中小学思想政治教育的根本任务，努力学习，积极工作，热爱学生，团结同志，在思想、品德、作风方面能做学生的表率。"同年，教育部、财政部、国家劳动总局在《关于普通中学和小学班主任津贴试行办法（草案）》中指出："班主任应挑选工作好、思想好、作风好，具有一定教学水平、管理学生经验和组织能力的教师担任。"1988年，国家教育委员会在《中学班主任工作暂行规定》中明确规定，班主任的条件是："拥护党在社会主义初级阶段的基本路线，拥护四项基本原则；热爱教育事业、教育思想端正、工作责任心强；作风正派；有一定教学水平和组织管理能力。"2006年，教育部在《关于进一步加强中小学班主任工作的意见》中指出，班主任岗位是具有较高素质和人格要求的重要专业性岗位，应由取得教师资格、思想道德素质好、业务水平高、身心健康、乐于奉献的教师担任。中小学班主任要忠诚党的教育事业，热爱学生，善于做学生的思想工作，具有符合素质教育要求的教育观和较强的教育教学和组织能力，掌握教育学、心理学的基本知识和方法，熟悉相关法律法规；品德高尚，为人师表，具有团结协作精神和较强的人际沟通能力。

真题链接

班主任岗位是重要的（   ）岗位。

A. 职业性　　　　B. 事业性　　　　C. 专业性　　　　D. 业余性

答案:C。

关于班主任应该具有的素质,我国学者也进行了一些调查研究。

有学者对学生进行了问卷调查,结果表明,学生心目中的好班主任应该具有以下特点:

① 真心实意地关心爱护学生,体贴理解学生;
② 平等地对待学生,每天能用微笑面对学生;
③ 能督促学生抓紧时间;
④ 经常给学生鼓励,不打击、不训斥学生;
⑤ 不说套话,布置工作有重点;
⑥ 善于发现学生的心理变化,给予学生心理指导;
⑦ 能把学生的意见反映到学校领导那里去;
⑧ 能融入学生之中,有号召力、凝聚力,能带动班级活跃气氛;
⑨ 能如实公布班级的每一点进步和退步;
⑩ 博学多才,幽默风趣,性格好,易相处;
⑪ 经常对学生进行学习方法指导,减轻学生学习心理负担;
⑫ 小事糊涂,大事清楚,该管的管好,不该管的不管;
⑬ 经常开展有益于学生才能发挥的活动;
⑭ 教会学生怎样才能做好,而不是一味讲道理;
⑮ 经常与学生聊一些社会动态方面的信息,开阔学生视野;
⑯ 不拿扣分约束学生。①

南京师范大学班主任研究中心学术顾问班华在天津、广州、桂林、南通、温州等地的有关会议和教师培训班上,对来自全国各地的中小学班主任进行了问卷调查。② 该调查要求班主任从问卷所列出的 19 条教育指导思想、教育准则或教育规范中选出自己认为重要的 10 条。本调查共发放问卷 480 余份,回收问卷 426 份,有效问卷 386 份。研究者对调查结果的统计如下(仅统计选择人数比例超过 50%的选项):

表 4 - 1　调查结果统计

内　容	选择人数(%)
尊重与相信学生	354 (91.7)
了解学生心理,与学生沟通	283 (73.3)
公正地对待学生	266 (68.9)
营造良好班级文化氛围	258 (66.8)
建设良好班级共同体	253 (65.5)
关心、热爱学生	247 (64.0)

---

① 唐巨男:《学生喜欢怎样的班主任》,《德育报》2004 年 4 月 19 日。
② 班华:《专业化:班主任持续发展的过程》,《人民教育》2004 年第 15—16 期。

续表

内　容	选择人数(%)
言教与身教结合	238（61.7）
鼓励学生	235（60.9）
终身学习、持续发展	228（59.1）
形成班级教育合力	217（56.2）
喜欢、热爱班主任工作	207（53.6）

以上两个实证研究从当事人角度阐明了班主任应具有的素质。下面从理论分析角度对班主任的素质要求进行阐述。

班主任应是优秀教师，但优秀教师未必是优秀班主任。有研究指出，在优秀教师中，只有70%的人可能成为优秀班主任，而在优秀班主任中，100%的人都具有优秀教师的条件。我们认为，班主任不仅应该具有优秀教师的素质，而且应该具有能够体现班主任角色特殊性的素质。根据有关教师素质结构的经典分析框架，我们认为，班主任的素质主要包括品德素质、知识素质和能力素质三大方面。

（一）班主任的品德素质

1. 对待班主任工作的品德：具有敬业精神

在这里，敬业精神是指班主任基于对班主任工作意义的深刻认识和对班主任工作的热爱而产生的一种对班主任工作的全身心的忘我投入的精神境界。敬业精神的本质是奉献。与任课教师的工作相比较，班主任工作不仅意义重大，而且更为繁杂和艰巨，同时，班主任工作的回报则相对更少。这就要求班主任具有更高境界的敬业精神。

2. 对待学生的品德：关爱、尊重和信任学生

因为班主任是班级中每一位学生全面发展的关注者，学生也往往把班主任看作"替代父母"，因此，与任课教师相比较，班主任更应该关爱学生，重视学生身心健康发展，保护学生生命安全；尊重学生独立人格，维护学生合法权益，平等对待每一位学生；尊重个体差异，主动了解和满足学生的不同需要；信任学生，积极创造条件，促进学生的自主发展。

3. 对待其他教育者的品德：团结协作

因为班主任是校内外各种教育力量的协调者，需要经常联系校内教育力量，尤其是本班任课教师，需要经常沟通学校、家庭和社会，所以班主任应该具有团队合作精神，积极开展协作与交流。

4. 对待自己的品德：为人师表

班主任自身的品德修养对于班主任工作具有特别重要的意义。有学者指出："班主任的工作就是以人格引领人格，以情感陶冶情感，以德性培育德性。"[1]与任课教师相比较，班主任要在更高水平上做到富有爱心、责任心、耐心和细心；乐观向上、热情开朗、有亲和

---

[1] 冯建军：《班主任专业化初论》，《教师之友》2005年第8期。

力;善于自我调节情绪,保持平和心态;勤于学习,不断进取;衣着整洁得体,语言规范健康,举止文明礼貌。

(二)班主任的知识素质

与任课教师的知识结构相比,因为班主任的工作范围不局限于某一学科或某一领域,而是关注学生发展的各个方面,所以,我们认为,能够体现班主任工作特殊性的班主任知识结构主要包括以下两个部分:

1. 通识知识

从学科角度说,班主任的通识知识大致包括自然知识、人文知识和社会知识;从学生发展的角度说,班主任的通识知识大致包括道德、智慧、身体和心理健康等方面的知识。对于任课教师来说,上述知识属于通识知识,而对于班主任来说,这些知识既是通识知识,同时也是班主任引导学生在这些方面得到健康发展的专业知识。要引导班级学生全面发展,班主任就必须具有全面的知识。当然,由于班主任是学生思想品德的教育引导者,在班主任的上述知识中,有关道德方面的知识更为重要。

2. 教育知识

通识知识主要属于班主任引导学生需要对其进行学习和内化的本体性知识,而教育知识则属于班主任赖以有效引导学生发展的条件性知识。一般来说,班主任的教育知识大致包括教育学基础知识、德育与班级管理知识、普通心理学知识、教育心理学知识等。其中,德育与班级管理知识对于班主任具有特别重要的意义。

(三)班主任的能力素质

1. 良好的教育、管理和组织能力

因为班主任是学生思想品德的教育引导者,所以班主任必须具有良好的对学生进行思想品德教育的能力。该能力不仅表现在对班集体的教育方面,而且表现在对个别学生的教育方面。班主任应善于全面掌握学生的情况,及时发现已经出现和可能出现的问题,并加以正确分析,制定出科学有效的教育方案。

因为班主任是班级管理者,所以班主任必须具有良好的管理能力。该能力主要表现为班主任善于领导学生制定班级管理目标,建立班级管理机构,健全班级管理规范和形成健康的班级舆论。

因为班主任是班集体活动的组织者,所以班主任必须具有良好的组织能力。该能力主要表现为班主任善于制定活动计划,周密安排活动时间、地点和程序,鼓励学生积极参与,善于根据情况的变化,迅速做出决定和采取措施。

2. 良好的人际交往能力

因为班主任是校内外各种教育力量的协调者,所以班主任必须具有良好的人际交往能力。该能力主要表现为班主任应善于待人接物,处理好公共关系,善于与学校管理者、任课教师、家长和社会相关人员建立良好的人际关系。事实证明,只有那些善于交往、善于团结他人的班主任,才能够更好地协调各方面的教育力量,才能把班主任工作做好。

三、班主任的专业发展

进入21世纪之后,班主任专业化与班主任专业发展在我国基础教育界愈来愈受到重视。教育部在《关于进一步加强中小学班主任工作的意见》中明确指出:"班主任岗位是具有较高素质和人格要求的重要专业性岗位,应由取得教师资格、思想道德素质好、业务水平高、身心健康、乐于奉献的教师担任。"该文件从制度层面赋予了班主任工作的专业性。与教师专业发展相比较,有关班主任专业发展的研究和实践要滞后得多。因为班主任属于教师范畴,是教师职业中的一种特殊岗位,所以,对班主任专业发展的研究可以参照有关教师专业发展的分析框架。

(一)班主任专业发展的内涵

班主任专业发展的内涵有广义和狭义之分。广义地说,班主任专业发展等同于班主任专业化,它是指班主任这一群体或职业从非专业或半专业逐渐发展成为一种专业的过程。从专业所具有的特征角度说,班主任专业化既需要班主任自身具有高水平的专业素质,更需要外界在社会地位、工作自主权等方面给予班主任充分保障。

链接

专业的特征体系

(1) 服务于社会的意识,终生献身于职业的志向;
(2) 仅为本行业的人所掌握的明确的知识技能体系;
(3) 将研究成果和理论知识运用于实践;
(4) 长时间的专门职业训练;
(5) 控制职业证书的标准或资格的认定;
(6) 拥有选择工作范围的自主权;
(7) 对所做出的专业判断和行为表现负责,设立一套行为标准;
(8) 致力于工作和为当事人服务,强调所提供的服务;
(9) 安排行政人员是为方便专业工作,而非事无巨细的岗位监督;
(10) 专业人员组成自我管理组织;
(11) 专业协会或特权团体对个人的成就给予认可;
(12) 一套伦理规范以帮助澄清与所提供服务有关的模糊问题或疑难点;
(13) 从业中高度的公众信任和自信;
(14) 较高的社会声誉和经济地位。[1]

狭义地说,班主任专业发展概念等同于班主任专业成长,它是指班主任个体不断提升

---

[1] 陈永明:《现代教师论》,上海教育出版社1999年版,第173页。

专业素质,逐渐从新手型班主任成长为专家型班主任的过程。

广义的班主任专业发展包含狭义的班主任专业发展,换言之,班主任专业化的必要条件是班主任具有较高的专业素质。此处的班主任专业发展概念指在狭义层面使用。

(二) 班主任专业发展的途径

班主任专业发展是一个多因素相互作用、长时间持续不断的过程。在此,我们从班主任职前培养和在职培训一体化、外部教育与自我教育相统一的角度来探讨班主任专业发展的主要途径。

20 世纪 80 年代以来,教师专业发展出现了三种不同取向的途径,即理智取向途径、实践反思取向途径和生态取向途径。[1] 这些途径对于班主任专业发展具有非常重要且适切的指导意义。基于此,我们认为,班主任专业发展的途径主要有以下方面:

1. 专业引领

班主任专业发展的专业引领途径是指班主任(或未来的班主任)通过自觉加强有关班主任工作的理论学习或自觉接受有关班主任工作的理论指导,从而促进自身专业发展。该途径是对教师专业发展的理智取向途径的借鉴。持该取向的研究者认为,正是由于拥有专门知识和技能才使得医生与律师获得相当高的专业地位,因此,教师专业发展的关键是教师掌握专门的知识与技能。

班主任专业发展的专业引领途径强调的是理论在班主任专业发展中的重要性。研究专业特征的学者几乎都认为从业者掌握高深的专门知识和技能并将其运用于实践是专业的主要特征之一。我们认为,无论实践经验多么重要,它可能都代替不了理论的力量;英国哲学家培根所提出的"知识就是力量"命题可能永远不会被"经验就是力量"命题所代替。美国实用主义哲学家、教育家杜威虽然非常重视经验,但他并没有将经验与理论对立起来。在他看来,理论或系统知识是一种处于疑难情境时可以依靠的已知的、确定的、现成的、有把握的材料。他指出,"无论如何,一个人应能利用别人的经验,以弥补个人直接经验的狭隘性,这是教育的一个必要组成部分";"个人直接经验的范围是非常有限的。如果没有代表不在目前的、遥远的媒介物的介入,我们的经验几乎将停留在野蛮人的经验水平上。……所以我们依靠文字,借以获得有效的有代表性的经验式间接经验"。[2] 显然,该间接经验以理论为主。

在专业引领途径中,其内容以德育和班级管理理论为主,此外还包括教育学基础、普通心理学、教育心理学、教育社会学、教育管理学等理论。这些理论的创造者主要是各级各类教育科研机构和高校中的专业研究者,也包括个别学者型的优秀班主任。我们认为,上述理论多是研究者的智慧结晶,在一定程度上揭示了有关班级管理工作的正确理念、本质规律和科学方法,具有宝贵的指导、启迪和借鉴意义。

在专业引领途径中,理论的存在形式有两种:一是蕴藏在研究者的头脑中,二是刊载于书本、杂志、报纸和网络等媒体上。因此,班主任接受专业引领的方式相应地包括两种:

---

[1] 教育部师范教育司组织编写:《教师专业化的理论与实践(修订版)》,人民教育出版社 2003 年版,第 27—31 页。
[2] 吴式颖:《外国教育史教程》,人民教育出版社 1999 年版,第 518 页。

一是通过面对面的互动，直接接受研究者的专业引领；二是通过阅读理论成果，间接接受专业引领。直接接受专业引领的途径主要包括参加课程学习、听讲座、接受现场指导等方式。由于受诸多因素制约，对于在职班主任来说，间接接受专业引领可能更加现实和重要。为此，班主任要养成尊重理论、勤于学习的习惯，就像众多教育家所说的那样，"读书、读书、再读书"，"把读书当成一种职业生活方式"。

在专业引领途径中，班主任要注意克服两种不良倾向。一是轻视理论的经验主义倾向，二是希望把理论"拿来就用"的操作主义倾向。后者的发展往往会强化前一种倾向，因为理论乃至技术常常是难以"拿来就用"的，因而它就容易被认为"无用"。德国当代哲学家哈贝马斯指出："科学概括出来的知识，并不能直接地驱使（指导）社会实践，还必须有一个'启蒙过程'，以使特定情境中的实践者能够对自己的情境有真正的理解，并做出明智而谨慎的选择。"[1]因此，在接受专业引领过程中，班主任必须重视理论的"启蒙"性质，必须坚持将普遍理论与具体实践相结合的原则，创造性地选择和运用理论。

2. 实践反思

班主任专业发展的实践反思途径是指班主任以自己的班级管理实践活动为思考对象，对自己在班级管理工作中所做出的行为以及由此产生的结果进行审视和分析，从而促进自身专业发展。该途径是对教师专业发展的实践反思取向途径的借鉴。

持教师专业发展实践反思取向的研究者不仅强调实践，而且强调反思，认为教师不是在理论学习中而是在实践反思中获得专业发展的。美国著名教育家舒尔曼指出："对于专业人员来说，最难的问题不是应用新的理论知识，而是从经验中学习。学术知识对于专业工作是必需的，但又是远不够的。因此，专业人员必须培养从经验中学习和对自己的实践加以思考的能力。"[2]美国心理学家波斯纳提出了一个著名的教师成长公式：教师成长＝经验＋反思。他认为，"没有反思的经验是狭隘的经验，至多只能成为肤浅的知识。如果教师仅仅满足于获得经验而不对经验进行深入的思考，那么他的教学水平的发展将大受限制，甚至会有所滑坡"[3]。

实践反思途径是对科技理性主义的超越。科技理性主义认为，理论是实践的"准绳"，研究者为实践者"立法"，实践者只要按照研究者所创立的理论以及在此基础上开发出的技术去操作，就能够取得实践的成功。持实践反思取向的研究者则认为，实践者并不是被动和机械的"技术操作工"，而是主动和富有创造性的"反思性实践者"；他们秉持实践性知识观，认为直接支配教育实践的不是研究者创立的理论性知识，而是教师自己的实践性知识。我国有学者指出，教师实践性知识直接支配着教师的日常教育教学行为，它在教师选择、解释和运用理论性知识时起重要引导作用，支持教育教学理论和原则有效指导教学活动。[4] 因此，教师专业发展的知识基础不是理论性知识，而是实践性知识，而教师获得实践性知识的最主要的途径就是实践反思。

班主任属于教师群体，教师专业发展的实践反思途径同样适用于班主任的专业发展。

---

[1] 饶从满、王春光：《反思型教师与教师教育运动初探》，《东北师大学报（哲学社会科学版）》2000年第5期。
[2] ［美］李·S.舒尔曼：《理论、实践与教育的专业化》，王幼真、刘捷译，《比较教育研究》1999年第3期。
[3] G. J. Posner. *Field Experience: Method of Reflective Teaching*. New York: Longman, 1989: 22.
[4] 陈向明：《实践性知识：教师专业发展的知识基础》，《北京大学教育评论》2003年第1期。

经过实践反思,班主任对自己的班级管理行为进行审视,在发现存在的问题和不足的基础上,分析和解决问题,改进实践;在总结成功经验的基础上,对其加以继承和发扬光大。在实践反思基础上所获得的教训或经验就是班主任的实践性知识,这些知识在促进班主任提高班级管理质量的同时又促进班主任专业发展。

班主任进行实践反思的重要形式是撰写日志,开展经验研究、案例研究、叙事研究等。这些形式会使得班主任的实践反思更为自觉,所获得的实践性知识更为明显、更容易积累。在实践反思中,班主任应重视来自学生视角的反馈信息。学生是班主任工作的当事人和对象,对班主任的工作感同身受,他们不仅有重要的发言权,而且有一定的评价能力。更为重要的是,班主任关于自己的行为对学生的影响的判断,很可能与学生的体验存在差异,甚至大相径庭。美国教育家布鲁克菲尔德指出,教师碰巧说出的没有特殊意义的评论,学生可能认为是必须遵循的训令;教师未经思考顺口说出的并不重要的问题,可能被学生用以证明教师的自相矛盾;教师认为是令人充满信心的行为,可能被学生解释为对他们过于悉心的保护;教师以为是鼓舞人心、富有创造性的时刻,可能被学生认为是言行不一,让他们感到迷惑;教师出于善意的激励性的玩笑,可能对学生造成伤害。[①] 所以,班主任在实践反思时必须重视听取学生的意见和建议。

3. 同伴互助

班主任专业发展的同伴互助途径是指班主任通过与同事之间互相帮助、互相学习、分享经验、彼此支持,从而促进专业发展。该途径是对教师专业发展的生态取向途径的借鉴。

持生态取向的研究者认为,教师专业发展并不全然依靠自己,而会向他人学到许多;教师并非孤立地形成与改进其教学策略与教学风格,而是依赖于"教学文化"或"教师文化",正是教师生活于其中的这种文化为教师的工作提供了意义、支持和身份认同。[②] 因此,教师专业发展不能单打独奏,而应同伴互助。社会建构主义则为教师专业发展的生态取向途径提供了心理学视角的合理性辩护。以维果斯基的思想为基础发展起来的社会建构主义主要关注学习和知识建构的社会文化机制。该理论认为,虽然知识是个人主动建构的,而且只是个人经验的合理化,但这种建构也不是个人的任意建构,而是需要与他人磋商并达成一致来不断地加以调整和修正,并且不可避免地要受到当时社会文化因素的影响。也就是说,学习是一个文化参与的过程,学习者只有借助一定的文化支持来参与某一学习共同体的实践活动,才能内化有关的知识,从而获得发展。借鉴教师专业发展的生态取向途径,班主任要实现专业发展,就必须高度重视同伴互助。

班主任开展同伴互助的主要形式如下:(1)信息交流。通过信息交流,班主任促进信息流动,扩大和丰富信息量和各种认识。(2)经验共享。通过经验共享,班主任借鉴和吸收他人的经验,反思和提升自己的经验。(3)深度会谈。它是一个自由、开放和发散性的谈话过程,具有生成性和建设性,会使班主任把深藏的个人实践性知识展示出来,形成有价值的新见解。(4)专题讨论。班主任群体围绕某个问题畅所欲言,提出各自的意见和

---

① [美]斯蒂芬·D. 布鲁克菲尔德:《批判反思型教师ABC》,张伟译,中国轻工业出版社2002年版,第37页。
② 教育部师范教育司组织编写:《教师专业化的理论与实践(修订版)》,人民教育出版社2003年版,第30页。

看法。在这个过程中,大家互相丰富着彼此的思想,不断提高自己和同事对问题的认识。在讨论中,每个教师都能获得单独学习所得不到的东西。(5)结对帮扶。经验丰富的优秀班主任指导年轻班主任,发挥传、帮、带的作用,帮助其尽快适应班主任角色和工作环境的要求。

班主任通过同伴互助途径实现专业发展的重要保障是学校从观念、制度和物质等方面创造有利条件,尤其是建立班主任合作文化,在班主任之间形成心理相容、互相体恤、互相尊重、互相支持的文化氛围。

班主任专业发展的上述途径既具有相对独立性,又相辅相成、相互补充、相互渗透、相互促进。其中,实践反思是班主任专业发展的核心途径,它不仅最能体现自主性、积极性和主动性,而且专业引领和同伴互助这两条途径的作用发挥必须以该途径为基础和中介。班主任的实践反思也不能是自我封闭式的苦思冥想或玄观静览,因为"纯粹从自己眼中之我的角度出发,是不能观照并理解自我的外表的",更不能关注自己的心灵。[①] 为了突破自我视角的局限,班主任在实践反思时需要借助多种视角做观照。在某种程度上说,专业引领和同伴互助就是班主任有效进行实践反思的两个重要视角。

真题链接

班主任通过学习班级管理理论促进自己班级管理素质提升的途径属于(　　)。
A. 专业引领　　　B. 同伴互助　　　C. 实践反思　　　D. 自我反思
答案:A。

▶微信扫描目录页二维码,阅读"初为班主任"。

第二节　学　　生

在班级管理中,班主任是重要的主导性主体,学生是重要的参与性主体。学生参与班级管理,意味着学生不仅是管理的对象,而且是管理的主人。学生参与班级管理的实质是学生在班主任的主导下进行自我管理,这一过程同时也是学生进行自我教育和自我发展的过程。从自身能力、客观条件以及所应承担的责任来看,学生自我管理主要表现为班级之内的管理。它包括两个方面:一是管理自己,教育自己;二是管理和教育其他同学。

我国教育家陶行知非常重视学生的自我管理。他在1919年撰写的《学生自治问题之研究》一文中指出:"要为学生预备种种机会,使学生能够大家组织起来,养成他们自己管理自己的能力。"[②](注:本节后面有关陶行知的引文出处同此)新中国成立后,我国中小学积极倡导和实施学生自我管理。例如,1955年,中学普遍成立学生自我管理的群众性组织——学生会[③],班级也普遍成立了学生自我管理的群众性组织——班级委员会。20世

[①] [苏]巴赫金:《文本·对话与人文》,白春仁等译,河北教育出版社1998年版,第3页。
[②] 陶行知:《学生自治问题之研究》,《新教育》1919年第2期。
[③] 王荣珍:《学生自我管理的盲点与透视》,《教学与管理》2005年第8期。

纪 80 年代之后,随着素质教育以及主体教育思想的兴起,突出学生在班级管理中的主体地位,强调学生积极参与班级管理的呼声愈来愈高涨,以至出现"把班级管理权还给学生"的口号,一些班主任还进行了富有成效的实践探索。

然而,在当前的班级管理中,"统"得过多、"放"得过少的现象仍普遍存在;事必躬亲的"保姆式"管理、有损人格的"警察式"管理或两眼死盯的"裁判式"管理等传统班级管理方式仍占重要地位;陶行知所批判的"保育主义""干涉主义""严格主义"等学生管理问题仍然存在。落实学生在班级管理中的主体地位,不仅是一个理论问题,而且是一个实践问题。对于班主任来说,关键在于能否深刻认识学生参与班级管理的重要意义和全面了解引导学生参与班级管理的有效策略。

一、学生参与班级管理的意义

(一) 对于学生的意义

教育是有目的的培养人的社会活动,促进学生发展是包括班级管理在内的所有教育活动的固有功能或本体性功能。因此,学生参与班级管理的意义首先表现在促进学生自身发展方面。

1. 有助于提升学生的主体性

主体性主要表现为自主性、能动性和创造性。在某种程度上说,它是人之为人的根本属性,"它集中体现了人的一切优秀品质和个性特征,是身心或德智体美诸方面都得到良好发展的综合表现"[1]。具有良好主体性的人能够自尊、自信、自强、自主,具有独立的人格尊严;能够自律、自制,对自己的言行承担责任;能够尊重他人,不以自己的主体性损害他人的主体性。

在参与班级管理的过程中,班主任充分相信和尊重学生,学生不是被动地接受班主任的管理,而是主动地进行自我管理。班主任把班级管理权尽可能交给学生,让学生从班级管理的旁观者转而成为班级管理的主人,体验到在班集体中的主人翁地位。因此,学生参与班级管理有助于提升学生的主体性。

2. 有助于发展学生的自我管理能力

"教是为了不教。"当学生不需要教师进行教育,而能够进行自我教育时,是教师教育工作的最大成功。对于班主任来说,管理的目的是为了不管。当经过班主任管理之后,学生达到了不需要班主任管理,而能够进行自我管理时,也是班主任班级管理工作的最大成功。学生最终会离开教师走上社会,良好的自我管理能力对于学生未来发展更具有特别重要的意义。

学生参与班级管理的过程就是学生进行自我管理和自我教育的过程。在这一过程中,学生通过自主建立班级组织、自主制定班级规范、自主进行检查督促等活动,不断得到自我管理方面的培养和锻炼,不断积累自我管理的经验,从而促进其自我管理能力的提高。正如陶行知指出的那样:"遇了一个问题,自己能够想法解决它,就长进了一层判断的

---

[1] 王策三:《教育主体哲学刍议》,《北京师范大学学报》(社科版)1994 年第 4 期。

经验。问题自决得越多,则经验越丰富。若是别人代我解决问题,纵然暂时结束,经验却也被旁人拿去了。"

(二)对于社会的意义

社会是人发展的平台,它对于人的发展具有重要制约作用。几乎所有的教育家都认为,教育有两个功能,即促进个人发展功能和促进社会发展功能。学生参与班级管理对于社会发展也具有重要意义。

1. 有助于民主政治建设

我国要实现全面建设小康社会的宏伟目标,必须坚定不移地发展社会主义民主政治。民主就是人民当家做主。推进社会主义民主政治建设的重要前提是公民必须要具有包括参与意识与参与能力在内的民主素质。而民主素质不能通过遗传获得,必须经过教育加以培养和训练。在学校教育中,培养学生民主素质的重要途径就是让学生积极参与班级管理。

陶行知高度重视学生自我管理对于社会民主政治建设的意义。他说:"今日的学生,就是将来的公民,将来所需要的公民,即今日所应当养成的学生。专制国所需要的公民,是要他们有被治的习惯;共和国所需要的公民,是要他们有共同自治的能力。"事情怎样做,学生就需要怎样学。在参与班级管理过程中,学生能够逐渐形成社会民主政治所需要的参与意识与参与能力。

2. 有助于社会稳定

对于反动的社会,革命常能够推动社会的进步;而对于健康的社会,动乱则会造成灾难,无论是对于个人,还是对于国家,都是如此。在当前我国相对健康的社会中,稳定非常重要,它是社会发展的基础性条件。社会稳定的一个重要影响因素是作为社会成员的公民能够进行自我管理、自我约束,自觉遵守社会的法律和伦理规范,自觉控制自己的不当欲求。这就需要公民具有较强的自我管理能力。

学生参与班级管理的重要内涵就是进行自我管理。通过自我管理锻炼,学生就可以培养出自我管理的能力和习惯。当今社会弘扬人的主体性,它可以促进人的个性解放和潜能发挥,但同时也可能导致人滋生出极端个人主义,为了个人利益,为所欲为,损害社会稳定。陶行知深刻地指出:"一国当中,人民情愿被治,尚可以苟安;人民能够自治,就可以太平;那最危险的国家,就是人民既不愿被治,又不能自治。所以当这渴望自由的时候,最需要的是给他们种种机会得些自治的能力,使他们自由的欲望可以自己约束。"因此,学生通过参与班级管理培养自我管理能力,对于社会稳定具有重要的现实意义。

(三)对于班主任的意义

在班级管理中,班主任和学生是两个最为重要的主体。他们之间密切联系,相互影响,相互作用。学生参与班级管理对于班主任的工作和生活具有直接而重要的影响。

1. 有助于班主任提高班级管理效率

唯物辩证法告诉我们,事物的发展变化是外部因素和内部因素共同作用的结果,其中,外因是变化的条件,内因是变化的根据,外因通过内因起作用。在班级管理中,班主任是学生发展变化的外部因素,而学生则是内部因素。引导学生参与班级管理,体现出班主任对内部因素的高度重视和对学生在班级管理中的积极主动性的调动。班级管理过程同时也是班主任对学生的教育过程,苏霍姆林斯基认为,"只有能够激发学生进行自我教育的教育,才是真正的教育"。

有效的管理建立在规章制度基础之上。规章制度要发挥"令行禁止"的规范作用,主要依赖两个条件:一是规章制度本身正确而恰当;二是规章制度能够体现最广泛的被规范者的意志。研究表明,人对于自己参与制定的规章制度在执行过程中更积极自觉和主动。在班级管理中,学生参与班级管理的重要基础性工作就是学生在班主任的指导下自主建立班级规章制度。如此制定的班级规章制度更能符合学生的需要,更能反映学生的实际情况,更能深入人心,因而学生就能更加自觉地遵守和服从,从而使班主任提高班级管理效率。

2. 有助于班主任减轻班级管理工作负荷

班主任的责任重大,工作光荣且辛苦。我国现代著名社会活动家、佛教人士、书法家、诗人、作家赵朴初曾在1979年给全国优秀班主任工作经验交流会撰写了一首《金缕曲·敬献人民教师》,描述了班主任工作的光荣和辛苦。

链接

金缕曲·敬献人民教师

不用天边觅。论英雄,教师队里,眼前便是。历尽艰难曾不悔,只是许身孺子。堪回首,十年往事?!无怨无尤吞折齿,捧丹心,默向红旗祭。忠与爱,无伦比。

幼苗茁壮园丁喜。几人知,平时辛苦,晚眠早起?!燥湿寒温荣与悴,都在心头眼底。费尽了,千方百计。他日良材承大厦,赖今朝,血汗番番滴。光和热,无穷际。

我们认为,应该辩证看待班主任工作的辛苦。从原因角度来说,一方面,这可能与班主任工作本身的繁杂有关系,也可能与学校对班主任工作的安排有关。譬如,当前几乎所有的班主任还同时承担着教学任务,甚至承担的教学任务与任课教师相同。另一方面,这还可能与班主任的班级管理方式有关。实践证明,班主任工作的辛苦并不是必然现象,一些所谓的"闲适""潇洒",甚至"懒惰"的班主任也能够在班级管理工作中做出优秀成绩。从某种程度上说,班主任工作的负担沉重恰恰说明班主任需要改变班级管理方式。传统的"保姆式"或"警察式"管理方式必然会加大班主任的工作负荷,而引导学生参与班级管理则有助于班主任减轻工作负荷。

学生参与班级管理意味着学生进行自我管理。在自我管理中,学生在一定程度上承担了班主任的职责,学生不仅进行个人自我管理,而且还管理着班级中的其他学生。全班所有学生都是班级管理的主人,都承担班级管理的责任,都成为"班主任"或者在班主任领导下的"副班主任"。如此,班主任的工作负荷必将得到极大减轻。许多优秀班主任的经验是做一个"偷懒"的班主任,其实质就是充分尊重学生在班级管理中的主体地位,积极引导学生参与班级管理。学生参与班级管理之后,"师逸而功倍",它对于学生健康成长和社会文明进步所起到的作用更为巨大,而这也应该是那些所谓的"懒惰"班主任的"良苦用心"。

二、引导学生参与班级管理的策略

从本质上说,学生参与班级管理属于班级民主管理模式。与班级常规管理、班级平行管理和班级目标管理等模式相比较,班级民主管理模式的理念更为先进。班级民主管理即班级成员在服从班集体的正确决定和承担责任的前提下,参与班级全程管理的一种管理方式。班级民主管理的实质是在班级管理的全过程中,调动学生自我管理和自我教育的力量,使人人都积极主动地参与班级事务。

真题链接

从本质上说,学生参与班级管理属于(　　)模式。
A. 班级常规管理　　B. 班级民主管理　　C. 班级目标管理　　D. 班级平行管理
答案:B。

一般认为,班主任实行班级民主管理,主要应做好以下两方面的工作:(1) 组织全体学生参与班级全程管理,即在班级管理的计划、执行、检查、总结的各个环节,都让学生参与进来。(2) 建立班级民主管理制度,如干部轮换制度、定期评议制度、值日生制度、值周生制度、民主教育活动制度等。

下面是对我国当代教育改革家、全国优秀班主任魏书生的班级管理自动化改革的叙述与分析。[①] 该改革对于全面认识班主任引导学生参与班级管理的具体策略具有重要借鉴价值。

魏书生出生于1950年,1978年至1997年从事中学语文教学工作,历任学校教导处主任、校长,其间一直兼任班主任。由于在班主任工作中成绩优异,先后被授予"辽宁省先进班主任""全国优秀班主任""全国十佳德育标兵"等称号。魏书生从1979年开始进行班级管理自动化实验,该实验的主要目标就是突出学生在班级管理中的主体地位,引导全体学生参与班级管理。由于实现了班级管理自动化,他在1984年担任两个班的班主任时,一年离校四个月零十三天,在不请别的教师带班的情况下,两个班级仍然秩序井然,各项活动照常样样领先。

魏书生班级管理自动化改革的指导思想是民主与科学。他所说的"民主"强调班主任要树立民主的工作观念,他所说的"科学"主要指班主任要掌握科学的工作方法,而该方法的核心是依法管理和建立严密的管理系统。

魏书生认为,引导学生参与班级管理,实现班级管理自动化的策略主要有以下两个方面。

---

① 魏书生:《我靠什么管理?》,《中小学管理》2007年第1期。

（一）树立民主的班级管理观念

独裁、一言堂、个人崇拜是愚昧、落后时代的产物,靠其管理愚昧落后时代的团体会有一定成效,但管理文明进步时代的团体就非失败不可。民主管理是文明与进步时代的选择,大团体如此,小的团体——班级也是如此。班主任的班级民主管理观念主要包括以下方面：

1. 服务学生观念

班级民主管理的关键,在于班主任要摆正自己的位置。如果班主任高居于学生之上,指挥学生,命令学生,那就根本谈不上民主管理。从本质意义上说,班主任不是警察,不是监工,而是学生的公仆,是为学生服务的。只有从这个意义上思考问题,班主任才不至于做凌驾于学生之上发号施令的事情。

要树立服务学生的观念,班主任必须坚信：掌握学生命运的主人是学生自己,班级的主人是全班学生。只有这样,班主任才能切实保障学生在班级管理中的主体地位,充分发挥学生在班级管理中的主人翁作用,培养学生自主、自立、自强的信心和对集体的主人翁责任感。

2. 师生互助观念

从和谐的双方不存在单方受益的角度来说,师生关系应是互助关系：教师帮助学生发展、完善美好的人性,使人生变得有意义；同时,学生也帮助教师进一步发展完善自己,使人生更有意义。班主任不仅要坚信自己是每位学生的助手,而且要坚信每位学生也都是自己的助手,都是自己的"副班主任",无论多么后进的学生都能帮助自己管理班级。魏书生曾对所带的两个班的学生说："我带班靠的是在座的135位副班主任,135位助手。如果大家脑子里的助手都帮老师管理班级,班级工作一定井井有条。反过来,如果学生不做老师的助手而做'对手',不要说135个对手,就是一个对手,我也对付不了。"

3. 相信学生本性和尊重学生个性观念

相信学生本性是指班主任要坚信所有的学生,包括后进学生,都有求真、向善、趋美的良好一面,都有真诚、善良、勤劳、尊重人、关怀人和愿意为别人、为社会的利益做贡献的良好品质成分,都有学好向上的良好本性成分,都有极大的可塑性和能够学好上进的能力。班主任只要充分相信学生善良和智慧的本性成分,总是能够找到学生的优点和长处,而"在看到后进生的长处的时候,您怎么教育怎么是"。

在班主任开始进行班级管理之前,学生在主客观条件作用下已经形成了自己的个性。丰富多彩的世界造就了多种多样的个性,世界的丰富多彩同样需要多种多样的个性。因此,班主任应该充分尊重学生的个性,并以此为基础,因势利导,引导学生制定出符合自己实际情况和切实可行的努力目标。学生如果明确了自己的"最近发展区",找到了自己的参照目标,并奔向可能的目标,就会越学越高兴。

4. 商量和集体表决观念

民主内在地规定公民对集体事项有知情权、建议权、监督权和表决权。因此,班主任在引导学生参与班级管理的过程中,要树立与学生商量和学生集体表决的观念。在确定班级事务之前要与学生商量,让学生充分发表意见,然后由集体通过举手或投票表决,最后依照多数同学的意见去办。通过商量和集体表决所做出的决定,不仅能帮助班主任避免由于脱离学生实际所造成的失误或不当,而且能促使学生更加自觉地贯彻执行,因为人都有维护自己的决定的心理倾向。

(二) 掌握科学的班级管理方法

科学的班级管理方法,是指在民主的班级管理观念指导下,建立包括计划系统、检查监督系统和总结反馈系统在内的依法管理班级的严密运作系统。该系统的科学性主要表现在两个方面:一是依法管理。管理的主要目的是培养学生良好的习惯与品质,而良好习惯与品质的形成,单靠说教,单靠认识与情感是不可能的。依法管理可以避免学生因认识、情感的不稳定、不持久、不正确而导致的行为偏差。二是构建严密的管理系统。其中,计划系统旨在建立班级法规,使班级管理做到有法可依。检查监督系统旨在保障班级法规的切实落实,督促全班学生"说了算,定了干;一不做,二不休"。总结反馈系统旨在对执行一段时间的班级法规进行评价和修订。这三个系统互为条件,互为结果,互相促进。

1. 计划系统

计划系统即班级"立法"系统,在班主任主导下,全班学生根据本班实际制定一系列班级法规。在民主原则指导下制定班级法规,会使学生的思想、行为有明确的目标导向,避免盲目性,减少犹豫时间。从组织上说,班会是最高的班级立法组织形式。班会做出的决策,班委会、班主任、班长都要执行。班级法规不仅要具有强大的规范性,而且要具有可操作性,其中的条文规定要细致具体,对违反者所承担的责任应明确规定。

班级计划主要包括两大类:

(1) 以空间为序的班级岗位责任制

制定班级岗位责任制的基本原则是:班级的事,事事有人干;班级的人,人人有事干。一个管理得好的班级,不应该出现没人管的事,也不能有不为班集体做实事的人。

班级岗位责任制的构成主要包括:① 常务班长职责。常务班长由民主选举产生,有确定以自己为核心的班委会成员的"组阁权"。② 团支部职责。团支部下设支部书记、组织委员和宣传委员各一人,书记可由常务班长担任。明确制定各岗位职责。③ 班委会职责。班委会下设学习、生活、体育、文娱四个委员。明确制定各岗位职责。④ 值周班长职责。值周班长人选自报,班主任确定。值周班长向常务班长负责,指挥值日班长。⑤ 值日班长职责。值日班长由学生按学号轮流担当,在值日当天对班级工作负责。⑥ 课代表职责。⑦ 备品承包人职责。⑧ 专项任务承包人职责。

(2) 以时间为序的各种班级常规

制定班级常规的基本原则是:事事有时做,时时有事做。班级的每一件该做的事,事先安排好具体做的时间。班级常规的构成主要包括:① 一日常规;② 一周常规;③ 每月常规;④ 学期常规;⑤ 学年常规。

2. 检查监督系统

班级全体成员既是班级法规的制定者和执行者,同时又是检查监督者。为坚决贯彻执行班级法规,必须建立和强化检查监督系统。

检查监督主要有五种方式。① 自检。自检非常有利于实现学生的自我管理。② 同学互检。该方式主要是指学生对同学的管理。③ 班干部检查。班干部检查自己岗位职责范围内的班级法规执行情况。④ 班集体检查。该方式是利用班集体对每位学生执行班级法规的情况进行检查督促。⑤ 班主任抽检。有了以上五种检查监督方式,班级管理基本上就能够自动运行,留给班主任的任务就微乎其微了。

3. 总结反馈系统

单有计划系统和检查监督系统,还构不成完整的良性班级管理系统。因为班级法规有一定的时空范畴,一旦时过境迁,还非要按"老规矩"办事,就免不了犯错误。因此,班级管理有必要建立总结反馈系统,对执行一段时间的班级法规进行总结评议,对不合理的进行修改,对不完善的加以补充。

总结反馈系统主要有四种方式。① 个别反馈。学生发现班级法规存在问题,个别提出修订意见或建议。② 班干部反馈。班干部集体讨论班级法规是否健全合理,是否需要改进。③ 班集体反馈。班级法规如要进行比较大的修改,必须经过班集体讨论表决通过。④ 家长反馈。通过与家长通信联系、与少数家长座谈或召开全班同学家长会的方式,征求家长对班级法规的意见。

在坚持民主原则的基础上,制定周密的班级法规,再建立严格的检查监督系统和多渠道的总结反馈系统,班级管理就可以走上科学的轨道,学生参与班级管理,成为班级管理主体,以学生自我管理为主的班级管理自动化理想就可能变为现实。

随着社会和教育的不断发展,魏书生的班级管理自动化改革中的具体措施也需要发展和完善,不过,他引导学生参与班级管理的基本思想对当前的班级管理工作还是具有鲜明的指导和借鉴意义。

真题链接

科学的班级管理方法是一个系统,该系统不包括下面的哪一个系统?(　　)
A. 计划系统　　　　B. 检查监督系统　　C. 咨询系统　　　　D. 总结反馈系统
答案:C。

复习思考题

1. 班主任的角色主要有哪些?
2. 班主任应该具有什么样的素质?
3. 班主任专业发展的主要途径是什么?
4. 学生参与班级管理的重要意义是什么?
5. 班主任在班级民主管理中主要应该做好哪些工作?

本章小结

班主任和学生是班级管理的重要主体。班主任的素质主要分为品德素质、知识素质和能力素质三个维度。班主任专业发展的途径主要包括专业引领、实践反思和同伴互助。作为班级管理的主体,学生参与班级管理有助于提升学生的主体性和发展学生的自我管理能力;有助于班主任提高班级管理效率和减轻班级管理工作负荷;有助于民主社会建设和社会稳定。班主任引导学生参与班级管理的主要策略是树立民主的班级管理观念和掌握科学的班级管理方法。

第五章　班集体建设

内容提要

班级是青少年成长的重要心理环境,班集体是班级发展的理想状态。班集体建设是班级管理工作的核心内容之一。通过本章学习应该达成以下目标:明确班集体的概念、特征及功能;了解马卡连柯和我国学者关于班集体的基本观点;深入理解、全面掌握班集体建设的目标管理策略的基本原理和操作策略;深入理解、全面掌握班级文化的内涵与价值,掌握班集体精神文化建设的主要策略,掌握班风的内涵及优良班风建设的基本策略;理解非正式群体的内涵、特征及形成原因,确立并掌握正确对待学生非正式群体的态度与策略。

思维导图

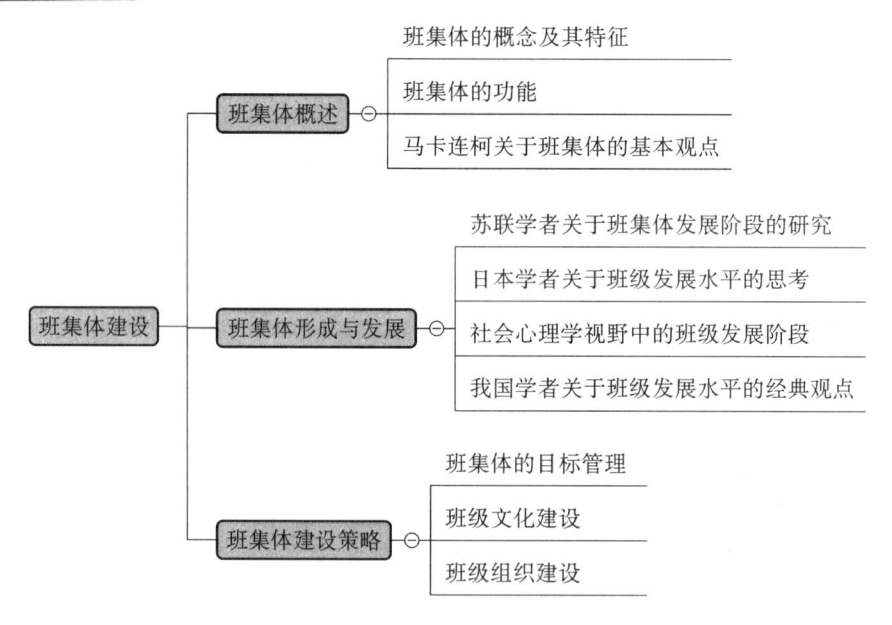

班集体建设
- 班集体概述
  - 班集体的概念及其特征
  - 班集体的功能
  - 马卡连柯关于班集体的基本观点
- 班集体形成与发展
  - 苏联学者关于班集体发展阶段的研究
  - 日本学者关于班级发展水平的思考
  - 社会心理学视野中的班级发展阶段
  - 我国学者关于班级发展水平的经典观点
- 班集体建设策略
  - 班集体的目标管理
  - 班级文化建设
  - 班级组织建设

第一节　班集体概述

一、班集体的概念及其特征

(一)班级以及班级的出现

班级是学校按照特定社会的要求,根据教学以及管理的需要把年龄相近、文化程度大体相同的学生,按照一定的学籍管理规范编成的学生聚合体。班级是学校教育的细胞,也是学校教育工作的基本组织单位。对学生而言,班级的编成具有一定的强制性,教师的偏好以及学生的学业等方面的表现是决定其群体地位的主要因素;对班级而言,其构成的成员具有一定的随机性和偶然性。

作为一种特殊的社会组织,班级具有两个基本特征:自功能性和半自治性。[①]所谓自功能性,是指与其他社会组织相比,班级的生存目标不是指向组织外部,而是组织之内。换言之,班级的目标主要指向于班级成员自身的发展,而不是为了其他人的发展或者利益。班级组织的生存目标具有"内指向性"。班级所具有的基本功能大多都是与成员的发展有关的。所谓半自治性,是指作为非成人组织的班级并非完全靠自身的力量来管理自身,而总是在一定程度上借助于组织外部的力量。毕竟学生还属于未成年人,其身心发展水平和成熟程度,还不足以对自己以及班级进行全面、完善的教育和管理,还需要依赖社会和成年人进行各个方面和各种层次的指导和管理。

班级并不是自古就有的,而是教育发展到一定历史阶段的产物。16世纪初,乌克兰和白俄罗斯开始出现班级教学的萌芽。1632年,夸美纽斯在《大教学论》中最先做了概括性论述。1862年,京师同文馆首次采用编班分级授课,开创了我国班级教学的先河。1901年,清政府废除科举,兴办学堂,班级授课制才得以在我国普遍推广。

班级以及班级教学的出现有其历史必然性,一方面,资本主义大生产的迅速发展,需要大量的受过基础教育的劳动者,原有的个别教学方式难以满足其需要,把大量的年龄相近的学生集中在一起进行教学变得十分必要;另一方面,关于人尤其是青少年身心发展的科学知识有了一定的积累,把年龄相近的学生集中在一起进行集体教学变得可能。

> **链接**
>
> 班级,也称教学班或班级群体。它是学校里的基层组织,是学校行政根据一定的任务,按照一定的规章制度组织起来的正式小群体。教学班有自己的特点:(1)成员的相似性。即学生的年龄、文化程度、学习任务都是接近的。(2)组织的严密性与强制性。学生一般没有选择进入哪一个班的自由,而是由学校分派。一经编定就相对稳定,不能随意调班。(3)活动的目的性与计划性。即严格按照教学计划系统地按一定的时间安排活动。(4)教师的权威性。教师(班主任)是由学校行政指派的,具有很大的权力。班级群体是儿童与青少年重要的微社会环境,是他们社会化的重要场所。

---

① 吴康宁:《教育社会学视野中的班级:事实分析及其价值选择》,《教育研究》1999年第7期。

> 传统班级的局限性:(1)任务的单一性。传统的教学班是从教学的角度来分班的,主要是为了完成教学任务,而不是一个实现德智体美劳全面发展的组织。班主任的任务实际上只是"管住"学生而已。(2)群体松散性。即每个人只是从自己的角度出发参与教学过程,群体并没有全体成员认同并为之奋斗的目标,班内的组织机构只是班主任的"助手"而已。(3)学生的被动性。学生只是教师"教"和"管"的对象。(4)人际关系的情绪性。同学们由于好感或恶感而相互接近或疏远,因此它还不具备班集体的特征。[①]

(二) 班集体的概念和特征

班集体是一个特定的教育学概念,并不是所有的班级都能够称得上班集体。对于一个刚刚组建的班级而言,班集体是为了加强班级管理、促进学生的身心发展而设置或构建的一种教育目标和理想教育实体,也可以说,班集体是教育者对班级未来发展理想状态的设定,它反映了特定社会对班级及其成员发展的要求。

班集体不是自发形成的,也不是学生个体的简单集合,而是通过成员间彼此的交往,以班主任为主的各种教育力量的教育、培养和引导而形成的具有正确的教育方向,具有较强的核心与骨干力量,具有良好的纪律、舆论、班风,具有良好的人际关系,团结友爱、积极向上的高层次的班级群体。

我们不可随便拿一群个别的人作为集体。集体是活生生的社会有机体,它所以是一个有机体,就因为它有机构,有权能,有责任,有各部分之间的相互关系和相互依赖。如果这样的因素一点也没有的话,也就没有集体了,所有的只是随随便便的一群人罢了。[②]

一般来说,班集体具有以下几方面的特征:

1. 明确的方向性

即符合国家和社会关于教育的主流价值观念,符合国家有关的教育方针和政策。这是一个班集体的重要条件,舍此条件就不足以成为一个集体。毕竟,班集体是具有鲜明的意识形态特征的一种组织形式。否则,任何一种组织严密、凝聚力强的群体都可以成为集体了。

2. 共同的奋斗目标

班集体具有明确的而且为绝大多数成员发自内心接受的共同的奋斗目标,并且把对这种奋斗目标的追求具体化为日常学习、生活的方方面面。在共同的奋斗目标的基础上,班级成员对班集体具有较为强烈的心理上的归属性,发自内心地把班集体当作"自己"的班集体。

3. 健全的组织机构和严格的规章制度

每一个成员都通过一定的组织形式,为了完成学习任务或者其他任务而被组织起来,在各种各样的活动中自然涌现出的一批优秀分子构成了班级的领导核心。除了学校的各

[①] 龚浩然、黄秀兰:《班集体建设与学生个性发展》,广东教育出版社1990年版,第112—113页。
[②] [苏]安·谢·马卡连柯:《马卡连柯全集》(第5卷),刘长松译,人民教育出版社1956年版,第226页。

项规章制度外,班集体在全体同学与班主任充分协商的基础上形成了健全的班级规章制度,班级成员都能够自觉、严格地遵守。

4. 良好的班风、学风

绝大部分成员具有基本一致的且积极向上的、健康的价值观念,班级有健康的集体舆论,成员之间关系和谐、友爱,学习氛围浓郁,能够开展恰当的、有益的学习竞争,学习成绩优良。

> **链接**
>
> ### 班集体的社会心理学特征[①]
>
> 班集体建成的社会心理指标应包含两方面的内容:一是集体共同心理现象的指标,如团结指标、人际关系指标、舆论水平的指标、情绪认同度的指标以及集体心理气氛的指标等;二是集体成员个性发展的指标,如个人能力发展的指标、个性品质表现的指标、行为特征的指标等。
>
> 具体而言,班集体具有如下社会心理特征:
>
> 1. 集体目标导向系统的亲社会性与成员对目标的内化水平。班集体必须按照国家的教育方针制定它的奋斗目标,并在这一目标的导向下,根据班级的具体情况制定该班级远期的、中期的以及近期的目标系统。最重要的是这些目标都得到班集体成员的认同并内化为自己的抱负水平,成为个人的行动指南。
>
> 2. 健康舆论对集体的整合性与对成员的参照水平。舆论水平是班集体发展水平的重要社会心理指标之一,对班集体起着巨大的调节作用;一个团结的、对原则问题有一致认识和高度情绪认同的集体,必然有统一的对成员起参照作用的舆论。
>
> 3. 人际关系的民主平等性与成员的归属感水平。即集体成员的相互关系和相互作用,表现为团结、成员间的心理相容、良好的心理气氛、每个人在集体中有满意的角色、稳定的地位和良好的自我感觉以及对集体具有归属感、满意感、责任感与义务感等。
>
> 4. 公共活动的动机、目的和价值的中介性与成员对活动的积极性水平。即以具有积极社会意义的共同活动为中介。这是决定集体形成的主要因素,只有在开展这种共同活动的基础上,集体成员才逐渐形成各种特殊的关系。
>
> 5. 管理与自我管理机构的完善性与成员的自主、自觉性水平。这是集体成为教育主体、教育力量的组织保证。
>
> 6. 班集体成员的个性与能力得到充分发展与成员对集体的满意感水平。归根结底,集体最重要的任务就是能促进其成员的个性发展。马克思指出:"只有在集体中,个人才能获得全面发展其才能的手段,也就是说,只有在集体中才有个人自由。"

[①] 龚浩然、黄秀兰:《班集体建设与学生个性发展》,广东教育出版社1990年版,第126—133页。

二、班集体的功能

班集体作为班级的高级发展形态,一方面是班级发展的目标和理想状态,另一方面还是教育的巨大资源,具有极其重要的教育功能。

(一) 社会化功能

社会化是指一个人内化社会价值标准、学习角色技能、适应社会生活的过程。社会化的结果是个体把外在于自己的社会行为规范、准则内化为自己的行为标准,成为社会认可的合格的社会成员。从某种角度说,社会化就是个体由"自然人"到"社会人"的转变过程。个体的社会化是在一定的社会环境中实现的,班集体就是个体实现社会化的一个重要环境。班集体在促进班集体成员掌握社会的价值观念,确定恰当的个体生活目标,学习系统的科学文化知识,获得社会生活的基本技能和特定的社会角色意识等方面具有极其重要而又不可替代的作用。

班集体在推动学生心理和行为社会化方面能够发挥重要作用,主要表现在:个体在集体中将会获得以集体主义思想为指导去处理社会生活、人际关系的基本态度和经验,体验团结合作的重要性以及由此带来的欢乐,学会礼貌待人与妥善行事;学会协调个人利益和集体利益的关系;掌握在集体中正确处理自己的角色行为的能力;取得通过集体合作去合理地制定目标、计划以及规划活动的经验。

(二) 发展功能

班级是青少年学生成长和发展的重要环境之一,其性质和发展水平在很大程度上影响甚至制约着青少年学生的身心发展方向和水平。班集体作为班级的高级发展阶段,对青少年学生身心发展的作用尤为显著,在自我定向、自我评价、自我调节以及与他人之间的相互沟通、竞争与合作等方面的价值更为明显。作为由同龄人构成的一种特殊的社会组织,班集体为学生的身心发展提供了极其重要的发展平台,尤其是在发展学生的自我认识、人际交往以及意志品质等方面,班集体的作用更为显著。

相关研究证明,越是平等的人际关系,对人的社会能力发展的促进作用越大。因为只有在这种人际交往当中,个人才会获得模仿、展现、质疑、沟通、竞争、调解及合作的充分机会。因此,以相互关系平等为特征的班级等同辈群体在促进学生社会能力发展方面的潜力和实际影响要大于家庭与学校。

(三) 保护功能

青少年学生正处于由童年向成年的过渡时期,身体、心理各方面的发展都尚未成熟。他们一方面血气方刚、意气风发、理想远大,另一方面往往又情感脆弱、承受力差、意志薄弱,因而容易受到各种内在和外在因素的负面影响甚至伤害。班集体作为青少年学生身心发展的重要环境,应该能够为青少年身心的健康发展,尤其是情感、自尊等方面的健康发展提供一定的保护或支撑。这种保护或支撑主要表现为:班集体对个人合理行动的支持,对个人远大理想和正确态度的认同,对个人进步的肯定与承认,对个人遭受失败或不幸的同情与抚慰,对个人失误的谅解与宽容,对严重错误的批评与帮助等。与此同时,集体生活的欢乐、同学之间真挚的友情等也能使个人获得精神上的慰藉、心理上的安全感和抵御各种不良内外影响的免疫机制。学生在这样的集体中学习和生活是安全和幸福的。

保护功能还表现为学生同辈群体为其成员提供了一种相互支持的"社会基础"。这种社会基础往往成为学生向成人规则与权威进行反抗乃至挑战的力量源泉。学生同辈群体往往自觉地或不自觉地都带有一点与成人权威相抵触、相抗衡的色彩。这常常成为成人,尤其是教师与学生交往时遇到困难或遭到失败的重要原因。[①]

(四)个性化功能

如果说班集体的社会化功能主要是促进青少年学生心理和行为的社会化、同一化,那么班集体的个性化功能则指的是班集体在促进青少年学生心理和行为发展的个性化、主体化方面的独特作用。这种个性化功能就在于按照学生身心发展的特点、水平以及形成和发展的规律,通过学生自身的内化机制,形成和发展学生的个性,使得学生从社会化的对象——客体的我,转变为个性化的主体——主体的我。

这种个性化功能具体表现为:首先,丰富多彩的集体生活和集体活动,对于培养学生不同的兴趣、爱好、特长,形成和发展学生的不同方面的能力具有重要作用。其次,多种内容和各种层次的集体活动和人际交往,对塑造学生的性格,形成学生的独特个性品质具有重要影响。尤其重要的是,伙伴或同学之间的相互比较和评价以及班主任、班干部的相关工作,在促使学生的自我认识、自我评价进而促进自我意识的发展方面的作用更为关键。据美国学者帕森斯的研究,学生在班级中的表现与其将来的升学或就业有着密切的关系,学生在班级中的定位对其将来在社会中的自我意识和实际表现有着深刻的影响。

链接

争 鸣[②]

根据西方某些心理学家的观点,提出班集体的主要功能是实现人的社会化和个性化。这一提法并没有揭示班集体功能的本质特征,因为不仅是集体,一切社会群体包括反社会集团都具备这样的功能。人的社会化和个性化都是在群体的直接影响下实现的。对于儿童与青少年来说,家庭、学校、伙伴群体等都是他们实现社会化和个性化的主要场所。

集体在促进学生社会化和个性化的过程中与非集体的群体相比具有以下特点:(1)明确的方向性;(2)养成性(有目的的教育);(3)整体优化性;(4)有序性;(5)参与性;(6)创新性等诸多特点。因此班集体能使儿童与青少年的社会化达到其他一切群体都无法达到的水平。

---

① 吴康宁:《教育社会学》,人民教育出版社1998年版,第230页。
② 龚浩然、黄秀兰:《班集体建设与学生个性发展》,广东教育出版社1990年版,第129页。

三、马卡连柯关于班集体的基本观点[①]

安·谢·马卡连柯(1888—1939)是苏联著名的教育实践活动家和富于创新精神的教育理论家。他在主持工读学校(主要是高尔基工学团和捷尔任斯基公社)这一教育实践活动过程中,把近三千名流浪儿和少年违法者改造成为社会主义新人,创造了教育和再教育工作的奇迹,形成了丰富的教育思想理论体系,关于集体以及集体教育的思想是其教育理论的核心部分。

(一)集体的特征

马卡连柯认为,所谓集体不是随意地聚集在一起的一群人,如临时乘一辆电车的乘客不是集体,同在戏院里看戏的观众也不是集体,"集体是由于目的一致、行动一致而结合起来的,由管理、纪律和负责任的机关所组织起来的劳动者的自由集团"。集体应具备下面四个特点或条件。

1. 有共同的目的和统一的行动

只有具有共同的目的,集体才有整体性,才有统一的行动,这种共同目的与个人目的要一致。共同目的要体现集体的利益,个人目的才能做到服从集体目的,达到统一。

2. 要有组织性和纪律性,还要有正确的集体舆论和作风

组织性和纪律性是建立集体和巩固集体的根本条件之一,是达到共同目的、完成共同任务的有力保证。任何真正的集体,一定要有一套集体的行动准则,每个人都要遵守。而正确的舆论和良好的作风具有很高的德育价值,它是巩固学生集体的精神力量,是教育集体成员的主要手段。

3. 要有统一的领导机构和一定的组织形式

在马卡连柯的工读学校里,把儿童分成若干小分队,每个分队大约10~15人,推选优秀队员任分队长,由分队长组成一个队委会,是日常处理事务的机构,由全体社员组成社员大会,是最高权力机构。

4. 要建立集体各个部分之间的有机联系

马卡连柯把集体分为基层集体(小集体)和共同集体(大集体),公社就是一个统一的大集体,分队就是基层小集体,基层集体是个人与大集体联系的环节,基层集体的利益应该和大集体以至整个社会的集体利益统一起来,不能只顾基层的利益而脱离共同集体的利益。

(二)集体教育的含义和必要性

马卡连柯把集体和集体教育看成是全部教育理论的首要的和关键的问题。"在集体中、通过集体、为了集体"的教育,是马卡连柯集体教育理论的核心思想,这根主线贯穿在他的全部教育活动和全部著作中。马卡连柯认为一切良好的教育工作都必须从组织集体开始,通过集体来进行教育,其原因有三:(1)因为社会主义社会是按照集体原则组织起来的新型社会,教育的任务就是为了培养集体主义者;(2)集体本身是一个巨大的教育力量,在儿童集

---

① 何国华、燕国材:《马卡连柯教育思想研究》,湖南教育出版社1986年版,第68—164页。

体中最容易形成各种优秀道德品质;(3)他的教育对象特殊(流浪儿和少年违法者),只有通过以集体为中心的劳动、纪律等教育才能重新教育那些人。

(三) 集体教育的原则

1. 集体运动的原则

马卡连柯认为集体的组织者和领导者,必须经常向学生和集体提出任务,使其永远有前进的目标和努力的方向,应经常在集体和集体成员面前呈现美好的"明天的快乐"的前景。这就是马卡连柯所谓"明日欢乐论"或"追求远景"的教育方法。教师要善于连续不断地运用一定的目标去吸引整个集体以及集体中的每个成员,使他们不断地为实现新的目标而努力。在制定和提出目的和任务时应注意由小到大,由近到远,前景应分为近、中、远景三部分,组成一个远景教育体系。一个远景目标经过努力实现了,可成为继续前进的鼓舞力量,就要提出新的远景,使其永远处于运动之中。

2. 平行影响原则

平行影响原则指的是教育儿童集体与教育个别儿童是同时进行的。教育集体时,不能忘记个人,在教育每个集体成员时,也同时教育着集体,即学生既从教师那里受到教育,同时也从集体中受到教育,教育集体和教育个人这两个任务是密切联系的。正是这样,他认为,集体不仅是教育的客体,而且同时也是教育的主体。当我们给个人一种影响的时候,这种影响必定同时给集体一种影响;相反地,每当涉及集体的时候,同时也应当成为对组成集体的每一个人的教育。

3. 要求人与尊重人相结合

这是马卡连柯教育原则体系中最根本和最重要的原则。马卡连柯认为,在教育中,对人的要求是最为重要的,没有要求,也就不可能进行教育,这也是培养集体和集体主义者的重要条件。他还认为,要求人,同时必须尊重人。他把学生看作教育过程中一个活生生的主人,而不仅是被动的教育对象。要求表示出对个人力量和能力的尊重,尊重同时也是表示对个人的要求,两者是二而一,一而二的。"我的基本原则永远是尽量多地要求一个人,也尽可能多地尊重一个人。"在他看来,尊重人、信任人,是教育人的前提;只有从尊重人、信任人出发,才能产生合理的教育措施,才能取得良好的教育效果。

第二节 班集体形成与发展

一、苏联学者关于班集体发展阶段的研究

在苏联的教育科学体系中,班级集体理论是一个独具特色而又影响深远的独特领域。苏联关于班级集体的理论大约于20世纪20年代由当时著名教育家克鲁普斯卡娅和马卡连柯提出并实践,20世纪50年代在著名教育家苏霍姆林斯基等人的教育实验和科学研究中得到了长足发展,至今仍然发挥着重要影响。下面主要介绍马卡连柯关于班集体形成与发展的主要观点。

马卡连柯1920年后先后主持高尔基工学团和捷尔任斯基儿童劳动公社,从事对流浪

儿童和少年违法者的教育改造工作,并提出了通过集体和生产劳动来教育儿童以及在集体中进行教育的原则和方法。马卡连柯认为,形成具有鲜明班集体特点的坚强而自觉的集体,要有一个培养过程,大致要经历三个阶段。

第一阶段,集体尚未形成,处于分散不团结和无纪律的状态,领导者的主要任务就是把他们集中到一个目标上来。教育方法是以不允许反对的方式向他们提出要求,也就是要实行专断的要求,而且这些要求要明确易懂,容易实行。教师应该有领导的决心,强行完成任务,而且不做过多的解释。在这个阶段,如果不采取强硬的要求,就不能形成强有力的集体。

第二阶段,发现和培养积极分子,在教师周围形成积极分子的核心,这些积极分子应该成为教师要求的坚决执行者。积极分子以自己的行动来影响和带动整个集体的前进,教师应该支持、爱护积极分子的积极性,通过他们团结集体成员。

第三阶段,面向全体成员实施教育。教师和积极分子一起对全体成员进行教育,不要只注意少数顽皮捣蛋的危险分子,而应针对大多数,依靠多数教育少数,而且要特别注意那些不声不响的中间分子的工作。集体不仅成了教育的对象,而且成了教育的主体。

马卡连柯认为,集体的形成首先是教师专断地要求集体,然后是集体要求集体,最后是集体自觉地提出要求,集体的要求变成了个人的要求,而个人按照集体的意志来要求自己,这样的集体就是坚强自觉的真正的集体。马卡连柯关于班集体的教育思想虽然在教育对象上有其特殊性,但也较为深刻地反映了班集体形成和发展的普遍规律,对于我们今天班集体建设的理论和实践仍然具有重大的借鉴意义。

二、日本学者关于班级发展水平的思考

关于班级组织的发展水平存在着两种区分标准:一种是单纯以班级组织的结构化程度(集体性)来区分的标准;另一种是以结构化程度以及班级组织的社会功能来区分的标准。日本学者大多运用前一种标准对班级发展水平进行区分。

(一)片冈德雄的相关研究:所属群体——参照群体

片冈德雄是日本著名的教育社会学家,在班级社会学方面有较为深入的思考。片冈德雄认为,按照结构化标准可以将班级分为两类,即所属群体与参照群体。[①]前者指个人客观上隶属的群体,后者指个人主观上期望归属的群体。班级刚刚组建的时候,一般都属于所属群体,主要具有以下特征:成员主要因为外在的力量而"偶然性"地被迫从属于某个群体;成员之间无依赖关系;班级纪律并未成为学生个人纪律;内部气氛是防卫型的;班级处于简单的"集合"状态。比如,学生刚刚入学的时候,就所属关系而言,属于某一个特定的班级,但很难说这时的学生能够从内心深处对自己的班级产生深刻的归属感、依附感,班级对学生来说还是一个遥远的、模糊的抽象概念,甚至只是一个不得不参加的陌生群体。

作为参照群体的班级则明显与之不同,学生在内心将自己与班级融为一体,班级的目标同时成为学生个人的努力目标,班级规范同时成为个人自觉遵守的言行准则,班级中的气氛是支持型的。片冈德雄认为,所谓班集体的建设就是作为学生所属群体的班级不断

---

① [日]片冈德雄:《班级社会学》,贺晓星译,北京教育出版社1993年版,第7页。

地参照群体化,即班集体的建设过程就是班级从刚组建时的所属群体不断地向参照群体转化的过程。

片冈德雄还非常重视班级风气问题,他把班级风气分为两种类型:"支持型风气"和"防卫型风气"。"支持型风气"的特征是:(1)自信与信赖。班级成员充满自信,相互之间也充满了依赖和好感。(2)宽容。班级到处充满了宽容和助人为乐的气氛,极少有潜在性的敌意,很少有争吵。(3)自发型与多样化。班级成员能够自觉地和有创造性地达成既定的目标,达成目标的方法是光明正大的、直率的、开放性的,成员之间存在着许多交流和沟通的渠道。在这种气氛中,学生无须担心集体压力与他人的眼光,不拘泥于惯例与常规,班级既有严格的规章制度和较强的凝聚力,同时又充满活力和朝气。"防卫型风气"的特征是:(1)恐惧与不信任。班级成员之间存在着不信任,甚至对别人感到恐惧。(2)控制与服从。班级或教师均强调控制、命令和服从。(3)策略与操作。在达成目标方面缺乏统一的思想和正确的方法,却充斥着背后操纵和耍阴谋的做法,班级成员普遍缺乏积极性,各种评价带有明显的成见或偏向。在这种气氛中,班级成员处于不安状态,担心遭到攻击,倾向于采取较为安全的常规型活动。

(二)广田君美的相关研究

日本学者广田君美以结构化程度为尺度,将班级组织的发展分为水平递进的五个时期。

1. 孤立探索期

班级组建之初,班级对于班级成员而言是一个充满未知因素的群体,每个成员都在探索着与其他同学建立某种关系。班级成员彼此之间缺乏充分的交往和沟通,相互之间的关系大多是偶然的或随机的,部分学生之间的密切联系多半形成于班级组建之前。班级还没有形成被大多数成员所认可或接受的行为规范,对班主任的依赖较为明显。

2. 横向分化期

随着时间的推移以及各种班级活动的开展,班级成员之间的交往与沟通逐渐增多,相互联系渐趋稳定,开始在"同班同学"这一平等基础上,以个人为中心扩大并分化自己在班级中的横向人际关系。

3. 纵向分化期

横向人际关系继续发展的结果,使得这种关系逐渐出现倾向性,班级成员开始分化为"优势者"与"服从者"。学生此前通过教师才得以满足的那些要求,现在已开始通过其同学中的"优势者"而得以满足。

4. 小群体形成期

此时,学生对于与同伴共同进行的小群体活动最感兴趣,班级中开始出现相互联系密切的若干小群体,如班干部群体、学习型群体、游戏型群体等。学生从对教师的依存转向对伙伴的依存。

5. 群体统合期

这是不同的小群体之间相互交流,甚至冲突,继而成为班级组织之有机组成部分的阶段。此时班级中开始出现真正的"首领",全班学生在其统率下行动。

三、社会心理学视野中的班级发展阶段

班级是由个体组成的特殊群体,按照群体发展的一般规律,从班级成员关系及班级凝聚力的角度看,班级群体的发展大致有以下阶段[①]。

1. 松散型班级群体

刚组成的教学班都属于松散群体,同学们来自不同的地方,互不认识,学校委派的班主任,班主任指定的班干部,大家都是按照学校制订的计划进行活动。这时的群体具有以下特点:(1) 群体成员彼此缺乏充分的交流。只是由于好感或者是原来具有一定关系(例如来自同一所学校、地区等)而互相接近。因此人际关系是情绪性的,而不是以共同活动的目的、任务为中介。(2) 群体还没有大家认同并愿意遵守的行为规范,每个人只是从自己的角度去理解并参与共同活动。(3) 群体的心理气氛是由这种直接的相互关系与接触决定的,因此,群体意识差,聚合力弱。

2. 合作型班级群体

共同活动使群体不断变化和发展,这时群体出现了新的特点:(1) 学生们在彼此熟悉和了解的基础上三五成群地结成小圈子。(2) 群体意识增强,即有了"咱们班"的情感。(3) 群体共同活动的中介作用加强了,学生以这种共同活动为基础,交往进一步加深,关系进一步密切。(4) 群体所制定的目标与行为规范已部分地被大家所接受。(5) 班干部开始得到大家的信任和拥护,群体的自我管理结构的水平进一步提高。(6) 人际关系不仅是情绪好恶关系,而且产生群体内部一定的责任依从关系,群体成员在群体中的角色和地位由参与群体共同活动的程度与贡献及所得到的评价而决定。这是群体发展的第二阶段。

3. 集体

班集体是班级群体发展的最高、最完善的阶段。班集体是一个具有独特社会心理特征的共同体,决定集体形成的主要因素是班级那些具有积极社会意义的共同活动,在开展这种活动的基础上,群体便逐渐形成各种特殊的关系,如成员价值取向的一致性、成员集体意识的增强、人际关系的多层次结构与日益团结等。集体最大的特点是成员的群体意识较浓,即为了本群体的利益能够比较一致地、协调地工作,对外表现出相当高的团结水平。

四、我国学者关于班级发展水平的经典观点

单纯以班级组织的结构化维度来区分班级的发展水平主要流行于欧美和日本。我国则主要按照结构化以及社会功能两种维度对班级的发展水平进行划分,而且相比之下,往往更为重视社会功能维度。

鲁洁教授曾经提出过班级发展水平指标的问题。她认为,班级发展水平的指标可以全面标示班级的社会因素、结构、功能等诸方面的特征和状态,是制订班级建设规划的基础,也是预测班级发展趋势的工具。班级发展水平的指标系统,包括班级的社会功能、班级的群体发展和班级的教育、管理等方面的诸多要素,而尤以班级的社会功能要素较为重要。班级的社会功能指标一般包括以下四个方面[②]的内容。

---

① 龚浩然、黄秀兰:《班集体建设与学生个性发展》,广东教育出版社1990年版,第117—119页。
② 鲁洁:《教育社会学》,人民教育出版社1990年版,第432页。

一是班级履行基本社会职能的指标。包括入学率、合格率、优秀率、毕业率、教育质量、教学效果等。

二是班级符合、维护社会规范的指标。包括班级组织的政治气氛,人际关系结构,多数人的共同行为方式,班级中多数人的态度、舆论以及班风、传统、纪律性等项目。

三是班级系统的稳定性与适应性水平。这方面指标的最优状态是班级与整个社会的政治、经济、科技和文化发展趋于一致,既能接受社会的积极影响,又能抵御社会的消极影响;既得益于社会的发展,又为社会的发展贡献人才。

四是班级保证和促进每一个成员个性全面充分、自由发展的程度。包括个性社会化的成熟度、角色选择和职业选择的社会适应力,个体的主动性、独特性和自我调节能力,天赋、特长、才能和潜能等自我发展水平等。

从结构化以及社会功能维度来看,参考现有的关于班级发展水平的指标系统的基本内涵,班集体的形成大致要经过以下阶段。

1. 松散的群体阶段

班级组建初期,班级成员的关系处于孤立期,来自不同环境、情况各异的学生按照学校编制组织在一起,学生之间都很陌生,师生之间也互不了解,缺乏横向沟通,学生之间的交往活动带有互相试探的性质,彼此不轻易袒露真实思想,大多数学生实际上是孤立的个人。但在不断的人际交往中,成员之间的关系开始分化,部分学生有可能结成一些小群体,只是这种接触或交往基本上都是建立在情绪和冲动基础之上的。这一阶段,班级对学生的吸引力不大,表面上既无争论也无共同的意见与统一的态度,但是全班同学都意识到属于一个群体,只是大家对班级的目标和活动都还没有一种明确一致的认识和相应的主动行为。班级活动与工作任务均来自教师或学校的外部要求,班级组织、计划、活动等工作基本上依靠行政手段,主要由班主任或临时确定的学生干部来主持开展工作。此时班级共同的价值目标和规范尚未形成,班级学生自我管理的机制尚未真正建立,不存在真正的学生骨干核心,学生自身缺乏自律性的要求,学生群体本身也缺乏教育能力,处处依赖班主任的决策和指挥。

2. 联合的班级群体阶段

经过一段时间的了解之后,班级成员的关系开始进入同化期。学生之间在自然因素和个性因素的基础上,有了较密切的交往圈,形成了分散的伙伴群。班级成员在班里的地位与作用也开始分化,出现了种种活动的主导者与追随者,涌现出了一批热心为大家服务、主动承担责任的积极分子。这些主导者或积极分子自然而然变成了学生中的骨干,并在班主任的领导下和学生的支持下,通过一定的组织程序组建起班级委员会,发挥组织管理和自我教育的功能。一些适合本班的规范要求和必要的规章制度也开始建立起来,班级工作逐步步入正轨。

3. 初级班集体阶段

有组织的班级在班主任、学生干部、学生等多方面的共同努力下,初步形成了班级的核心与骨干,一些学生干部和班级先进分子崭露头角,在各自的岗位上施展自己的才华,形成班级的核心层,并在班主任的引导下,独立地开展班级工作。班级的规范要求和制度也开始转化为学生自身的自觉要求,班级的是非观念增强,并在大多数情况下有正确的集体舆论。班级成员也形成了集体的归属感,并以自己的归属为荣。教师作为统率者也直接与学生建立了纵向联系,班级组织进入了一个新的发展阶段。

4. 稳定的班集体阶段

这时,班级已经有了自己的奋斗目标,并且已经被全体成员所确认而内化为个人的目标,班级也有了坚强的核心以及健全的组织结构。班干部各司其职,有组织、有计划地开展各项工作,绝大多数班集体成员关心集体、互帮互学,并且主动参与班集体的工作,有强烈的集体荣誉感。团结、融洽的班级风气和正确的舆论导向构成了一种巨大的教育力量,对班级成员起着潜移默化的教育作用。班级也有了严格的组织性和纪律性,并成为促进全班学生自我教育、健康成长的教育主体。

5. 优秀班集体阶段

班集体的核心、骨干力量在扩大,班级涌现出更多的积极分子,优良的班风和正确的舆论导向进一步得到巩固,班级组织结构既有民主,又有集中,体现了大多数人的愿望。组织纪律严明,有班级发展的明确目标和具体要求,对内保持一种友好、互助、稳定的学习环境,对外则以团结一致、朝气蓬勃的集体面貌出现,在学校各项工作与活动中表现为一个富有战斗力的集体,并成为同年级甚至全校其他班级的楷模。

第三节　班集体建设策略

在班集体形成的过程中,以下要素起着关键性的作用。(1)班级目标系统。包括教师的目标、学生的目标、班级的目标,这些目标之间是否协调,是否符合国家和社会的要求与期望,对班集体的建设至关重要。(2)组织机构。班集体能否形成、形成之后能否巩固,取决于组织机构是否健全,取决于组织机构成员是否能够履行其职责,是否能够起到先锋模范作用。(3)舆论。班集体建设需要强大而健康的舆论,为集体的成长和集体成员的进步提供持久的群体动力。(4)制度与规范。制度与规范是班集体发展水平及风气的外化标志和保障,对班级成员而言,从他律到自律的转变是班集体形成过程中的必然现象,区别只在于何种时机、以何种方式实现这种转变。

一、班集体的目标管理

(一)目标管理理论简介[①]

"目标管理"(Management by Objective,MBO)的概念是管理专家彼得·德鲁克1954年在其名著《管理的实践》中最先提出的。其主要内容为:组织的最高领导层根据组织面临的形势和社会需要,制定一定时期内组织经营活动所要达到的总目标,然后层层落实,要求下属各部分主管人员乃至每个员工根据上级制定的目标和保证措施,形成一个目标体系,并把目标完成情况作为各部分和个人考核的依据。简言之,目标管理就是让组织主管人员和员工亲自参加目标的制定,在工作中实行"自我控制"并努力完成工作目标的

---

① 葛玉辉:《人力资源管理》,清华大学出版社2008年版,第281—282页。

一种管理制度或方法。

目标管理本质上是一种程序或过程,它使组织中的上级和下级一起协商,根据组织的使命确定一定时期内组织的总目标,由此决定上、下级的责任和分目标,并把这些目标作为组织经营、评估和奖励每个单位和个人贡献的标准。目标管理在思想上是以对人性的乐观主义态度为基础的,即认为在目标明确的条件下,人是能够对自己负责,是愿意在工作中发挥自己的聪明才智和创造性的。

1. 目标管理的特点

与传统管理方式相比,目标管理具有鲜明的特点。

(1) 重视人的因素。目标管理是一种参与的、民主的、自我控制的管理制度,也是一种把个人需求与组织目标结合起来的管理制度。在这一制度下,上级与下级的关系是平等、尊重、依赖、支持,下级在承诺目标和被授权之后是自觉、自主和自治的。

(2) 组织目标与个人目标之间高度相关。目标管理通过专门设计的过程,将组织的整体目标逐级分解,转换为各单位、各员工的分目标。从组织目标到经营单位目标,再到部门目标,最后到个人目标。这些目标方向一致,环环相扣,相互配合,形成协调统一的目标体系。

(3) 结果导向。目标管理以制定目标为起点,以目标完成情况的考核为终结。工作成果是评定目标完成程度的标准,也是人事考核和奖评的依据。至于完成目标的具体过程、途径和方法,上级并不过多干预。所以,在目标管理制度下,监督的成分很少,而控制目标实现的能力却很强。

2. 目标管理的优点

(1) 内在激励。当目标成为组织的每个层次、每个部门和每个成员自己未来时期内欲达到的一种结果,且实现的可能性相当大时,目标就成为组织成员们的内在激励。

(2) 明确任务。目标管理的另一个优点就是使组织各级主管及成员都明确了组织的总目标、组织的分工与合作及各自的任务。

(3) 自我管理。一方面,组织成员们已参与了目标的制定,并取得了组织的认可;另一方面,组织成员在努力工作实现自己的目标过程中,除目标已定以外,如何实现目标则是他们自己决定的事,从这个意义上看,目标管理至少可以算作自我管理的方式,是以人为本的管理的一种过渡性试验。

(4) 控制有效。目标管理方式本身也是一种控制的方式,即通过目标分解后的实现最终保证组织总目标的实现,是一种结果控制的方式。目标管理并不是目标分解下去便结束,事实上组织高层在目标管理过程中要经常检查、对比目标,进行评比,看谁做得好,如果有偏差就及时纠正。从另一个方面来看,一个组织如果有一套明确的可考核的目标体系,那么其本身就是进行监督控制的最好依据。

3. 目标管理的步骤

目标管理的步骤可以不完全一样,但一般来说可以分为以下四步。

(1) 建立一套完整的目标体系。

(2) 组织实施。目标既定,主管人员就应放手把权力交给下级人员,而自己去抓重点的综合性管理。完成目标主要靠执行者的自我控制。上级的管理应主要体现在指导、协助、提出问题、提供情报以及创造良好的工作环境方面。

(3) 检查和评价。对各级目标的完成情况，要事先规定出期限，定期进行检查。检查的方法可灵活地采用自检、互检和责成相关部门进行检查。检查的依据就是事先确定的目标。对于最终结果，应当根据目标进行评价，并根据评价结果进行奖罚。

(4) 确定新的目标，重新开始循环。

(二) 班集体的目标管理

班集体的目标管理是指在班主任的引导下，通过师生全面深入的沟通、协商，共同制定班级、小组、个人的奋斗目标，引导班级和学生积极主动地为实现既定目标而努力，从而促进班集体建设和学生全面发展的一种方法或过程。

1. 新建班级的目标系统分析

目标管理可以理解为对目标的管理以及运用目标进行的管理，即以目标为对象和手段的管理。目标管理的前提是厘清班级现实存在的目标体系。从目标主体的角度看，一个班级尤其是新建的班级大致存在着以下三大类目标。

(1) 既定的代表国家或社会意志的教育目的或培养目标。这一目标系统带有理想化、普遍化的特点，也带有官方色彩。这一目标是国家与社会对受教育者身心发展的性质、方向的期望和要求，它规定着学校、班级培养人才的质量和规格，通常以各种政府或部门文件的形式加以表述，具有抽象性、概括性的特征。比如培养德智体美劳全面发展的人才、培养"四有新人"等，这些要求包括道德素质目标、科学文化素质目标、审美素质目标、劳动技术素质目标、身心素质健康目标等，是班集体建设中必须首先考虑的目标。

(2) 学生的目标。目标往往由需要引发，而且往往指向需要的满足。从一定意义上讲，个体的目标与其需要系统密切相关。对学生目标系统的讨论也应该从其需要系统开始。以马斯洛的需要层次理论为根据，可以将学生的需要分为三类：物质需要、人际需要和精神需要。物质需要与班集体建设相关程度不高，此处暂不做讨论。

人际需要。人际需要包括归属与爱的需要和尊重的需要。爱的需要包括人际交往，获得同伴、朋友及教师的认可、接纳与尊重的需要。每一个学生都希望受到教师和同伴的理解与尊重，特别是所谓成绩不太好的学生，这种需要可能更为强烈。

精神需要。包括求知的需要和自我实现的需要。求知的需要主要是指满足好奇心与求知欲方面。在教育中求知需要的满足主要还是通过学习，让学生乐学，从学习中得到欢乐来实现。自我实现的需要是实现个人理想、抱负，最大限度地发挥个人能力的需要。马斯洛认为，为满足自我实现的需要所采取的途径是因人而异的。有人希望成为一位理想的母亲，有人可以表现在体育上，还有人表现在绘画或发明创造上……简而言之，自我实现的需要是指最大限度地发挥一个人的潜能的需要。

(3) 教师的目标。一般而言，教师具有生存、社会交往、尊重、自我实现等需要，其中与班集体建设相关度较高的需要包括：教师的职业自尊需要，即希望在工作方面能够得到同伴、领导及家长们的认可与尊重，在学校各种考评制度下能够获得认可的需要；教师的自我实现需要，即热爱教育事业，希望在教育工作中发挥自己的聪明才智，促进学生健康成长的需要。

2. 班集体建设的目标体系设置原则

目标管理中目标设定的一个重要原则就是 SMART 原则，其具体包含五个方面——

Specific：指标要具体化；Measurable：指标要具备衡量性，即具有明确的衡量指标；Attainable：指标的可达成性，即经过努力可以实现的；Relevant：指标具备关联性，即与集体目标和任务相关；Time-based：指标要具有明确的时间要求。

除此之外，班集体建设目标体系的建构还应该遵循：

（1）方向性原则。班集体目标的设计应符合国家、社会和学校的教育目的，不能有悖于学生的身心健康发展和学校教育目标的实现。

（2）包容性原则。在班集体的目标设计和管理中，既要充分体现国家和社会的方针政策指导，又要充分考虑每个成员在这种宏观的影响下有各自的期望目标，要善于在组织目标中包含成员合理的个体目标，创造达到个人目标的机会和条件，又善于引导学生调节和修正个人目标。

（3）激励性原则。即设计的目标应该对学生真正起到激励作用，真正成为学生的目标，而不仅仅是教师的目标、"墙上"的目标。美国心理学家维克托·弗鲁姆认为目标的激励效果取决于效价（value）和期望值（expectance）两个因素，即：激励力＝效价×期望值。效价指人们对某一行动所产生的结果的主观评价，期望值指的是人们对某一行动导致某一结果的可能性大小的估计。这一公式可以理解为，只有当个体认为经过个人的努力可以取得一定的成效，而且这一成效所换来的奖励能够满足自己的需要时，他才会产生努力工作的动机。反之，如果一个目标在学生看来没有实现的可能，或者即使实现了，也不能给学生带来满足，那么这样的目标就无法起到激励作用。

3. 班集体建设的目标体系设置

班集体建设的目标设置是一个动态的调整过程，教师与学生要进行充分的沟通，对目标体系不断调整、修改和补充，方能形成一个较为合理的目标体系。

首先，教师预定目标。教师根据教育目的、学校层面的教育目标以及对班级情况的考量提出一个暂时的、可以改变的目标预案。

其次，按照组织架构进行职责分解。根据暂定目标，教师与学生充分协商，按照班级现有组织架构进行初步分解，明确目标责任者和协调关系。

再次，确立个体目标，教师与每一个学生充分沟通后，根据班级暂定目标和组织架构目标制定每一个学生的目标。

最后，教师与学生就实现各项目标所需的条件以及实现目标后的奖惩事宜达成协议。分目标制定后，要授予责任者相应的资源配置的权力，实现权责利的统一。由责任者写成书面协议，编制目标记录卡片，班级汇总所有资料后，绘制出目标图。

4. 目标实现过程中的管理

目标管理重视结果，强调自主、自治和自觉，但并不等于教师可以放手不管。首先，教师应带领学生定期检查，检查既可以是正式的、阶段性的，也可以利用经常接触的机会和信息反馈渠道自然地进行；其次，利用各种正规和非正规的渠道通报进度，便于互相协调；再次，要帮助解决工作中出现的困难问题，当出现意外、不可测事件严重影响组织目标实现时，也可以通过一定手续，修改原定的目标；最后，当目标实现或完成后，切记兑现相应的奖惩承诺。

> 链接
>
> **目标管理——我怎样创建初一班集体**[①]
>
> 　　我每接一个新班时,总是把班集体建设的计划、设想概括成一条条明确的目标,然后向学生提出。
>
> 　　如初一起始班,面对着几十名来自不同家庭、不同学校的新生,当务之急是迅速使这个刚组成的松散群体形成一个较为团结的集体。万事开头难,我首先从学生行为习惯的培养教育入手。学生刚入校的第一课,就是向他们演讲《中学生守则》《中学生日常行为规范》《课堂常规》及《北京市中小学生礼仪常规》,然后把这些规章制度分解为一个个小的目标去落实。我给学生提出的第一个目标是:按时到校,不迟到,每天带齐学习用具。经过几天的督促训练,学生做到上述要求后,我又提出课堂纪律的第二个目标:上课专心听讲,积极思考问题,踊跃回答问题。待课堂纪律稳定后,我又提出第三个纪律、卫生、体育三方面综合目标。
>
> 　　目标适合初一学生争强好胜的心理特点,班级连续11周夺得卫生红旗,一个较为团结的集体就这样形成了。
>
> 　　为进一步树立起每一个学生对新集体的信心,借学校举行运动会之机,我又提出了新的目标:运动会上创佳绩,争夺精神文明奖。
>
> 　　一个个较低层次的目标实现了,我趁热打铁,总结已取得的成绩,启发学生提出较高层次的目标,即学期奋斗目标:争做优秀学生,争创先进班集体。我们以此为主题召开了班会,班会结束时宣读了为实现"两争"目标而制定的《集体十项指标规定》,当场张贴在教室墙上。
>
> 　　在创建班集体的活动中,班主任提出的目标再动听,得不到学生的配合和认同,也不能发挥目标管理的功效。让学生自己提出目标,创建民主、和谐的班级气氛,这是使学生认同和参与目标实现的有效途径。

二、班级文化建设

如果一个孩子生活在批评之中,他就学会了谴责;

如果一个孩子生活在恐惧之中,他就学会了忧虑;

如果一个孩子生活在讽刺之中,他就学会了害羞;

如果一个孩子生活在鼓励之中,他就学会了自信;

如果一个孩子生活在表扬之中,他就学会了感激;

如果一个孩子生活在分享之中,他就学会了慷慨;

[①] 李变云:《目标管理——我怎样创建初一班集体》,《中小学管理》1996年第6期。

如果一个孩子生活在安全之中,他就学会了相信自己和周围的人;

如果一个孩子生活在友爱之中,他就学会了这世界是生活的好地方。

——《学习的革命》

最早给"文化"下一个完整定义的人是英国人类学家泰勒。他在所著的《原始文化》(1871)中指出,"文化包括作为社会一名成员的人所获得的全部能力与习惯"。他认为,"文化包括语言、思想、信仰、风俗习惯、禁忌、法规、制度、工具、技术、艺术品、礼仪、仪式及其他有关成分",是"人类知识、信仰和行为的整体"。学术界一般把文化的概念区分为广义和狭义的两种。广义文化指人类在社会历史实践过程中所创造的物质财富和精神财富的总和。狭义文化指人类社会的精神文化,包括社会的思想道德、科技、教育、艺术、宗教、传统习俗等。

班级文化是班级师生在班级生活中所创造的各种物质和精神财富的总和,既包括显性的环境文化或物质文化,也包括隐性的制度文化和精神文化。班级文化可以理解为班级的一种气氛、一种风尚、一种"班级的生活方式",它是一种潜在的教育力量,无时无刻不在潜移默化地影响着学生。班级文化的功能主要体现在以下几个方面。

第一,引导与规范功能。班级文化作为一种特有的教育力量,渗透于一切活动之中,它所形成的一种"社会—心理动力场",对于学习、生活于其中的学生而言具有引导、规范作用。班级文化是以班级风气、人际关系、舆论和价值观等方式表现出来的精神文化和与之相应的制度文化和物质文化,对每个学生都起着潜移默化的影响,学生自觉或不自觉地会受到班级文化的引导和规范作用。

第二,凝聚功能。班级文化是班级成员共同创造的群体文化,优良的班级文化是在班级成员充分、深入的交往、沟通基础上形成的,寄托着他们共同的理想和追求,体现着他们共同的情感、态度与价值观念。这种共同的情感、态度和价值体系会激发学生强烈的认同感与归属感,从而形成强烈的向心力、凝聚力和群体意识。学生会有较为清晰和强烈的"我的班级"的意识和情感。

第三,激励功能。班级文化的激励功能主要体现在班级文化能为其成员提供社会支持。在一定条件下,群体对成员的赞许、鼓励和支持,会进一步强化成员的特定行为。比如,积极向上的班级文化会对奋斗但未成功的学生提供安慰和鼓励;会对处于经济或家庭困境的学生提供帮助和慰藉;会对为了班级荣誉拼搏进取的学生提供鼓励和褒奖等。

真题链接

晓玲和她的同学都非常喜欢自己的学校,在很多方面能很好地与学校保持一致。这体现了群体的哪种功能?

A. 归属功能　　　B. 支持功能　　　C. 认同功能　　　D. 塑造功能

答案:C。

> **链接**
>
> 早在我国古代，人们就已经意识到群体文化的作用，如孔子在教学中就很重视师生关系和学生间的互相切磋；古时候太子读书，总有几个陪读的；贾政不在府里请家庭教师，而要将宝玉送到贾代儒执教的家学去学习等，就是要使学习有一种群体气氛。[①]

（一）物质文化建设

班级的物质文化，是指班级内看得见、摸得着的东西，主要指教室内的环境布置、设备配备等方面。班级的物质文化一方面是班级正常运转与发展的基本条件；另一方面也是班级组织人格的外在标识，体现着班级师生的价值与追求。班级物质文化是班级文化建设的基础，也是班集体发展水平的重要标志。除了学校统一配备的教育设备外，班级物质文化集中体现在教室环境的布置方面。

教室是学生学习和课余生活的主要场所，也是教师对学生进行思想品德教育的重要舞台和班集体建设的主要基地。教室环境直接影响着学生的心境，反映着班级的精神面貌，也在一定程度上反映了班主任工作的能力和水平。教室布置主要包括教室的基础设施、教室的空间安排和墙壁布置三大部分。

1. 备齐教室的基础设施

教室的基础设施是指班级正常学习生活的必备物品，除了课桌椅之外，还包括脸盆、毛巾、肥皂等洗手用具，拖把、水桶、扫帚、废纸篓、簸箕、痰盂等卫生用具，鲜花和花盆、鱼缸、桌套、椅套等美化班级的物品也可以视班级实际情况予以配备。在这些必备物品中，有些是要长期且经常使用的，必须以节省占地空间为原则将其固定化，并要求使用者应放回原位，尽量保持整洁。这样既能节省空间又可以培养学生的责任心和接受社会约束的能力。

2. 合理安排教室空间

教室的空间安排主要指课桌、讲台的安排，这里主要有两个方面的问题值得注意，一是课桌的编排方式，二是班级课桌摆放的管理。座位编排方式在班级文化中有重要的作用。其要义实际上是教学空间、文化空间的组织形式。实践与研究均已证明，不同的空间组合形式直接影响班级文化活动中的师生交往、生生交往，影响学生间的人际关系，影响学生的动机和态度，影响文化活动的效果。

常用的班级教室座位编排方式有秧田式、会议式、小组式、圆形、马蹄形等排列方式。任何座位编排方式都有其明显的优越性，也有其应用的局限性，我们只能从实际需要出发，来灵活运用不同的座位编排方式。

常见的课桌摆放方式可以采用传统的边上两列靠墙、中间两列聚拢的方式；也可以为了更好地利用墙壁，采用拉开靠墙的两列桌椅与墙壁的距离，与其他列聚拢，教室中间空

[①] 龚浩然、黄秀兰：《班集体建设与学生个性发展》，广东教育出版社1990年版，第108页。

出走道的方式等。具体怎样摆放主要应根据班级的实际情况做出选择和安排。当桌椅摆放位置确定之后,班主任和学生一定要注意对课桌椅摆放的管理,整齐的桌椅摆放能显示出班级的纪律、风貌,也能让学生和老师心情舒畅,没有什么能够比乱糟糟的桌椅更能让人感受到班级的混乱了。

3. 美化教室墙壁

墙壁布置是班级建设的重点之一。墙壁作为班级环境的重要组成部分,其形象、内容和安排既体现了班级的精神面貌和风格,也是师生之间、学生之间进行交流、沟通、宣传的重要阵地。教室的四面墙壁除了前方的黑板之外,左右两边除去窗户的部分、后面的墙壁或黑板都可以用来布置和安排。班级公约、卫生制度、表扬与批评、班级荣誉、各种公告、励志的名人名言等都可以在这些部位张贴或宣传,教室后墙的黑板报更应该精心设计和布置,以凸现班级建设的主题或班级的精神风貌。具体说来,可以运用窗帘来调节与平衡环境中的材料、色彩、温度和照明与阴影;可以在墙壁上贴上名人警句,用于励志;可以贴上班徽这一最具有班级文化特征的物品,或在窗台、讲台上摆上绿色植物,或是充分利用教室后墙的宣传与美化作用,以加强美感。

教室布置既是班集体建设的主要内容和途径,同时教室布置的过程也是一个锻炼学生、增强班级凝聚力的过程,切忌教师的独断专行。教室布置应该在教师的指导下,充分发挥学生的积极性、主动性和创造性,以学生为主体,在师生充分协商的基础上进行。教师应该把教室布置的过程变成一个潜移默化的教育过程,变成一个拉近师生距离,促进学生之间交流和沟通的过程。

【例说】5-1

班级要做到"八有"[①]

教室里要养花,要养鱼,窗户上还要有窗帘,教室前面要有脸盆、毛巾、香皂等洗手用具;还要有暖壶、茶杯等饮水用具;有推子、剪子等理发用具;有纸篓,有痰盂。加在一起是八种公用物品,我们管它叫"八有"。

培养学生的集体主义精神,最有效的办法便是吸引他为集体出力,为集体流汗,为集体贡献个人智慧和力量,吸引他为集体倾注心血。倾注得多,感情自然会深起来。个人对集体,集体对个人,父母对子女,子女对父母,基本都如此。

除了"八有"之外,魏书生还要求课桌要有"桌罩"。"一走进每个班级,显得整齐、干净,学生看着自己洁白的桌罩,也有一种美感。"另外,班级要有"班级日报",每个学生的课桌上要有"座右铭"。这种座右铭是一件很好看的五面体,上面写满了字,主要包括三部分内容:自己最崇拜的人的名字或照片,自己要追赶的同学的名字,针对自己的思想弱点写一句医治这一弱点的格言。

---

① 魏书生:《班主任工作》,沈阳出版社2000年版,第199页。

(二)制度文化建设

班级管理中的制度文化,是指班级中以一系列规章制度为载体的,蕴含着班级成员价值追求的,班级成员共同遵守与维护的一套行为规则和价值观念。班级中的制度文化是由有形的制度文本和无形的制度价值内核共同组成的。制度是文化的精华,文化是制度的内核。班级制度文化既表现在显性的、成文的制度文本(如《中学生日常行为规范》等)中,也表现在各种隐性的、不成文的习惯、规则上。

班级制度文化建设应该包括两个方面:外显的规章制度的制定与内隐的班级成员对规章制度的认同与内化。后者即班级规章制度在班级成员心中的确立,是班级制度文化建设的核心。

1. 班级规章制度的建立

班级规章制度是班集体为实现共同的奋斗目标而制定的规则和章程。班级规章制度实质上是社会规范在学校生活中的具体表现形式,也是班集体形成和发展的准绳。一个班集体是否已经形成,一个重要的条件就是要看有没有全体成员共同遵守的严格的规章制度。它既是对全体成员的约束,也是对全体成员的引导;它既是一种对个性自由的限定,也是一种对个体正当权力和利益的保护;既能够维持正常的学习生活秩序,又能够锻炼学生的意志。

班级规章制度从来源看一般包括两大类,一种是由宏观社会移植进来并由学校明文规定的各种守则或由国家直接提出的行为规范,例如国家教委颁发的《小学生日常行为规范》和《中学生日常行为规范》,国家教育部颁发的《中小学生守则》等。另一种是由班级根据《学生守则》和《学生日常行为规范》,结合学校相关规定和班级的实际情况拟定的各种班级规章制度,如作息制度、清洁卫生制度、考勤制度、爱护公物制度、课堂纪律规则等。

班级规章制度从内容看应该涵盖班级学习生活的方方面面,一般而言大致包括四个方面:课堂学习制度、课余生活制度、清洁卫生制度、作息制度。

制定班级规章制度要注意以下问题:

(1) 制定班级规章制度应具有方向性。即必须同国家的教育方针、政策及中小学培养目标保持一致,同国家颁发的中小学生的行为规范、守则保持一致,同时还必须符合青少年身心发展的特点、规律。

(2) 制定班级规章制度应具有群众性。班级规章制度是班级成员共同遵守的行为准则,制定班级规章制度要经过全班学生的反复酝酿,充分发扬民主,要让每个学生都有机会表达自己的观点和看法,要尊重每个学生的意见和建议,以提高执行的可行性。

(3) 制定班级规章制度应具有可操作性。班级规章制度从某种意义上讲,它是国家、学校颁发的中小学生的行为规范、守则的实施细则,因此,它必须明确具体、易懂、易记、易行,为班级学生所接受,以利于执行。

链接

陶行知先生对学校"会场"的 14 条规定[①]

我国历来就有学规、学则,用以规范学生的日常行为,教育家陶行知先生十分注重发展学生的个性,培养学生的创造意识和能力,但他并未忽视对学生进行日常行为规范的培育。例如,他对"会场"提了十余条规定,认为"集会"是"学生学习运用民权的基本原则",现摘录如下:

(1) 一切集会,都要迅速、整齐、安静;
(2) 集合预备钟响,即把坐凳送到会场摆好;
(3) 分队长检查人数后,后来者即算迟到;
(4) 集合时,精神集中,注意口令,口令后即不得说话;
(5) 遇友来,注目点头,无声招呼;
(6) 开会前,休息时,邻座可以低声说话;
(7) 检点仪容;
(8) 轻步进出;
(9) 会未毕,不退,离开会场必得值日分队长允许;
(10) 不大声咳嗽、随地吐痰、瞌睡;
(11) 端正而坐;
(12) 不看书报;
(13) 有意见发表先举手得主席允许而后发言;
(14) 值日中队长、干事负责布置会场,维持会场秩序。

(4) 制定班级规章制度应具有严肃性。班级规章制度的制定要严肃、慎重,有关规定要保持相对的稳定性,不能朝令夕改,否则会丧失制度的权威性,使学生无所适从,也会造成班级秩序的紊乱。同时,班级规章制度一经确立,就应该组织学生反复学习,坚决贯彻执行,并通过监督检查、评比表彰等措施,使其充分发挥规范学生行为、调节各种关系的作用。

2. 班级规章制度的内化

对学生而言,班级的制度文化的形成,要经过"树立—服从—同化—内化"的过程。班级制度的制定是开端,学生对规章制度的内化是目的。相对而言规章制度的制定较为容易,但如何使得这些规章制度内化为学生愿意遵从的规范才是最为困难、最为重要的环节。

促进学生内化班级规章制度的策略:

(1) 鼓励、引导学生积极参与班级规章制度的制定,充分听取学生的意见和呼声,尽可能让每一个学生把自己的意见发表出来,并且尽可能地把学生们的意见在规章制度中

[①] 吴志宏、冯大鸣、周亮方:《新编教育管理学》,华东师范大学出版社 2000 年版,第 235 页。

体现出来，把班级的规章制度变成每一个学生的规章制度，消除学生对班级规章制度的距离感、对立感。

（2）严格监督规章制度的执行，保证规章制度执行的公平、公正，不能因为某些学生成绩好或者老师偏爱某个学生，就对这个学生的问题回避或从轻处理。

（3）树立遵守规章制度的学生典型，发挥其模范带头作用。

（4）增强班级凝聚力，增强学生对班级的归属感。开展各种集体活动，调动学生的积极性，学生为班级关注、奉献得越多，对班级的感情投入就越多，对班级的归属感就越强，就越容易内化班级的规章制度。

【例说】5-2

班规班法[①]

我们班级十几年来，一直坚持"依法治班"，全班同学根据本班实际制定了一系列的班规班法，然后在监督检查系统的保证下，说了算，定了干，一不做，二不休，坚定不移地贯彻执行。

班规班法，主要分为两大类（这里的班规班法，泛指班内的规章、制度、计划、方法），一类是以空间为序的，制定的原则是：班级的事，事事有人做；班级的人，人人有事做。另一类是以时间为序的，制定的原则是：时时有事做，事事有时做。

班规班法大致有以下内容：

第一部分　岗位责任制：常务班长职责，团支部，班委会委员，值周班长职责，值日班长职责，课代表职责，备品承包责任制，专项任务承包制；

第二部分　各种常规：一日常规；一周常规；每月常规；学期常规；学年常规。

例如，备品承包责任制：

1. 承包某项备品者须保持该项备品的清洁。如：承包暖气片者，应按学校规定，定期擦拭，在校例行卫生备品大检查时，不得因该项不合格而扣分。

2. 承包者要保证该项备品的合理使用：承包窗户者，热天负责开窗；承包灯具者，光线暗时及时开灯，日光明时及时关灯。

3. 提高备品的使用率。如：承包篮球、排球的同学，要使同学们在该玩的时间内有球可玩；承包暖壶的同学要使需要喝开水的同学有水可喝；承包鱼缸的同学要使愿观赏鱼的同学时刻有鱼可观赏。

4. 保护备品不被损坏，及时加以维修，损坏严重的，查清责任者，及时赔偿或报生活委员更新。

5. 具体承包人：

(1) 刘娲（教室门）；(2) 王海鸥（保管粉笔）；(3) 张海燕（鱼缸及养鱼）。

共有25人，其他略。

---

① 魏书生：《班主任工作》，沈阳出版社2000年版，第407页。

（三）精神文化建设

班级的精神文化是班级在一定的社会文化背景中，在社会主流价值观念的影响下，经过社会、学校、班主任和班级成员等诸方面的长期共同影响和作用下形成的为全体成员所共同认可的价值观、信念、态度等。它主要通过班级目标、班级舆论、班级口号、班训等表现出来，是班级文化的核心与灵魂，是一个班级的个性和精神面貌的集中反映。它的直观表现就是班级的目标、风气和人际关系等。

欧美学者对关于以班级为对象的相关研究兴趣不是太大，相关的研究更多地集中在学生文化或同辈文化方面。这对于我国的相关研究很有借鉴意义。同辈文化的研究始于美国的科尔曼。科尔曼在20世纪50年代中期对美国中西部地区的中学生群体的价值观进行了调查，发现在这些学校中明显存在着"青少年社会"，在这种"青少年社会"中存在着同教师与家长的期待相悖的价值取向：对学习和学业成绩不感兴趣；热衷于竞技体育；关心伙伴的认同；对肌肉发达、人缘好等个人特点予以高度评价。科尔曼发现，这种玩乐型文化使得学生的学习成绩普遍下降，因为它一方面影响了学生在学业方面的投入；另一方面，这种文化还暗暗地同时又是决定性地"规定"着从属于这种文化的学生所能取得学业成绩的标准。若学生超过这一标准，便会遭到同辈群体的拒绝。结果，那些能力强的学生为了能被同辈群体所接纳或者至少不被同伴所排斥，便不得不降低其学业水平或者保持低于其能力水平的学业成绩。

科尔曼的研究激发了关于青少年同辈文化研究的热潮。进一步的研究发现，学生的文化并非像科尔曼所说的那样单一，而是存在着不同类型。克拉克将美国中学生同辈文化分为三种主要类型。第一种是玩乐型文化（the fun subculture），其旨趣主要在于各种文体活动；第二种是学术型文化（the academic subculture），其关注中心在于学科课程的学习及学术性课外活动的参与；第三种是违规型文化（the delinquent subculture），其特征是回避乃至反抗整个学校教育过程。苏加曼将英国中学生文化分为两种类型，一种源于中产阶级成人文化，其特征是着眼未来前程，控制现实欲望，承认并服从成人权威；另一种源于劳动阶级文化，注重满足现实欲望，强调快乐主义，拒绝服从成人权威。哈格里夫斯和帕特里奇发现，学生文化因学生在学校的教育结构中所处地位而异，被分在能力高的班（组）的学生多半形成亲学校文化，而被分在能力低的班（组）的学生则多半形成反学校文化。学生同辈文化的存在，使学生之间出现了"群"的差异，使得教师在与任何学生交往时，不得不考虑到其"群"的差异。

从班级精神文化的内涵以及当前班级精神文化的现状看，班级的精神文化建设主要应从以下两方面入手。

1. 制定班级的共同奋斗目标

目标是人"想要达到的地点或境地，想要得到的结果"。目的性是人类实践活动的本质特征，是否具有明确的目的是人类实践活动与动物本能活动的本质区别。有了目的，人类的活动就不再是一种无反省的动物性本能，而是一种追求理想和完美的创造性实践活动。有了目的，就有了活动的目标，有了反思活动得失成败并使之趋于完善的标准。①

班级奋斗目标是教师和学生对班级未来发展的预期和设想。获得班级认同的班级的奋斗目标是班集体形成和发展的前提,它规定着班级发展的方向,是推动全班同学朝着既定目标努力的内在精神动力,也是维系全班同学的精神纽带。

按照目标所涉及的时间,班级的奋斗目标可以分为长期目标、中期目标和近期目标。长期目标是指跨度比较长的目标,一般指三个学年度的目标;中期目标一般指一个学年度的目标;近期目标指的是一个学期或者更短时间内所要达成的目标。按照目标所涉及的内容,班级的奋斗目标可以分为德育目标、智育目标、体育目标等。

确立班级的奋斗目标一般应遵循以下要求:

(1) 全面性与针对性统一。班级的目标应该统摄班级学习生活的方方面面,要能够体现出学生的全面发展。既要包括学习方面的目标,又不能舍弃思想品德方面的目标和身心健康方面的目标,也不能舍弃国家教育方针所规定的其他方面的内容。与此同时,又能针对班级的实际情况,制定出符合班级现实情况的目标。

(2) 长远性和渐进性统一。班级既要有长远发展的目标,为班级的发展提供稳定的发展指向,又要把这一长远目标详细分解,形成详尽的中期和近期目标系统,使得每个学生和班级在每个时间段内都对自己的任务和目标心中有数。学生经常能够体会到进步的喜悦,日积月累、前后衔接、循序渐进、不断提高,班级建设就会逐步实现长远目标。

(3) 先进性和可行性统一。一方面,班级的目标要有一定的难度,要超越目前班级的发展水平,要具有一定的拓展性,只有这样才能激发全班同学的上进心和动力;另一方面,目标又不能定得太高,不能超出班级同学的能力范围,如果班级的目标脱离学生的实际,被学生认为是无论如何都不能达到的话,班级目标就只能是贴在墙上的摆设了。

确立班级奋斗目标的方法多种多样,一般说来,主要有两种基本方法:

(1) 民主协商法。民主协商法指的是班主任同班干部以及全体同学一起协商、讨论确定集体目标的方法。这种方法适用于那些发展状况良好的班级。这种方法的好处在于:首先,可以集思广益,使得目标的制定更符合班级和学生的实际情况,具有较强的可行性。其次,能充分调动学生参与的积极性和主人翁精神,满足学生的情感需要,也使得提出的目标更容易被学生所内化,成为每个学生自觉自愿的发展要求。第三,密切师生关系,增强班级的凝聚力,还有利于培养学生自我教育的能力和习惯。

(2) 班主任定夺法。当班级的发展状况不好,或者班级刚刚组建的时候,民主协商在短时间内不太可能,班主任也可以自己决断提出班级目标。这种方法的最大缺陷就是,不利于调动学生的积极性和主动性,班级目标不容易被学生所接受和内化。因此,班主任在提出班级目标之前,务必深入学生中间调查研究,尽可能吸收学生的愿望与要求,尽可能符合学生的实际情况。当目标提出之后,班主任还要对学生反复宣传、讲解,努力促成每个学生认可和接受班级目标。

---

① 檀传宝:《学校道德教育原理》,教育科学出版社2003年版,第57页。

【例说】5－3

以目标激励建设班集体

四川省中江中学刘国华老师利用目标管理建设班集体的做法,对我们确定奋斗目标是有启发意义的。

刘老师曾接任过一个高中班班主任,并担任该班物理课教学。这个班目标不明,纪律松散,成绩较差,班集体尚未形成。针对班级实际,刘老师首先搞好自己的教学工作,认真备课,讲课深入浅出,生动活泼,使学生学习物理课的兴趣和成绩大为改观,得到学生和家长的一致好评。在此基础上,刘老师对同学们讲什么是班主任,班主任跟班级、同学的关系,班主任应该做什么,讲一个优良的班集体对自己的成长有什么好处,动员同学们对照检查,找出班级存在的问题和差距。

就在这时,学校春季运动会即将举行。刘老师抓住这一有利时机,提出激励性目标。在班会上,刘老师讲,不少同学喜欢文体活动,有这方面的特长,这是一种优势,要求有特长的同学为班级的文体活动贡献力量。接着问大家:"上届运动会我们班是全校第几名?"同学们说:"未进入前四名。"

刘老师说:"我们班有这样好的条件,为什么没有取得好成绩,请大家找一找原因。"同学们认真分析,最后形成一致意见:"没有组织好,心不齐。"

刘老师说:"这次运动会,我班应该争取第几名?请同学们做一个调查比较,拿出具体材料。"

两天后,文体活动积极分子拟出了全校各班实力情况分析表。根据实力,我们班处于总分第二的位置。基于分析,刘老师提出了"确保第二,争取第一"的短期激励性目标。

同学们情绪高昂,体育积极分子出谋划策,领导小组、后勤小组、训练小组相继成立。全班同学都投入到为实现目标的奋斗之中。比赛结束,该班实现了总分第一的目标。大家也受到了一次集体主义教育。

短期目标的实现,显示了集体的力量,增强了班级成员的信心,为提出更高的奋斗目标打下了基础。于是,刘老师又提出"尽快实现班级纪律的根本好转,让全校同学刮目相看"的奋斗目标,组织同学们分析班情,分析自身,找出差距,制定实现这一目标的措施。经过全班学生的努力,班级纪律发生很大变化,获得全校师生的一致好评,被学校评为遵守纪律的先进班。

当班级面貌有了较大改观,同学们的自信心、荣誉感增强后,刘老师又启发团支部、班委会针对班级学习成绩较差的实际,在期中考试前提出了"争取较好成绩,向父母负责,向祖国汇报"的目标,并组织全班同学分析,对学习成绩好、中、差的同学都落实了为实现班级总目标的个人任务。由于目标明确、个人任务具体,调动了全班同学的学习积极性,期末考试各科成绩都有了较大幅度的提高。学习成绩的飞跃,使班集体成员体会到"事在人为",只要目标明、决心大、方法对,好成绩是可以争取来的。由于不断加强目标管理,这个班后来成为全校公认的优秀班集体。

2. 培养正确的集体舆论，形成优良的班风

班风，指一个班级的精神风貌，是一个班级稳定的、具有自身特色的集体作风。班级的风气，是班级中大多数学生的思想觉悟、道德品质、意志情操、学习态度和精神风貌的集中反映，又被称为"组织人格"。班风是一种巨大的教育力量，对于生活在特定班级的学生来说，班风是一个看不见、摸不着，但又无处不在的精神环境。优良的班风对于一个班集体来说，至关重要。

优良班风主要有以下几个特征：整个班级积极进取、奋发向上；学习目的明确，人人勤奋好学，个个学有所长，互帮互助，严守纪律，团结友爱；课外活动内容充实，丰富多彩；学生的主动性、积极性、创造性和主人翁精神得到充分发挥。

优良的班风对于集体来说，有以下四个方面的作用：第一，引导作用。即对集体的行为进行引导、加强或减弱。第二，评价作用。对集体及集体中的个人的行为进行评价，从而调节其社会行为。第三，调节作用。即抑制或鼓励班集体成员的活动。第四，指标作用。舆论水平常常是衡量班集体水平的重要指标。

培养优良班风应该做好以下方面的工作：

(1) 确立班风建设的目标。要树立良好的班风首先要有一个明确的方向和目标，班风建设的目标通常用几个字或词简要概括，如"勤奋、团结、求实、创新""静、竞、敬、净"等。班风建设的目标要发动师生讨论，充分发扬学生的主动性和参与性，充分听取学生们的意见和建议，然后加以确定，以使得班风建设的目标被全班成员充分理解和接受，只有这样才能真正起到引导和约束的作用。

(2) 严格要求，坚持不懈。良好的班风不是一朝一夕能够形成的，而要经过师生双方长期艰苦的努力建设。班主任应注意引导学生把班风建设目标细化为日常行为规范，制定严格而细致的班级规章制度，并从班级实际情况出发，循序渐进，从易到难，由简到繁，逐步提高要求。日常学习生活中，应该认真贯彻执行，经常检查，及时总结和评比。对于容易出问题的地方，要反复抓，抓反复。力争每个同学都能够把班风建设目标内化为自己的行动指南，形成行为的动力定型。

链接

魏书生班级文化的营造艺术[1]

班级文化是以班级为空间环境，以社会和学校为文化背景，以班主任、任课教师和全体学生为主体，在班集体学习、生活和管理过程之中的活动方式和活动结果。在魏书生20年的班主任工作中，他尤其注意营造和谐、美化、健康的班级文化。

---

[1] 魏书生：《班主任工作》，沈阳出版社2000年版，第166、324页。

第五章 班集体建设

制定这条班规,有利于提高班级管理自动化的能力。

他们的第一期《班级日报》由团支部书记办成,接着由几位班干部带头办了5期。以后,就按学号轮流,每人办一期,每天轮到一个人,星期天、节假日照常出报。每天一期,报上的内容给同学们以启迪、以教育,或激励同学们向上,或给同学们敲响警钟。随着年龄的增长,魏老师班的《班级日报》逐渐走向成熟,越办越好了,他们关于《班级日报》的法规增加到了10条,这意味着《班级日报》比以前完善了。这10条规定是:

一、《班级日报》的纸张长54厘米,宽39厘米,上面留出了3厘米宽的白边做装订线,左、右、下分别留出1厘米的白边,使人看上去有整体美。

二、写清办报具体时间、办报单位、办报人姓名,以利于若干年后查找。

三、当天的《班级日报》必须在当天中午12:00之前夹到报夹上面,不能拖拉为"晚报"。

四、《班级日报》须用碳素墨水或彩色笔誊写,以利于长期保存。

五、直接反映本班同学学习生活的内容要占60%以上的版面,如:班级新闻、《学先进》专栏、本班好同学的学习方法介绍、好人好事、《警钟》专栏等。

六、必须设有《文章病院》专栏。

七、对班级纪律、卫生、出席、课间操、眼保健操、练气功得分情况必须及时报道。

八、为昨天的值日班长开辟一小块工作失误及补救的分析园地,及时分析班级工作失误的原因及制定补救的措施。

九、每期报纸必须有图画点缀,黑白的可以,彩色的更好。

十、《班级日报》每月装订成合订本,由同学按学号轮流负责装订。

由此,我们可以看出他们的《班级日报》办得很有特色。由于《班级日报》是同学们自己动手承办,报纸一出版,就吸引了同学们,大家围着看、抢着读,很多内容引起大家的共鸣。班级每出一期这样和大家息息相关的报纸,其教育作用是不言而喻的,对办报的编辑不也是一个全面受教育的过程吗?

学生爱唱歌。每年都唱,每月每周每天都唱,甚至每节课前、自习前都唱一首歌。魏老师就要求课前一支歌,从文娱委员起歌开始,全班同学都要停止别的活动,在座位上坐直,手不能放在桌子上,更不准翻书和写作业,谁如果在大家唱歌时写作业或是手放在桌子上,便要写500字的说明书。后来又要求:唱歌要一心一意,才能达到唱歌的目的,既使大脑得到了短时间的休息,又使人陶醉在悠扬的旋律里,使身轻松,使心愉悦,使人更热爱生活学习,也使人大脑两半球更容易沟通。为此,要求唱歌必须坐直,坐直之后,目视前方的黑板。

(3)扶正祛邪,树立榜样。所谓"扶正",是指要在班级里树立起积极向上的、符合学校和社会主流价值观念的风气,让每个学生从思想上明确什么是对的,什么是错的,什么是好的,什么是坏的,并且要让这种风气居于班级舆论的主导地位。"扶正"主要通过说理教育、榜样示范、品德评价、以身作则等途径来实现。所谓"祛邪",指的是去除掉那些影响班集体建设、阻碍班集体进步的歪风邪气。对于那些不利于班级团结、不利于班集体进步的现象和风气,班主任要立场鲜明地加以反对和批评,决不能姑息迁就,任其泛滥,对不良风气的宽容和放纵会极大损害学生的积极性,破坏良好班风的形成。

【例说】5-4

怎样培养良好的班风[①]

一个良好的班集体就像一座熔炉,陶冶着每个学生的思想、作风、品德,带动着班内每个学生前进。良好班风的标志是全班同学有共同的前进目标,有正确的集体舆论,有较强的集体观念。怎样才能培养起良好的班风呢?

一是重教育。班主任要懂得学生心理活动的规律,注意处处事事开个好头。比如班主任上任要从工作的第一天抓起,做好第一次讲话,办好第一件事,处理好第一个问题,开好第一次班会,等等。良好班风的形成往往就是这样从若干个第一开始的。发挥舆论的作用有利于班风的培育,必须抓住舆论阵地,如办好黑板报,召开班会、演讲会、报告会,开展团队组织生活,针对班内出现的带有倾向性的问题开展评论,对大家关心的问题展开讨论,建立起正确的舆论导向。班内还要有计划地开展各种教育活动,联系学生的思想实际,提高他们的思想觉悟。如通过开展"学雷锋树新风"活动,组织学生以小组为单位为班集体、为学校、为社会做好事,培养为人民服务的思想。通过贯彻《中学生礼仪规范》,狠抓"明礼""导行"和"强化"三个环节,向学生进行文明礼貌教育。通过开展丰富多彩的课外活动如参加军训,使学生懂得什么是错误的,什么是应该反对和避免的,什么是正确的,什么是应该学习和坚持的,从而规范自己的行为,逐步养成良好的行为习惯。

二是严要求。良好的班风不可能通过一两件事,在短期内形成,而需要积极倡导、培养和巩固,是一个长期的过程,需要运用不断强化的心理规律。班主任要针对班内学生的特点和表现,从大处着眼,小处着手,制定必要的规章制度,提出明确的要求,如考勤制度、文明公约,使学生行有所循。凡是在班内宣布的制度要求,一定要认真执行,并且经常进行检查、评比和总结。对学校提出的各项要求和布置的各项任务,都要教育学生认真执行,不折不扣去完成。如学校提出校园文化,班内就要精心设计和布置,创造一个优美、怡人的育人环境,这样既能造成一种浓厚的学习氛围,也有利于培养学生关心集体、爱护集体的思想。只要平时严格要求,久而久之,良好的班风就会逐渐形成。

---

① 甘霖:《班主任工作技能训练》,华东师范大学出版社1995年版,第60页。

> 三是树样板。一个好的班风,开始时往往只有少数人做出榜样,通过一桩桩、一件件事例的积累,才能扩大为多数人的行为,最后成为全班学生共同的行为准则和习惯。由此看来,榜样的力量是无穷的,有了好的典型,就能通过他们去团结其他同学,扩大积极分子队伍。因此,班主任一定要注意抓样板、树典型。样板应该是全方位的,比如关心集体的典型、拾金不昧的典型、体育锻炼的典型、助人为乐的典型、后进变先进的典型等。对于涌现出来的各种典型要大力宣传和表扬,推广他们的经验。青少年学生的模仿性强,身边的榜样对他们有很强的吸引力、号召力,树好样板,就像是在黑暗中拨亮了一盏灯,能够照亮许多人前进的方向。

3. 优化班级人际关系

构建和谐的人际关系对精神文化建设有着重要意义。班级里有两种非常重要的人际关系要处理好:生生关系和师生关系。

引导学生处理好同学关系。比如,提倡助人为乐;心中有他人;看人要先看别人的优点和长处;正视自己的缺点和不足;培养学生的幽默感;要有团队意识和合作精神等。

处理好师生关系。教师要热爱学生;教师要提高自身素养和人格魅力,让学生喜欢自己;教师应通过自己的言行树立威信;教师要培养民主作风;教师要了解学生的心理特点,用发展的眼光看待学生;教师对学生不抱成见和偏见,公平对待全体学生;当与学生发生冲突时,要善于理解学生。

三、班级组织建设

(一)班干部的选拔与任用

班集体建设中的一项极其重要的工作就是建立班干部队伍,形成核心力量。一个班级能否很快形成集体,与班干部组织是否健全,特别是班主任是否善于培养和使用班干部有很大关系。建设一支素质良好的班干部队伍,是班集体建设的重要内容和途径,也是顺利开展班级工作的前提条件。

1. 班干部的作用

班干部在学生群体中处于一种特殊的地位。这种地位使班干部起着下面三种作用:

(1)桥梁作用。班干部既是干部又是学生,这种特殊身份使得他们能及时准确地感受、觉察班级学生的愿望和要求,以及学生对班级工作的意见、看法,为班主任准确把握学生的思想、情绪,有针对性地进行教育管理工作提供了真实可靠的信息。班干部扩大了班主任的视听范围,起着班主任和学生之间的桥梁作用。

(2)模范作用。由于学生干部是从班级学生队伍中物色、选拔出来的较为先进的分子,因此,他们能起到先锋和模范带头作用,会把中间的、落后的学生带动起来。班主任通过班干部这个核心开展工作,调动这些同学的积极性,有时能发挥班主任起不到的作用。

(3)助手作用。班主任的助手是班干部的主要角色。一个有威信的、有能力的班干部队伍能够在班主任不在的情况下使班级各项工作正常进行,主要干部几乎能起到"代理班主任"的作用。有了这样的班集体核心,班主任可以从繁琐的事务中解脱出来,更好地指导班级工作。

2. 班干部的选拔

(1) 班干部选拔标准[①]:

第一,要品德作风好。办事公正是对干部的最基本的要求,特别是主要干部,如班长,必须做到这一点。只有正直公正的干部,才能得到班级同学的信任。办事公正、不偏不袒的学生干部,即使工作能力不怎么强,也会得到同学的拥护。其次是私心少。那种私心重、瞒上欺下的干部历来是学生最厌恶的人,他们在班集体中是涣散剂,只能起离心作用,比如说,他在发电影票时,总把好座位留给自己和自己要好的伙伴,而把差的发给其他同学,这样的干部马上就会威信扫地。如果选这样的学生当主要干部,那将会导致班级干部组织的解体和班集体的涣散。

第二,要有合群能力。具有合群能力的学生一般胸襟较为开阔,性格开朗,是天然的学生领袖,他们大方热情,乐于助人,对别人的意见,不会心存芥蒂;对别人的优点、长处不嫉妒;对别人的缺点持宽容态度,不背后嘲笑议论;能与班级大多数同学打成一片,不搞小团体。选拔这样的学生为干部,对形成干部集体、班级建设是良好的"黏合剂"。

第三,要有责任心。责任心是一种好品质,无论是对学生还是成年人都是完成各种工作任务所必备的。那种在其位不谋其事的"挂名干部",比没有还糟糕。

链接

魏书生如何选择学生干部[②]

接手一个班时,对学生不甚了解,魏书生就先注意上学、放学身后都有一些学生跟着的"孩子王"。老师们都清楚,这样的学生一般都有组织能力,所以成为学生中的领袖人物。魏书生再从这些"孩子王"中,选择那些心地善良、胸怀开阔,具有一定威信的学生,淘汰了几位,最后从剩下的几位"孩子王"中,选择头脑聪明、思维敏捷的学生。所以,20年来,魏书生使用选择学生干部就是这三条原则,一是组织能力,二是心地善良、胸怀开阔,三是头脑聪明、思维敏捷。而且一般情况下,魏书生只选择班长(也称常务班长)一人,其余成员由班长组阁。在选择学生干部时,魏书生一般采取任用制、推选制、竞选制。

(2) 班干部的选拔方法。选拔班干部的方法主要有两种。首先,班主任任命法。班级刚刚组建或者整体情况不太好的情况下,班主任可以根据自己的观察和判断,选择自己认为优秀的学生担任班级主要干部。只是这种任命一定要慎重,防止出现频繁撤换的现象。频繁撤换班干部可能会严重伤害这些班干部的自尊心,也会影响班主任的威信。其

---

① 胡光玉、贾锡钧:《中小学班集体建设概论》,上海科学普及出版社1998年版,第73—75页。
② 魏书生:《班主任工作》,沈阳出版社2000年版,第366页。

次,民主选举法。当全班同学相互之间已经比较熟悉,或者班级整体情况发展良好,比如气氛融洽、班风良好等的时候,班主任可以采用不记名投票、差额选举方法选举产生班干部。也可以为了让更多的同学得到锻炼,实行"轮流执政制",尽可能让每个同学都有当班干部锻炼的机会。

3. 班干部的任用原则

(1) 精心选拔,大胆任用。班干部是班主任做好班集体工作的助手,是沟通班主任和学生之间的桥梁,是全班学生学习的榜样,也是班集体建设的重要内容和手段。古人云:"将帅无用,累死三军。"如果不能挑选到恰当的人选担任班干部,会给班主任的工作以及班集体建设带来巨大的负面影响。因此,在选拔班干部的问题上,班主任一定要慎之又慎,一定要仔细斟酌,细细挑选,本着宁缺毋滥的原则,宁愿让已经被选中的学生身上的负担重些,也不要随意挑选。而一旦确定人选之后,班主任则要大胆使用,给班干部以充分的信任,要充分相信他们的能力,充分相信他们的责任感,放手让他们去工作。"疑人不用,用人不疑。"班主任如果选择了某个同学而又怀疑他的能力或品行,不给他放手展现才能的机会,则可能会既伤害了该同学的自尊心和荣誉感,也影响了班级工作。

(2) 信任与严格要求相结合。教师一方面要给班干部以充分的信任,充分信任他们的能力、责任心和自律精神,同时对他们的要求也要更加严格。班干部是学生的表率,他们的一言一行代表着班级的主流舆论,也代表着班主任的工作理念和作风;某一个班干部的问题,已经不是他本身的问题了,而是涉及班集体建设全局的大事。因此,班主任对班干部的要求一定要严格。另一方面,虽然班干部都是学生中的优秀分子,但是他们毕竟也是正在成长中的学生,各种各样的不成熟以及能力方面的欠缺是在所难免的,对他们严格要求,有利于他们能够尽快地成长,有利于班集体的建设。

(3) 具体指导与放手工作相结合。一般情况下,班干部上任后,责任感较强,"当家做主"的愿望也较高,但他们的认识水平、工作能力、组织才能都处于学习、积累阶段,工作中往往干劲有余、经验不足。班主任应该适时地给予指导,比如经常和他们一起分析、讨论班级的实际情况,教给他们一些处理问题的方法,指导他们制订班级工作计划,细心纠正他们工作中的一些偏向。与此同时,班主任也应该意识到,任何一个班干部的成长都不是一蹴而就的,都需要一个长期的不断积累经验和提高素质的过程。因此,班主任应该鼓励学生干部放手工作,不要担心他们出现的各种各样的问题。一方面,学生干部由于自己的能力、经验等方面的原因,出现各种各样的问题是不可避免的,班主任不能"因噎废食",不能因为怕出问题,就什么事情都事必躬亲;另一方面,这些问题对于班干部来说,是一笔笔宝贵的经验教训,是他们未来工作的法宝。因此,班主任要通过细致的工作,力争工作不出岔子,同时也不要害怕学生干部在工作中出现问题。

(4) 维护班干部威信与加强群众监督相结合。班干部的威信是他们做好班级工作的重要基础,班主任应该尽可能地维护班干部的威信,想方设法增强他们的威信。比如,坚定支持班干部的工作,充分肯定他们的工作成绩,等等。与此同时,也应该充分发扬民主精神,加强全班同学对班干部的监督作用。这种监督一方面有利于班干部自己时刻注意严于律己,不断增强班干部的工作水平和能力;另一方面有益于班级民主和谐氛围的养成,有益于每一个学生的成长。班主任可以通过制度化的措施来进行这种监督,比如定期召开对班干部和班级工作的评议会,让每一个同学畅所欲言;也可以通过小范围或者一对一沟通的方式,随时听取学生对班干部的意见和建议,并把它们及时地反馈给班干部。

(二)重视积极分子的培养

积极分子一般指的是班集体里各方面表现较好,能够起到一定带头作用,或者在某一方面表现突出,能够起到带头作用的学生。积极分子是班集体建设的重要力量,是班干部工作的重要群众基础。不断增强积极分子的数量和质量,不但能够促进班级工作的顺利开展,促进班干部队伍的不断更新,也是增强班集体凝聚力、促进班集体进步的重要途径。班主任要有意识地放手发动群众,大胆地给予学生更多的锻炼机会,并注意在班集体的各项活动中,有意识地发现和培养积极分子,不断增强班集体的群众基础和核心力量。

(三)发挥学生群体的作用

正式群体是由正式文件明文规定,其成员有固定编制,有规定的权利和义务,有明确的职责分工的人们活动的联合体。非正式群体则是人们在交往中自发地组织起来的。人们在交往过程中,由于共同的兴趣、共同的观点、共同的感情、共同的目标等而自愿结合在一起,就形成了非正式群体。

1. 班级组织的正式与非正式结构[①]

如果把班级比作一个社会组织,那么班级就会同其他社会组织一样,同时存在着正式结构和非正式结构两种结构系统。班集体建设过程中固然要重视正式结构的构成和运作,但非正式结构同样也不可忽略。

班级正式结构分为三个层次:第一层次是对全班工作负责的角色,即班干部;第二层次是对小组工作负责的角色,即小组长;第三层次是对自身任务负责的角色,即一般成员。许多学者认为,这种金字塔式的结构,对于学生体验地位差异以及形成权威服从观念是有一定的作用的。

非正式结构通常指班级组织中的非正式群体。这种非正式群体具有四个主要特征:第一,人数较少,一般3～5人;第二,吸引力强,非正式群体任何两个成员之间均互相选择,整个群体内部为全员互相选择;第三,"集体性"强,群体成员多半自觉维护本群体的利益;第四,沟通效率高,群体内任何一个成员得到的信息,都能在短时间内迅速传达到其他所有成员。非正式群体对班级组织的作用既可能是积极的,也可能是消极的。其积极作用主要有:满足学生的交往与表现自我的需要;促进班级组织内部意见的沟通。消极作用主要有:群体内部的过多接触,容易影响其成员对班级组织活动的参与;群体利益的一味保护,容易导致群体发展成为班级组织内的"独立王国"。

在一个班上,除了有一个学生都必须参加的班级群体之外,实际上还存在若干个比较正式的群体和非正式的群体。正式群体指的是,在学校、班主任或者社会团体的领导下按

---

① 吴康宁:《教育社会学》,人民教育出版社1998年版,第281—288页。

一定的章程组织起来的学生群体,包括班级、班级共青团、班级少先队等,除此之外,还有为了配合开展集体活动,完成某一方面的任务而组织起来的学生小组,如学科小组、文体小组、学习小组等。正式群体有学校的支持,班主任和相关教师的领导,目的明确,成员稳定,有一定的组织纪律和工作计划。

2. 非正式群体的特征

非正式群体又称自然群体,指的是学生自发形成或组织起来的群体。这种群体主要以情感成分为主要调节机制,以满足成员的心理需要为主要功能,包括因志趣相投、感情融洽,或者因地缘、血缘等关系以及其他需要而形成的学生群体。非正式群体按照结合的媒介可以分成友谊型群体、兴趣型群体、地域性群体等,按照非正式群体的作用,可以分为积极型群体、中间型群体和消极性群体。

> **链接**
>
> ### 非正式群体的类型[①]
>
> 1. 亲社会型。这种群体的价值目标与班级正式群体的价值目标是一致的,是班级正式群体的补充。例如学生们自发组织的读书会、体育协会、动物饲养小组、小银行、学雷锋小队等。成员之间的关系是友好的、具有高尚情操的,他们会支持和协助教师和班主任工作。
>
> 2. 自娱型。同学们只是出于情绪上的好感和消磨课余闲时间的需要而聚集在一起,他们的活动主要是怎样想办法"玩"得有趣。例如一起上歌舞厅、逛大街或打扑克等。苏霍姆林斯基说过,如果一个集体与娱乐相联系的兴趣与需要占统治地位的话,那么,青少年的精神生活便变得贫乏和低级,给集体生活和社会带来厄运。精神空虚是教育的大敌。因此,这些情况应引起教师的注意,但只能疏导而不能简单地禁止。
>
> 3. 消极型。这种群体一般出现在"乱班"中,他们自觉不自觉地和班主任、班委会"对着干",如破坏纪律、发牢骚、讲怪话乃至故意拆台等。如果这种小群体的头头与社会上某些街头的偏离团伙有联系的话,就有可能滑进失足犯罪的道路,应引起教育者的高度关注。

非正式群体大都自愿组合,三五成群,人数不等;成员性情相近,志趣相投,有共同的兴趣爱好;领导人物一般自然形成;交往与活动频繁;但活动成员不太稳定,易受外部环境和人际关系的影响。非正式群体一般而言充满活力,是学生进行学习、娱乐、生活和交往所必需的,也使得班级群体生活充满友谊和欢乐。因此,非正式群体与正式群体具有同样重要的价值,对学生的身心发展都具有不可忽视的影响。当然,非正式群体也可能有消极的一面。比如有的小群体具有排他性,容易影响班级人际关系的和谐;有的小团体可能缺

[①] 龚浩然、黄秀兰:《班集体建设与学生个性发展》,广东教育出版社 1990 年版,第 114—115 页。

乏高雅志趣,片面追求物质刺激等。

3. 班级中非正式群体形成的原因

班级中出现非正式群体,并不是一种偶然现象,它是出于满足学生的某种心理需要而产生的。由于学生的需要是多层次、多方面的,而班级集体不可能使这些心理需要都得到满足,于是各种各样的小群体相继产生。具体说来,形成非正式群体的原因有以下几种:

(1) 相似的个性心理特征。某些学生的兴趣、爱好、性格、气质差不多,他们在学习之余,经常接触,很容易形成小群体。喜欢集邮的学生可能形成以集邮为中心的集邮迷伙伴;活泼、好动的学生喜欢和爱玩耍的学生在一起。

(2) 志向、观点、品质的一致性。在班级中,几个学生志向相同,可以使他们一拍即合;几个学生对某些事情的看法一致,可以使他们变得十分亲近;某些学生品质上的类似,也可以使他们成为挚友。

(3) 某种利益的一致性。某些学生由于利益的一致,他们之间相互支持、相互帮助,这样就逐步形成了以利益为基础的小群体。比如,几个学生为了对抗与他们过不去的同学而结成帮伙。

(4) 经历、遭遇类似。某些学生因为家庭破裂、父母不和,或者先天生理缺陷,或犯过错误等缘故,平日沉默寡言,往往成了老师、同学遗忘的角落,使他们产生一种孤独感,精神上得不到满足,很容易从与自己同病相怜的同学中寻找友情和安慰,进而结成小群体。

4. 公正、热情地对待各种学生群体

班主任不可偏爱正式群体,非难、歧视和打击非正式群体,而要关怀和尊重非正式群体。既要看到非正式群体可能存在的消极方面,也要看到其对班集体建设的积极意义。要善于引导非正式集体,尽可能地使他们与班集体建设目标相一致。把那些在非正式群体中涌现出来的有威信、有能力的学生选拔出来,进入班级的核心层,就能使得正式群体与非正式群体之间关系融洽、目标一致,为了集体的目标和利益,积极地发挥各自的作用。对于在非正式群体中存在的某些不良倾向,要及时地予以批评和引导。对那些过于消极的群体,班主任要从关爱、教育出发,有意识有目的地引导、教育,促进其转化。也可以在动之以情、晓之以理的基础上,让他们逐渐淡化以至松散开去。

真题链接

辨析题:非正式群体在班级管理中只有消极作用。

参考答案:这种说法是错误的。非正式群体是在同伴交往过程中,一些学生自由结合、自发形成的小群体,其成员以某种共同的利益、观点、爱好为基础,以感情为纽带。非正式群体既有积极影响,也有消极影响。在班级管理中,非正式群体的积极影响有助于班级管理与建设,消极影响对班级管理起着阻碍作用。教师应该发挥非正式群体的积极作用,克服其消极作用。

班主任尤其要重视同辈群体对班级学生的重要影响,积极引导和恰当利用同辈群体对青少年学生潜移默化的教育作用。同辈群体是青少年学生极其重要的参照群体,它对青少年的行为和个性形成有着重要的影响。人在儿童时期就有了与同龄人交往的需要,这种同龄伙伴关系是亲子关系、师生关系所不能替代的。中小学生可能附属的同辈群体是:学校班级里的友伴团体、兴趣小组、体育运动队、俱乐部、各种邻里的友伴团体、街头伙伴、与异性朋友的社交圈子等。同龄伙伴之间的交往,是青少年获得信息的特殊渠道。他们可以从伙伴那里了解许多他们所关心的事情,包括他们从成人那里得不到(或成人不愿告诉他们)的知识。在同龄伙伴关系中,人们之间是平等的,当他们意识到自己属于某一群体时,会产生一种情绪安定感。青少年非常重视自己在同辈团体中的形象,他们把同龄伙伴的承认和赞许往往看得比父母、师长的评价更重要。因此,学生在班级社会经历着学校的正规期望与同辈群体的非正规期望之间的冲突。同辈群体作为青少年成长的重要环境,对青少年的身心发展影响深远,在班集体建设过程中,班主任和教师要科学、巧妙地加以引导,努力发挥同辈群体在青少年身心发展以及班集体建设中的积极作用,千方百计减少其消极作用。

真题链接

简答题:简述班主任培养班集体的主要方法。

参考答案:(1)确定班集体的发展目标;(2)建立班集体的核心队伍;(3)检查班集体的正常秩序;(4)组织形式多样的教育活动;(5)培养正确的集体舆论与良好的班风。

【例说】5-5

四大金刚[①]

上海市市北中学袭文才老师曾有这样一个转化班级非正式小群体的案例。

有一年,我刚接任班主任就听到学生反映:班里有四位"女将",人称"四大金刚"。这不仅因为她们个个都是班里的"头",中队主席,语文、数学、外语三门主课的课代表全都包了,而且是因为她们四个人"亲密无间"。我问同学们为什么不向她们提意见,几位女同学瞪大了眼睛说,她们手中掌握着大权,个个凶得不得了,谁提意见就没有好日子过。我简直无法相信这是事实。疑惑,成了强大的动力,促使我对她们的表现去进行细心的观察。

一天、两天、一周、两周……时间在不断地流逝,我对她们的情况也有了比较详尽的了解。事实证明,同学们的反映基本上是客观的。"四大金刚"确有长处:对班级工作敢抓敢管,做事泼辣、果断、有点子;但是她们也确实有许多弱点:圈子太小,以身作则不够,听不得不同意见。尤其语文课代表,外语默写常常不能及时完成,全靠其他三个人在早读课上"帮"她堂而皇之地过关。我感到,她们虽然都是班干部,但实际上又是一个有威无信的非正式群体。

---

① 赖华强:《班主任工作案例教程》,暨南大学出版社2008年版,第101页。

怎么解决这一问题？全盘否定，不行！因为她们在班级管理中是做了不少工作的，而且发挥着实际的作用；全盘肯定，当然也不行，因为她们在工作中又确实夹进了许多私欲。我思索了许久，感到唯一的办法是对这一特殊的非正式群体加以优化，使之成为班集体的真正核心。

根据这一思考，我针对这一问题连砍了三斧头。

第一斧，抓住默写作弊的事实在班里公开批评了她们。

第二斧，另派一名同学协助语文课代表的工作。

第三斧，分别找这四位同学谈话，肯定她们的成绩，说明批评她们的原因，指出搞小圈子的危害。

三斧头在班里引起很大震动。大部分同学说，先抓干部的风气抓得对，我们心服口服。也有一部分同学主观地猜测，"四大金刚"要被撤职了。"四大金刚"心理压力很大，有点威信扫地的感觉。

趁着大家都在思考这一问题，我对四位同学逐一进行了家访。一进家门，她们的反应几乎都很紧张，以为老师告状来了。然而，我在家访中只是出乎她们意料地做了两件事：一是在家长面前称赞她们的能力；二是征求她们对班级工作的意见。看着老师真诚的目光，她们绷紧的脸松弛下来，阻塞的思绪像闸门一样被打开。她们不但积极提建议，而且对自身建设也提出了许多改进措施。

从此，她们的心胸似乎开阔了许多。自我批评使她们巩固了友谊，增进了带领全班前进的自觉性。在此基础上，她们还组织了一次关于搞好人际关系的主题班会，我也趁机向同学们介绍了处理班级人际关系应当遵循的原则和方法。班里原有的一些小群体都开始了扩大友谊圈子的活动，与班集体的目标靠得更紧了。

一个团结向上、充满活力的班集体逐渐形成了，成功的喜讯不断传来。不少同学在市、区、校的各项竞赛中获奖；十名同学光荣地加入共青团；"四大金刚"中，一位成了区优秀队干部，两位加入了共青团，四名同学都以优异成绩获得了"金苹果秘密行动"友谊群体特别奖。同学们都高兴地说，现在我们的"四大金刚"不再是泥金刚，而是铁金刚了。

复习思考题

1. 班级和班集体有何区别与联系？
2. 班集体的基本特征有哪些？
3. 班级的社会功能指标包括哪些方面的内容？
4. 对于一个新组建的班级，如何进行班集体建设？

本章小结

班集体是为了加强班级管理、促进学生的身心发展而设置或构建的一种教育目标和理想教育实体,它反映了特定社会对班级及其成员发展的要求。班集体对学生具有社会化、发展、保护和个性化等积极功能。目标管理策略是班集体建设的重要策略,班级文化建设和组织建设是班集体建设的重要内容。班级文化建设包括班级物质文化、制度文化和精神文化建设三部分内容,其中班级的精神文化是班级文化的核心与灵魂。制定班级共同的奋斗目标、培养正确的集体舆论、形成优良的班风、优化班级人际关系是班级精神文化建设的主要途径。除此之外,班集体建设中还应该重视班级的亚文化问题,注意发挥学生群体尤其是非正式群体的积极作用。

第六章　班级实务管理(上)

内容提要

班主任是学校最为繁忙的主任,每天都有大量的日常管理工作。本章主要讨论班级实务管理中的班主任工作计划与总结、班级学生的发展指导、班级常规活动管理。通过本章学习,你应该了解班级工作计划与总结的基本内容,掌握撰写班级工作计划与总结的基本技能;认知学生的学习规律和心理发展规律,掌握班级学生的学习指导、心理辅导、个别教育的原则与方法;了解班级活动对于班集体建设的意义与价值,理解班级活动的基本内容和组织形式,掌握组织开展班级活动的原则与方法。

思维导图

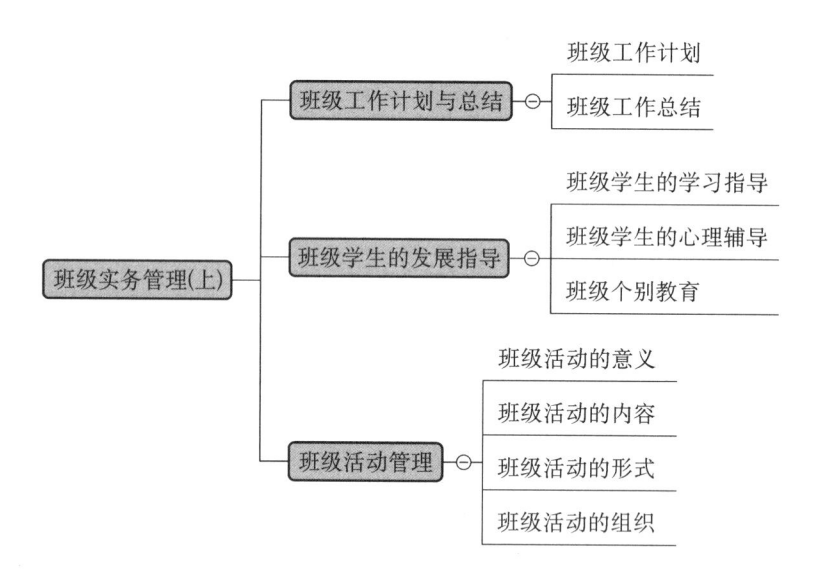

```
                            ┌─ 班级工作计划
              班级工作计划与总结 ─┤
            ┌                   └─ 班级工作总结
            │
            │                   ┌─ 班级学生的学习指导
班级实务管理(上)─┤ 班级学生的发展指导 ─┼─ 班级学生的心理辅导
            │                   └─ 班级个别教育
            │
            │               ┌─ 班级活动的意义
            │               ├─ 班级活动的内容
            └─ 班级活动管理 ─┼─ 班级活动的形式
                            └─ 班级活动的组织
```

第一节　班级工作计划与总结

班级是学校全面贯彻教育方针、实施素质教育的基层单位。班级管理工作涉及学校教育的方方面面,是一个复杂的系统工程。为了有目的、有计划地开展班级管理,提高班主任工作的科学性和实效性,班主任必须在新学期或新学年之初,制订周密翔实的工作计划。同时,为了更好地积累教育工作经验,不断提高班级管理水平,促进班主任专业化发展,班主任也应认真做好班级工作总结。

一、班级工作计划

(一) 制订班级工作计划的必要性

1. 制订工作计划是学校教育特点决定的,是提高班级管理效益的重要保证

与家庭教育、社会教育相比,学校教育的目的性、计划性、组织性更强。学校要有整体工作计划,班级也要有工作计划,这是学校教育的常规要求。在改革开放、大力发展社会主义市场经济的新形势下,中学生的思想行为带有极大的不稳定性,呈现出价值观念的多元化。班主任工作头绪多、任务重,而且要求高、难度大,要做到统筹兼顾、富有成效,是很不容易的。许多年轻班主任虽有工作热情,但缺乏经验,工作不知从何处着手,从何处抓起,通常的做法是按照学校的总体要求开展班级管理,处于被动应付的状态,常常顾此失彼、事倍功半。要摆脱这种被动局面,必须从班级实际出发,分析班级具体情况,制订适合班级情况的工作计划,这样,工作起来井井有条,才有可能收到事半功倍的效果。

2. 制订工作计划可使班主任做到目标明确,保证教育的系统连贯性

在国外,班级管理又称为"教室管理",以区分教育行政管理和学校管理,是教育管理最低的一个层次。班级管理具有这样三个特点:(1) 管理范围小,内容全;(2) 管理层次低,工作细;(3) 管理方法杂,难度高。这就决定了班级管理必须加强计划性,明确每学期、每学年的教育目标、教育内容、教育重点,以便有条不紊地全面贯彻落实学校教育计划,使学校培养目标具体化、阶段化、层次化,从而保证学生按照全面发展的要求健康发展。

(二) 制订班级工作计划的主要依据

1. 上级指示

上级指示包括国家的教育方针、政策、法规,地方教育行政部门的管理目标以及学校的总体教育计划。只有从这些依据出发,才能保证班级管理与上级要求合拍,保证班级工作计划的方向性。其中,学校的总体教育计划是班主任制订工作计划的直接依据。因为班级管理是学校管理的一部分,班级工作计划是学校整体计划的具体化,必须在学校整体计划的框架内设计班级工作计划。

2. 班级实际情况

班级工作计划是为保证本班教育管理工作有序开展而制订的,班级实际情况是制订班级工作计划的基础。从本班实际情况出发,才能保证班级工作的针对性。班级实际情况主要包括三个方面:一是班级原有的工作基础;二是当前班级面临的主要矛盾和问题;三是班级进一步发展的可能性。

3. 主客观条件

具体问题具体分析,是马克思主义的精髓和灵魂。以班级的主客观条件为依据,才能

保证班级工作计划的可行性。班级的主客观条件,包括班集体发展水平、思想状况、工作基础、办学条件、周边环境等因素。对此有了深入客观的分析,才能制订出既有适度超前性,又有实现可能性的工作计划。

(三)制订班级工作计划的基本要求

1. 体现明确的目的性

目的是一切工作的出发点和归宿,是制订工作计划的核心。制订班级工作计划,首先要有明确的目的,然后才好设计工作内容和步骤,选择工作方法和措施,并据此确定工作重点。这种目的性在工作计划中表现在以下四个方面。

(1)方向性。班级工作的总目标是培养社会主义事业的建设者和接班人。作为一个学期或学年的目标,还应指明班级近期的发展前景和努力方向。

(2)多元性。班级管理的目标是多元的,包括德育目标、智育目标、体育目标、美育目标、心理健康教育目标等。各类目标各自独立,又相互联系,构成有机整体。这种多元性是素质教育在班级管理目标上的体现。

(3)层次性。苏联著名教育家马卡连柯的"前景教育理论"认为,在集体面前永远要有容易得到满足的近景目标,有在相当时间之后可以实现的中景目标,更要有作为照耀着今天许多生活细节的重大而高尚的目标摆在集体前面。班集体教育,就应该使集体永远从一个目标奔向另一个目标,不断前进,不断发展。这启示我们,确定班级工作计划的目标要有层次性,由小到大,从低到高,形成一个目标系列。

(4)具体性。目标是指向未来的,是努力的方向,但又必须是具体的。这种具体性不仅体现在内容上,而且体现在程度上,要明确在哪些方面、教育管理到何种程度。比如,智育目标应表明通过一个学期或一个学年的努力,全班学生的学业成绩提高到何种程度。德育目标应表明实施哪些方面的教育,重点教育对象是谁,收到怎样的效果。

2. 保证教育过程的整体性

大力推进素质教育,促进人的全面发展,这是基础教育改革发展的核心目标,也是制订班级工作计划的整体指导思想。一所学校,一个班级,是否坚持全面发展的教育方针,直接关系到学生的素质能否全面和谐地发展。作为新世纪的班主任,首先要端正教育思想,引导学生全面成长。

工作计划的整体性是指要保证对学生进行德、智、体、美、劳全面教育的有机统一,保证教育过程的整体性。班级工作计划是学校整体工作计划的组成部分,它必须服从于德、智、体、美、劳全面发展的教育方针,所以,班主任制订工作计划时应考虑全校工作计划的要求,把学校的教育活动及其要求反映进去,并结合本班实际,组织具体活动,提出切实可行的活动方案。

3. 注意计划的可行性

主客观条件是制订工作计划的依据之一,体现在具体的计划上,就是计划的可行性。这种可行性的重要内涵就是立足于本班学生实际,符合学生的年龄特征。发展心理学表明,青少年学生的身心发展是一个持续不断的前进过程,是逐渐地持续地由较低发展水平到较高水平的过程。这个过程既有一定的顺序性,又有一定的阶段性。在他们身心发展到某一阶段时总会出现一些普遍的、典型的稳定性特征,即年龄特征。因此,教育工作既要与其身心发展的年龄特征相适应,又要积极促进他们的身心发展。从"积极促进"意义上说,工作计划确定的奋斗目标应适当超越学生的发展水平,是经过努力可以实现的。难点在于如何定位才是"适当"的,这需要班主任了解发展心理学,掌握学生的年龄特征。

工作计划的可行性还表现为:确定的奋斗目标和任务,是符合班级发展水平的,是由主客观条件支撑的。班级发展是一个由低级到高级、由松散到凝聚的发展过程,是一个逐渐成熟的过程。班主任必须考虑本班目前处于怎样的发展状态,确定的奋斗目标和任务是否与班级发展水平相吻合,并保持适度的超前性。如果过于超前,就难以实现。此外,还要考虑完成这样的目标和任务需要具备哪些条件,学校和班级能否提供这样的条件。如果不具备这些条件,工作计划就不具备可行性。

(四)班级工作计划的主要内容与形式

1. 内容

(1)班级基本情况分析。班级基本情况包括全班学生的思想品德状况、班风的基本特点、全班学生学习质量、学习中存在的主要问题及其原因、纪律卫生、健康状况、团队工作等。基本情况分析应尽量客观、准确、真实,力避大而化之、似是而非。

(2)工作目标与具体任务。工作计划要明确提出一学年或一学期本班工作的总目标、阶段目标和各层次具体目标,并具体提出学生思想品德教育、学习和生活指导、课外活动的组织、班集体建设与管理等具体任务。

(3)措施安排。为了实现教育管理目标,完成工作任务,就要落实工作措施,包括制度的建立与完善,活动的设计与安排、组织与分工,日期的确定与时间分配等。这是工作计划的主体部分。

2. 形式

中小学班级工作计划主要有学期工作计划、月工作计划、单项工作计划三种形式。这里以最常见的学期工作计划为例分析其形式。

第一部分,标题,即计划的名称,通常为:××年级×班20××—20××学年度第×学期工作计划。有时为了突出主题,也可以加上一个比较醒目的正标题,将计划的名称作为副标题。

第二部分,主要内容,即计划的正文。计划的正文一般包括以下五个部分:(1)前言。简述计划制订的依据,说明上级教育行政部门及学校整体工作计划要求,概括地提出制订班级工作计划的指导思想。(2)本班基本情况分析。(3)本学期工作目标与任务。(4)主要措施。(5)时间安排。

第三部分,计划制订人与制订日期。

班级工作计划完成后,应打印一式两份。一份交给学校领导,供检查、督促、指导工作用,一份留给自己实施。

【例说】6-1

某中学××—××学年第一学期初二（2）班工作计划

一年来，班级的发展已基本达到较高水平，已形成强烈的集体荣誉感，舆论导向良好；班干部体制健全，已有了一批有责任感、有较高威信、能以身作则的班干部；学生间能互相关心爱护，团结和睦，学习上碰到疑难问题时，能互相帮助；已形成较全面有效的班级常规，绝大部分学生尊敬师长，每天能主动向老师问好，诚恳求教；爱护公物，主动参加各项劳动；学习风气明显好转，大多数学生已有良好的学习习惯，能注意有效安排学习时间。

存在问题主要有：学习不刻苦，不善于开动脑筋，成绩上不去，班级里有5名问题较多的学生。他们的状况分别是：① 好逸恶劳，情绪暴躁，学习上没有决心和耐心。但在有些方面则表现出较强的集体荣誉感。② 懒散怕苦，缺乏进取心，得过且过。但在体育方面则有特长，是比赛时的得分手。③ 低级趣味，思想意识不健康，常常有出格的话和动作。但喜欢小制作，动手能力较强。④ 调皮好动玩心重，什么场合都静不下来，什么事都不大在乎。对己、对人、对班级缺乏责任心。但思维敏捷，好冒险，与同学关系尚融洽。⑤ 爱虚荣，爱打扮，爱看言情小说，精神上有时萎靡颓唐，思想和学习上都不求进步。其家庭属两次婚姻组合，不关心孩子。

强化集体观念，加强精神激励；培养良好学习习惯和科学学习方法，提高学习质量；有计划有步骤地教育转化后进生，开展优秀小组活动，使班级尽快发展到集体水平，成为优秀班级。

主要任务：

1. 加强德育，提高以"集体利益高于一切"为核心的班级整体水平。

(1) 集体主义教育，开展学雷锋系列活动。

(2) 学习目的性教育，提高对学习的认识，增强学习毅力，改进学习方法。

(3) 共青团的基本知识教育，组织团章学习小组，搞好离队活动和首批优秀队员入团活动。

2. 挖掘并发挥后进生的学习潜力，积极为他们创造并提供成功的机会，不断激发他们的自信心、自尊心和自爱心。

具体措施：为他们安排力所能及的职务或负责一定的工作，组织吸收他们参加课外兴趣小组活动（如科技制作兴趣小组），参加多项多形式竞赛（如科技小制作比赛），组织结对子，"一帮一、一对红"，联系各学科任课教师，有针对性地对他们多提问、多表扬。

活动安排：
9月份：
① 召开"当我14岁的时候"主题班会（目标引导法）。
② 组织"园丁颂"征文演讲比赛（情感感染法）。
③ 开展"我们的班干部"大家评活动（榜样示范法）。
④ 举办"觉醒的雄狮"图片展览（环境熏陶法）。
10月份：
举办"优秀作业展览"（榜样示范法）。
11月份：
① 开展优秀生谈自学活动（现身说法）。
② 召开"我为(2)班添光彩"主题班会（长善救失法）。
12月份：
① 开展(2)班陋习会诊活动（积累教育法）。
② 举办"我的拿手好戏"兴趣小组活动成果展（兴趣迁移法）。
③ 召开主题班会"(2)班之最——评十佳活动"（长善救失法）。

班主任：
年　月　日

二、班级工作总结

（一）班级工作总结的意义

总结是指把某一阶段的工作情况加以分析研究而写成的带有借鉴推广意义的书面材料。有的总结时间较短、范围较小，反映的内容较为简单，又称为小结。班级工作总结主要是对一个学期或一个学年班级管理情况的回顾总结，不属于研究报告。但它仍需要以研究的态度认真对待，它不但是班主任必须完成的一项任务，也是班主任提高班级管理水平，促进自身专业化发展的重要手段。其意义主要表现在以下几个方面。

1. 有利于班主任提高对班级管理工作的理性认识

班级管理是学校管理的重要组成部分，甚至比学校宏观管理更具体、更复杂、更困难。因为它是学校最低一层的管理，事无巨细，都必须纳入自己的管理范围；任何一项管理措施的出台，必须考虑到各种类型、各种层次学生的认可度和接受情况。毫无疑问，班级管理肯定是有内在规律的，但这种规律是什么，它在怎样发挥着制约作用，又不是凭经验积累就可以把握的。揭示班级管理规律的有效途径就是总结、再总结。通过不断总结，才能提高对班级管理工作的理性认识，增强遵循班级管理规律开展班级管理的自觉性。

2. 有利于班主任专业化发展

2006年6月，教育部颁布了《关于进一步加强中小学班主任工作的意见》，指出："班主任岗位是具有较高素质和人格要求的重要专业性岗位。"同年9月启动了班主任教师培训计划,旨在推进班主任专业化发展。在我国,对班主任提出专业化发展的要求,这还是首次。长期以来,人们大都认为,班级管理是一种事务性工作,只要班主任具有敬业精神,认真负责,就能胜任班主任工作,从未把班级管理视为一种专业性工作。这是教育走向科学化对班主任提出的更高要求。提升班主任专业化水平的途径很多,但最为有效的是班主任对自己的工作不断反思,升华经验,积累实践智慧。美国心理学家波斯纳曾提出一个著名的教师成长公式:成长＝经验＋反思。反思是一种思考问题的方式,即学会从自己的教育实践中发现问题,并对问题进行必要的理性分析,寻找解决问题的方法。反思是班主任主动接受新的教育理念、选择新的教育行为、提升教育智慧的过程,也就是专业化发展的过程。由此意义上说,做好班级工作总结,有利于班主任专业化发展。

3. 有利于学校实施科学化管理,整体提升学校管理水平

学校领导要把学校管理好,关键是靠民主管理,主要依靠广大教师,尤其要依靠班主任这支重要力量。因为班级是学校的基层组织,班主任作为基层管理者,其管理素质和管理水平如何,不仅直接关系到班级的发展水平,而且影响到学校的管理水平。假如每一位班主任都能认真负责而且高水平地做好班级工作总结,就可以为学校制定管理目标、原则、措施提供宝贵的素材和经验。

(二)班级工作总结的形式与步骤

班级工作总结主要有全面总结和专题总结两种形式。全面总结的内容包括一个学期或一个学年班级教育管理的基本情况。全面总结应反映全班学生在德、智、体、美、劳等方面发展变化的基本情况及其原因,概括主要的经验,找出存在的问题。专题总结是指某一项具体工作或一个问题的总结。比如,关于组织学生假期社会实践活动的总结,关于教育转化后进生的经验总结,关于班集体建设的经验总结等。

班主任工作总结的基本步骤:

1. 准备工作

(1)确定主题。不论是全面总结还是专题总结,首先要确定总结的主题,这是"总结"的灵魂。明确了主题,才可以围绕主题拟定题目,收集素材。

(2)明确对象。作为工作总结,总是要围绕着有代表性的对象进行的。比如,对班级工作进行全面总结,就要考虑德、智、体、美、劳全面发展比较好的学生有哪些,在某一方面发展变化比较突出的学生有哪些。

(3)拟定计划。根据总结的目的和对象的性质,结合所具备的条件和力量,对总结的过程进行构思,这就形成了总结的计划。

2. 收集资料

收集资料应从三方面入手:一是有关的文字材料,比如班级工作计划、班级日志、学生个人材料、各科成绩表、活动记录、考勤表、体检表等。二是第一手材料,如观察记录、学生代表座谈会、教师代表座谈会、家长座谈会等获得的材料。三是对反映经验的实际效果能进行验证核实的材料。班级工作总结是要靠实际材料支撑的,用事实说话是工作总结的基本特点,因此,收集丰富翔实的资料是做好班级工作总结的基础。

3. 分析与综合

充分占有材料是形成经验的基础。但是如果不对材料进行深入细致的分析与综合,不做去粗取精、由此及彼、由表及里的分析提炼,那么材料再多也难以产生有推广价值的先进经验。因此,必须做好对材料的分析与综合。分析与综合,主要是根据总结目的对材料进行分门别类的筛选整理,删繁就简,去伪存真,核实数据,力求真实地反映总结对象的全貌。

4. 撰写总结报告

这是班级工作总结的最后一个环节。分析与综合是思维加工的过程,把分析与综合的结果用书面文字表现出来,就是总结报告。

(三)班级工作总结的写法

1. 班级工作总结的一般写法

工作总结一般分为三部分:标题、正文、日期。

标题通常标明总结的单位、总结的时间、总结的内容。

总结的正文主要包括:情况概述、成绩与经验、问题与教训、努力方向。成绩与经验是其核心部分。成绩是指在实践活动中取得的物质成果与精神成果。经验则是取得优良成绩的原因和条件,比如科学的指导思想、积极的工作态度、正确的工作方法等。此外,存在问题与教训部分也要高度重视,力求客观、准确、深刻。存在问题是指在实践中感受到应当解决而暂时未能解决好或没有办法解决的问题。教训是由于重视不够、方法不当或由于其他原因犯了错误,造成一定损失而得出的反面经验。在以总结成绩为主的工作总结中,能直面存在问题与教训是难能可贵的,是严格要求自己的表现。

2. 几种主要工作总结的写法

(1)全面总结的写法。全面总结可分三个部分,第一部分:标题。标题即工作总结的题目,如"×年级×班2012—2013学年第二学期班级工作总结"。标题要写明:班级名称、总结的时限、总结的类别。第二部分:正文。一般包括四个部分:班级基本情况,包括开展了哪些活动,取得了哪些成绩,存在哪些问题等;成绩与经验;问题与不足;今后的打算。第三部分:总结人姓名、总结时间。

(2)专题总结的写法。专题总结是针对班级某一项具体活动所做的总结。在要求上,专题总结不像全面总结那样详尽。专题总结一般也分三部分。第一部分:标题。写明班级、活动名称。第二部分:正文。即总结的主题,主要包括:活动目的、活动时间、基本情况、成绩和问题及其原因分析、经验与体会。第三部分:总结人姓名、总结时间。

(四)班级工作总结的基本要求

1. 真实客观,实事求是

真实客观,实事求是,是对班级工作总结的基本要求。作为班主任应本着对自己、对学校领导认真负责的态度撰写工作总结,不可马虎应付。要对班级开展的工作及其取得的成绩有一个客观清醒的认识,不可过分夸大,也不必过分自谦。只有实事求是得出的结论才是正确的、科学的,才真正有利于提高自己的认识水平和工作能力,才有利于学校领导了解真实的情况,从而为科学决策提供参考。

2. 注重研究,探索规律

开展工作总结的主要目的在于引导班主任对教育管理活动进行深刻反思,促进班主任专业化发展。如果只是就事论事,简单罗列事实,不加以深入分析,就达不到这样的目的。工作总结重在研究,难在探索规律。不论成绩还是问题,都有内在的原因和条件,都有值得思考研究的东西。这种"内在的原因和条件"是难以直观的,是不能依靠简单的归纳概括所能明晰的。它需要研究的态度和探究的方法。

3. 总结成绩,找出问题

班级工作总结要坚持一分为二的原则,既要充分肯定成绩,也要正视问题,分清主流和支流。工作总结有以下几"忌":

一忌片面。即要用辩证唯物主义的观点,全面地、发展地、本质地看问题,反对片面地、孤立地、静止地、表面地看问题。

二忌夸张。就是要实事求是,反对浮夸,把芝麻大的成绩说成西瓜大,把严重的问题缩小或隐瞒,报喜不报忧。

三忌笼统。就是不能只讲大话,谈理论,而要用充分的事实和具体数据来分析说明问题,这样才能增强工作总结的可信度和说服力。

四忌冗长。工作总结切忌面面俱到,拖泥带水,而要简明扼要,提炼升华,归纳总结出经验教训。

【例说】6-2

重视班干部队伍的建设

××—××学年第二学期初三(2)班班主任工作总结

现代教育理论告诉我们,要组织一个成功的班级,班主任首先要选择一些品学兼优、责任心强、身心健康、乐意为同学服务的学生担任班干部,并根据他们性格、能力的差异,安排相应的工作,尽心地进行培养和教育,使之成为同学的榜样,带动其他同学不断进取。接手初三(2)班班主任工作后,为了使初一、初二业已形成的优良班级风貌更上一个新台阶,我特别重视班干部队伍建设。下面让我来谈谈自己的一些做法和体会。

(1) 发现选拔班干部

由于所有的学生都经历了一个学年的不平衡发展,我决定对原有的班委会进行重大的调整。在班干部的产生过程中,我认为教师的包办代替,必定会使班干部失去群众基础,给日后的工作带来不必要的困难,是不可取的。但是,单纯的所谓"民主",让学生完全"自决",一些学生往往会倾向选举自己的"好朋友",以便在以后的班级管理中得到"照顾",同样有不足。比较好的办法应该是先民主后集中,即先让学生进行投票选举,再由教师权衡。

为了使学生的选举结果更有代表性,我让大家在规定的时间内推荐20位同学上来,然后再按所得票数的多少进行排列,前12位的同学始得当选,这样可以最大限度地让学生发表意见,而且选出的干部往往又比较理想。最后再根据所选干部的气质、性格类型以及能力的差异进行分工,优化班委组合。李××,我们班的班长,在我刚接班主任工作时,他便利用机会跟我谈论有关选拔班干部的事,话语中暗示我——他能当班长。从以往的班主任那里,我早就了解到该生的责任心和组织能力都很强,学习成绩也名列前茅,而且爱好广泛,我便请他出任班长。罗××,初二年级时的班长,她思维灵活,反应迅速,但看问题比较肤浅、轻率。这个学生平时往往未经慎重考虑便迅速发表自己的意见,甚至做出一些超乎常规的夸张动作。我决定让她当宣传委员。陈×
×,初一年级时的班长,活泼可爱,能歌善舞,而且处事大方。我让她当文娱委员。考虑到出操、集会很大程度上反映了班级的精神风貌,我决定让体育竞赛成绩突出、组织能力强的郑豪杰同学出任体育委员,同时再多加一个副班长的头衔。

实践证明,在民主选举的基础上,经过班主任的优化组合产生的班委会,得到了同学们的信任和拥护,具有较强的战斗力。

(2) 教育培养班干部

班主任对班干部不能只是使用,还应该进行教育和培养。我经常教育他们树立为集体服务的光荣感和责任感,要求他们努力学习、团结同学、以身作则,鼓励他们既要大胆工作,又要严格要求,注意工作方法。当然,选出的干部毕竟不是完人,因此对他们不能过分苛求、指责,特别是在工作出现失误的时候。例如负责清洁卫生督促检查工作的欧阳伟华同学,起初对自己的工作好像不太满意,每天只是把那些未参加清洁卫生工作的同学的名字以及清洁状况告诉我。为此,我反复向她讲述清洁卫生工作与同学们身体健康和班级精神风貌的内在联系,同时讲解该项工作的要点,让她重新怀着满腔热情投入自己的工作中去。后来的情况表明,她们的工作完成得相当出色!

此外,我还定期召开班干部会议,组织他们学会制订计划及具体措施,检查落实情况,总结得失,并加以改进,教会他们如何分辨是非,及时阻止同学中的不良行为。而对于班干部在班级中的不良行为,决不姑息,鼓励他们以身作则并带动其他同学,促进整个班级的管理工作。

(3) 增强班干部间的凝聚力

集体是在活动中产生的,大集体如此,小集体也一样。我每月组织一次班干部集体做好事活动,例如搞大扫除等,通过活动扩大班干部在同学中的积极影响,通过活动加强班干部之间的协作精神和团体意识。这样既能在班干部的纪律及常规管理上起到明显的效果,又能使班干部之间也能因此养成团结友爱的习惯,在班级中孕育团结友爱的风气,使班级成为一个大家庭。

> 在班干部队伍建设的工作中,自己还存在很多的不足和缺陷。例如,上述所有提到名字的班干部在升高中考试中,竟然没有一个人总分达到600分,要知道我们班一共有18位同学总分在600分以上呢!假如有机会再当班主任,我一定会重视对班干部进行考试心理辅导,毕竟考试给他们带来的压力比起普通同学要大很多很多。

第二节 班级学生的发展指导

一、班级学生的学习指导

学生的主要任务是学习,学生的学习过程是在教师引导下,主动地、积极地掌握知识,发展能力和提高思想道德水平的过程。随着年龄的增长,小学生升入初中,初中生升入高中,学习内容、学习要求和学习方法随之发生变化,但并不是所有学生都能适应这种变化的,因此,班主任必须重视班级学习指导。

(一)激发学习兴趣

1. 激发学习兴趣的原则

兴趣是学习入门和获得成功之间的"牵引力"与"黏合剂",是构成学习动机的最现实最活跃的成分。在其结构上,兴趣不是一种单维度的心理倾向,而是由三个层次所构成的梯度兴趣结构,它包括兴趣生成、兴趣发展和兴趣内化。这三个层级环环相扣、层层相衔,前一层级的兴趣孕育着后一层级的兴趣雏形,后一层级的兴趣又包含着前一层级兴趣的特征。它们有机地结合在一起,贯穿于教学过程的始终,保证了教学活动的顺利进行,促进了学习者认知能力和个性的发展。针对兴趣结构的三个维度,班主任在激发学生学习兴趣的过程中要遵循以下一些原则。

(1)选择性原则。在兴趣生成过程中,我们的目的是发现每个学习者独特的兴趣倾向,找到一把开启其思维盲点的钥匙。但在目前具体的教学实践中,由于教学模式的僵化,封闭性的教学时空的限制,以及学习者个体的性格类型差异未得到区别对待,因而导致学习者参与教学活动的积极性不高,内在的心理潜能没有被充分地释放,从而使得我们对兴趣生成点的认识和把握非常局限。针对这种情况,班主任在日常班级管理活动中,要注意通过设计情景,唤醒学生的学习兴趣。在这一过程中,我们要贯彻"选择性原则",以期提高学生的参与热情,调动主动性,抓住兴趣点。这里的选择性有两层含义:第一,在特定的教学过程中,学习者有权选择适合自己的学习内容、学习方法、学习环境,有权表达自己不同于教师的见解和观点;第二,教师应根据学习者的特点,从他们的立场、智力水平、兴趣倾向出发,运用巧妙的教育艺术,使必需的学习任务变为学习者内在的自觉要求,实现"要我学"到"我要学"的转变。

(2) 挑战性与开放性原则。苏霍姆林斯基说过:"如果你指望靠表面看得见的刺激来激发学生对学习、对课的兴趣,那就永远也培养不出学生对脑力劳动的真正热爱。"这就告诉我们,兴趣不应该仅仅停留在由现象表征所引起的感官刺激上,只有当兴趣指向事物本质属性、因果关系的探讨,方能转化为一种求知欲,维持认知活动持久而恒定地进行,这恰恰是兴趣发展的内涵。兴趣发展是兴趣生成和兴趣内化的中介环节,它是一个动态发展的过程。因此在促进兴趣发展的过程中班主任既应遵循"挑战性原则",又应符合"开放性原则"。"挑战性"是指运用维果斯基的"最近发展区"理论制造认知冲突,推进兴趣深化;"开放性原则"则强调针对学习者个性差异、发展模式的独特性,灵活多样地运用教学手段。

(3) 创造性原则。在兴趣内化阶段,兴趣已经内化为个性的一部分,它类似于休金娜所说的认知兴趣的高级层次,它已不单单属于非智力因素范畴,它是以人的智力、情绪、意志过程的统一整体为基础的特殊"合金"。处在这种状态下的学习个体对待学习——认知过程的视野,已不仅仅停留在狭义的知识认知层次,他们的视角透过书本,透过校园的生活,开始关注更宏观的世界,探究的激情、创造的冲动在积蓄中待势而发。因此,在兴趣内化阶段,我们应该遵循"创造性原则"。我们想做和能做的事情就是如何"搭桥造船",把这种内化的认知兴趣迁移、转化,让它在信息的碰撞、串联中,让它在发散思维与收敛思维的交替转换中,产生创意的火花。

2. 激发学习兴趣的条件

(1) 多重角色的师生关系。真正良好的师生关系中,教师应该扮演几种不同的角色,即生活中的"知心人",教学中的"合作者",方向上的"导航员"。教师只有在日常生活中成为学生的知心人,才能赢得学生的信赖。教师在教学过程中只有把自己放在一个合作者的位置上,才能诚心地听取学生独到、新颖的见解,激发学生的自信心。然而学生毕竟是成长中的青少年,他们敢想敢说却难免莽撞、偏激;他们充满激情、灵气却难免缺乏一份理智,这时教师就应该积极引导拨正航标,显示师者的高知灼见。

(2) 民主平等的教学氛围。对于班级而言,教学民主不仅体现为师生之间的双向交流,它更应是多种思想观点碰撞、信息的多向交流过程。对于个人而言,教学民主则体现为由于个人的发展条件、水平和可能不同,应该允许他们选择不同的学习方式和方法、不同长短的学习时间,甚至对他们应达成的结果的期望也各不相同,也就是说应该承认每个个体存在与发展的独一无二性。强制的一统,超过实际发展可能的高期望的目标只能压抑个性,抹杀创造精神,更无从奢谈兴趣的生成与发展。

(3) 开放式的教学时空。为了促使兴趣生成,在实施教学活动时应突破封闭的教学时空,实行课内、课外相结合的组织形式。在课堂教学中,我们侧重于观察学习者的个性特征和思维类型;在课外生活中,我们强调在组织阅读和活动的过程中辨别每个学习者真实、独特的兴趣点,教师把二者有机地结合,加以引导则可实现兴趣生成。

(4) 诱导式的问题情境。真正兴趣的发展是当人们在认知过程中遇到阻力而竭力克服的过程中进行的。维果斯基认为,只有走在发展前面的教学才是好的教学。苏霍姆林斯基也说"认知本身就是一种最令人惊讶、诧异和感到神奇的过程,能激起高昂而持久的兴趣"。他们所坚持的一个共同信念就是:兴趣的发展是在学习主体不断解决认知冲突、跨越问题障碍的过程中,逐步深化和完善的。因此我们认为创设问题情境能够激发学生的学习兴趣。

(5) 个性化的思考空间。面对"适者生存"的国际人才竞争环境,面对民族所赋予教育的重任,给学生一个自由选择、自由思考的空间已成为一种必需。他们可以选择学习方式、学习程序、学习内容,有时甚至可以选择适当的学习场所。在封闭、僵化的教学体制中给学习者打开一扇天窗,让外面的新鲜空气进来,让学生的眼睛看出去,让他们有更广阔的视野,使他们有受尊重、受信任的情感体验,使他们感觉到自己是学习的主人,从而把学习从"要我学"变为"我要学"。这样他们就会用富含智慧的个性的方法,实现这种不同知识迁移的跨越,体现创新。

(6) 互助式的合作群体。这里的"互助"有两层含义。其一,情感具有共振效应。一个人在探索过程中,难免出现落寞、孤独无助的感觉,处理不好容易导致兴趣下降。但是如果具有共同爱好的学习者建立一个合作群体,这时的认知兴趣不仅有相互支持作用,而且有加倍增值效应。其二,在认知兴趣迁移过程中,尽管每个学习者都可以独立思考,甚至创造性地解决一些问题,但是在实际操作过程中面对如此庞杂的知识网络,学习者个体由于受自身素质和思维局限性的制约,往往不能全面、深刻地把握问题的核心。这时建立一个互助式的合作学习群体则可以实现思想共享,同时不同思想在相互碰撞、冲突的过程中往往可孕育创新的火花。因此,我们认为在教学过程中,互助式的合作群体是实现认知兴趣迁移的有效保证。

(二) 树立学习信心

美国作家爱默生曾说:"自信是成功的第一秘诀。"对于班主任来说,在指导学生学习的过程中,树立学习信心是引导学生成才的重要途径。指导学生树立学习信心的方法体现在以下几个方面:

1. 寻找学生的闪光点

自信心,是一个人自己相信自己的愿望或预想一定能够实现的一种心理状态,是一个人的自我意识的重要组成部分,具有自信心是一个人的自我意识成熟的一种表现。自信心是勤奋进取的力量和源泉,是走向成功的保证。在日常的教育活动中,由于教师把注意的焦点更多地集中在学习成绩优异的学生身上,而对于那些学习困难的学生缺乏耐心和信心,从而导致这些学生在老师的漠然与放任中,自暴自弃,一蹶不振。事实上现代心理学的研究表明,人们在能力倾向甚至是智力类型上是存在差异的,一个在学业上成绩并不突出的学生,并不能证明以后他在社会发展中的成就会低于当时在学校中成绩优异的学生。每一个人都有自己成长的模式,关键是我们老师能否在教育过程中,及时地发现学生的优势智能,发现学生的闪光点,并以此为契机,激发学生的学习信心。

2. 多做肯定性评价

学习的信心来自哪里?这其实是一个不是问题的问题,无数实践中的案例告诉我们,学习的信心和教师的肯定性评价是密不可分的。信念可能是一切奇迹的萌发点,教师的责任就是要在学生的心里播下信念的种子。事实上,心理学的研究早就为这种现象提供了理论依据,罗森塔尔效应告诉我们,对于教师这一职业而言,学生"向师性"的特点决定了教师的言行对于学生的成长具有重要的影响,教师的一句无心的鼓励可能改变一个学生的人生命运,同样教师的一个无意的伤害也可能毁掉一个学生的前程。因此在树立学生学习信心的过程中,教师一定不要吝啬自己的鼓励和表扬,及时地给那些需要精神支持的孩子以肯定性的评价。

3. 信任学生

伊默逊曾有过一个精彩的论断,"教育的秘密在于尊重学生,选择他要知道什么、要做什么的不是你。它已经选择好了,预定了,唯有他才知道自己的秘密的钥匙。由于你的瞎胡来和阻挠以及过分的管理,他可能受阻不能得到他的目的并置身于他的目的之外"。这就要求我们的教育活动要给学习者提供自由选择、自由探索的空间,其中包括失误的自由。学习者在解决问题的过程中,由于个人思维类型及认知水平的制约,可能会出现许多的错误,可这恰恰反映了他现有的理解水平还不完全适应外在的问题情境。这时,如果我们用统一的知识、方法去强行灌输,不但不能实现发展的目的,反而可能导致思维的懈怠、自信心的下降和学习兴趣的消减,当前教学实践中"后进生"的产生恐怕与此不无关系。反之,如果教师鼓励学生大胆去"冒险",勇敢去尝试并在适当的时机提供支持性的材料,让他们在自我探索的过程中不断获得成功的体验,教师将会惊诧地发现,学习者不但学习热情高涨、参与意识与日俱增,而且认知能力也将得到显著提高。

4. 选择合适的教育方式

苏霍姆林斯基在《给教师的建议》一书中的第一条建议就是"请记住:没有也不可能有抽象的学生",并在这一标题下第一段旗帜鲜明地表达了自己的观点:"为什么早在一年级就会出现一些落伍的、考不及格的学生,而到二、三年级有时候还会遇到落伍的无可救药的,因而教师干脆对他放弃不管的学生呢? 这是因为在学校生活的最主要的领域——脑力劳动的领域里,对儿童缺乏个别对待的态度的缘故"。苏霍姆林斯基的观点明确地告诉我们一个浅显的道理,不能选择适合教育的学生,只能选择适合学生的教育。学生是一个不成熟的群体,他们是教育的对象,他们需要教育来实现转变。但转变的前提是必须承认学生这个群体性名词的概念里面,包含的是一个个充满情感、富有个性的生命,他们有自己的认知方式,他们有自己独特的人格特征,他们的学习不是被动的、消极的,他们有选择的权利,也有选择的能力,他们在自己的生活世界里能动地设计着自己的未来。他们要求参与课堂、参与教学;他们渴望学习,也重视学习,他们所缺乏的是一个能充分发挥积极性和主动性的学习空间;缺乏的是一种对其内在潜能客观的、肯定性的评价。信心是成功之源。学生学习成绩差,除先天智力低下外,还有许多非智力因素的影响。如果班主任的教育方式得当,在教育活动中能够针对学生的个别差异,选择合适的教育方法,因材施教,让学生不断获得成功的体验,我们相信在这一过程中,伴随学生成绩提高的同时,学生的学习自信心也在悄然确立。

5. 榜样激励

榜样在学生发展过程中能够发挥巨大的影响作用,有其心理学理论的支持。促使榜样发挥示范作用的心理机制是模仿。模仿是一种重要的社会学习方式,它通过观察他人在特定情境中的行为,审视他人所接受的强化,然后在自己的行为方式中加以运用和体现。通过模仿,个体不仅能够巩固和改变已有行为,而且能够学到新的行为。班主任在日常的教育过程中,要时常给学生讲张海迪、华罗庚、爱迪生等名人的学习事迹,激发学生的学习自信心,也可以把身边一些同龄群体作为示范的榜样。学生榜样的选择,不仅需要那些具有永恒价值的历史人物,而且需要那些能体现时代价值的当代榜样;不仅需要各行各业的精英人物,而且需要那些生活在身边的普通公民,在现实生活中后者比前者更具有教育意义,更能体现教育对儿童的"成长关怀"。此外我们要注重榜样教育的实践性。榜样教育为学生的成长提供一种行为示范,它的实效性的发挥在儿童的学习信心养成中有着重要作用。但是长期以来,我们的榜样教育更多地注重说教,注重形式和口号,从而使得榜样教育形同虚设。榜样教育的实践性正是为了弥补这种缺陷,它要求在榜样教育中要引导学生,把对榜样的认识和理解转化为具体的日常的学习和生活行为。

(三) 养成学习习惯

大哲学家柏拉图有一次因一件小事毫不留情地训斥了一个小男孩,因为这个孩子总在玩一个很愚蠢的游戏。小男孩不服气:"您就为这一点小事而谴责我?"柏拉图回答说:"你经常这样做就不是小事了,你会养成一个终身受害的坏习惯。"我国教育家陈鹤琴先生也曾说过,习惯养得好,终身受其益;习惯养不好,终身受其累。因此在班级管理活动中班主任需高度重视学生良好学习习惯的养成。

1. 养成什么样的学习习惯

(1) 一心向学。对于学生而言,学习是一种责任也是一种生活方式,它是学生全面发展的前提和基础。因此在教育过程中,除了各科教师在具体的教学中要激发学生产生学习的渴望外,班主任在日常的管理活动中,也要利用各种有利的教育时机,唤起学生对知识的崇拜,使他们有志于学,养成一心向学的学习习惯。

(2) 专心致志。《孟子·告子上》曾云:"今夫弈之为数,小数也;不专心致志,则不得也。"学生在学习的过程中,如果三心二意,朝秦暮楚,必然会极大地降低学习效率,影响学习的质量,久而久之,会造成思维迟钝,注意紧张度降低,影响智力发展,使学业落后,以致形成拖沓的作风,学习、工作都没有效率。因此班主任在日常的管理活动中,要加强督促和监控,让学生养成专心致志的学习习惯。

(3) 勤学好问。"业精于勤而荒于嬉。"在学习过程中,教师要不断地告诫学生谦虚谨慎、反骄破满、勤学不辍。与勤奋相对应的一种优秀学习品质就是好问,在学习过程中,班主任要鼓励学生敢问、乐问、善问,在尊重科学的前提下,不唯书,不唯上,敢于挑战权威,敢于刨根问底,这样才能真正学有长进。

(4) 学思结合。"学而不思则罔,思而不学则殆。"好的学习习惯重在思考,不满足于只知其然,而要知其所以然。学是思的基础,思是学的深化,思则生疑,疑则生问,问则求解。知识的获得是自我建构的过程,只有在学习中不断地反思、感悟,把别人的思想观点、技术方法结合自己的实际有所取舍地内化为自己的东西,才能真正获得知识,才是真正意义上的学习。如果读书拘泥于书本,依赖于书本,不加思考地盲目吸收,只是学到了一些无用的条条框框,反而限制了自己的主观能动性。所以读书、学习一定要思考、感悟。

(5) 切磋琢磨。我国有句古谚:"骨曰切,象曰磋,玉曰琢,石曰磨;切磋琢磨,乃成宝器。人之学问知能成就,犹骨象玉石切磋琢磨也。"形象地表明了讨论交流的重要性。无独有偶,中国第一本系统论述教育思想的典籍《学记》上也讲"独学而无友,则孤陋而寡闻"。同学之间的学习交流和思想交流是十分重要的,遇到问题要互帮互学,展开讨论、研究甚至争辩,在讨论交流的过程中能够取长补短,相互启迪,促进智慧的发展。

(6) 温故知新。德国心理学家艾宾浩斯创制的"遗忘速度曲线"表明,遗忘是有规律的,即先快后慢,刚记住的东西最初几小时内遗忘速度最快,两天后就较缓慢。因此,要巩固所学知识,必须及时复习,加以强化,并养成习惯。

(7) 锲而不舍。荀子在《劝学》中说:"骐骥一跃,不能十步;驽马十驾,功在不舍。锲而舍之,朽木不折;锲而不舍,金石可镂。"纵观古今中外,凡是在事业上有所建树的名家学者,无一不是在锲而不舍的努力中取得成就的。学习是一个漫长而艰辛的过程,如果我们一曝十寒,浅尝辄止,是不可能取得成功的。

2. 如何养成良好的学习习惯

(1) 赏罚分明。学生良好学习习惯的养成是一个不断反复的过程。在这个过程中我们可以跟学生摆事实、讲道理,让学生明白养成良好学习习惯的重要性。但是,知易行难,有时候,千言万语抵不上一个行动。缺乏必要赏罚措施的保障,我们很难纠正学生的一些不良习惯。但是在运用这种方法的时候,我们还需要遵循这样一个准则,赏罚只是外部的力量,教师更要关注学生的内在动机。赏罚是激发、调动学生内在动机的一种有效手段,但是毕竟只是一种外在手段。要使学生的行为长久,教师的要求必须内化为学生的内部动机。否则,一旦外部的赏罚没有了,一切可能照旧。教师要善于通过各种不同的方法使学生意识到做一件事不仅仅是因为有赏罚,而是自己必须这么做。这样的教育效果便长久了。

(2) 家校联动。只有各方面的力量协调一致,才能形成一种合力,形成一股强大的教育力量,取得良好的教育效果。学习习惯的养成,需要老师和家长消除隔阂,增加信任,密切配合,一体同心,形成合力,共同督促,这样才能产生比较好的教育效果。

(3) 有的放矢。学习习惯不是一般的行为,而是一种定型性行为。学习习惯是经过反复练习而养成的语言、思维、行为等生活方式。它是人们头脑中建立起来的一系列条件反射。这种条件反射是在重复出现而有规律的刺激下形成的,只要接触相同的刺激,就会自然地出现相同的反应,所以说它是条件反射,是长期积累、反复强化的产物。学习习惯的养成也是一个有意识、有计划的过程,因此班主任在班级管理活动中,要把它作为一项常规性工作来抓,有的放矢,常抓不懈。

(4) 注重细节。学习习惯是经过重复或练习而形成的自动化了的行为动作,它不是一朝一夕就能形成的,而是必须有一个过程,要养成良好的学习习惯,需要不断强化,需要持之以恒地渗透,同时不能忽视对细节的强调。细节决定成败,"天下难事,必作于易;天下大事,必作于细",教育无小事。任何一名有责任感的班主任,都应该做到"勿以恶小而为之,勿以善小而不为",把养成学习习惯的每一个细节做精做细,落到实处。大处着眼,小处着手,在一举一动、一言一行中逐渐养成学生良好的学习习惯。

(四) 学会学习方法

学习方法在学习过程中具有重要的作用,方法得当,学习起来可以事半功倍,反之,则可能事倍功半,因此班主任有责任让学生学会学习方法。先秦时期的《礼记·中庸》提出的学习方法,"博学之,审问之,慎思之,明辨之,笃行之",为宋朝著名的教育家朱熹高度赞赏,因为它体现了学习的内在规律,至今依然闪耀着智慧的光辉。

1. 博学

博学意为学习者首先要广泛地猎取,只有广泛涉猎科学文化知识,形成比较宽广的文化知识面,才有利于在学习过程中眼界开阔,左右逢源,举一反三。当今随着素质教育理念的深入人心,社会对人才的素养提出了更高的要求,仅仅局限于课本知识的识记与掌握,已经不能适应时代的需求,没有广博的知识和宽广的视野,为学就如无本之木、无源之水,很难有持续发展的动力。

2. 审问

审问意为详细追问、询问,主要指在学习过程中,要学有所疑,刨根究底。审问主要强调在学习过程中,学生要发挥主观能动性,主动获取知识,明白道理,不等待,不依靠,不耻求问。对教师所讲的知识要多问几个为什么,要善于从不同的角度、不同的侧面去分析和理解,将问题进行加深和拓宽。只有这样,才能将知识真正把握,从而做到举一反三,触类旁通。不愿意问问题,老师讲什么就学什么,不越"雷池"半步,很少主动与老师、同学交流,是很难取得学习进步的。

3. 慎思

慎思意为慎重而缜密地思考,在学习过程中,追问是一种向外部求助的方法,知识毕竟只有经过学生自己的内化以后,才能真正成为自己的精神财富。因此问过以后还要通过学生自己的思维活动来仔细考察、分析,探寻是否能够学为己用。在学习中,知识掌握固然重要,但更重要的是驾驭知识的头脑。如果一个人不会思考,他只能做知识的奴隶,知识再多也无用,而且也不可能真正学到好知识。知识的学习重在理解,而理解只能通过思考才能实现,苏霍姆林斯基概括得非常精辟:"你首先要把自己培养成思考者,你才能体会和认识到学习是一种幸福,是一种智力活动。"

4. 明辨

明辨意为对所学知识要明确辨别,去伪存真。为学是需要明辨的,不辨,则所谓博学就会鱼龙混杂,真伪难辨,良莠不分。杜威在这一点上的认识,可谓一针见血:"只有理智的自由才是唯一的永远具有重要性的自由,这就是说,理智的自由就是对于有真正内在价值的目的,能够做出观察和判断的自由。……而没有这种自由,就没有真正的和继续的正常的发展。"[1]因此在学习的过程中,我们要教导学生不唯师、不唯书、不唯上,独立思考,明辨是非,这是培养学生良好学习品质的重要方法。

5. 笃行

笃行强调学有所用,即努力践履所学,使所学最终有所落实,做到知行合一。这和当代的教育理念是吻合的,学生是学习的真正主体,在学习过程中学生以自己的生活经验为基点,通过自我的实践活动积极践行所学知识,才能实现知识、经验的整合,形成一种综合认知、综合思维能力,进而形成学生深层次的价值观念的整合,促进学生和谐、自由的发展。

---

① [美]杜威:《我们怎样思维·经验与教育》,姜文闵译,人民教育出版社1991年版,第281页。

二、班级学生的心理辅导

（一）中学生常见的心理问题

1. 青春期性心理问题

山东省济南市妇幼保健院孔美荣等对413例接受电话或门诊心理咨询的案例（其中青少年在校学生占91.92%）进行的常见心理问题分析显示，性心理问题占青少年心理咨询的首位，为26.88%。有研究表明，性生理成熟的年龄比20世纪60年代有所提前。身体发育提前而性心理的成熟有相对后延的趋势，这二者之间的冲突，带来了许多的青少年性心理问题。成熟过程及性道德观念的形成的不同步，出现了与性有关的心理体验及性行为活动等，且有相当一部分青少年对性生理成熟有不正确的认识，容易产生害怕、恐惧、紧张等不良心理反应。因此加强学校的性科普教育是一个不可忽视且有待加强的问题，应及早进行性生理心理方面教育，端正青少年对性生理发育的认识，以消除不正常的心理反应，保护他们的身心健康。同时，家长也可采取适当方式传授性知识，消除谈性色变的局面，性教育内容要从最基本的入手，既能避免孩子在分不清科学与淫秽的情况下受害，又能学到科学合理的性生理知识，有利于他们的身心健康发展及性道德培养。

2. 情绪障碍

目前通常把青少年神经症称为青少年情绪障碍，包括考试焦虑症、离别焦虑症、社交敏感障碍、恐怖障碍、抑郁障碍等。青少年情绪障碍问题发生比例较高，仅次于性心理问题，位于第二位。咨询中发现，父母望子成龙心切、学校学习负担过重、教育方式不当或过分保护或苛刻要求、或奖罚失度等都是造成青少年心理发展受挫，诱发恐惧、焦虑等情绪障碍的重要原因。兴趣与快乐是人的最主要的正性情绪状态，对青少年认知行为发展具有重要意义，快乐情绪有利于青少年在心理发展时期自信而稳定地面对各种复杂的外界环境。因此，对于家长来说，在日常生活和学习中要想方设法地培养孩子广泛的兴趣爱好，以使孩子保持积极的、健康的、稳定的情绪状态。

3. 人际交往问题

友谊在青少年的发展中起着积极而重要的作用。青少年时期归属的需要、交往的需要、友谊和爱的需要特别强烈，他们乐于与同龄人交往，希望得到他们的尊重、理解和接纳。友谊能提供心理安全感、自我支持和自我认同，满足归属感和发展青少年的社会能力，而缺乏交往会使人无法满足依恋感，内心苦闷无法宣泄，对人的心理健康是有害的。在相关调查的心理咨询案例中，有18.4%的青少年因人际关系紧张求助。他们在人际交往中有以下特点：与人交往时没有情感卷入，至少情感是肤浅的，自卑感、不安全感、内疚感等使一些青少年尽量避免与人交往，即使交往也不敢或不愿袒露自己的内心世界，他们经常提心吊胆或心存戒备，怕上当受骗，好猜忌，不能与人建立和谐共处的情感关系，心灵孤独和易受伤害，甚至会感到随时处于威胁和危险之中。在咨询指导中，应注意培养青少年的交往技巧，如与人交往时热情、诚实，主动与人打招呼；记住对方特别的事与名字，真诚赞美别人；了解别人的爱好，不无端指责他人等。一切人际关系，无不打上亲子关系的烙印，青少年可以在与父母的交往中学会沟通，善于理解别人，也善于让别人理解自己，这样有助于青少年与朋友、老师、同学的关系得到良好的发展。

4. 逆反心理

学生的逆反心理是指在一定的外界因素作用下,对某类事物产生厌恶、反感并导致产生与该事物发展的常理背道而驰的举动的一种心理状态。学生的逆反心理有两种表现:一种是凡事都要反着来的心态,别人说东,他偏说西,别人反感,他偏要实行,持有逆反心理的人对内容并不在意,在意的是"反其道而行之"的表现。另一种是在接受教育过程中产生和表现出来的对教学内容或教育者的抵制和对立。

逆反心理作为学生群体中存在的一种违背常规的心理活动,通常表现的特点有:① 对立性。产生逆反心理的学生,必然在一定程度上表现出与众人和常规相对立的言论或行为。② 可塑性。逆反心理是学生的生理、心理诸要素经过一系列多层次的变化改组而形成的暂时的神经联系,不是一成不变的。③ 主观性。逆反心理的产生不依赖于客观事物的性质,不受客观情境的影响,主要取决于学生的主观意愿。④ 双重性。逆反心理有良性和劣性之分,其影响可能产生好的结果,也可能导致不良的结果。青少年的逆反心理属于正常现象,但逆反心理与行为不利于青少年的健康成长,需要教育、引导。

产生逆反心理的主要原因:① 好奇心理。受好奇心驱使,越是神秘的境地,学生越是心驰神往;教师不愿让学生知道的事,学生偏想知道;教师禁止学生看的东西,一些学生偏想方设法一睹为快。② 好胜心理。由于学生的心理不成熟,思考问题具有片面性和局限性,常常把自己的认识当作衡量客观事物的标准,对教师倡导与肯定的东西看不顺眼,久而久之,心理便会发生逆变。③ 固化心理。所谓"固化",就是学生在接受某一思想观点之前,就已抱有某种固定的想法,即通常所说的"先入为主"。④ 对立心理。由于教师与学生所处地位不同,学生往往会认为教师盛气凌人,以权威自居。同时,一些教师教育方法陈旧,不注重建立一种宽松和谐的学习环境,工作缺乏人情味,也是引起学生对立情绪的原因之一。

(二)心理辅导的原则

1. 教育性原则

立足教育,着眼于人,是心理健康教育的真谛和本质。教育性原则是指在心理健康教育过程中根据具体情况,提出积极的分析意见,注意培养学生积极进取的精神,树立正确的人生观、价值观和世界观。学校开展心理健康教育要充分体现社会主义精神文化的特征,以及它的时代性和进步性,让学生在接受心理健康教育的过程中,潜移默化接受辩证唯物主义思想和社会主义道德思想的影响和启迪。教育性原则鲜明地体现了社会主义学校心理健康教育的特点与要求。

2. 差异性原则

差异性原则是指班级心理健康教育要重视学生的个别差异,强调从学生的实际情况出发,因材施教,使每个学生获得最佳发展。如果说思想品德教育必须从学生实际出发,一把钥匙开一把锁,那么,心理健康教育更需要因人而异,因事定法。不同年龄阶段的学生心理有不同的特点,同一年龄段的学生由于遗传因素、家庭环境、所受教育状况、个人经历的不同,会表现出千差万别的特点。因此,在班级心理健康教育过程中教师必须了解、承认、重视学生的个别差异性,针对各自特点采用灵活的方法,因势利导,长善救失。

3. 主体性原则

主体性原则是指学校心理健康教育要以学生的需要为出发点,使学生的主体地位得以体现,将教师科学的心理健康教育与学生的积极主动参与密切结合。这一原则集中体现了学校心理健康教育的本质特征。学生是心理健康教育的主体,必须明确学生处在心理辅导活动的中心地位,是活动的主人。因此,从心理健康教育的设计、准备到组织,都应让学生自主参与,注重发挥学生在活动中的主动性、积极性和创造性。

4. 预防、发展重于矫治原则

指心理健康教育应走在学生产生心理障碍之前,即学校心理健康教育的重点是培养学生具备良好的心理素质,维护学生的心理健康,而不是只放在有心理问题学生的矫正与治疗上。

心理健康教育的功能分三个层次:预防、矫治和发展。这三种功能,就整体而言,预防、发展应重于矫治。因为心理健康教育的对象是全体学生,预防是面向全体学生的,其功能首先是让学生通过接受心理健康教育,掌握心理健康的有关知识和技能,学会自主地应对由挫折、冲突、压力、紧张带来的种种心理困扰,减轻痛苦,做到防患于未然,并为他们的个性发展奠定健康的基础。其次是帮助学生了解自己与他人的差距,主动调节自己,使自己逐渐成长,帮助学生提高对各种环境的适应能力,培养学生充满自信、乐观向上的健康情绪,并以良好的心理状态去面对学习与生活。第三才是针对一些有心理问题或疾病的学生,帮助他们改善和调节异常行为,消除或缓解不良的情绪等。青少年时期是人心理素质形成和发展的关键时期,可塑性较大,此时如能得到及时的心理辅导或训练,将有利于形成完善的人格。即使出现心理问题,若处在轻微或早期阶段就及时发现及时处理,这些问题也会得到一定的改善或延缓病情的发展。积极设定目标,健康地组织自己的生活,主动调整自己的心态,更好地适应环境,这样能有助于克服心理困扰,能经受困难与挫折,避免心理问题的发生。由此可见预防、发展比矫治更具有积极意义。

5. 参与性原则

参与性原则指心理健康教育活动是师生双方共同参与的活动,其核心是师生心理互动的过程。一方面要求学生积极参加,同时也要求师生平等地参与。

提出这一原则的依据首先是个体自我表现和交往的需求。研究表明,中小学生在交往的过程中既渴望自己的内心世界被他人所了解,同时也渴望了解他人。他们除了积极参与由团队、班级组织的活动外,还会主动寻找各种机会展示自己的才华、兴趣、个性等。虽然不同气质、性格的学生表现的形式和参与的程度各不相同,但他们都有着参与的愿望和热情。而学校往往没有为满足学生的这种需求提供更多的机会,除少数"优秀"学生外,大多数普通学生,特别是那些孤僻、自卑、害羞、不活泼的学生,自我表现、与他人平等交往的机会较少。心理健康教育要面向全体学生,尽可能满足不同学生的心理需求,为更多的学生提供一个参与和表现的机会。其次,广泛参与是心理健康教育内容的需要。学生参与活动的机会和频率直接影响到活动的效果,也直接影响学生心理健康的发展。因此,教师要尽力为每个学生创造参与的机会。让学生在参与过程中体验成功,感受乐趣,消除烦恼,远离痛苦。

6. 保密性原则

保密性原则是指在学校心理健康教育过程中,教育者有责任对学生访谈内容予以保密,学生的名誉和隐私权应受到道义上的维护和法律上的保证。它是鼓励学生畅所欲言和师生相互信任的心理基础,也是对学生人格及隐私权的最大尊重,又是维护心理健康教育工作声誉的大问题。心理咨询的保密范围主要有为学生的访谈内容及相关资料保密,不公开来访学生的姓名、班级等,拒绝关于来访者情况的调查以及尊重来访者的合理要求等内容。

(三) 心理辅导的常用方法

1. 故事启迪法

故事启迪法是采用紧扣教育目的和适合学生特点的故事,使学生从故事中悟出道理、受到启迪的方法。孙敬修先生说:"一个好的故事,在儿童幼小的心灵中留下深刻印象,往往一生都不会忘记,并能成为他往后做人的准绳。"

故事启迪法的关键在于选择适宜的故事,运用时需注意:一是尽量采用真实的事例;二要尽量选择贴近学生生活的故事;三要尽量选择新颖有趣的故事;四要灵活地选择故事,随机应变。

新颖有趣并有意义的故事有的来自教育实践,更多的是通过电影、电视、广播、网络、报纸杂志等得来的。教师要注意随时随地吸收、分析、筛选、获取故事信息。中小学生很喜爱听这些真、近、新、活的故事,并易于从中悟出道理。有时,教育者讲的故事可以没有结尾,是开放性的,可以让学生们尽量发挥想象力自己去编结尾,不同的结尾说明学生不同的思路、价值观、心理发育水平以及个性。并且教育者还可以利用图片、多媒体等辅助手段,请学生自己讲故事,或就某个主题请学生自行编故事,如《龟兔赛跑》《乌鸦喝水》《坐井观天》等。教育者可以根据不同的结尾或学生编的不同故事进行引导,鼓励学生展开讨论,通过讨论促进学生的心理健康水平的提高。

2. 分题讨论法

分题讨论法是在教师的指导下,学生就某一问题各抒己见,心理辅导教师循循善诱,经过讨论或争辩得出结论,达到自我教育促进学生心理健康目的的一种方法。

分题讨论法的运用要求:第一,精心设计主题。应选择学生最关心、最困惑、最迫切想要解决的心理问题,设计得新颖有趣。如围绕学会关心的主题,设置学会打招呼、学会微笑、学会称赞、学会拒绝、学会竞争与合作、学会宽容、学会助人等小分题。只有这样,学生才有充分参与的欲望,才会感到是自己思想和行动的主宰者,他们的自主性和选择性才能得到增强,其心理健康水平就能真正提高。每个小组首先要确定一名记录员和一名小组发言代表。分组讨论后,由各组代表相继发言,其他人补充和修正,还可以提出不同意见。学生讨论气氛活跃、融洽,才能收到好的效果。第二,选择合适的地点与场所。分题讨论法可以在教室中进行,如果条件许可,也可以在校园内其他合适场所进行。第三,正确发挥教育者的引导作用。分题讨论中,教育者主要在最后做点评或在旁边适时指点,应尽可能不干扰学生的活动。如果学生讨论发言出现某些原则性错误或明显不理解、不正确的现象时,应帮助学生澄清。有时,学生在讨论中可能出现激烈的争论,教育者应能运用高超的管理艺术调节控制；教师注意评价的全面科学，应尽量避免用"两极化"方式对问题进行评判。分题讨论中，教育者还要善于引导学生耐心地倾听，设身处地地理解，积极主动地补充与修正。讨论中小组成员共同分享的不仅仅是思想，还有彼此的关怀与支持。学生的每一个观点都应受到同学们真诚的关注。小组中这种新型的人际交往模式，不仅能增进同学间的亲密感、信任感，还能促进同学间的接纳与关怀，增强学生的自信。比如，在某班级的一次关于"考试作弊"的主题讨论活动中，有许多学生认为，考试作弊行为有利有弊，甚至利大于弊。此时，教师果断介入：首先他讲了一个古代读书人"宁做真白丁，不做假秀才"的故事，之后他引导大家进一步分析，所谓作弊之"利"，实际上是短期的功利，贻害无穷……有错误思想的学生受到很大震动，大家对"先做人后做事"的道理有了更深的理解。

3. 小品表演法

小品表演法是指由心理辅导教师事先与学生商讨表演主题和内容，讲述整体思路，然后由学生自编小品的情节和台词，自行分配角色并自己演出，最后教师引导学生参与讨论、升华主题的一种心理健康教育方法。这里的"小品"是一个广义的概念。它可以将唱歌、音乐、舞蹈、相声、诗词、快板、游戏等多种形式运用其中。

运用小品表演法的要求主要有：第一，教师要充分发挥学生的主动性，充分授权给学生。如果学生是第一次编小品，没有经验，教师可以交代一下各人物角色的特点，使小品的基本情节具体化、生活化，但不必把所有细节都交代清楚，一些难以确定的细节完全可以留给学生自己去创造、发挥。还有一种方式就是请高年级有经验的学生做小品导演，效果更好。总之，发挥学生的主体性，充分授权给学生，是心理健康教育中小品表演法的要诀。第二，教师还必须组织好"观众"以及有效的讨论评价。演小品、看小品是为了达到心理健康教育的目的，教师必须组织好看小品的"观众"，并在小品表演结束后，组织好针对小品表演的讨论，并结合心理健康教育的要求与学生表演情况进行适当点评。另外，应从学生的兴趣、特长出发，从学习、人际关系、自我认识等方面的心理健康教育的内容出发来编排演出小品。如《明日复明日》《差不多先生》《五指争功》《心中有他人》《冲突》《陪同学看病》《性格画像》《战胜挫折》等。

4. 设境讲解法

设境讲解法是一种通过创设情境，再辅以语言讲解点拨，使隐性教育和外显教育达到协调一致的方法。

运用设境讲解法的基本要求是：

第一，巧妙地创设情境，注重校园文化建设的隐性教育作用。校园文化的建设：教室窗明桌净、校园空气清新、树木青翠、花吐芬芳，校园里张贴著名书画家的书法国画，室内陈列学校、班级的奖状、锦旗、照片，墙上有以心理健康教育为主题的壁画。良好的校园环境不仅给学生以清新舒适之感，还使学生的思想受到启迪，心灵受到熏陶感染。

第二，教师要配合情境辅以生动的语言讲解。创设合理的环境，会收到陶冶性情的效果。若能结合生动形象的语言讲解，将会相得益彰。既有直观的情境，也有抽象的思考。在讲解时需要教师熟练地掌握讲解的要点，能给学生提供新信息、新知识、新思想，教师的语言要新颖、活泼，富有幽默感，使学生听起来兴趣盎然。教师讲解时间最好不要过长，否则听讲效果不佳。在讲解中，教师还可以随机插入提问、演示、练习、笑话等。随着时代的发展,在运用设境讲解法时还可以采用多媒体、课件等辅助手段,增强效果。总之,设境讲解法发挥作用的关键在于教师。

5. 社会实践活动法

社会实践活动法是一种通过学生参加实际社会活动,然后大家座谈讨论体会,教师点评,侧重锻炼学生意志品质和实际行为的方法。

运用社会实践活动法进行心理健康教育的要求:一是心理健康教师在采用社会活动法时应征得校长同意、家长支持、实践单位合作;二是主题明确,组织周到,不加重学生家庭经济负担;三是将活动中的注意事项明确告知学生,让学生做好生理、心理和物质准备,做到有备无患。社会是真实的,封闭在学校中的教育过于理想化,有时显得苍白,在活动中受教育会产生很好的教育效果。在某些社会活动中,心理健康教师还可以让学生自己规划和组织。这样,学生可以从中得到更多的锻炼、收获和乐趣。教育者要鼓励学生在社会实践中注意观察、学会提问、善于交往、动手动脑、常做记录,这样收获会更大。

【例说】6-3

他回到了男子汉的世界[①]

新学年伊始,四川沐川中学初一(2)班进来一位眉清目秀的男生,不仅长得帅,而且写得一手好字,成绩优秀,深得女生的青睐,却令男生讨厌。

通过观察,班主任蔡老师发现他的确喜欢和女生接近,在食堂,帮女生打饭;上自习,帮女生整理笔记;过生日,只邀请女生参加;班级组织春游,他请假不去,却和三名请假的女生另组织春游。蔡老师觉得其行为有些欠妥,于是找他谈话,教育他青年人要树立远大理想,把心思用在学习上,切莫儿女情长。他表示愿意冷静地思考。

一天晚自习后,同学们都归寝了,值周老师发现他和一位女生并排坐在静寂无灯的教室里。蔡老师听说后很气愤,认为他阳奉阴违,品行不端,责令他停课反省,写书面检查,请来家长配合教育,并建议学校予以处分。他哭了,悄悄地给几位女生分别写了告别信。信中说,他要到峨眉山去当和尚,因为得不到父母的理解,老师、校长也容不得他,只有出家,才能脱离苦海。

他为什么有这样的心理?老师的教育和学校的处理有何不妥?蔡老师感到困惑。

通过家访,蔡老师了解到,其父母都是机关干部,由于工作忙,无暇顾及孩子。他从小跟着姐姐上学、游戏,是泡在女孩子的天地里长大的。久而久之,他变得只喜欢和女孩子在一起了。加之父母单位住房紧张,读初中还没和姐姐分床。这些都影响了他心理的健康发展,可他并未意识到自己的问题。

[①] "新时期中学班主任工作的理论与实践研究"课题组:《中学班主任工作100例》,教育科学出版社1995年版,第92页。

为了他的健康成长,蔡老师采取了以下教育措施:第一,充分运用和发挥文学作品的感染力。推荐学生阅读一批刻画男子汉气度和风采的书籍,并和他们一起探讨这些文学形象震撼人心的魅力之所在,使他们深刻地感受主人公强烈的阳刚之美。第二,让他切身感受男性间那种兄弟般的情谊。劝他参加班上的男子篮球队,并亲自带队参赛,夺得了全校冠军,胜利的欢乐使全班男生更加团结,他也感受到了男生集体的力量和友情。蔡老师还建议球队出去和外单位的成人比赛,让他和男生一起感受挫折和失败,加强彼此的情感交流。一句话,促使他回到属于他的男性世界。第三,加强接触,消除戒备心理,增进师生情谊。经过多次谈心,他和老师建立了良好的关系,开始对蔡老师敞开心扉,把自己童年的趣事、现在的心理活动都毫无顾忌地告诉老师。蔡老师因势利导,让其明白,阴柔之美是属于女性的,男人应有阳刚之美。

快毕业了,他告诉蔡老师,女同学和他疏远了。蔡老师问:"为什么?"

"她们说我变了,不像小弟弟了。"他说。

"那像什么呢?"

"她们说现在我像男同学了。"他的脸红了。

【例说】6-4

考试焦虑

小芳,14岁,初三学生。"我现在一拿到试卷,脑子里就一片空白。"小芳从小成绩优异,十分重视自己的学习成绩,非常刻苦。可进入初三后,期中考试数、理、化成绩不及格,成绩一降再降,由于一心想考重点高中,因此她一直都在自我加压的紧张情绪下学习。总复习开始后,非常害怕考试,她每次拿到试卷,脑子里就一片空白,平时记得很熟的数理化公式几乎全部忘记,以前会做的题现在也不会做了。一考试就出现肚痛、腹泻等症状。身体恢复后,一提上学就出现消化不良、抑郁苦闷。病假20多天后,家长和教师发现可能是心理问题,经安慰、开导、鼓励等仍不能上学,生活兴趣、学习兴趣减退,不是想睡觉就是发呆,家长决定让她休学。她说:"我觉得自己无颜面对父母,还不如死了算了。"

案例分析:小芳属于典型的考试焦虑症。

辅导建议与策略:

(1) 首先应唤起她对生活的兴趣,帮助她重新发现生活的意义。

(2) 引导她以恢复正常的学生生活为目标规划当前生活,调整好复学前的身体、心理、学业准备状态。

（3）加强复学后的生活适应训练，从学业进展中逐渐帮助她消除对考试成绩的过分恐惧与担忧，全面融入学生生活，重新发现自己的价值，增强自信。

（4）辅导家长调整对女儿的期望值，能适应其实际情况。家长应先接纳孩子的紧张焦虑，听孩子说出她的担心与不安，耐心鼓励她，让她慢慢放弃那些不合理的想法，进而改善考试焦虑的情形；了解考试焦虑症的特点及家庭对待方法与策略，商讨复学方案，配合辅导。

【例说】6-5

社交障碍

张某，女，12岁，某小学五年级学生，成绩很好，智商较高，性格内向，身材中等。课堂一般不敢回答老师提出的问题，一回答问题就脸红、紧张、胆战心惊，总担心回答不对。从小就胆小，独来独往，人际关系欠佳。集体活动很少参加。放学回家后，钻进房间，看电视、看书，再也不出门。

案例分析：父亲常年在外工作，很少回家，母亲在家务农，也没有时间多管，从小和母亲住在乡下生活，直到三年级才转学，跟随父亲到城市学校就读。父母工作繁忙，张某只能一人独自在家，缺乏父母的关爱与亲子交流。父母没有更多的时间带她到公众场所，参加人际交往活动，缺少锻炼，造成了性格孤僻、胆怯的心理。不愿主动与人交往，对同学较为冷淡，不理不睬，好像比较高傲的样子，同学们也因此不敢与她接触，所以人际关系不佳。

辅导建议与策略：(1)引导她正确交友。教师介绍班上性格外向、活跃、学习成绩很好的同学和她交朋友，让他们互相交谈，共同商讨解决胆怯的办法。鼓励她多与人交谈。做到有话就说，有事就谈，做自己感兴趣的事，多与老师同学交流，说出自己的心里话，教师与她制订出改变胆怯的心理计划。(2)写观察日记。让张某每天写一篇日记，把每天的所见所闻写下来，并且读给同学或家长听，增强她的胆量。(3)鼓励她参与各种课外活动。鼓励她多参与班级、学校活动，并且让她协助主持人或自己担任主持人组织开展活动。这既增进了她与同学之间的友谊，培养了相应的人际交往能力，也增长了智慧。(4)引导她有选择性地阅读。让张某阅读有益的课外书籍，然后写读后感，再每天自己对着墙壁大声读两次，既充实了知识，也可以改变心理状态。(5)创造课堂发言的机会。上课时教师引导她回答问题，多给她说话机会，只要她稍微有一点进步，及时给予她肯定和表扬，增加她的信心。(6)与家长经常沟通联系。经常家访，与她父母交谈，及时把她的情况反映给家长，并提出要求，尽量抽时间带孩子参加社会上各种人际交往活动，让她得到锻炼。

【例说】6-6

体相烦恼

小明,男,15岁,今年正读初二,是班上的学习委员,身材瘦长,长相不佳。情窦初开的年纪,他喜欢上了班上的一位女孩子,没想到表白后,女孩转身就逃,一边逃还一边喊:"难看死了。""我是不是真的很难看?"小明不停地问自己,当天回去就照镜子,镜子里的他小眼睛、塌鼻子,他越看自己越难看,于是产生了自卑心理。并且认为别人都在议论和讥笑自己,背上了沉重的心理包袱,不能正常听课、作业,不敢上早操,常常失眠,开始在意别人对他的评价,人多的地方再也不敢去了,成绩也一落千丈。进而认为自己"难看"的长相会影响一辈子的前途,更加消沉。

简要分析:当事人由于体相障碍而不能自我接纳,并把自己和他人对立起来,陷入自轻自贱、自烦自扰之中。他所看到的那个"讥讽、嘲弄自己"的情境,实际上是其自轻自贱的投射。也就是说,当事人处于一个自己虚构的生活情境中,进入一种不健康的现实生活状态。

应对:男孩更多地忧虑自己的身躯不够高大,女孩则担心自己的形体不够优美。进入初中的学生,随着生理的变化,都渐渐开始注意自己的形象,其中不少青少年甚至由于容貌或生理上的缺陷而产生了严重的精神负担,体相烦恼在青少年各种心理烦恼中占有很高的比例。

辅导建议与策略:

(1)帮助他客观地认识自己,促进自我确认与接纳。

(2)引导他着重在日常交往中观察同学对他人的评价,分析相貌特征在这些评价中所起的实际作用,进一步促进自我悦纳、增强自信。

(3)完整规划生活,从实际的进步中发现自己的成绩与价值,进一步反思过去产生体相烦恼的自扰因素及其对自身的负面影响,以新的姿态融入生活。

(4)与家长沟通联系,争取支持与配合。约见家长,介绍他的具体情况,告知辅导方案。

真题链接

材料分析题:阅读材料并回答问题。

材料:

一位高中女生接受心理辅导时的自述:

进入高三以来,我就觉得自己被笼罩在一种紧张学习、迎接高考的氛围中,时常感到心烦意乱,学习成绩也时好时坏,为此整天惴惴不安。我常常想到高考的问题,感觉也和以前有所不同,心跳的剧烈程度也比以前强很多,身体有种不舒服的燥热,思维不太受控制,注意力也难以集中。我怕老师提问,老师一叫我回答问题,不论能不能回答上来,回答时总是语无伦次而且声音发颤。虽然经常被老师提问,却还是消除不了这种胆怯的心理。考试之前,我会非常紧张,几天之前就会睡不着觉,连续失眠,考试时会因太紧张而不能认真审题;并且考试时感到心跳加快,头脑发胀,昏昏沉沉。结果考试成绩越来越差。老师,你说我能改变这种情况吗?

问题:

请结合材料,说明中学生考试焦虑的主要表现、产生的原因和调试方法。

▶参考答案:见目录页二维码。

三、班级个别教育

(一) 班级个别教育的概念及意义

班级个别教育是指班主任针对班级中每个学生的具体情况或不同类型学生的特点进行的有的放矢的教育,既包括针对个别学生特点进行的教育,也包括针对不同类型学生进行的教育。班主任要搞好班级管理工作,不仅要组织培养班集体,而且还应有针对性地指导和教育个别学生,二者相辅相成,缺一不可。

1. 个别教育是集体教育的深化和补充

集体教育往往解决的是学生的共性问题、普遍性问题,但是,由于学生受到不同的家庭、不同的学校、不同的遗传素质、不同的社会环境等因素的影响,他们每一个人的思想、性格、情感、行为、意志、兴趣、爱好、习惯等各不相同,表现出千差万别的个性。班主任必须善于全面观察每一个学生的言行,掌握每一个学生的真实思想和特点,针对其不同的思想特点,采取不同的教育方法,把教育工作做深做细。由此可见,个别教育是集体教育的进一步深化。另外,集体教育的重要任务在于培养每个学生的集体意识,而集体意识又是以个人的自我控制为基础的,因此进行个人自我控制教育也是培养集体意识的必要补充。

2. 个别教育有利于每一位学生品德的健康发展

品德结构包括道德认识、道德情感、道德意志和道德行为习惯。在学生良好品德形成和发展的过程中,既有知与不知、知之较多与知之较少的矛盾,也有正确认识与错误认识之间的矛盾;既有知与情、知与意之间的矛盾,也有知与行之间的矛盾,等等。所以,班主任的职责是针对不同类型学生的各自特点,激起他们头脑里两种思想的矛盾斗争,鼓励他们战胜自我,帮助他们确立主体意识,培养他们自我教育的能力和习惯。

(二) 个别教育的策略

在任何一个班级中,都存在着不同类型、不同层次的学生,我们可以从不同的角度来进行区分。根据学生所处的外部环境、先天条件、心理因素以及他们在校学习的优劣表现,一般可以分为优秀生、中等生、后进生三个层次。班主任除了进行一般性的教育之外,还要善于在平常的学习和生活中,了解他们的思想状况、内心世界,有针对性地开展教育工作,因材施教、因层施教,引导教育每个学生都能成人、成才、成功。

1. 优秀生的保持

优秀生一般是指那些在德、智、体诸方面发展较好,品学兼优的好学生。在一个班集体中,优秀生可以使全班学生有榜样,带动和鼓励班级成员积极向上、共同前进,是班主任工作中借以使用的教育力量。但是,优秀生并不是十全十美,他们的先进因素中也有落后因素,有优点也有缺点。因此,班主任要有针对性地帮助优秀生发扬优点,确立新目标,提出新要求,把自己融合到集体之中。引导他们正视自己的不足,扬长补短,不断前进;对他们的评价客观公正,实事求是;对优秀生爱严相济,使其健康成长。班主任对优秀生的教育要把握以下几点:

(1)正确认识。优秀生一般表现为接受外界信息敏捷,善于感知和记忆,在短时间内能够掌握较多知识,学习成绩优秀,遵守纪律,工作认真负责,注意的转移具有一定的自觉性和灵活性。这些学生由于智力因素和非智力因素的相互作用,学习成绩一直保持优秀的地位。由于他们身上有许多优点,不管是在学校里,还是在家里、社会上,经常能得到别人的赞扬,因此他们往往有较强的自尊心、自信心。但金无足赤,人无完人,优秀生也容易出现一些问题,如恃才自傲,目空一切;以自我为中心,处世冷漠;娇生惯养,自理能力差;盲目自信,讳疾忌医等。由于晕轮效应的影响,有的班主任总是以欣赏的眼光看待优秀生学业上的优点、长处,看不到他们某些优点掩盖下的不良倾向,以致贻误了教育时机。所以,必须以全面发展为标准,正确认识优秀生。

(2)发扬优点。优秀生一般是学生集体里的佼佼者,在各方面能起带头作用。班主任应善于利用他们的这些积极因素,带动班级中其他学生尤其是后进生的进步。优秀生在帮助后进生的过程中,不但充分发挥了自己的智慧和才干,同时也锻炼了自己的各种能力,学到了更多的知识,从而不断地完善自己。

(3)严格要求。优秀生有许多优点,容易产生优越感。班主任对他们要坚持高标准、严要求。对他们潜在的和已经暴露的缺点和错误不能姑息迁就、掉以轻心,要及时地进行批评和教育。不能只看到他们的长处而偏袒他们的缺点,不能因为他们在学习方面表现好而对他们另眼相看,满足他们的一些特殊要求。防微杜渐才能彻底消除滋生特殊化、产生虚荣心的土壤,从而促使他们"百尺竿头,更进一步"。

(4)提高耐挫力。优秀生在众口夸赞中极易发生心理错位,一旦遇到某些失败或挫折,容易一蹶不振,因此,班主任对优秀生的表扬和批评都要注意分寸,既不能表扬过分,使之飘飘然,又不能重加惩罚,伤害其自尊心。班主任对他们的激励必须适度,甚至适时泼点冷水,让他们保持清醒理智的头脑,引导他们控制和调节好自己的心态,给自己准确定位。要经常渗透一些这样的教育:一个人要能上能下,要能拿得起放得下,跌倒了能重新爬起来等。使他们明白,人人都有优点和缺点,人人都可能成功或失败,从而锻炼优秀生对表扬、批评、挫折的耐受能力,使其心胸更加宽阔,更有可能振奋精神、继续努力。

2. 中等生的提高

中等生是相对于后进生和优秀生而言的。中等生既不像优秀生那样思维敏捷,在德、智、体诸方面十分突出;又不像后进生那样惹是生非、学习困难。他们表现一般,不引人注目,在思想品德、学习成绩、工作能力以及人际交往等方面处于中等。有些班主任认为,在班级管理中,只要采取"抓两头,带中间"的办法,就可以把班级管理好。诚然,"抓两头,带中间"的确不乏成功的范例,但未必具有普遍意义。问题的关键在于如何"带中间",如果班主任的主要精力放在"两头",而任凭中间状态的学生受"两头"学生"自然"影响,那么,他们就会向"两头"转化,其中一部分人有可能滑入后进生的行列。因此,班主任对这类学生的教育,应密切关注,深入了解,摸清其变化规律。班主任对中等生的教育要把握以下几点:

(1) 主动接近,热情关心。在班级教育工作中,班主任往往把较多的精力放在对优秀生的培养和后进生的转化上,这当然是非常必要的。但是,对中等生的关注相对不够,会使相当一部分中等生身上潜藏的许多积极因素难以得到表现和发展,失去了在教师指导下成才、发展的机会。每一个学生都渴望得到老师的重视和信任,希望老师为自己提供表现才能和智慧的机会。班主任要深入了解学生,了解学生的心理特点和内在需求,主动接近、热情关心他们。中等生的情绪不够稳定,在他们身上,积极因素和消极因素经常呈矛盾斗争状态,当积极因素占主导地位时,他们往往表现出进入先进行列的愿望,反之,表现就差。因此,班主任应密切关注中等生的发展趋势,当他们情绪高涨、呈积极状态时,要及时鼓励他们积极进取,为他们创造发挥才能的条件和机会,促使他们向先进层次发展。当他们遇到挫折、情绪低落时,也应及时帮助他们分析原因,克服和解决各种困难与问题,使他们尽快解除困惑,振奋精神,防止他们自我消沉,滑入后进生行列。

(2) 长善救失,积极鼓励。长期以来,我们的班主任习惯于给优秀生锦上添花,给后进生雪中送炭,却常常忽视甚至遗忘了对中等生的关心、教育,使他们的品德得不到提高,智力得不到开发,能力得不到培养,情感得不到陶冶,心理得不到满足。由于缺乏展示的机会,他们往往体验不到成功带来的喜悦,从而甘居中游。为此,要想教育提高中等生,班主任必须给他们提供展示自己的机会,帮助他们挖掘自己的才能,使他们在展示中享受到成功的高峰体验,发现自己,肯定自己,以激发其奋发进取的内在动力,争取进入优秀生的行列。

(3) 个别施教,促进转化。中等生也有各自不同的特点,如有的进取心很强,但又常常被挫折感所困扰;有的学习成绩中等,但相对稳定;有的自觉性和自我约束力较强,容易管理;有的意志薄弱,自控能力差,怕苦畏难;有的散漫疲沓,安于现状,缺乏上进心和好胜心;有的学习态度时好时差,学习成绩时有波动,等等。班主任不仅要发挥中等生的优势,还要了解掌握中等生存在的主要问题,帮助他们克服缺点,变消极因素为积极因素,讲究教育艺术,进行个别施教。例如,对于兴趣广泛的学生,可组织班级兴趣小组,开展"小科技""小发明"活动;对于思想表现良好,工作、交往能力一般的学生,对他们要致力于培养和大胆使用,让中等生在为班级、为同学服务中表现自己,施展才华。

【例说】6-7

> 某校某班期中考试后准备召开一次学习经验交流会,为了培养学生的组织管理能力,班主任决定本次经验交流会的主持人由学生自荐。在动员会上,班主任发现一位平时不大讲话、各方面表现一般的女生想报名自荐,但又怕主持不好而难以开口,那种欲言又止的神态引起了班主任的注意。班主任热情鼓励她大胆站起来报名自荐,并且号召全班同学支持她,给她提供一次锻炼的机会,同时班主任又具体指导她充分做好准备工作。这位女生很受鼓舞,把会议的准备工作考虑得非常细致周密,还巧妙地把发言人连接起来,使学习经验交流会开得紧凑而不落俗套,受到班主任和同学的一致好评。这次"意外"的成功使其发现了自己的潜在优势和能力,从此一改过去甘居中游的状态,很快成为班级活动的积极分子,最终跨入优秀生的行列。

3. 后进生的转化

所谓后进生,通常是指那些在正常生理状况下,在思想品德、学业成绩、智力发展等方面距教育目标的要求相差较远,落后于一般同学的学生。他们既不是指由某些遗传的或生理的因素造成的智力落后、反应迟钝、神经质、脑功能轻微失调等的儿童,也不是指已经走上犯罪道路的"问题儿童"。虽然这些学生在班里为数不多,但经常惹是生非,所以他们的消极影响较大。对后进生的教育转化,不仅关系到学生个人的前途命运,还会影响到班级的进步、家庭的幸福和社会的安定。可见,教育转化后进生有着不可估量的实际意义,它是班主任工作的重中之重。

(1) 后进生的成因。分析后进生产生的原因,是教育和转化后进生的一个重要前提。后进生的形成主要有家庭、社会、学校和学生自身四个方面的原因。

家庭原因。主要指家庭学习环境、家庭道德和情绪气氛、家庭温暖、家庭教育方式等方面的原因。如家庭成员的政治、思想、道德状况;家庭的人际关系状况;是否在思想品德方面对孩子有严格要求,而且经常抓紧教育;是否尊重孩子的人格,进行耐心的说服教育而不搞"虐待型"的教育;对孩子的期望值是否适当;在经济上是否满足孩子的合理需要,而又不助长孩子乱花钱、超消费;家长自身是否尊重知识,有求知欲;家长关心孩子的学习,是只重分数,还是更重视学习态度、学习习惯、学习方法;是否为孩子提供良好的学习环境;家庭成员的兴趣爱好对孩子的影响等。

社会原因。主要指不良文艺作品、不良交往、社会不正风气等方面的影响。如资产阶级自由化思潮,资产阶级生活方式,不良社会风气,一切向钱看,不健康的网络文化、书刊、影视及其他"娱乐"活动,赌博与封建迷信活动,流氓团伙和落后团伙,读书无用论等。

学校原因。主要指办学思想、教育内容和方法、教育者自身等方面的问题。如片面追求升学率;施教"求同",忽视因材施教,教育方法失当;没有强有力的德育工作,不重视非智力因素的教育培养;缺乏防止学生分化和减少后进生的有力措施等。

学生自身的原因。主要指遗传素质、早期教育、适应能力、青春期等的影响。如缺乏强烈的求知欲；道德无知，是非模糊；自尊心损伤；意志力薄弱；学习基础差；学习方法不适应；不良社会交往等。

总之，一个学生之所以成为后进生，绝不是由某一种原因造成的，它总是在外因、内因的相互影响下，外因通过内因而起作用的。

（2）后进生的类型。一般说来，后进生既包括由于学习态度不端正，存在厌学思想，或智力迟钝、身体不好等原因造成的"成绩不良"学生——学习后进生；也包括思想觉悟低，存在不良品德习惯，或经常有过失行为的"表现不良"学生——思想品德后进生；还包括学习成绩不好、思想表现亦差的学生——"双差生"。此外还有所谓"准差生"，即学习成绩、行为表现时好时坏的学生。

学习后进生，又可分为以下几种类型：① 智力不良型，介于正常与迟钝之间智力水平的学生，智商在90以下。② 学法不良型，不当的学习方法导致很差的学习效果。③ 外因致差型，因个人的疾病、社会的不良影响、家庭的种种变故、学校教育教学的种种失当导致学习成绩差。④ 自制力不足型，这类学生智力正常，但缺乏自制力，十分贪玩，导致学习成绩不理想。

思想品德后进生，又可分为以下几种类型：① 生性好动型，后进生中的好动型学生占有一定的比例，这类学生比较聪明，生性好动，耐不住寂寞。② 逆反心理型，这类学生智力正常，多是比较聪明，遇事认真，凡事有自己的主见，对校长、教师的期望甚高。③ 娇生惯养型。④ 受腐蚀型。⑤ 破坏攻击型。

（3）后进生的特点。注意转移的速度慢。正常学生的注意转移具有一定的自觉性，而后进生的注意转移速度则比较慢，需要老师的提醒和引导。课堂上不能随老师灵活运转，一系列的学习、活动都明显落后于其他学生。

行为的盲目性。一些学生犯错误并无特殊的目的，只是出于好奇、好动等心理，禁不起外界的刺激和诱惑，而导致各种不良行为的发生。

心理意识的逆反性。部分后进生因经常得不到别人的赞赏等而产生逆反心理，很多情况下是明知故犯，做一些损害集体、他人的行为，自暴自弃，不接受别人的意见和建议。

（4）后进生的教育和转化。引导并促使每一个学生健康和谐地发展是教育工作者义不容辞的责任。在一个班里，后进生虽然人数不多，但能量却不小，有一定的破坏性。做好后进生的教育转化工作关系到班集体的形成和预期目标的实现，因此，班主任要针对后进生的特点，采取有效措施，帮助后进生尽快转化。班主任对后进生的教育要把握以下几点：

① 纠正心理偏向，确立正确教育观念。如何对待后进生，在实际工作中存在两种不同的态度。一种态度是视后进生为"祸害"和累赘，因而对他们反感、歧视、嘲讽、放任自流。另一种态度是不反感，不嫌弃，真诚地、耐心地、持久地帮助他们。

要转化后进生，班主任首先必须建立一个基本的信念，即后进生是可以转化的。唯物辩证法告诉我们，一切事物都是不断发展变化的，而且以一定的条件向自己的对立面转化。后进生并不是天生的，当初他们也许是先进生、中等生，是在一定条件下逐步变成后进生的。他们当然也会有两种变化结果，要么变好，要么继续变坏。面对已经出现的后进生,教育者的责任就是创造条件,促使他们向好的方面转化。唯物辩证法还告诉我们,事物的发展变化是内因与外因相互作用的结果。内因是变化的根据,外因是变化的条件,缺一不可。转化后进生的关键在于创造一种教育环境,这种教育环境的影响力深入后进生的内心,启动他们的内部动力,使他们自己行动起来,争取进步。

② 用心关爱,尊重信任。对后进生,班主任要有一片爱心。"亲其师,信其道",情感教育是对后进生进行教育的前提。班主任对学生的期待和关爱,是激励启发学生萌发进取意识的外在动力,也是教育成功的最基本、最关键的条件。由于后进生平时表现不好,学习成绩差,经常会受到老师的批评和集体舆论的指责,因此容易与老师产生隔阂,甚至会产生对立情绪。但是,后进生也有强烈的自尊心,希望得到别人的尊重和理解。这就要求班主任对后进生倾注真诚的爱,从感情上亲近他们,从兴趣上引导他们,从学习上帮助他们,从生活上关心他们,增加共同语言,施以朋友式的爱,消除师生之间的隔阂,缩小心理距离,达到心理相容,使他们能真正感受到班主任对他们的爱。这样,他们才乐意接受班主任的指导,把外在的教育转化为自身的需要,不断努力,逐步走向成功。对后进生的爱,要真挚,发自内心深处,而不能有半点虚假。和后进生建立感情并不简单,因为他们常常处在疑惧和戒备之中。班主任必须与他们多进行交往,跟他们交心,跟他们一起玩耍、一起活动,指导他们完成集体交付的工作,帮助他们补习功课,为他们排忧解难。班主任要相信期望的力量,对后进生的前景有一个美好的期望,这样才能在交往中加深理解,在共同活动中建立感情。

对后进生,班主任要尊重他们的人格。每个人都有自尊心,转化后进生离不开对他们自尊心的珍视和培养。后进生自尊心很强,同时又很自负、自卑。他们既不能容忍老师当众的批评训斥,也难以接受老师以恩赐态度或对弱者庇护的口吻对待他们。他们渴望得到尊重,但是却不懂得要尊重别人。教师尊重他们,就会唤醒他们的自尊心,树立起新的精神支柱。班主任必须给后进生以同样民主、平等的人格地位,倾听他们的心声、他们的苦衷,倾听他们的愿望和建议。他们一样有参与集体工作和集体活动的权利,并应得到同等的待遇。

为此,班主任必须谨言慎行,绝不做伤害后进生自尊的事情。对后进生的了解,应尽量在自然交谈中、家访中和活动中进行,避免"内查外调"式的举动。当然,对于他们的问题和缺点也不要故意掩饰,而是以实事求是的态度和最能引起他们自我反思、自我教育的方式适时地予以指出、分析,使之逐步改正。他们的点滴进步,都应得到肯定性评价。

③ 对症下药,因材施教。要关怀一个人,首先就要了解他,而要了解一个人,则必须进入其情绪和思想领域中去,以他的思想来推理他的一切。后进生普遍性的心理特点,从积极方面看,他们多有期待心理、表现心理,也多有争取进步的愿望,不甘心常居下游;从消极方面看,可能有自卑心理、惧怕心理,还可能有逆反心理、报复心理。后进生既有普遍性的心理特点,每个人又有各自的心理矛盾:有强烈的自尊心而得不到尊重的矛盾,有好胜心而品尝不到成功喜悦的矛盾,有个人的某些合理需要而得不到满足的矛盾,有要求上进与意志薄弱的矛盾,等等。每个后进生之所以后进,原因各不相同,班主任对后进生的心理状态要仔细

观察分析，只有找准原因，才能选择合适的方法进行转化工作。

后进生一般都表现出各自与众不同的显著特点，这些特点也往往是造成他们落后的重要原因。班主任必须通过仔细观察、深入调查研究，找到问题的关键，针对他们各自的特点做到有的放矢、因材施教，才能收到良好效果。例如，对自卑感强的学生，要善于发现他们的优点，可以适当降低一些学习的难度，使其取得成功，获得自信；也可降低衡量评价标准，对其进行纵向比较，让他从自己的起点出发，每迈出一步，便是进步，久而久之便能树立起自信心。对聪明但好动、爱捣乱、爱搞恶作剧的学生，可以让他担任一定的班级工作，发挥他的积极性；同时，班主任对其要做好"任前教育培训"工作，并提出严格的、具体的要求，让他在工作中约束自己。对于那些任性、脾气倔的学生，在犯了错误之后，不要马上处理问题，不要与其正面交锋，而要采取延时处理、冷处理的方法来解决，使他的倔劲无用武之地。总之，班主任做后进生转化工作的方法多种多样，只有对症下药，方有成效。

④ 抓住"闪光点"，扬长避短。每个学生都有优点和缺点，后进生身上虽然有许多缺点，但多少也蕴藏着一些不引人注目的优势，也存在着闪光点。这就需要班主任老师平日多观察、多了解、多调查，努力发现他们身上的闪光点，并将这些闪光点扩大再扩大，而不要总盯着他们的缺点，一味地进行批评。当他们有进步的愿望时，要及时予以肯定，帮助他们树立信心；当他们取得进步时，要及时进行表扬，帮助他们获得自信；当他们有突出表现时，要精心培育。这样，才能极大地调动他们的潜在能力，取得最佳的教育效果。

任何后进生都是有闪光点的，关键在于是否能发现，是否抓得住。所谓闪光点，不能要求过高，一点进步，一件好事，一次克制不良习惯的表现，一次较好的作业……都是"星星之火"，班主任及时予以肯定，加以引导，这样的闪光点就会逐步扩大，引起质的变化。这样的例子是很多的。

某校初二年级一名留级学生，经常看坏书，无心学习，非常散漫，但他做操认真。班主任老师就培养他为"广播操标兵"，后来当选体育委员，成了公认的好干部。全区广播操验收，体育老师让他上台给全校学生带操，他成了大家的榜样。他严格要求自己，不但入了团，初三年级毕业后还考上了中等技术学校。

有些后进生有突出的爱好、特长，班主任要创造条件，让他们去满足自己的爱好，去展现自己的特长，形成转化他们的突破口。有些后进生实在难以找出优点，怎么办？可以设计"技能测试站"，只要学生本人提出自己在某方面具备优点，即由"技能测试站"测定，得到确认后一样给予奖励。有些班主任，在班队活动中设立"飞跃奖""进步奖"，评选"小十佳"，成立"争气组"，给后进生安排适当工作等方法都是行之有效的。总之，班主任要运用矛盾转化的规律，发扬积极因素，克服消极因素，找出后进生的"闪光点"，长善救失，因势利导地加以教育。

⑤ 捕捉教育契机，调动内在积极性。重视新开端。学校和班级的新开端是很多的：新学期开始，新学年开始，一次大的教育活动之后，换新的班主任，班级成员调整等。任何学生在"新的开端"总有一些新的想法和打算，这些想法和打算带有积极上进的色彩，后进生也不例外。这是一种"亢奋"的心理状态，即争取进步、跃跃欲试的心

态。班主任要善于观察了解后进生此时的心理,给予鼓励和促进。比如帮助他们制订计划,给他们表决心的机会,给他们安排适当的工作,与他们促膝谈心,向任课教师介绍他们的表现,都是可行的方法。

针对个性特点,选择突破口。每个后进生都有自己的个性特点,班主任把握他们的个性特点,有利于选择促使其转化的突破口。这种突破口可以从个性优点开始,也可以从个性弱点开始,因人而异。比较普遍的做法是:满足他们的成就动机,使之产生成功的喜悦;满足他们表现的心理,给他们以适当的表现机会;满足他们的自尊需求,及时给予肯定的评价;满足他们的求助心理,给予及时的关怀和帮助;满足他们的感情需要,跟他们坦诚相待,交知心朋友。对后进生的全部教育,只有引起他们的自我教育,才会产生积极的效果。因此,班主任要千方百计调动、刺激他们的积极因素发挥作用,克服消极因素,引导学生自觉地规范自己的行为,形成良好的习惯。

【例说】6-8

> 某小学五年级有个叫王成的学生,经常搞恶作剧,三天两头与别人打架,对教师不讲礼貌,是扰乱班级秩序的"头号人物"。但他也有一个明显的优点,就是"仗义"。一天放学时,班主任在一张二指宽的纸条上写了一句话:"家长同志,您的孩子助人为乐,见义勇为。"然后,把王成叫到办公室,把折叠好的纸条交到他手上,对他说:"把这个纸条交给你的家长,让家长签字后明天早上再送给我,但送去和送回都不准拆开看。"其实,老师怎能不知道这孩子肯定要看纸条上的内容?第二天,王成第一个到校,喜滋滋地把家长写有"孩子有进步,我非常高兴,谢谢老师"的纸条交给了班主任。那一天,老师注意观察了他,一天中他特别规矩,也特别精神。从此,这位班主任与每个学生都保持了"单线联系",时不时地给他们一个纸条,上面根据学生的特点分别写有"您的孩子热爱劳动""您的孩子书读得很好""您的孩子作文写得很棒""您的孩子团结同学,讲文明,有礼貌",等等,并暗中与家长联系好,一定要写上鼓励性的回音,每次仍然要求学生不看纸条。半个学期过去了,班主任从未惩罚过任何一个学生,但班里却秩序井然,好人好事层出不穷,纪律、卫生、文体活动样样争先。

⑥ 弥补基础学力,培养学习兴趣。认真进行学习辅导。班主任对后进生的学习辅导不能忽视,后进生的学习上不去,会影响其他方面的进步。学习辅导要从实际出发,分类进行,尽量多做个别指导。

逐步开发后进生的智力。后进生学习不好,与他们的智力基础和智力活动状况有关。为了提高他们的学习质量,必须在培养他们非智力因素的同时,有步骤地开发他们的智力。

【例说】6-9

> 优秀班主任魏书生老师在实践中摸索出一套有效的经验。第一,他先以自己的热情和信心去点燃学生的热情和信心。第二,结合教学实践,培养学生的基本智力因素——观察力、思维力、记忆力、想象力,并且教给学生具体的方法。第三,引导后进生进行定向的智力活动,把各种知识用"树"的形式表示出来,要求学生自己填写"学习病例",自己有"病"自己治,学生的盲目智力活动变为定向的智力活动了。第四,引导学生进行智力的规则活动。不仅要求学生把训练的内容与时间紧密联系起来,要求达到一定的效率标准,而且教后进生如何把诸科训练内容统一于一个时间常数之中,制订出每天、每周、每月、每年的德、智、体、美、劳的综合练习计划,要求时间具体、内容具体、数字具体、方法具体。第五,引导学生进行智力的惯性活动。着力克服后进生推一推、动一动的弱点,使他们的智力活动养成良好的习惯。每项计划制订了就坚决执行。各项活动都形成制度,培养习惯。改变了后进生做事拖拉、时紧时松、时好时坏的毛病。经过长时间努力,魏老师的这套做法见到明显效果,后进生逐步摆脱了学习困难的状态,班上的8名后进生都以较好成绩考上了高中或职业高中。

⑦ 形成教育合力,常抓不懈。后进生的转化工作,仅靠班主任的力量是远远不够的。班主任要寻找各种教育因素、教育途径来增强教育效果。其一,与家长合力。教师一旦发现学生有不良行为或教育效果不明显,或感到问题棘手,要及时向家长反映,取得家长的配合与支持,及时把握学生心理、行为动态,同时与家长商讨教育对策,从而形成良好的家校教育合力。班主任与后进生家长联系,必须注意方式方法,要"多报喜,巧报忧",对后进生的家庭教育指导要花更多的力量。其二,与任课教师合力。班主任关注后进生的思想行为时,要与任课教师配合,了解后进生在其他课上或在某一方面的表现,尽量做到了解透彻,扬长避短,使他们的不良思想、行为能得到有效控制,从而形成师师合力的良好局面。其三,运用班集体的力量。集体是转化后进生的大熔炉,一个好的班集体,具有"同化"的功能,它的纪律、舆论、风气、传统都是一种强大的力量,使每个成员,包括后进生,不得不约束自己,以适应班集体的良好氛围。班主任应有意识地把后进生组织到班集体的运转机制中去进行教育转化工作。除了要把他们视为班集体的一个平等的不可缺少的成员之外,还要具体地为他们安排合适的角色地位,让他们从和谐的人际关系中得到鼓舞,在集体的成绩面前受到激励,在亲自经历的活动实践中受到自我教育。其四,在班集体中成立帮教小组。注意学生的交往情况、感情基础,要坚持自愿的原则,生拉硬扯不会有好的效果。

后进生的转化是一个复杂、艰难而漫长的过程,绝不是一朝一夕就能完成的,要持之以恒,正确对待反复。反复是后进生思想转化过程中带有规律性的现象。后进学生思想上的反复,并不是简单的重复,不是退回到原地。在出现反复以后,他们也不是心安理得的。班主任要树立信心,保持耐心,深入研究出现反复的原因,激励他们克制自己,做到少反复,争取不反复。

⑧ 讲究评价的艺术,善用批评。后进生往往受批评最多,而批评方法不当,常常会损伤他们的自尊心和积极性。批评的目的在于引起自我批评。批评艺术的核心就在于"引起自我批评",即由"他律"而变为"自律"。优秀教育工作者从实践中找到了许多批评的好方式,如满含期待的批评、开导式的批评、寓贬于褒的批评、建议性的批评、激将式的批评、示范式的批评、防疫式的批评等。同时,要杜绝那些不利的批评方式,如发泄式的批评、讽刺挖苦式的批评、揭短亮丑式的批评、谩骂式的批评等。有的班主任在评价过程中,创造了一些独特而有效的评价方式,如让学生自己给自己写信。学生犯了错误,老师作为"惩罚"的手段就是让犯错误的同学站在第三者的角度上给自己写信。这封信既要叙述犯错误的过程,又要剖析自己犯错误的原因,还要列举错误的危害,同时要指出今后的路该怎么走……这封信不是很容易写的,有时要几易其稿,反复修改。学生反省不到位,老师也不尖锐批评,而是和风细雨地指出问题的实质,帮助学生提高认识水平。

总之,做好班级个别教育工作,班主任一定要注意研究、探索不同类型学生的特点及其教育策略,使他们成为品德高尚、素质全面、勇于创新的合格中学生。

第三节　班级活动管理

班级活动是在班主任的指导下,有目的、有计划地为实现班级教育目标而举行的各种教育、教学实践活动。它是学生学校活动的基本形式,也是班级文化建设的重要途径。开展班级活动有利于培养学生良好的品德,发展个性特长,锻炼意志品质,养成良好的行为习惯。班级活动管理强调以学生为主体,以能力培养为核心,以素质整体发展为价值取向,为学生搭建一个展示自我、发展自我的平台。

一、班级活动的意义

从广义上讲,班级活动是指在教育者的组织和领导下,为实现教育目的、完成学校教育计划、组织班级成员参加的一切教育活动。狭义的班级活动则指在班主任的组织领导下,由学生自己组织的、为实现班级教育目标而开展的各种教育活动。通过班级活动教育学生,培养学生的各种能力,是班主任工作的基本特点。班主任要尽可能地组织一些班级教育活动,对学生进行生动、具体、形象的教育。班级活动的意义和价值体现在以下几个方面。

(一) 有利于组织、建设班集体

班集体是在实现班级教育目标的实践活动中发展、巩固起来的。班级活动是班集体朝着既定目标奋斗发展的重要形式,它有助于实现班集体的目标。班干部和积极分子的选拔与培养,班级规章制度的制定和执行,班风、学风建设等,都离不开班级活动这个载体。班级活动形式多样,内容丰富,对青少年学生具有很大的吸引力,可以调动班级成员的积极性。在班级活动中,引导学生明确自己在集体中的地位和作用,促进同学之间相互了解,加强感情交流,密切同学之间的关系,有利于形成和谐的人际关系,培养集体主义精神,而这又是班集体形成的重要条件和标志。

（二）有利于学生开阔视野、了解社会、增长才干

丰富多彩的班级活动可以使学生的课余生活更加充实，更加生动活泼。通过调查、参观、访问、表演、制作、竞赛、社区服务等活动，把学生从书本引向实际，从学校引到社会，让他们广泛接触自然和社会，增加社会交往，可以促使学生独立思考，独立实践，进一步理解和掌握书本理论知识，并将所学知识转化为技能技巧。富有知识性的班级活动，不仅可以从数量上扩充学生的知识领域，增加新的信息，而且在本质上增加了学生的感性材料，把所学的理论应用于实践，从而弥补学生掌握知识的不完整性。从能力锻炼的角度讲，班级活动有利于全面锻炼学生的能力，尤其是组织能力、分析问题和解决问题的能力、动手操作能力等。成功的班级活动往往会激发学生的成才动机，改变那种被动、呆板、单调的学习状态，增强学习兴趣，使他们立志为改造自然、改革社会而发奋学习。

（三）有利于因材施教，发展学生的个性特长

班级活动可以为各种类型的学生提供施展才能的广阔舞台，使他们的爱好和特长得以充分发挥。班级活动比较灵活，一般不受教学计划或课程标准的限制，自由度大。内容丰富、形式多样的活动，能够适应各种类型、各种层次的学生需要。在班级活动中，学生可以运用自己的知识、经验、智慧和才干比较出色地完成集体交给的任务。通过活动，学生也可以看到自己的能力和特长，有助于他们发现、挖掘自身的潜力，更好地发展自己的爱好和特长。实践证明，许多专门人才在中小学阶段就是班级活动的积极分子。学生未来的职业理想和专业选择往往是与其在中小学所参加的课余活动密切相关的。

【例说】6-10

江苏省常州市高级中学班主任开××老师为了引导学生接触社会，了解社会，锻炼社会实践能力，决定利用寒假组织一次社会调查活动，其做法对于我们认识班级活动的价值和意义是颇有启发意义的。

首先，确定组织形式。规定以学习小组为单位，全班分成四个调查小组，由组长和指定的一名班干部共同负责调查活动。其次，选好调查单位。根据自荐和举荐，选出四位比较关心支持班级工作的学生家长，请他们帮助学生搞好本次社会实践，并确定以他们的工作单位作为社会调查点。再次，明确调查内容，并规定每个小组必须在集体讨论的基础上由两名同学执笔，从不同角度撰写两篇调查报告。

寒假里，同学们分别走访四个单位，开展调查研究：① 常州市检察院，调查常州市青少年犯罪情况；② 常州电子产品质量检验所，调查常州电子工业发展概况；③ 常州市第一人民医院，调查白衣战士救死扶伤的情况；④ 苏南煤炭勘探公司，调查市场能源状况。

> 开学了，八篇调查报告如期交上来了。班主任专门组织了一次社会实践活动专题报告会，让四个组的同学大会交流，互相学习，分享成果。
>
> 通过这次社会调查活动，班主任发现收获是出乎意料的，每位同学都经历了一个接触社会、了解社会的过程，受到了一次生动真实的思想教育。
>
> 班主任还意外地发现，原来男女同学不说话的状况改变了，他们一起参加社会调查，一起进行学雷锋活动，一起在调查单位门前合影留念，相互增进了了解，加强了团结。
>
> 班上有位张××同学，原来对集体活动不大感兴趣，甘居中游。在电子质量检验所当领导的父亲热情接待了他所在小组的同学，顺利完成了调查任务，他也积极配合组长搞好活动。从那次班级活动之后，他对集体活动热情高涨，积极参与，由此还带动了学习进步，最后考取了某地医学院。[①]

二、班级活动的内容

（一）科技活动

科技活动是提高学生科学文化素质的重要途径，它可以培养学生的动手能力，发展学生的观察能力和思维能力，培养学生对科学的兴趣，提高学生的科学素养。一般来讲，班级科技活动的内容包括开展阅读科技书画，讲科学家的故事，看科技录像和电影，参观博物馆、科技作品展以及科技游艺等。班主任组织学生开展科技活动的形式与方法是多种多样的，常用的活动形式有探究型活动、实践型活动、专题型活动、展示型活动等。常用的方法包括观察法、实践法、操作法、发现法、交流法、创造法、解疑法、辅导法、展示法等。班主任组织学生开展科技活动，首先要注意激发学生的科学兴趣。兴趣是参与活动的动力，只有充分激发学生的兴趣，才可能使活动的开展得到学生的认可与欢迎，这样，活动的开展才能取得比较好的效果。其次，科技活动内容应该符合学生的知识水平和年龄特征，使之成为课堂教学活动的延伸和补充。再次，活动的操作性、实践性要强。班主任要尽可能给学生提供一个动手操作的场所，一个参与科技活动的机会。通过科技活动，学生不仅学到了知识，更重要的是培养了他们的操作技能技巧。最后，要因材施教。在活动中要尊重学生的个性和爱好，不能要求全班统一，要针对学生的特点，选择合适的活动内容。

（二）体育活动

体育活动是班级活动中比较常见的，也是深受学生欢迎的一项活动内容。组织好班级体育活动，对于促进学生身体发展，增强体质，巩固和提高体育课中所学的知识技能，提高运动技术水平，培养学生自觉锻炼身体的习惯，丰富学生的课余生活，调剂身

[①] 周德藩、葛锁网：《中学班主任工作优秀个案》，苏州大学出版社1995年版，第91页。

心健康,都具有重要作用。新一轮课程改革在体育课程内容标准方面提出了五项学习领域,即运动参与、运动技能、身体健康、心理健康、社会适应,并对这五项学习领域的意义做了明晰的说明,清楚地表达了体育课程的价值与作用。"运动参与"是学生发展体能、获得运动技能、提高健康水平、形成乐观开朗的生活态度的重要途径。促使学生主动参与体育活动的关键是通过形式多样的教学手段、丰富多彩的活动内容,培养他们参与体育活动的兴趣和爱好,形成坚持锻炼的习惯和终身体育的意识。在促使生积极参与体育活动的基础上,还应使学生懂得科学锻炼身体的方法。"运动技能"学习领域体现了体育与健康课程以身体锻炼为主的基本特征,学习运动技能也是实现其他领域学习目标的手段之一。通过运动技能的学习,绝大多数学生将学会多种基本运动技能,在此基础上形成自己的兴趣爱好,并有所专长,提高终身体育锻炼的意识和能力。少年儿童正处在生长发育最旺盛的时期,这一时期学生的身体状况对他们身体的健康成长具有重要影响。体育活动是促进学生身体发展和健康的重要手段,因此,在引导学生积极参与体育活动、发展体能的同时,注意使他们了解营养、环境和不良行为对身体健康的影响,并形成健康的生活方式,这样才能有效地提高学生的身体健康水平。体育活动不仅有助于身体健康,也能增进心理健康。在组织体育活动的过程中,要防止只重视运动技能的传授,而忽视心理健康目标达成的现象;要努力使学生在体育活动过程中既掌握基本的运动技能,又发展心理品质;要注意创设一些专门的情境,采取一些特别的手段,促进学生心理健康水平的提高。体育活动对于发展学生的社会适应能力也具有独特的作用,经常参与体育活动的学生,合作和竞争意识、交往能力、对集体和社会的关心程度都会得到提高,而且,学生在体育活动中所获得的合作与交往等能力能迁移到日常的学习和生活中去。在学校教育中,除了日常的体育课程以外,还有许多其他形式的体育活动,譬如,长跑、游泳、跳绳、跳橡皮筋、踢毽子、游戏、旅行、野营等,甚至许多民间体育项目,也可纳入班级体育活动之中,它们一同构成了班级体育活动的内容。

班主任在组织班级体育活动的过程中要遵循以下一些规律。首先,活动的形式要多样化,要让学生保持新奇感。其次,遵循生理变化规律,量力而行。最后,具有教育意义,通过体育活动不仅要增强学生的体质,而且要增强班级凝聚力,形成积极向上、团结友爱的班级文化,促进学生全面发展。

(三) 文艺活动

班级文艺活动对于陶冶学生情操、净化学生心灵、养成学生审美素质、形成班级合力等方面具有重要的作用,因此有效地开展班级文艺活动是建设班级文化的重要措施。班主任是活动组织者,在组织文艺活动过程中,要善于发现学生特长,激发学生兴趣,培养学生爱好,组织学生从实际出发,确定活动,帮助学生选择活动项目,为学生参加活动提供条件。在这一过程中,班主任要坚持下面几条原则。

首先,要坚持思想性和艺术性的统一。对文艺活动的选择,首先应注意内容的思想性,要选择健康、先进,鼓舞青少年积极向上的文艺作品,要有利于年轻人树立正确的人生观、世界观、价值观,同时也要求表现内容的审美形象生动、鲜明,有感染力和说服力,能激发审美者的情感和想象。其次,要坚持情感体验和道德判断相结合。艺术的特点是以情动人,以美感人,是情感与思维交织的过程。班主任要引导学生不仅有情感投入,还要有逻辑思维,特别是要有正确的道德标准来衡量是非和善恶。

最后,要坚持知识传授与技能训练相协调。艺术不仅是一种知识,更是一种技巧、能力,文艺活动中更多的技能是要通过反反复复的训练才能学好。班主任要根据不同艺术形式的特点,根据活动者的特点,把传授知识、训练、欣赏安排好,协调好,争取获得最佳效果。

(四)综合实践活动

20世纪90年代以来,世界各国、各地区都推出了旨在适应新世纪挑战的课程改革举措,呈现出的共同趋势是倡导课程向儿童经验和生活回归,追求课程的综合化。欧美诸国纷纷倡导"主题探究"活动与"设计学习"活动;日本在新课程体系中专设"综合学习实践";我国台湾地区则把"综合活动"作为新课程七大学习领域之一。在这种背景下,我国顺应世界课程改革潮流,开设了综合实践活动课程。综合实践活动作为我国近年基础教育课程改革中涌现出来的一种新型的综合课程形态,它包括研究性学习活动、社区服务与社会实践、信息技术教育、劳动与技术教育等内容,从性质上看属于活动类综合课程,强调在特定的时间段通过学生的主体能动性的发挥,"增强探究与创新意识,学习科学研究的方法,发展综合运用知识的能力。增进学校与社会的密切联系,培养学生的社会责任感。加强信息技术教育,培养学生具有利用信息技术的意识和能力。了解必要的通用技术和职业分工,形成初步的技术意识和技术实践能力",实现学生综合发展的目的。

综合实践活动课面向学生、注重体验、扎根生活的特点,符合世界课改的潮流,打破了学科框架的樊篱,使综合课程改革从单纯的内容综合走向课程—教学—学习领域整体综合的新视域。因此综合实践活动课作为一种独立的、崭新的综合课程形态,其价值与功用必须得到重视。

对于班主任而言,在管理、指导综合实践活动的过程中,要在明确综合实践活动的性质与目的的前提下,了解综合实践活动的组织结构与实施过程。一般来讲,综合实践活动的教学结构包括五个步骤,即情境创设、主题协商、实践探究、经验分享、成果分享。在具体的实施过程中主要包括三个阶段:活动导入—活动开展—活动总结。在综合实践活动实施的不同阶段,班主任的职责、学生的任务以及具体的活动内容是有所不同的。

三、班级活动的形式

(一)讨论式

讨论式是指师生围绕班级大多数学生感兴趣的话题或带有共性的问题,展开研讨,各抒己见,以期达成共识的班级活动形式。运用"讨论式"开展班级活动,首先,班主任应该精心筹划组织,根据学生思想上的热点,拟出讨论提纲,并委托班干部将学生按不同的观点分成小组做好充分准备。其次,创造一种宽松的环境,让大家畅所欲言,鼓励学生敞开思想,踊跃发言，展开热烈的讨论。最后，班主任要进行总结和点评，班主任要客观公正、实事求是地谈出自己的看法或倾向性的意见，增强学生对问题的进一步认识，消除偏见误解。

（二）报告式

报告式是围绕某个教育主题，请人做专题报告会的活动形式。报告人可以是校外的，也可以是校内的领导和老师，有时也可以围绕一个主题让学生上台做报告。报告内容可以是学生共同感兴趣的话题，也可以是英雄人物的事迹报告。专家与老师的报告因其思想深邃、内容翔实、事迹感人，常常能给学生带来启迪与震撼，收到良好的教育效果。而同学所做的报告往往因其事迹具体，容易引起学生的共情反应，因此说服力较强。选择"报告式"组织班级活动，首先，报告人的选择要有针对性。报告人最好选择那些学生比较认可，甚至比较崇拜的人物，这样容易得到学生的认同。其次，报告的事迹要典型，能够增长学生的见识，拓宽学生的视野，震撼学生的心灵，激发学生的情感共鸣。最后，报告后要及时引导学生反思，通过展开讨论、写听后感等形式，使教育意义进一步凸显。

（三）竞赛式

竞赛式活动是针对学生争强好胜的心理特点，通过满足他们的心理需求，调动他们参加集体活动的积极性，激发他们的上进心，培养竞争精神和团队意识的班级活动形式。如何开展班级的各种竞赛活动呢？首先，竞赛内容要丰富多彩。学习竞赛、劳动竞赛、文体活动竞赛、环保知识竞赛、奥运知识竞赛都可以成为竞赛主题。其次，竞赛要求应详细具体。竞赛活动之前，要根据竞赛内容，拟好竞赛细则，规定标准，确定比分，讲清程序，指出注意事项。如歌咏比赛，要规定好必唱歌曲及选唱歌曲、参赛人数、具体要求、限定时间等，并拟定出队列、精神面貌、演唱形式、音调准确、音律丰富、声音洪亮、指挥、表情一系列的评分标准。又如口头作文竞赛，必须拟定好主题、选材、构思、结构、表达、普通话等每一项具体的比分及要求。有了这些明确的具体的要求，参赛者就能有的放矢地做好准备，评委成员就能较好地把握分寸，避免挫伤参赛者的积极性。最后，组织要健全。建立健全竞赛组织是活动顺利进行取得实效的重要保证。组织各种竞赛活动，应注意如下几个问题：班主任要始终站在主导者的位置，当好总设计师和总导演；竞赛的内容和种类要有整体规划，必须切实可行；要给优胜者一定的奖励，要有一整套完整的奖励措施，对于在竞赛中的优胜者要及时进行奖励（精神奖励为主）。

（四）表演式

表演式活动是一种寓教于乐的活动形式。它针对学生的表现欲强的心理特点，通过歌曲表演、诗文朗诵、演讲、书法、相声、小品、魔术等多种形式，给学生提供展示才华的平台，并在此过程中，锻炼学生的胆量，增长学生的才干，丰富学生的业余生活，同时增进班级的凝聚力。在表演式活动中，班主任要尽可能地调动每一个学生的积极性，为每一个学生提供合适的角色，使他们都能在活动过程中获得成功的体验。此外，班主任在运用"表演式"组织开展班级活动的时候，还要注意活动与学科的结合，活动的主题应尽可能与学科的内容结合起来，不能单纯地为了表演而表演，这样才能充分挖掘活动的教育意蕴。

（五）游戏式

游戏式活动是通过角色扮演使学生在虚拟的情境中获得真实的生活经验，学会合作，学会交流，学会和平共处，克服妒忌、自傲、孤独心理，明白人际交往的规则，从而逐渐完成社会化的过程。下面的一则小故事就生动形象地说明了游戏式活动的教育价值。

【例说】6-11

> 一位老太太在一群孩子中间选出三个孩子：一个10岁的女孩，一个7岁的男孩和一个大约只有5岁的女孩。老太太拿出一只玻璃瓶子，瓶肚很大，瓶口很小。三粒刚能单独通过瓶口的小球正躺在瓶底。小球上各系一根丝绳，像青藤一样从瓶口爬出来，攥在老太太手里。老太太笑了一下，她宣布游戏规则：这三个小球分别代表你们三个人。这个瓶子代表一口干井。假设你们正在干井里玩，突然，干井里冒出水来，水涨得很快，你们必须赶快逃命。记住，我数七下，也就是只有七秒钟，如果你们谁还没有逃出来，谁就会被淹没。她把三根丝绳递给三个孩子，做出一个表示开始的手势。只见那个大约5岁的女孩很快从瓶子里拉出了自己的球。接下来是那个7岁的男孩，他先是看了一眼比自己大的女孩，接着迅速地将自己的球拉出瓶口。最后是那个10岁的女孩，从容又轻捷。全部时间不到五秒。老太太惊呆了，本来一场惊心动魄的游戏，竟这么平淡地结束了。她先问那个小男孩，你为什么不争先逃命？小男孩摆出一副很勇敢的劲头，手指着那个最小的女孩，"她很小，我应当让她呀！"她又问那个10岁的女孩。"三个人里我最大，我是姐姐，我应该最后离开。"女孩说。老太太又问："那你就不怕自己被淹吗？"女孩答道："淹没我，也不能淹没弟弟妹妹。"如果在这个游戏活动中，孩子们都争先恐后，互不相让，那么他们就绝不可能在七秒的时间内逃离干井，所以说这个游戏活动的目的是要告诉我们团结、友爱、豁达、无私是更重要的人生准则。

（六）课题式

课题式活动是学生尝试用课题研究的方式，在老师的指导下，自主发现问题、自主研究问题、自主解决问题的一种探究性的活动方式。班主任开展课题式活动的时候，要注意以下一些准则。其一，选题要有价值，课题应尽可能是学生自己在生活中遇到的问题，解决这类问题能提高他们的认识，促进他们的发展。其二，选题的难度要适中，课题要适合学生的研究水平和研究能力。其三，要发挥学生的主动性，真正的班级活动应该以学生为主体，充分发挥学生的自主性、能动性、创造性，一旦离开了学生的主体地位，班级活动就成了"班主任活动"，那么，它对学生的教育意义也就大打折扣了，只有充分调动学生的积极性,让他们积极探究、体验,学生的能力才能得到切实的提高。

四、班级活动的组织

(一)班级活动的设计

1. 选择活动主题

任何班级活动都必须有一个明确的主题,设计班级活动主题应遵循以下三个原则:其一,凸现时代特征。学校教育是动态的、开放的、发展的,它始终与时代发展保持着密切的联系,因此反映班级活动灵魂的活动主题也不可能是固定的或绝对预期的。其二,立足学生需要。班主任在设计活动主题时,考虑的不是我能够做些什么,或者学生应该做些什么,而是应该考虑学生关心什么,学生需要什么,要更多地考虑到学生的年龄特点、经验、兴趣和他们的现实生活。不同年龄阶段的学生有着不同的生理、心理特征,活动主题的设计需要与之吻合。其三,面向生活。活动主题还应与学生的生活相关联,并能对学生生活产生积极的影响。如果主题脱离了学生的生活实际,那么活动也就失去了存在的意义。

2. 选择活动内容

在班级活动内容的选择过程中,应把握三个准则:其一,角度要小。小题大做,才能对主题进行深度发掘,使主题更加突出。其二,内容要新。活动内容要新颖有创意,这样容易激发学生兴趣,从而调动学生参与的积极性。其三,材料要精。班级活动内容所涉及的材料要典型、精致、翔实,能够引发学生的思考。

3. 选择活动形式

班级活动的形式在一定程度上影响着班级活动的最终效果。在选择班级活动形式的时候应注意以下几点:一是要考虑到学生的心理特点、年龄特点以及学生的个性倾向,尽可能使活动形式贴近学生的需要。二是要使活动形式与活动主题相匹配,内容决定形式,脱离主题的活动形式,必将背离教育的主旨。三是要具有可操作性。在选择活动形式的时候一定要考虑时间、场所等各种现实条件,一厢情愿的理想,最终只能是美丽的海市蜃楼。

4. 拟定活动方案

班级活动主题、内容、形式确定以后,班主任要将这些要素具体化、细节化,最终形成活动方案。活动方案有简案和详案两种,简案的特点是规划性较强,而详案的特点是操作性较强,具体选择哪种方案要视主题和内容而定。无论哪种方案,都应该包括以下一些要素:活动名称、活动目的、活动时间、活动地点、主持人、参与人、活动内容与形式、活动步骤与过程。

(二)班级活动的开展

开展班级活动是将班级活动设计的蓝图变为现实的过程,在这一过程中,班主任要统筹兼顾,安排好各项具体工作。

1. 布置活动场地

一个适当的活动场地能够给活动的开展提供一个良好的平台。班主任在开展活动的过程中首先要组织学生布置和美化活动场地。在活动场地的布置与美化过程中,要坚持教育性、新颖性、审美性原则,使得场地与活动的内容和形式协调统一。在场地布置过程中尤其要尊重学生的积极性和创造性,放手让学生自己去设计布置,切不可由教师一手包办。学生自己选择布置的场地可能没有我们考虑得那么理想,但那是学生内心世界对生活的真实理解。教师应把场地布置过程变为培养学生自治、自强能力的过程,要发挥集体的智慧。通过这样的机会使学生更加热爱自己的班集体,不仅使教室得到了美化,而且使学生从中增长知识,陶冶情操,实践能力得到锻炼,学到许多在课本上学不到的知识,提高学生的组织能力和集体意识,大大丰富教育的内涵。

2. 分配活动人员

开展班级活动,应最大限度地发挥学生的作用,使学生觉得自己有所作为,特别是要使那些不大为人注意的学生发挥特长,施展其才华。假如开展活动时,只是少数学生在"动",大多数学生处于观看、陪同的地位,那就无法取得满意的效果。在活动中,要使每一个学生都能在活动中找到自己的位置,使每一个学生的能力都得到锻炼。这就需要班主任在开展活动过程中统筹规划,根据学生的能力倾向和个性特点,合理分配任务,使学生各司其职、各负其责。

3. 调控活动进程

在开展活动过程中,虽然要充分发挥学生的主动性,但这并不意味着班主任可以放手不管,班主任应该针对活动中出现的偏差,及时指导,提供帮助,这样方能使活动顺畅进行。

4. 提供保障服务

活动的开展涉及一系列的环境与技术问题,单单依靠学生自身的能力解决起来比较困难,因此在活动开展过程中,班主任应该尽可能地考虑得周全一些,做好活动需要的保障工作,提供活动需要的条件和技术。

(三) 班级活动的总结

班级活动不仅需要重视设计与过程,同时也需要重视结果。对于一项班级活动而言,无论最后的成效如何,都应该进行总结,分析成败得失,这样有利于巩固和提升活动效果,为今后的活动积累经验。总结应当以肯定成绩和鼓励为主,这是激发学生信心的良好契机,但是在总结的过程中也比较忌讳一味唱高调,对于活动中出现的问题也应该实事求是地进行剖析,找到原因,总结经验教训,这样才能使得学生认清不足,为下次活动的开展做好铺垫。

【例说】6-12

三月份——活动主题：今年春更美。活动内容与形式：① 举办"闪烁的新星"展览会(展出寒假优秀作业、科技作品、书法美术摄影佳作)；② 举行"雷锋叔叔在我身边"演讲会；③ 组织"与小树一起成长"植树活动，记下植树时间，量出小树的高低，然后承包管理。

四月份——活动主题：学海无涯苦作舟。活动内容与形式：① 春游：观春、咏春、惜春；② 初二学习诀窍大联唱：交流学习经验；③ 烈士墓前话理想；④ "祖国之最"知识竞赛。

五月份——活动主题：让青春闪光。活动内容与形式：① 举行"鲜红的团旗指引我们父子两代人前进"座谈会；② 举行"我有一双勤劳的手"竞赛活动；③ 举办"红五月艺术节"。

六月份——活动主题：职业理想教育。活动内容与形式：① 社会调查——"我理想中的职业"；② 红领巾为民服务日——"为邻居们做件好事"；③ "美的花、美的心灵"盆花展览活动；④ 举行"党啊，我向您说"报告会。

七月份——活动主题：热爱家乡专题教育。活动内容与形式：① 家乡新面貌考察；② 家乡名优知多少；③ 家乡新貌展览；④ 热爱家乡诗歌朗诵会；⑤ "我们的奉献"活动。

链接

班　会[①]

班会是班主任对学生进行思想教育，开展班级管理的重要组织形式，也是学生民主管理班级和自我教育的重要途径。班会通常包括班级例会和主题班会。班级例会是指以班级为单位定期召开的、对学生进行常规教育为主的学生大会，旨在了解与解决本班学生思想、学习、生活等方面的各种问题，包括民主生活会和班务会两种形式。前者以引导学生开展批评与自我批评、进行自我教育为主要内容；后者以讨论处理班级较为重要的事务性问题为主要内容。班级例会的主要内容有：贯彻落实学校工作计划，研究部署班级工作；对学生进行日常行为规范教育；学习动机教育；选举或调整班级干部；表彰好人好事，评选三好学生和优秀学生干部；处理班级偶发事件，听取犯错误学生的自我批评，讨论对犯错误学生的处理意见；总结班级工作等。主题班会是根据教育目的任务的要求，针对班级大多数学生的思想状况，紧紧围绕一定主题召开的班会。它是学生自我教育的一种集体活动，也是班主任通过学生集体教育，影响学生的重要形式。对于主题班会来说，确定明确的主题尤为重要，它是主题班会的灵魂。

---

① 甘霖：《班主任工作技能训练》，华东师范大学出版社1995年版，第36页。

复习思考题

1. 制订班级工作计划的意义及其要求是什么?
2. 怎样做好班级工作总结?
3. 谈谈学习指导的意义和方法。
4. 班级活动的教育意义及其价值如何?
5. 什么是班级个别教育?如何做好班级个别教育工作?
6. 如何理解心理健康的含义?
7. 联系实际谈谈学校开展心理健康教育的意义。
8. 结合实际谈谈你对学校心理健康教育原则的理解与运用。

本章小结

制定班级管理工作计划要体现明确的目的性、教育活动的整体性、具体执行的可行性。班级工作总结的基本原则有实事求是,客观真实;总结成绩,查找问题;注重研究,探索规律。学习指导包括激发学习兴趣,树立学习信心,培养学习习惯,指导学习方法。中学生常见的心理问题有青春期性心理问题、情绪障碍、逆反心理、人际交往问题等。学生心理辅导的常用方法有故事启迪法、分题讨论法、小品表演法、设境讲解法、社会实践法。个别教育涵盖优秀生的扬长、中等生的提高、后进生的转化。班级活动是班集体建设和个性发展的重要载体。班级活动内容丰富多彩,要想实现班级活动效益最大化,班主任需要对班级活动精心设计和组织实施。

第七章 班级实务管理(下)

内容提要

本章主要讨论班级实务管理中的班级偶发事件的处理、班级学生的操行评定、班级管理资源的开发与利用。通过本章学习,你应该了解偶发事件的特点和妥善处置偶发事件的意义,掌握偶发事件处理的基本原则和方法;认知学生操行评定的作用,掌握学生操行评价的基本原则,熟悉学生操行评定的实施程序;理解班级管理资源开发利用的价值和意义,掌握家庭教育资源、社区教育资源、大众传媒资源开发的基本策略。

思维导图

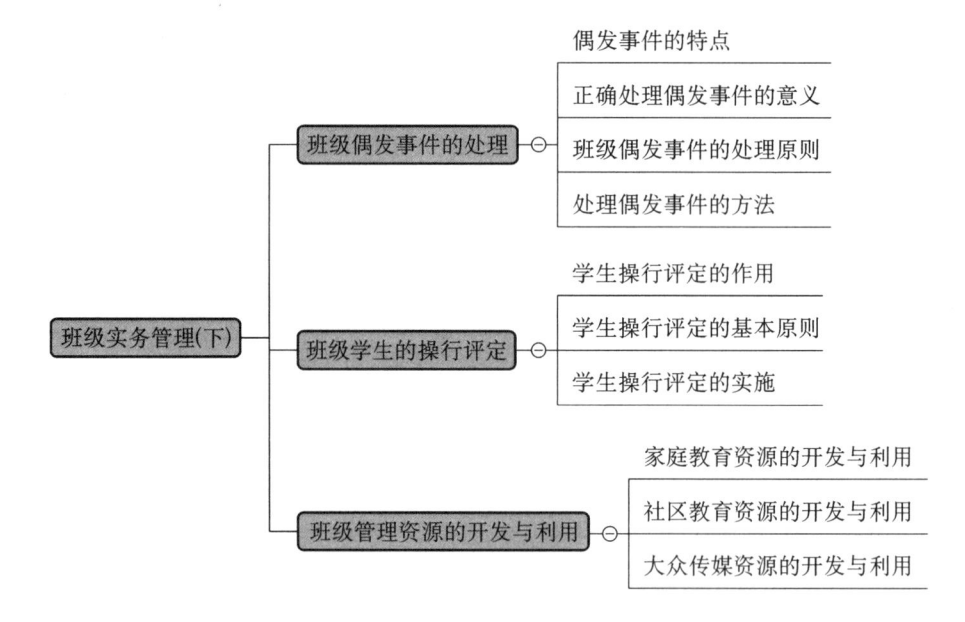

班级实务管理(下)
- 班级偶发事件的处理
  - 偶发事件的特点
  - 正确处理偶发事件的意义
  - 班级偶发事件的处理原则
  - 处理偶发事件的方法
- 班级学生的操行评定
  - 学生操行评定的作用
  - 学生操行评定的基本原则
  - 学生操行评定的实施
- 班级管理资源的开发与利用
  - 家庭教育资源的开发与利用
  - 社区教育资源的开发与利用
  - 大众传媒资源的开发与利用

第一节 班级偶发事件的处理

班级工作千头万绪,教育目标、教育内容的多样性,学生身心特征的复杂性,教育过程中的生成性,都决定了班级工作不可能都按照事先设定的程序运行,肯定会有一些意想不到的事件发生。如班内失窃、伤害事故、学生生病、遭遇意外、严重违纪、离家出走、师生矛盾等，一般都是在班主任没有思想准备的情况下突然出现的。所谓班级偶发事件亦称班级突发事件，指在班级教育过程中发生的事先难以预料、出现频率不高，但必须迅速做出反应、加以特殊处理的事件。

尽管班级偶发事件是学生中发生的事先没有估计到的、出人意料的一些事件，但它需要班主任迅速做出判断，并做出相应处理。正确处理偶发事件，是班主任工作中的难点，也是班主任老师的一项基本功。

一、偶发事件的特点

班级中的偶发事件是在班级教育教学过程中突然意外发生的一种特殊的教育现象，一般说来具有以下几个显著特点。

（一）突发性

偶发事件的出现常常是突然的，表现出不可预料和突发的特点。尽管有时在发生发展过程中也有一定的先兆，但因偶发事件的发生常和社会上的重大事件、学生家庭的重大变故或学生本人的意外遭遇联系在一起，事件的发生发展往往是一个急剧变化的过程。伴随偶发事件的发生，人们总有出乎意料的感觉。如学生在校受到严重伤害、病患——骨折、眼伤、急腹症等，往往在班主任缺乏足够的思想准备的情况下突然发生。

（二）偶然性

偶发事件的孕育发展具有较大的隐蔽性和潜在性，这类事件发生在什么时间，什么样的场合，发生在谁身上以及发生的性质程度都是难以估计的，这也是不可避免的。相对于班级常规管理工作所碰到的问题来讲，偶发事件发生的频率比较低，有较大偶然性。但其一旦发生，往往在班级和学生个体中造成爆炸性的反应，轻则中断正常的课堂授课，重则影响全校教学秩序。

（三）紧迫性

偶发事件发生突然，有时涉及面广，震荡性大，一旦发生必须马上予以处理，否则教育活动就难以为继，学生心理就难以疏通，师生关系就难以理顺。这就要求班主任迅速而正确地做出判断，对积极的事件要因势利导，及时强化其良性作用；对消极的或有伤害性的事件则要随机应变，采取应急措施，防止事态扩大，产生不良后果。由于其特殊性，处理偶发事件有时不能依靠常规办法解决，需要班主任运用高度的教育机智加以特殊处理。

（四）冲击性

偶发事件的发生往往会打乱班主任原有的部署，使原本井井有条按部就班的教育活动无法按计划进行，活动的效果会大打折扣，甚至背道而驰。偶发事件的发生及发展趋势往往会产生一定的影响，震撼人们的心灵。对个人来说，或许会对他的思想品德和个性才能发展产生深远的影响；对于班集体来说，偶发事件会产生震荡效应，有时会冲击大多数人的思想。

（五）多样性

偶发事件涉及的范围相当广泛,可能发生在学生之间、师生之间,也可能发生在学生与社会有关人员之间,也有些在非人际关系方面发生,如不幸溺水、热天突然中暑晕倒等。它的表现形式也多种多样,从性质上看,有的是积极的,有的是消极的;从动机上讲,有的是有意的,有的是无意的;就发生场合来看,可能发生在课内、校内,也可能发生在课外、校外。其成因往往也非常复杂,难以预料和确定,班主任对此应有充分的心理准备。

二、正确处理偶发事件的意义

（一）正确处理偶发事件是对班主任工作艺术的考验

偶发事件是一种特殊矛盾的反应,也是对班主任的特殊考验。它可以全面测试班主任的思想修养、情感意志、思维品质、组织能力等,处理不善就有可能造成师生、生生之间的严重对立,使班级组织混乱,损害班集体的形象和声誉,降低班集体的影响力,甚至可能造成学生的心理压力。所以,班主任必须十分注意偶发事件的处理,注意研究偶发事件的特点、成因和处理方法。

（二）正确处理偶发事件有利于促进青少年健康成长

中学生正处在生理、心理急剧发展变化的特殊时期,情绪多变化、感情多冲动、行为难控制、思想不稳定,因此,在班级中出现一些始料未及的偶发事件也不足为奇。中学阶段是青少年世界观逐步形成、身心发展的关键时期,班主任正确处理偶发事件,既包含个别教育,又包含集体教育;既关系到个别学生的健康成长,又关系到班集体的巩固和发展。对于促使青少年健康成长发展,具有直接而重要的意义。

偶发事件也有两面性,它往往是教育的契机。心理学研究表明,一般情况下,学生的心理处于相对平衡状态,而偶发事件的爆发使这种心理平衡被打破。这时,他们对周围信息特别敏感,思想矛盾特别尖锐,是学生最容易接受教育的时机,抓住这个最佳时机,常可收到意想不到的教育效果。不仅可以防止事态的进一步发展和意外事故的发生,而且可以教育当事人和全体学生,提高学生明辨是非的能力。

三、班级偶发事件的处理原则

正确处理偶发事件有利于促进青少年健康成长,同时又是对班主任工作艺术的考验。班级偶发事件处理得好,不仅可以迅速有效地平息事端,保证教育、教学活动正常进行,而且还能为教师提供施展教育机智的良好机会,赢得学生敬重。处理班级偶发事件应遵循这样一些原则。

（一）及时平息防止事态扩大

偶发事件多种多样,事件本身涉及人数的多少、严重性与危害程度各有不同,事件本身的性质和学生的个性特点存在着差异,因此,班主任在处理某些偶发事件时,要灵活地根据当时事件发生的时间、性质大小、严重程度,以及肇事者的个性特征、年龄特征等各种差异,进行多方面分析、权衡,在时间和程度上要有所区别,不可生搬硬套一刀切。偶发事件一旦发生,往往要求班主任当机立断,迅速处理,平息事态,以保证学校教育、教学活动的正常进行,以免影响学生的身心健康,扩大事件的不良影响和危害。

(二)调查研究弄清事实真相

"了解"是教育的钥匙,是处理偶发事件的前提。偶发事件来得突然,会对当事者或其他人产生一定的心理压力。班主任首先要了解情况,尽量弄清事件的来龙去脉,审时度势,分析思考,把握处理的分寸。

偶发事件的发生往往存在着复杂的原因,如果对偶发事件的发生发展状况不经过充分、周密的调查研究和分析,弄清事件真相,明确问题的性质,确定正确的策略,就急于表态、仓促处理,或仅凭一面之词主观武断,那么就容易导致对事件处理不当,甚至出现失误。没有调查就没有发言权,处理偶发事件尤其要注意这一点。比如打架,这种行为当然不对。但是,参与打架的学生有各种不同的情况:有的是侵略性的,以大欺小、以强欺弱;有的是自卫性的;还有打抱不平的。如果不区别情况,同样对待,就会处理不公,从而带来严重的反教育效果。

(三)正确处理尽量挽回影响

偶发事件在班级教育中屡见不鲜,偶发事件的不定性,容易使班主任在处理问题时急而出乱,或是冲动随意,易造成不良后果。通常情况下,整体问题,当场处理;局部问题,个别解决;个别问题,悄然处理;对待一般偶发事件要说服教育、促成互谅,对待恶性事件要具体问题具体对待,等等。总结许多班主任的工作经验和教育艺术,有几点是值得我们借鉴的。

1. 控制情绪,沉着冷静

通常偶发事件发生后,学生处在不冷静的状态之中,班级气氛也很紧张,学生们都十分关注班主任的态度和情绪。班主任如能冷静沉着,不仅能够稳定事态,同时也是对学生的一种教育和示范,使学生的情绪也趋于平静,这就为处理偶发事件确定了一个良好的开端,定下了一个良好的基调。

班主任,既要有丰富的知识经验,又要有较强的心理素质。无论发生什么事件,都要善于控制自己的情绪,心平气和地调整原定计划,灵活地处理好偶发事件。教育家赞可夫说:"教师这门职业要求于人东西很多,其中重要一条就是要求自制。"遇到偶发事件时首先要沉着冷静,因为人在急躁的情况下难以考虑语言是否得体、方法是否得当、时机是否成熟,当然也就不会去考虑学生的心理承受能力和教育效果。说话偏激过头,方法简单生硬,态度粗暴,场合、环境、时间、地点、条件不合适,都不会取得好的教育效果。

偶发事件令班主任感到头痛棘手,其中有些事件纯属学生不讲文明,不守纪律,甚至无理取闹,侮辱教师。在这种情况下,教师产生恼怒、委屈、急躁的情绪是可以理解的,但千万不能失去自制力和理智。头脑要冷静,感情要克制,态度要沉着,处变不惊,迅速做出判断,果断决定处置办法。

【例说】7-1

宽容也是一种教育

一位姓袁的老师第一天进教室就遇到一次严峻的"挑战"。她刚走上讲台，全班学生便前仰后合地哄堂大笑。袁老师巡视教室，只见黑板上画着一碗热气腾腾的酒酿圆子，旁边还有密密麻麻的小字。原来，因为老师姓袁，人又长得比较胖，学生便恶作剧地给她取了绰号。袁老师的脸一下子涨得通红，正待发作，理智却提醒她，教师的威信、尊严不能靠训斥、压服来维护，要赢得学生的尊敬，自己首先要尊重学生。她意识到，自己现在的一举一动都被几十双眼睛盯着，自己所采取的态度对今后的班级工作、师生关系都会产生决定性的影响。就在短短的一瞬间，袁老师平静下来，她泰然自若地扫视了全班学生一眼，一声不响地拿起黑板擦，慢慢地擦拭黑板上的字和画，一分钟、两分钟……学生的笑声停止了，他们不知道老师如何处理这场乱子，以期待好奇的目光盯着老师。袁老师擦完黑板，转过身来微微一笑，诚恳地进行自我介绍："同学们，我姓袁。我一定尽我最大的努力教好你们，欢迎你们对我提出意见。"接着袁老师便开始了绘声绘色的讲课。课上，教室静得出奇，一些同学眼里流露出歉意，但袁老师再也没提这件事。袁老师以学生意想不到的豁达胸怀和宽容态度，采用以静治闹的办法，收到良好的效果。她无声地、一下一下地擦黑板，包含着无言的批评，促使学生反省自己，重新认识自己的举动，为老师的师德修养所折服。

2. 实事求是，公平民主

班级中的偶发事件往往错综复杂，班主任遇到偶发事件时必须耐下心来了解，仔细地分析情况，深思熟虑后才能慎重地做出处理。因偶发事件需对当事人、肇事者双方进行处理及教育时，要考虑在事件发生过程中其问题有是非之分，错误有大小之别，情节有轻重之异。如果不分青红皂白、不问是非曲直，就各打五十大板，这种应付差事、敷衍塞责的态度和方法，只能起到"处罚不公"的效果。特别是当事情发生在后进生身上时，班主任更不能抱着成见、带着偏见，主观随意地下结论。要听取各方面的意见，特别要耐心听取当事人的申诉，这样才能充分地了解实情，从而考虑适当的解决办法。

班主任在处理事件过程中，要具体情况具体分析，按问题的性质及情节区别对待，做到合情合理、恰如其分，这样不仅能刹住歪风、弘扬正气，而且能培养学生分清是非、辨别正误、实事求是的精神。

3. 机智巧妙，因势利导

对于偶发事件，不论事件大小，都要分析原因，严肃认真地进行处理，切切实实地解决问题，这样才能促进班集体健康发展。处理偶发事件，班主任要变不利为有利，发扬优点克服缺点。有些偶发事件，表面上看干扰了教学，破坏了纪律，影响了教育活动的正常开展，但其中往往包含着一些积极因素，这就需要教师充分认识和挖掘，并加以利用，化消极因素为积极因素,变不利因素为有利因素,把处理偶发事件变成提高学生认识、激发学生情趣、磨炼学生意志、培养学生品质,以及教育大多数学生的一次机会。

有些偶发事件的出现,已经激起了学生的好奇心,完全吸引了学生的注意力。在这种情况下,教师要想让学生重新注意于原定的教育教学内容是十分困难的。这时教师可以转而发掘事件中的积极因素,顺应学生的好奇心,满足学生的求知欲,因势利导地开展教育教学活动。这样,不但保证了教育教学的秩序,而且扩充了教育教学的信息,从而达到了教育教学的目的。

【例说】7-2

"壁虎"风波

有一天,班主任华老师正在上作文评讲课。刚上课,有人找她。老师给学生布置了作业,暂时离开了教室。不一会儿,当老师走进教室时,教室里已乱成了一团:有的学生举着扫帚,站在桌上挥舞;有的在走道上东奔西跑;有的直着嗓子大喊大叫……看到这个混乱场面,华老师一团怒火油然升起,正要发作,又提醒自己,先弄清情况再说。这时,孩子们已一个个旋风般回到了座位上。教室里一片寂静,气氛显得紧张。大家怀着惴惴不安的心情,瞪大了眼睛,望着老师。

"刚才发生了什么事呀?"老师平静温和地问。

"墙上发现了一只壁虎。"孩子们战战兢兢地回答。

原来事出有因。老师想,既然孩子们对壁虎如此好奇,我何不借此做文章呢?于是便在黑板上工工整整地写下了"壁虎"二字。

"我离开时,教室里是怎样的情况?谁能用一个学过的词形容一下?"老师提出了问题。

"鸦雀无声。"有个学生回答。

"我不在教室时情况又怎样呢?"

"成了沸腾的热锅。""成了一盘散沙……"

老师边问边随手将同学们讲的词语都写在了黑板上。

"谁第一个发现壁虎的呢?"

这一下卡壳了,谁也不敢主动承担责任。在老师的一再启发下,小龙终于承认了,可他解释说:"是我第一个发现壁虎的,不过我只用手臂捅了华苹一下,悄悄地告诉了她一个人。"老师转而又问华苹:"你当时怎么样呢?"

"我情不自禁地叫了起来……"

事情发生的全过程弄清楚了,黑板上的词语也写满了。

老师趁势说:"刚才的壁虎事件同学们都身临其境,如果我们写一写当时的所见所闻,并谈谈自己的看法,该不是一件难事吧?"孩子们表示乐意写。于是老师提议,每人写一篇课后作文,题目是"'壁虎'风波",要求试着将黑板上的词语用到作文中去。

4. 即兴发挥,机敏幽默

由于偶发事件具有偶然性、突发性,不可能事先设计教育方案,因此,处变不惊的能力对班主任来说不可或缺。在处理偶发事件时运用幽默,不仅是为调节情绪,缓解冲突,更为主要的是,它本身就是教育的武器。偶发事件发生时,机敏幽默的语言起着很好的缓和气氛的作用,班主任在谈笑中阐述自己的主张和观点,给学生以善意的批评和上进的力量,会收到事半功倍的效果。当然运用幽默自嘲的语言时必须注意分寸,切不可伤害学生的自尊心,否则会降低教师的威信。教育教学过程中许多难题和难堪常常可以在幽默中迎刃而解。

(四)协调善后,巩固处理效果

处理偶发事件的目的不仅是为了澄清是非、化解矛盾、分担责任,更重要的是为了教育当事人,使其认识到出现过错的真正原因。对情节严重、性质恶劣的事件,还应该使当事人明白其行为对个人、他人、家庭、班级、学校、社会带来的危害,以及发展成违法犯罪后,必须承担的经济和法律责任。

与此同时,班主任还要做好事后的教育工作。某些事件在班级会产生负面影响,集体舆论对是非曲直有时可能会产生不正确的导向,为了防止偶发事件的反复发生,在处理完偶发事件后要采用后果强化的方法,用现成的实例对其他学生进行说服教育,使学生从这次事件中接受深刻的教训。偶发事件虽然表面上暴露出的是肇事者与当事人的矛盾与问题,但是,如果我们对不同年龄的学生所发生的偶发事件做一个比较对照,就会发现,偶发事件大多呈现出与年龄特征相符合的特点,从深层次上看,偶发事件实质上暴露的可能正是班集体潜在的矛盾与问题。尽管偶发事件多半发生在少数学生身上,但处理偶发事件却要着眼于大多数,班主任要善于"借题发挥",从偶然事件中让学生认识某种必然的道理,从中汲取生活的经验和教训,使学生提高生活能力和为人处世的本领。

总之,班主任要想方设法,使处理偶发事件的过程真正成为教育的过程,不仅教育当事的学生,而且教育全班学生,甚至是老师的自我教育。

四、处理偶发事件的方法

班级偶发事件的处理与其说是一门科学,不如说是一门艺术。诚如"教学有法,但无定法"一样,偶发事件的处理也有一定的方法,但需要班主任灵活机智地加以运用。

(一)趁热打铁法

趁热打铁法是指当偶发事件发生时,教师应抓住时机,马上给予处理,以取得最佳教育效果。此法往往能使偶发事件及时得到解决,并给学生以强烈的思想震动和深刻影响,对日后偶发事件的产生起震慑作用。

对于犯错误的学生,班主任要坚持批评与正面的说服教育相结合。要引导学生宽容、友好地对待同学,学会做人,使学生形成正确的是非观,充分认识自己犯错的原因。同时班主任要谅解、尊重他们,采用宽容、发展、期望的眼光对待他们,往往会使学生产生负疚感,引发强烈的自责、自省,从而达到事半功倍的效果。

对于没有犯错误的学生,班主任也要适时抓住契机,通过晨会、班团活动等让他们认识到此类事件的严重性,并通过集体的力量帮助犯错误的学生改正,同时消除偶发事件在班级中的不良影响。

(二)降温处理法

降温处理法是指班主任暂时采取淡化的方式,把偶发事件暂时"搁置"一下,或是稍做处理,留待以后再从容处理的方法。此法能使教师有比较充裕的时间去考虑,选择恰当的教育方案,能够冷静地处理偶发事件。

发生偶发事件后,学生多半头脑发热,情绪不稳,因此很难心平气和地接受教育;班主任也容易心理失衡,较难有充分的教育准备和冷静细致的分析。这样就出现了学生和班主任都准备不足的状况。因此,对待偶发事件,常用的办法就是降温处理。班主任不要轻易下结论,但要对偶发事件的处理做一个预先的"交代",并让学生理解这样处置的理由。此法不是对事件不处理,而是尽量减少偶发事件的负面影响,争取调查了解的时间,等待最佳的教育时机,为全面、干净、彻底解决偶发事件,做好充分准备。

(三)移花接木法

班主任处理偶发事件时,有时会遇到这样的情景:当时所要完成的任务和时间都不允许着手对偶发事件进行调查和处理,而不进行处理又无法平息个别学生的情绪,或是这样的事件原本也不必弄个水落石出,过了一段时间,这样的事件就不再成为"事件"。对此,班主任可用移花接木的方法,利用学生身上的某个"闪光点",根据学生注意力容易发生转移的心理特征,巧妙地把对偶发事件的处理转移到另一件事情上去。比如,课间,两个学生发生口角。上课铃响了,班主任劝他俩进教室。一个学生很快进去了,另一个学生因吃了亏,不愿进教室。班主任没有硬拖他进去,而是根据这位学生平时乐于助人的优点,亲切地对他说:"你看我双手拿着这么多东西,你能帮我把小黑板拿进教室吗?"这位学生看了看老师,就接过黑板走进教室。老师马上对大家说:"刚才两位同学吵了架,但是有的同学顾全大局,为了让大家上好课,还帮老师拿黑板进来,我相信他定能上好课,有问题课后解决。"后来,那位同学回到自己座位,比较安心地听课了。

(四)以退为进法

许多偶发事件,事情本身并不大,但需要处理。此时,班主任可不必急于解决,而是巧妙地反过来把事情抛给学生处理,引导学生自我教育。以退为进,不是不处理,而是充分地相信学生,引导学生自我教育,自我管理,从而达到自我提高的目的。这种方法的使用,要求班主任必须全面了解学生,必须努力形成较为融洽的师生关系,必须善于发现和捕捉偶发事件中的"闪光点"和转化的"契机",挖掘积极因素,化不利为有利,将偶发事件的处理迅速纳入最为有利的轨道。一位老师上课时,发现某学生看小说,就突然提问他。可这个学生站起来嬉皮笑脸地说:"这个问题嘛,我可以给全班开个讲座了。"全班哄堂大笑。这时老师沉着地说:"好呀!正好教学计划中有个专题讨论,下周进行,你来做中心发言。"

那个学生一下子泄了气。课后为了下周的发言,他查找了许多资料,做了充分准备,发言时效果很好。老师表扬了他,他也公开向老师道了歉。

(五)幽默化解法

有些偶发事件,形成了一定的尴尬局面,但却不值得争个曲直长短,如果非追究下去不可的话,结果只能是越搞越糟。遇到这种情况,聪明的办法就是用幽默来进行化解。运用幽默,不仅是为调节情绪,缓解冲突,更主要的是,它本身就是教育的武器。幽默是智慧的表现,也许能将一场冲突消于无形。

恩格斯说:"所谓偶然的东西,是一种有必然性隐藏在里面的形式。"班主任要善于从偶然中认识必然,防患于未然。处理偶发事件只有和积极预防相结合,才能显示出更大的教育功效。对于偶发事件也应以积极、灵活、慎重的态度处理,尽可能减小事件的负面影响,化不利因素为有利的教育因素,主动、适时地开展教育,从而使班级稳定、良好地发展。

班主任,只有不断地丰富自己的各种知识,充实自己各方面的经验,全面了解偶发事件的特点,正确分析其产生原因,具备敬业爱生、沉着冷静、深思慎处、通情达理、机敏幽默等素养,才能因势利导,机智巧妙地处理好偶发事件,使之统一于正常的教育教学过程中,从而将班级管理工作推上一个新台阶。

链接

"危机管理"从广义上说,就是对危机事件发生前后所有事务的管理。在危机到来之前,尽量避免其出现;一旦发生危机,迅速采取措施,尽量减少损失;当危机结束后,迅速恢复正常工作、生活秩序并进行反思总结。从制度层面来说,应建立完备的预警机制和快速反应机制。班级"危机管理"指的是对班级可能出现的危机进行防控、干预、处理和反思。班主任面对的班级危机事件,除了严重的自然灾害外,还有诸如学生自杀、离校出走、聚众斗殴、群体食物中毒、传染病蔓延、拥挤踩踏、校园火灾、安全事故等严重突发事件。这些危机事件一般具有突发性、紧迫性以及破坏性等特点,如果处理失当,会给学生、班级乃至学校带来严重的后果。当前,一些班主任缺乏危机管理意识,缺乏应对机制,遇到突发事件仅凭经验处理,这在小事上尚可应对,可一旦发生严重的危机事件,便可能造成严重后果,甚至影响学生的一生乃至生命。因此,班主任应树立"危机意识",建立健全班级"危机管理"机制,在班级面临突发事件时,及时采取有效措施,尽量减轻或避免危机事件给班级带来负面影响,切实保证学生的生命安全和切身利益,维护正常的教育教学秩序。[①]

---

① 管志伟、卢小茹:《班主任如何进行班级"危机管理"》,《班主任》2009年第8期。

第二节　班级学生的操行评定

操行,即品行,是指学生在思想品德、学习、劳动、社会活动等方面的表现。操行评定,主要是对学生在一定时期内的思想品德、学习纪律、体育锻炼、劳动态度等方面的总体评价,它是学校品德教育的一个重要组成部分。《中学班主任工作暂行规定》明确指出:班主任要"做好本班学生思想评定与有关奖惩工作"。因此,作为中学班主任,必须明确学生操行评定的意义、内容,掌握操行评定的方法和基本要求。

一、学生操行评定的作用

定期对学生的操行进行考核与评价,是对学生进行思想品德教育的一种手段,也是班主任对学生进行教育和管理的一个重要环节。公正客观地对学生进行思想品德评定,可以扬善祛邪,激励学生不断奋发向上,引导学生逐步形成社会主义觉悟和道德品质。

(一)有利于学生全面正确地认识自己、评价自己

正确地认识自我、评价自我,是自我教育的基本前提和重要内容,是一个人社会化程度的重要标志。青少年学生认识自我、评价自我的意识和能力是逐步形成的,也是班主任积极指导、精心培养的结果。通过操行评定,可以使学生看到自己的进步和不足,进一步明确自己努力的方向。因为在操行评定的起始环节,班主任必然要求学生按照国家颁布的《中学生守则》《中学生日常行为规范》的要求,回顾自己在品德方面的表现,写出个人小结,进行自我测评和相互评价。通过对测评标准的学习,学生领会到学校对学生行为的要求是什么;通过自我测评,学生明确了自己哪些方面合乎规范要求,哪些方面还有差距;通过同学间的相互评价和班主任的总结评价,学生明白了什么是正确的,什么是错误的,怎样行动才能得到大多数人的认可。这样就可以帮助学生正确认识自我,评价自我,取长补短,不断进步。

(二)有利于家长了解子女的在校表现,配合学校构建教育合力

家庭是学生健康成长的重要阵地,家庭教育是学校教育不可或缺的方面军。我国向来有望子成龙、望女成凤的家教传统,在升学、就业压力日益加大的新形势下,家长格外重视子女的教育,普遍关注子女的在校表现,但限于条件,又不可能随时观察子女的在校行为表现。学校如能定期对学生的操行进行考核评价,指明学生的优点、缺点、爱好、性格、情操等,并及时反馈给家长,可使家长及时了解子女的在校表现,了解子女的思想行为变化,从而树立或校正家庭教育的目标与措施,更好地配合学校教育。

(三)有利于班主任回顾、检视自身的工作,改进班级管理

教育实践表明,操行评语既是学生操行的一面"镜子",又是衡量班主任工作的一把"尺子"。从考核评价班级学生的操行中,可以回顾、检视班主任自身的工作。班主任哪一方面的工作抓得实,抓得细,学生就会感到"受益匪浅",自我测评具体、细致、深刻。班主任忽视了哪一方面的工作,学生也会自我检讨"重视不够"。例如,有位班主任十分重视升学率,班级学习抓得扎扎实实,成绩显著,但忽视了体育,学生不认真做课间操和眼保健操,甚至经常有人逃避上体育课。期末操行评定时,大多数学生自我检讨"两操一课不认真"。学生的信息反馈,使班主任意识到自己班级管理中的缺陷,没有贯彻落实素质教育理念,忽视了学生德、智、体全面发展。所以,认真开展学生操行评定,不仅可以为每一位学生提供一面观察自己的"镜子",而且可以从中折射出班主任管理工作的得失成败,从而及时地吸取经验教训,改进工作,不断提高教育和管理质量。

二、学生操行评定的基本原则

(一)实事求是,客观公正

《中学德育大纲》指出:"要坚持实事求是的原则。要根据评定内容的基本要求,从实际出发,用全面发展的观点看待学生,实事求是地分析学生的优点,防止片面性。"

所谓用全面发展的观点看待学生,就是在考核评定学生的操行时,既要看学生的思想道德认识,又要看学生的思想道德表现;既要看学生在校内的表现,又要看其在家庭和校外的表现;既要看学生各自原有的基础,又要考查学生近期的发展变化。只有如此,才能发挥操行评定的导向激励功能,激发学生的上进心,促使学生不断进步。

实事求是,客观公正,就是要准确无误地总结成绩,肯定进步,恰如其分地指出缺点,并诚恳地提出希望和要求。切忌感情用事,凭主观好恶妄下断语,对喜欢的学生倍加赞扬,言过其实;对不喜欢的学生痛加指责,一无是处。这样的评语,容易助长好学生的骄傲情绪,挫伤差生的积极性,甚至对班主任产生报复心理和报复行为。操行评语是要和家长见面的。家长看到自己的子女一无是处,也会产生失望和埋怨情绪,不利于家长做好子女的教育工作。有位家长看了儿子的评语,便叫孩子退学。学校领导去了解情况,家长便说:"既然我的孩子坏得一塌糊涂,还上学干什么,不如退学。"再深入一问,家长就火了,不满地说:"孩子表现不好,为什么不见老师平时来说,学期结束了,才知道一塌糊涂,送孩子上学,就希望学校教育好孩子,现在看来,反而糟蹋了孩子,上学有什么用?"可见,操行评语写得客观公正,可以引导学生产生前进的动力,反之,评语也会产生消极作用。

实事求是,客观公正,首先要求班主任全面了解学生的情况,平时要勤于观察,勤于记载,详细掌握第一手资料。只有这样,才能真实准确地对学生的思想品德进行实事求是的评价。其次,班主任要排除私心杂念,防止文过饰非,弄虚作假。

(二)因人而异,突出个性

操行评定应针对每一个学生的个性特点,给予恰如其分的评价,操行评语切忌过于笼统,形成"众人一面、简单划一"的现象。只有共性不见个性的评语势必削弱操行评定的作用。有位教育行政部门的领导看了一些中学生的操行评语之后感慨地说:"读着读着,我失望了——摆在我面前的十几份评语虽然出自好几位教师之手,却好像是一个人写的,连句式和措辞也几乎是一个模式。如,该生能积极参加各项集体活动,能尊敬老师,遵守纪律,学习刻苦,团结同学,热爱劳动……我又将初一、高三学生的评语放在一起比较,结果也是令人惊讶的相似。"

学生的个性特征和行为表现是有极大差别的,评语也应该写得各有特色。比如对中等生不能仅仅用"一般"来概括,而应抓住他们不"一般"的优点。有的学生虽然考试成绩不突出,但思维敏捷,解答问题常有独到见解;有的学生不善言辞,但可能会默默无闻地为集体做好事。如能把这些"与众不同"之处写进评语,就能对他们产生激励作用。对待后进生更要慎重,要善于发现其"闪光点",给予肯定,唤起他们的自尊心、上进心。

【例说】7-3

温馨评语

近年来,为了更好地发挥操行评语的激励功能,许多班主任对操行评语的写法进行改革,用第二人称描述学生的操行,如知心朋友促膝谈心,读来令人倍感亲切,深受鼓舞。如下面几个实例:

例1:当你一次次主动帮助同学打扫教室时,当你为一道难题凝神沉思时,当你单薄的身体奔跑在运动场上时,当你弯腰拾起地上的纸屑或果皮时,作为老师的我是多么的高兴! 我为你的热心、勤奋和勇敢而高兴。

例2:你自从进入二班后,情绪比较低落,但难能可贵的是并未消沉,更未像个别人那样自暴自弃,依然坚持听好每一节课,做好每一道题。当集体需要你尽力时,便慨然应诺,这使我感到由衷的高兴。愿你以更大的信心和毅力奋发进取,成功未必不属于你。

例3:朝气在你身上得到充分体现,幽默显示你的聪明才干,坦诚使你心直口快,求知欲望与见解使你很有主见。虽然这些都在闪光,只是老师多了一点遗憾,如能把自己与大家融合,那会使你的色彩更加鲜艳。

以上几份评语写得都很有个性,语言简练,态度恳切,能感动人、鼓舞人。看了这些评语,似乎看到了一个个学生站在面前,不同的姿态、表情,不同的思想境界。一份评语,就是一个人的"画像"。

(三) 鼓励为主,促其上进

操行评定的过程,既是对学生考核评价的过程,也是师生之间心灵对话、情感交流的过程,更是对学生引导教育的过程。因此,写给学生的操行评语应以正面鼓励为主。对一贯表现良好的学生,应该提出更高的希望和要求,使之树立更高的目标,追求更大的进步。对于后进生,不能只看到他们的缺点和不足,而应尽量寻找其优点,寄予满腔希望,相信他们能够克服缺点,迎头赶上。否则,评语讽刺挖苦,全是指责,就会使他们失去信心,也容易挫伤家长教育子女的信心,不利于家庭教育与学校教育的配合。

真题链接

材料分析题:阅读材料并回答问题。

材料:

周老师总是认真地给学生写评语,把它作为教育学生的途径。

他给班上一名淘气的学生写了一首打油诗:"小赵同学有头脑,就是不爱用正道;上课爱做小动作,插话接舌瞎胡闹;学习态度不大好,学习成绩不大妙;你若聪明应知道,有才不用是草包;劝你来期赶紧改,否则成绩更糟糕。"小赵阅后哈哈大笑,也回了老师一首打油诗:"老师写得好,老师写得妙;小赵一定改,决不当草包;不做小动作,头脑用正道;若是做不好,随你老师敲。"

小张迷恋电脑游戏,周老师用心良苦,巧妙把他比喻为电脑,给他的评语是:"该主机硬盘超过80G,内存2G,运行绝大多数游戏非常流畅,反应灵敏;显卡强大,画面质量甚高;整体配置非常优良。但该机音效设定不良,常常该发声没有声音,要安静时却发出杂音;另外屏保时间设定过短,老师一分钟没动作,就进入休眠状态,修理修理还是好用的。"后来小张改掉了迷恋游戏的毛病,对电脑硬件也产生了兴趣。

小黄语文水平高,但有些浮躁,周老师给他写的评语如下:"汝生于书香门第,通达明理,开朗乐观,时有非常之事,亦曾处之泰然,好学善守。然汝时有蹉跎之意,数情烦甚。若不熟读圣贤之书,以致学识浅薄,泯然众人,岂不哀哉,痛哉!"小黄阅后,心服口服,决心静下来,坚持勤奋读书。

问题:

周老师给学生写的评语体现了哪些德育原则?请结合材料加以分析。

▶参考答案:见目录页二维码。

三、学生操行评定的实施

(一)操行评定的内容

操行评定的基本内容应以《中学德育大纲》规定的教育目标、要求、内容和《中学生守则》《中学生日常行为规范》以及《关于中学生品德评定的几点意见》为依据,考查学生一学期或一学年来在课内外、校内外的各方面表现,重点是学生的思想品德、学习、劳动、纪律等方面的表现。至于各科的具体成绩如何,以及学生的生理缺陷、智力差异等,则不宜写进操行评定。

(二)操行评定的步骤

原国家教委1988年颁发的《关于中学生品德评定的几点意见》指出:"操行评语由班主任负责,在学生个人小结和小组评议的基础上写出。"因此,评定学生操行,一般分为以下几步:

1. 个人自评

操行评定既是班主任的一项工作,又是学生自我评价、自我教育的重要途径。从教育学生的意义上说,最有效的评价是学生的自我评价。其积极意义在于:(1)有利于保证测评信息的真实性。(2)促进学生自我认识,自我教育。(3)在自我评价的基础上,由学生互评、班主任评价而得出的结论更容易为学生理解和接受,防止可能产生的对立情绪。个人自评的难点和关键在于如何确保自我评价的客观真实性。实践表明,个人自评常有"失真"现象。这种"失真",有时是由学生人为地夸大自我造成的,有时是由学生缺乏辩证地分析自我、评价自我的能力造成的,有时则是由学生对操行评定的内容和标准理解把握不准造成的。为了尽可能地提高学生自我测评的客观真实性,班主任要高度重视个人自评之前的思想发动工作,可利用班级例会时间,向学生讲明操行评定的目的、意义、内容和标准,让学生明确个人自评在整个操行评定中的特殊意义和应抱的正确态度,要求学生实事求是地评价自己,写好个人小结。

2. 学生互评

《关于中学生品德评定的几点意见》指出:操行评定"实行民主评定的办法,既要充分发挥班主任在考核评价中的作用,又要实行学生自评、小组互评,并征求任课教师的意见"。显然,开展学生互评,是学生操行评定的重要环节,是同学之间平等对话、批评与自我批评,进而增进了解、取长补短、共同进步的有效手段。在学生互评之前,班主任必须做好两项准备工作:一是对小组长进行培训,向他们提出主持评议会的要求,指导他们掌握主持评议会的程序和方法。二是合理安排各小组活动的时间与地点,以免相互干扰,影响评议效果。在评议过程中,班主任要注意巡回观察,鼓励发扬民主,营造畅所欲言的和谐氛围,并适时地引导学生端正态度,力求客观准确地评价别人,本着有则改之、无则加勉的原则,正确对待别人对自己的评价。

3. 班主任评价并写出操行评语

这是操行评定的最后一步,一般安排在小组互评之后。班主任要根据学生自评和小组互评的情况,结合自己平时对学生的观察记录,对每一位学生的操行做出综合评价并写出评语,最好征求一下其他任课教师和学生本人对评语的意见,增强评语的真实性和准确性。

(三) 操行评定的结构

1. 操行评语

操行评语是用书面语言对学生的操行所做出的定性评价。对学生操行的评定,分为经常性评定和定期性评定两种。经常性的考查和评定,是对学生日常生活中的表现做出现阶段比较全面的评价,旨在发挥形成性评价的功能,督促学生平时严于律己,不断进步,也可为定期性评价积累素材。定期性评定是指在学期或学年末对学生的操行进行系统、详细、全面的评定,要求写出评语,填入手册,发给学生,通知家长。

2. 操行等第

根据中学生在思想、学习、纪律、卫生、劳动、文体活动等方面的表现,其操行可分别评为优秀、良好、及格、不及格四个等第。

优秀:对评定内容规定的诸方面都做得好,或某些方面表现突出。

良好:对评定内容规定的诸方面基本都能做到。

及格:对评定内容规定的诸方面基本能够做到,但在某些方面做得不好,有严重缺点,或有错误,但已改正。

不及格:对评定内容规定的大部分不能做到,或在某些方面有严重错误,或有违法和轻微犯罪行为,且不接受教育,无悔改表现。

对于不及格等第的评定,班主任应提交教导处或校长室研究,慎重对待。

第三节 班级管理资源的开发与利用

一、家庭教育资源的开发与利用

我们不命令家庭:你们要这样做,要绝对按照我们的要求去办。问题恰恰在于,我们和家庭作为并肩工作的两个雕塑家,有着相同的理想观念,并朝一个方向行动,要知道,在创造人的工作上,两个雕塑家没有相互对立的立场是极为重要的。

——苏霍姆林斯基

(一)家长在班级管理中的作用

1. 家长是班级管理中重要的教育力量

一个家庭即可视为一个微型的组织,父母是家庭的管理者。每一个家庭都会有自己的特征,因为不同的人,价值观不同,选择的行为方式也不同。家长根据自己的家庭需要来进行家庭管理,他们会对孩子提出行为方式的要求,对于学生来说,他们的行为受到父母很大的影响。父母是孩子的第一任而且是终身的老师,父母长期以来的言传身教对学生的影响作用,远远超过与学生只有几年接触的班主任和任课教师,也超过社会环境对他的影响,这由身处同一环境下的学生仍然可分为三六九等便可见一斑。

家长参与班主任的班级管理,就是参与学校对孩子的教育。随着社会的发展进步,人们越来越认识到家庭教育的重要性。从这一意义来说,家长也是班级管理中一个重要的教育力量。

2. 家长是班级管理中不可多得的教育资源

家长来自社会的各个方面,他们的工作经历、社会经验、人生感悟都是很丰富的,是班级对学生进行教育的不可多得的教育资源。班主任可以邀请家长在主题班会上为学生做一些专题报告、讲座等,也可以利用黑板报等形式创造家长和孩子交流的机会。这样既能开阔学生视野,拓展知识面,又可以拉近家长和孩子的距离,还能够激发孩子的自尊、自信,这对于学生的成长是宝贵的资源。

3. 家长是班级管理重要的支持者

一个指向班级组织目标、遵循着班级组织目标规定的行为方式开展生活的班级,能够使学生习得良好的行为方式。这种行为方式不仅是学生在班级中采取的行为方式,也是学生在校外,包括在家庭采取的行为方式。如果学生在班级中学得的行为方式,在社会中、家庭里,尤其是在家庭里不能够得到支持,那么学生在行为的选择上,就会遇到冲突。如果学生在学校的班级里学得的行为遭到家庭的否定,那么就会遇到行为方式的冲突。冲突的结果,或是他坚持了学校班级中获得的行为,但是他的行为在家庭环境中就会遇到困难；或是他放弃了学校班级中获得的行为，但是他的行为在班级环境中就会遇到困难。这种相互冲突的班级与家庭环境对学生的成长是极为不利的。由于学生身心发展水平有限，尤其是小学生的自主性发展还不够，他们将难以应付行为冲突的环境，在这种情况下行为问题的产生就不可避免，行为问题又必然导致班级管理中的问题。

班级管理的要求与家庭生活的要求具有一致性，是班级组织目标实现的必要条件。由此可见，班级管理需要家长的支持和协助。

（二）家庭教育资源开发的原则

1. 学生为本

家庭中可以利用的资源有很多，而我们不可能全部拿来，需要做出筛选。要选择家庭中"能否促进学生充分发展"作为取舍标准，大力发掘那些能够开放学生头脑和手脚，能够激发学生的灵感和创意的素材，让学生产生学习的动力和参与的兴趣。

2. 因地制宜

从学校实际出发，根据家长的优势及当今独生子女的特点，请进来、走出去，采集一些个性化的教育资源，不仅学生欢迎，老师也产生一种亲切感，而且和现成教科书上的带有共性的东西形成一种互补。

3. 低耗高效

开发教育资源需要投入一定的人力、财力和物力，而家庭教育资源利用家长和学校这种特殊的关系，投入少而产出多，可谓低耗高效。

（三）家校合作的途径

1. 家长教育途径

（1）举办家长学校。举办家长学校的目的是为了帮助家长掌握教育孩子的正确方法，更好地协助学校进行教育教学活动，同时也可借此机会向家长传递学校的相关信息。

首先，建立组织机构。设立家长学校领导班子，组织一支由学校领导、中层干部、骨干教师及校外人士参与管理的领导机构。

其次，根据家庭、家长的实际，合理安排适当的学习内容。如学校概括及家庭教育的重要性；家庭教育的原则与方法；孩子良好品行习惯的培养、良好学习习惯的养成和创造力的培养；自我保护意识的培养及家庭急救；家长如何配合学校教育孩子，怎样看待学生的学习成绩等。

再次，制定相关的制度、规章。如《家长学校规程》《家长学校学员管理条例》《"好家长""优秀学员"表彰条例》等，这样，使家长学校的办学制度化、规范化。

（2）举行家庭教育经验交流活动。家长学校不能只局限于讲座形式，只给家长讲几堂课，更应该根据家长的需求和兴趣，以他们的亲身经历和实际生活中出现的问题，作为鲜活的教材，使他们得到相应的家庭教育知识。可以在家长会上开展以班级为基础的家长经验交流活动。

（3）印发相关的家庭教育资料。

2. 家长访校

家长访校不仅可以使家长们了解自己孩子的教育环境,熟悉孩子的老师和同学,而且也为教师和家长们提供了交流的平台。

(1) 举办家长会。家长会可以帮助家长提高家庭教育水平,掌握孩子发展情况,了解学校教育现状,能够及时沟通家长、学生和学校的思想感情,排除教育中消极的因素,为使学生健康成长,根据班级学生的具体情况以及各阶段的教育任务,可以有计划地设计组织内容、形式各异的家长会。如报告式家长会、交流式家长会、展览式家长会、表演式家长会、会诊式家长会等。

(2) 设立学校开放日活动。家长们久违了学校的生活,他们对学校的一切变得陌生。孩子在学校干些什么？伙食怎么样？学习怎么样？这些都是家长比较关心的问题。设立开放日活动,可以使家长了解孩子的学习生活,体验学校生活。比如,可以安排家长参加升国旗仪式,进食堂参观,进课堂听课,参加学生的课外活动,与教师、学校领导交流,填写意见建议表等。

(3) 观看学生演出、学生体育比赛,参观学生作品展览等。对学校来说,展示教育成果可以提高学校的声誉,对家长来说,可以了解孩子或学校技能教育的状况,同时可以增加彼此之间的可信度。

3. 书面沟通

书面沟通方式多样,比如喜讯单、便条、家长联系卡、家长意见表、告家长书、学生品行表现联系单、学生素质报告单等。通过这些途径可以让家长全面了解孩子的情况,也能密切教师、学生和家长之间的关系,同时,学校也能通过此举收集反馈信息,不断改进学校工作。如学生的综合素质报告单是每学期期末班主任对学生的综合素质的评价,是向家长汇报学生在校一学期的学习、工作、生活等综合情况,其中不仅有教师的评语,还有家长的反馈意见,这是极其重要的家校交流途径。

4. 教师家访途径

家访是教师同家长加强联系,谋求共同教育孩子的途径,是教育学生的一种必不可少的有效手段。

(1) 家访形式。面访,就是教师到学生家里同家长面对面交流思想。

电访,就是教师打电话给家长,在电话里向家长反映情况,交换意见。电访弥补了面访的不足,可以说是现代社会的一种家访形式。学校在班级里建立学生通讯录,就随时可以与家长取得联系,比较方便。

书访,就是教师不能与家长本人取得联系时,写便条或书信给家长。

(2) 家访内容。了解性家访。教师通过家访了解学生的兴趣与爱好、个性特点,学生在家里的表现情况,家长的文化素养及对孩子的教育方法等。

鼓励性家访。当学生特别是学困生有进步时,教师在家访中当着学生的面,向家长做恰如其分的报告,及时给学生与家长以鼓励和警示。

探望性家访。学生如病休在家,或者家庭发生变故,教师可及时登门探视、慰问,并帮助解决一些力所能及的问题。这对于教师联络学生与家长的感情,密切学校与家庭的关系很有利。

开导性家访。学生犯了错误或与父母发生矛盾,以致害怕家长打骂不肯回家等,教师要及时进行家访,一方面要耐心开导教育学生,稳定学生的情绪;另一方面要同家长交流看法,取得教育的一致性。

防治性家访。教师发现学生有异常的思想"苗头"或轻微的过错行为时,及时进行家访,不失时机地向家长及孩子委婉说理,可以起到防微杜渐的作用。如学生进游戏厅打游戏,私自下河游泳,拿同学钱,与同学打架等。

(3)家访时机。家访需要选择适当的时机。一般地,下列时机进行家访是适宜的:一是学生思想或学业有进步时。孩子的进步,作为家长都会感到高兴。此时去家访,一方面带给他们喜讯,另一方面可以增强他们教育子女的信心。二是学生思想或学习下降时。学生某方面退步,单靠学校、老师教育是不够的,需要与家长取得联系,进行共同教育。三是学生获得某种荣誉或表扬时。四是学生病休在家时。五是学生家庭发生意外事故或遭遇灾难,此时去家访,可以沟通教师与学生同家长间的感情,密切学校与家庭的关系。

5. 家长委员会途径

组建家长委员会,目的在于进一步密切家校关系,沟通教育信息,提高育人水平,从而对学校教育教学工作起支持、参与与监督作用。

(1)家长委员会的组织形式。家长委员会的组织模式可以选择"学校家长委员会—年级家长委员会—班级家长委员会"三级机制。班级委员会是开展活动的基本单位,具有一定的独立性。

家长委员会的条件:必须是在校学生的家长,热心学校和家庭教育工作,有一定的组织能力和语言表达能力,有奉献精神,乐于义务承担学校或其他家长委托的工作。同时还应考虑到组成人员的先进性和代表性。

(2)家长委员会职责。协助学校宣传党的教育方针,和学校教师、领导一起探讨教育思想,培养目标研究和实施素质教育的方法和途径。家长委员会要经常了解学校教育教学情况,反映学生校外表现情况和思想动向,沟通和协调师生关系、家校关系。家长委员会成员应注意收集学生和社会对学校教育教学工作的评价信息,定期以口头或书面等形式,反映学生家长、社会对学校工作的意见、建议和要求,为学校教育出谋献策。

(3)家长委员会的日常工作。① 每学期初,家长委员会均按时召开全体成员会议。讨论研究并制订全学期家长委员会工作计划,并予以层层落实。② 班级家长委员会根据学校家长总会的工作计划,在年级段家委会的牵头下,召集全体成员讨论,制订各班级家长委员会分会工作计划,并召开家长会,予以分头落实。③ 每逢学校举行重大庆典和演出活动,各级家长委员会要召集家长,协助学校维持秩序,做好场务及学生化装等事项,并协助学校做好与有关部门的联系工作。④ 每学期,班级家长委员会根据家长和社会上的反馈意见,填写《对学校教育工作的建议、意见表》,递交学校办公室,以供学校及时改进日常管理工作,全面提高学校教育教学质量。

总之,家校合作教育途径的探究是开拓家校合作教育的主渠道。各级各类学校还要切合本校实际探究具有可操作性的家校合作教育的有效途径,从而密切家校之间的关系,提高家长对学校、老师的信任度,更好地促进学生的健康成长。

【例说】7-4

某校小学五(4)班晚自习课,全班寂静,班主任坐在讲台旁认真批改作业。突然"轰"的一声,几乎全班闹了起来。只见女生李芳芳与一瘦小男生(成绩较好)扭打起来,周围同学在瞎起哄,场面非常混乱,那个男生明显吃亏,鼻血都出来了。班主任很恼火,心想:这李芳芳也太嚣张,已经多次欺负同学了,该好好教育教育。班主任气呼呼地冲下来,分开他们,着手处理。

(第一幕情景)

班主任:(一脸的严肃)李芳芳你们两个跟我到办公室来,其他同学保持安静!

班主任:李芳芳你先讲,怎么回事?

李芳芳:他老是嘀嘀咕咕地骂我,我火起来了,我承认先打了他一巴掌。但他也还手的呀!

班主任:你学习用不上劲,每次吵架打架很积极。他骂你为什么不报告老师?我对你的忍耐也够了,自己打电话叫家长来。

李芳芳:是他先错,他的家长也要来。

班主任:听你的还是听我的?(抄起手机接通家长的电话)李芳芳家长吗?你女儿又打架了,快过来带回家,停学一个礼拜处理。(刚说完"咔嗒"一声关机) 约五分钟后,家长急匆匆、神情紧张地赶来:老师!我女儿犯了什么事,要停学啊?

班主任:李芳芳的品行很成问题,动不动就出手打人。我没有别的办法,带回去反思一个礼拜吧!这是经学校政教处同意的。

家长:老师,我好好责骂她,让她知错,向同学道歉,行吗?

班主任:那不行,当着我的面打人,太嚣张了!一定带回去!

家长:老师,我们都上班,没法管她,再说一个礼拜,功课怎么办?是不是停学一天,我请假严管。

班主任:绝对不行,她的不良品行就是你惯出来的。有你这样的家长,最后都是你自己倒霉。

家长:(一脸的气愤)我的女儿我最清楚,她心地善良,人缘好,就是有时脾气很躁,会骂人摔东西。从小在家里就这样,现在好多了,除非忍无可忍。

班主任:请尊重我的决定,带回去一个礼拜,为了你好!

家长:对不起,你无权这样做,我是不会带回去的。

班主任:既然这样,我们一起到政教处,由领导处理。

家长:去就去! (班主任很尴尬,难下台)

(第二幕情景)

班主任:李芳芳你们到办公室去,其他同学保持安静!

班主任:(一脸的严肃)你们两位先把事情经过详细写出来。(打通了李芳芳家长的电话)李芳芳家长吗?我是班主任×××老师,李芳芳这段时间多次发生打人的事情,想再请您过来一下,了解一下情况,商讨怎么教育教育,现在方便吗?(家长爽快答应,没过几分钟就赶到了)

　　班主任:(为家长泡了一杯茶,让家长先看了李芳芳写的材料,叫李芳芳和那男生回教室)李芳芳家长,我觉得你女儿脾气不太好,情绪急躁,容易出手打人。但是,事情既然发生了,班主任总得处理,这是班主任的职责。

　　家长:(语气缓和)是的,应该教训教训。她的脾气是很急躁,从小就这样,但现在好多了。

　　班主任:李芳芳家长,你觉得你女儿的性格脾气怎么样?

　　家长:我女儿脾气从小就不太好,在家里稍不顺眼就朝我们发火,但这几年好多了。

　　班主任:我想让她停学几天,反思反思。不知你是否同意?

　　家长:有这么严重吗?我们都上班,家里没人管她,再说功课落下来,那怎么行!

　　班主任:你讲的情况也可以理解,但你可能还没有认识到你女儿的坏脾气会造成什么后果。再说青春期也快到了,这三五年很关键,是一个人的性格脾气、修养品行的定型期,我们应该重视点啊!

　　家长:噢!是这样的。那你班主任看着办吧!怎么处罚都行!(语气显得不满)

　　班主任:她的同学关系比较紧张,任课老师也反映她脾气有点古怪,你试想一下,假如她的躁脾气不改,今后会怎么样?

　　家长:(表情略显紧张)恐怕会影响同学关系、朋友关系、同事关系,甚至影响将来自己的家庭关系等。

　　班主任:如果这些"关系"处理不好,她一辈子可能过得很不顺。当然,你现在能认识到这一点,我很为你高兴。可我总感觉你经常有意无意地护着她,其实,你想过没有,这样反而会害了她。

　　家长:(有点不好意思)我承认有点惯她,现在看来问题也挺严重的。老师,您帮我想想办法吧?

　　班主任:如果还是像以前那样对你女儿进行思想说教,恐怕没什么效果,有必要来点惩罚性措施。我们把注意力放在惩罚的过程而不是惩罚本身,让她切身感受到自己的坏脾气会给自己带来很大的麻烦。这样行吗?

　　家长:那该怎么惩罚?

　　班主任:让她停课一天,你也请假一天盯牢她,怎么样?

　　家长:那这样,我要被扣工资……

　　班主任:这是一个难得的机会,你就明确告诉她,今天不管怎么扣工资也要帮她改改脾气,再说女儿的将来才是最重要的啊!

> 家长：那她的学习怎么办？
>
> 班主任：上午要求她按时起床自习新课，中午罚她搞卫生，下午责令她书面反思近年来多次发脾气的大致情况及其后果。晚上责令她自己设想，假如再次冲动无故朝别人发脾气，用什么办法让自己快速冷静下来，并以书面保证。至于学习，请放心，我会请各任课老师帮忙补课的。这样的处理，你有意见吗？
>
> 家长：没有任何意见，我完全接受。能遇到您这样认真负责、讲究方法的班主任是我们母女俩的幸运。现在，我就把她带回去，老师，再见！[①]
>
> **讨论问题**：以上案例中，两个班主任处理问题的方式有什么不当和巧妙之处？

（四）新时期家校合作的基本要求

随着社会价值观越来越多元化，教育理念与家庭结构、功能等的不断变化，科学技术尤其是信息技术的迅猛发展，家校合作的功能、内容与形式等也发生了巨大的变化，家校合作面临许多的问题与挑战，新时期开展家校合作应注意以下几方面的要求。

1. 协调教育目标

通过对子女的教育达到家庭境遇的改善，必然会成为绝大多数家庭的不约而同的目标。但学生来自各不相同的家庭，各不相同的家长往往根据家庭生活的现实状况和自己对未来的认识、子女对家庭未来的意义和子女本身是否能过上幸福的生活等来确立教育目标，因此家庭目标呈现出多样化的特点。而学校的目标主要立足于教育的社会价值和个体发展价值，如我国的教育以"全面发展的人"为目标的培养，体现出较强的统一性。统一的目标之于多样的选择就可能在教育的协同性方面出现这样或那样的问题，如家庭对学校教育在内容、手段和方式上的责难，学校对家庭教育中出现的问题感到无能为力等。但就教育规律而言，无论是学校还是家庭，缺少了任何一方的配合，教育的效果都将会大打折扣。学校的任务就在于用代表社会利益的教育价值观调节多元价值观，使人们有更多的共同语言和凝聚力，以维护教育目标的先进性。

教育目标的协同取决于达成以下共识：首先，无论是学校还是家庭，他们的教育均是力求对现实的超越，均是面向未来而实施的教育。其次，对未来的设计是在学校与家庭引导下的学生的自我设计，设计的水平主要依据学生的认识能力和家庭与学校的引导能力，谁也难以越俎代庖。第三，在实现目标的过程中，学校是主阵地，学生是主体，一切超越学生现实需要的做法都是不科学和不可取的。第四，学生的发展必须依靠学校的课程，离开了科学的课程体系，要实现人的全面发展，任何目标都只是空谈。以此为基础，确立以下基本原则：(1) 立足于学生的全面发展，通过提高学生的整体素质实现教育对社会和家庭的意义；(2) 坚持目标的层次性，双方均应根据学生的心理、生理水平确定好近期目标，目标着眼于学生的最近发展区，提高目标达成度；(3) 突出目标的可行性，根据学生的志趣

---

① 见 http://www.docin.com/p-529119580.html。

特长,鼓励学生个性的发展。

2. 认同学校教育方式

苏霍姆林斯基指出,只有在这样的条件下才能实现和谐的全面的发展,就是两个"教育者"——学校和家庭,不仅要行动一致,要向学生提出同样的要求,而且要志同道合,抱着一致的信念,始终从同样的原则出发,无论在教育的目的上、过程上还是手段上,都不要发生分歧。家庭对学校教育方式的认同是学校对学生实施教育和管理的基本条件,如果无此认同,学校教育就可能受到牵制而处于被动。学校在运用教育方式和手段时应注重事先的设计和准备,以增强工作的规范性。同时,应担负起引导家庭认同的责任,即帮助家长形成对学校教育方式合理性的认识,使家庭认同学校的规章制度及为执行制度而建立的合理的激励与惩戒手段;认同学校对班级教师的配备及教师管理班级的权力;认同学校为提高教育效果而开展的各项活动。就教学活动而言,使家长形成对教师讲课风格的认可,对学生学业评价的认可等。

3. 规避不良影响

家庭教育中可能出现各种问题,如家长不能很好地引导孩子,越来越多的家庭无法满足孩子的需要,家庭不能为孩子提供良好的道德环境等。同样,学校也难以有效地将社会的不良风气堵于校门之外。"知识中心"的功利主义教育观、教师职业道德的滑坡等也削弱了道德课程对学生的正面影响。因此,确立身教意识,树立榜样形象,应成为家庭与学校的共同承诺。教师和家长要做日常行为的示范者。学生日常行为规范是对学生的学校生活、家庭生活和社会生活的规定,既有对健康的行为方式的倡导,也有对青少年容易形成的不良习气的明确否定。家长和教师要与学生一道从身边的事做起,从小事做起。教师和家长要形成对教育尺度的约定。不当的教育尺度主要表现为失之过宽或失之过严。有时出于爱护而淡化教育,使学生得不到明确的价值指引;有时言辞粗暴甚至施以体罚,造成教育者与受教育者的对立。教师和家长要纠正不健康的兴趣爱好及不良行为方式。有人将不道德的来源归之为"不良偏好""缺乏对他人利益的关心"和"缺乏理性的自我控制",这或多或少地存在于学校或家庭之中,如学校成员的行为失范(责任不到位、不良言行、营业性家教等),对困难学生的漠视、冷淡,同事关系紧张等;家庭成员不健康的娱乐、生活方式(赌博、酗酒等),事不关己高高挂起的思维方式,情感的不正当宣泄方式等。双方均要对此进行反思并予以纠正。

4. 建立沟通机制

首先,建立沟通组织。如通过家长委员会、社区教育委员会等组织接受家长代表的质询,家长代表在与学校协商一致的基础上向其他家长通报信息。这种沟通形式能够解决家校合作中的重大问题,具有效率性的特点,因此被多数学校采用。此外,规模较大的学校还可以按年级建立家长委员会的分支机构,根据不同年龄段学生的身心发展特点开展教育活动。其次,完善班主任工作制度。班主任既是学生和学校之间的桥梁,也是学校与家庭的中介,信息化背景使班主任与家庭的沟通变得更便捷。学校应根据班主任的工作特点,以制度的形式(如家庭背景档案、学生成长记录、家庭访问记录等)落实其在家校合作中的责任。再次,丰富沟通途径和方式。如对话讨论式、展示式、专家报告式或家长学校制、联谊式、参观游览式等。最后,要完善监督制度。学校具有特殊的社会责任,有必要接受社会的监督,而家长对学校的认识或感受相当具体,学校为优化管理可以实行家长监督制度,通过家长对教师职业道德、学校服务质量、学校办学行为等方面进行全面、全过程监督。

链接

当前国内外家校合作研究状况简述

1. 家校合作教育的层次划分

从学校来讲家校合作活动可分为三个层次。第一层次,家校双方的交流是这些活动的主要特色,合作活动的目的主要是学校得到家长对其孩子教育的支持,家长在活动中学习有关的教育理论和方法。在这类活动中家长是作为"支持者""学习者"的身份参与活动的。这类教育合作活动主要包括:家长会、家长学校、家长小报、家庭教育咨询、家校书面联系、电话联系、个别家长约见等。

第二层次,"人际参与"。在这个层次的教育合作活动中,家长作为学校活动的自愿参与者,自愿为学校提供无偿服务或赞助,帮助学校解决经济上或其他方面的困难;或者帮助学校对学生进行校外职业实习指导、特殊技能训练等。这时,家长关注的已不仅是自己孩子的教育,学校的整体教育也成为他考虑的一个部分。

第三层次,"管理式"的合作。在这种家校教育合作中,家长作为学校教育的决策参与者,参与学校的管理。

西方国家家校合作形式多是第二、三层次,即家长参与学校日常事务的运作,如到校义务工作,协助学校开展活动,以及参与决策等。在国外,近年来家长参加学校教育成为许多国家教育改革中的热点研究问题。我国的家校教育合作主要是第一层次居多。但是,随着基础教育改革的不断深入,学生对教育的选择权必将得到更充分的体现。学校的教育教学与管理工作必将更多地征求来自家长的意见。家长参与未来学校管理必将是一种趋势。因此,在家校教育合作过程中,既要重视现有家校合作形式的总结及理论提升,更要重视对"人际参与"与"管理参与"模式的探索。使家校教育合作真正实现其促进学生发展的作用,发挥合作的实效性。

2. 国外家校合作的现状

以美国的家校合作为例:

自"二战"以来,由于美国对家长权利与形成家庭、学校、社会教育合力的重视,家校合作是近30年来美国教育研究和教学改革的不变的主题。家校合作在美国已经成为法律和制度,1994年克林顿总统签署的《教育改革法》包括十个部分,第四部分就是"家长协助办教育"。《美国2000年教育目标法》提出2000年要达到的八大目标,其中一条就是:所有的学校都要促进它们与家长的伙伴关系,使家长更积极地参与促进儿童社会知识、文化知识和培育情感的活动。

美国的家校合作机构主要包括：

(1) 全国家长教师联合会；

(2) 在全国家长教师联合会下设置各州家长教师联合会；

(3) 地方家长教师联合会或家长教师学生联合会。

  这三个层次的教师联合会都由家长、教师、学生以及热心于学校和社区事务的市民共同组成。而且是受政府承认的正式的、系统的、权责分明的家校合作机构。这三个层次机构虽各有分工，但他们的任务却是一样的。

  美国全国、州、地方各学校的家长教师联合会一样都是每月至少开一次会，讨论影响该地区儿童的种种问题。其主要任务是：学校、社区以及任何政府机构和其他组织做出影响儿童的决定前，支持并为儿童代言。帮助家长掌握养育和保护儿童的技能。鼓励家长与公众参与美国公立学校和教育。美国的"全国家长教师联合会"在1998年5月公布了全美家长参与学校教育的六项标准，其内容包括：家校之间的相互交流，开展积极的家庭教育，家长参与对其子女学习的指导和帮助，家长对学校教育的志愿参与，家长参与学校的决策，学校和社区合作等方面，以及与其相对应的素质指标和实施步骤。并将父母对于子女教育的参与作为全美八大教育目标之一，要求每所学校都要重视家校合作的开展，并公布了相关的研究成果。他们的研究结论主要包括：① 家长的积极参与有助于孩子的事业成功；② 家长和教师合作有利于弥补家庭文化和学校文化之间的差异；③ 家长参与学校教育将使学生的不良行为大幅降低；④ 家长参与有利于提高学校的教育教学质量；⑤ 作为家长最重要的是创造一个鼓励孩子学习的良好的家庭教育环境，表达一种高期望的并且有现实意义的对孩子学业和成就的要求，积极参与到孩子在学校和社区的教育中来；⑥ 积极有效地鼓励父母和家庭其他成员参与到孩子的教育中，比其他任何形式的教育改革都有潜力。它提出家校合作是教育改革的一个重要方面。

  美国研究证明，家校合作除了学生获益外，也为教育者自身提供了必要的支持。研究表明，与家庭协作良好的学校，其师德得到了提高，高素质的教师数量也有所增加，有效的家长参与为教师提供了必要的支持体系。认识到家长参与重要性是进行学校教育管理的必要前提。

二、社区教育资源的开发与利用

  社区作为人们社会交往的组织空间和地理的活动区域，和人们的社会生活息息相关，对人的思想观念、行为规范、生存和发展有着深刻的影响。社区在青少年校外教育中的积极作用越发明显地表现出来，并以其广泛的覆盖面和强劲的实力，为校外教育注入了新的活力。社区中的教育资源也越来越引起人们的重视，有效地开发和利用社区资源优势，对于新时期青少年教育工作有着特殊的意义。

(一) 社区资源的教育功能

陶行知的"生活教育理论"告诉我们：人的教育离不开社会。社会是个大课堂，是一本取之不尽、用之不竭的鲜活教材，它为我们的教育提供了生动丰富的内容，也为学生的学习提供了详尽、感性、富有人情味的环境。鲁洁教授说，"我们不能将课程的实施只限定在课堂的时间和空间范围内，而是要自觉地促使课程去追随学生的生活"。课堂教学只是学生生活的一个组成部分，课堂生活并不是自足的、自成目的的，它要不断地从课堂以外的生活中吸取营养，也要不断地为学生其他方面的生活提供营养，只有在我们的努力下建构起课堂生活和课外生活之间的良性生态关系时，这样的课堂才在严格意义上称得上是"生活"，否则它只能是生活之外的什么东西。为此，在我们的课程实施中要自觉地、有意识地将学生课内课外、校内校外的生活连成一体，把课程带出课堂，使课程延伸和扩展到课堂之外，让课堂教育的作用辐射到整个生活，而不是仅仅满足于课堂上的效果。从这个意义上说，社区教育相当重要，班主任工作应与社区教育紧密结合，充分发挥社区作用，挖掘社区内的各种教育资源，动员社会各界中的力量，形成教育合力，共同培养学生，努力达到事半功倍的效果。通过社区教育活动培养学生的社会责任感，锻炼学生的组织能力、交往能力、协作能力、生存能力，促进学生合理智能结构的形成，使学生得到全面健康的发展。

(二) 社区教育资源的构成

1. 社区人力资源

校外教育是一项群众性较强的社会活动，仅仅靠有限的专职校外教育工作者远不能适应广大青少年对校外教育活动的要求。而社区集中了社会贤达，发动和依靠社区有识之士尽其所能参与其中，对于搞好校外教育有着十分重要的作用。根据我国校外教育的实践情况，社区教育可开发的人力资源主要有以下几个方面。

社区公仆。有相当一些社区的党政领导人，从国家和民族发展的战略高度认识青少年教育，重视社区教育活动，可以在辖区内为校外教育办好事、办实事。如为校外教育筹集资金；为学校与辖区单位牵线搭桥；统筹各个部门，协调各方面关系，解决校外教育在社区活动中的各种矛盾和问题等。

企业界人士。在社区内的各类企业中，有一批热心教育事业的企业家和优秀工人的代表。企业有更强的经济实力和更多的自主权，可以为校外教育活动提供社会实践基地。学校也可以聘请一些优秀企业家和优秀工人代表担任校外辅导员。

专家学者。这些人学识渊博、受人尊重，可以为校外教育提供智力支持。他们作为校外辅导员可以向学生普及自然科学和社会科学的基本常识，介绍最新的学术前沿问题，开阔学生的视野，扩大知识面。

各行各业的工作人员。组织学生去社区中的超市、银行、学校、邮局、美发厅等场所，比如采取"小记者采访"形式，开展"为我们服务的人"主体系列活动，让学生了解身边的劳动者，尊重和体谅他们的辛苦。

2. 社区物质和环境资源

社区物质和环境资源是社区内的乡土文化资源，社区内的设备、设施以及社区内的山、水、动植物等。

当前教育改革应树立大教育资源的观念,社区活动是素质教育的必然选择,这在很大程度上有赖于社区物质和环境资源的开发和利用。

在社区以居民委员会、村民组织等为依托,因地制宜地建立学校、社区、家庭三结合的多功能社区青少年活动站,能够弥补一些地区文化设施不足的缺陷。对学生来说,公园、动物园、工厂、农村、机关、部队、商场等各类场所或单位,为学生提供了了解自然和社会、从事实践活动的条件,充实了校外教育的活动内容,增强了教育活动的实效性。

3. 社区文化资源

社区文化是通行于一定区域范围内的特定文化现象,是社会大文化在社区内的反映。社区文化主要包括社区居民的信仰、价值观念、行为规范、社会习俗等。这些要素通过一系列的行为和态度表现出来,决定着人们赞赏什么,追求什么,选择什么样的人生理想和生活方式。积极向上的精神文化氛围是校外教育最可利用的教育资源。比如由社区组织开展的拥军优属活动、尊老助残活动、志愿者活动、"五好家庭"评选活动、社区环境保护活动等,都为校外教育的参与提供了广阔的活动空间。

(三) 开发利用社区教育资源的途径

1. 挖掘社区特色教育资源

班主任应根据学校所在社区资源的特点,因地制宜地开展活动,最大限度地提高社区的利用率,为学生的体验性、探索性学习创造条件。例如,社区中的文化场所主要有图书馆、博物馆、电影院等。班主任可以组织学生到博物馆探索体验,以培养其科学精神和探索能力;到图书馆去参观学习,以激发其阅读兴趣等。而不同地区又有其特有的自然资源,比如山水湖泊、树木花草等,这些都可以成为学生探究的对象。社会是个大课堂,把小小的课堂搬到广阔的大自然,让学生走出课堂和学校,走向生活。在社会的大环境里去学习和探索,不仅能开拓学生的视野,还丰富了课外知识,这不是简单的社会实践活动,它是以社会为大课堂,在大课堂中运用科学的方法与知识去探究、去感悟、去学习的活动。在大自然中学生可以经历在教室里无法实现的科学探究过程和研究过程,可以亲自触摸自然、感受自然、领悟文化,这对学生今后的学习、生活和成长都会有很大的帮助。

2. 聘请校外辅导员参与班级教育

学校可以聘请一些有责任心、热爱儿童的老教师或家长做校外辅导员。他们可以结合自身工作特点,充分发挥自己的职业优势、社会资源和个人专长,为学校工作创造有利的条件和提供有力的支持。

3. 依托社区开展社会实践活动

学校要主动与街道、派出所、消防队、敬老院、交警队等单位建立联系,通过创办少年警校,聘请社区辅导员,积极开展消防安全演习、交通安全图片展、法制专题讲座、敬老院献爱心、社区环境调查、"我为社区添新绿"植绿护绿等活动,整合社会教育资源,形成教育合力,共同培养学生。

4. 共同抵制社区内的不良教育影响

良好的社区环境、浓郁的教育氛围,是学生健康成长的重要保证。首先,学校主动协助社区净化教育环境,打击黑网吧、地下网吧、游戏机室,整治校门口的三无产品,彻底改变校园脏、乱、差的周边环境。其次,创办社区宣传橱窗、读报栏、板报,积极开展健康向上的群众文娱活动,如举行亲子互动竞赛、家庭文艺汇演、合唱比赛、书画比赛、征文比赛、棋类竞赛、运动会、联欢会等,让孩子们都能在良好的氛围中成长。

社区是学生成长过程中的一个小社会,在这里,学生的社会性不断得到提高,因此,优质学校需要树立大教育观念,将社区看成是学生成长的一个大环境,社区将其获得的信息、价值传递给学校,学校又将其教育活动与效果推向社区,通过向社区宣传科学教育知识,为促进社会发展提供智力支持。

【例说】7-5

当社会环境对学生产生不良影响时,班主任该怎么办?

学校附近不远就是网吧,班级有几个同学在其中出没,因此,撒谎、骗钱、逃课、成绩下降,家长和老师都已劝说、批评多次,但情形仍无改变。

班主任在整合社区教育资源时,需注意以下几点:(1)合作性。班主任在制订教育计划和设计活动方案时,要注意调动家长和社区相关人员的积极性,鼓励他们献计献策。(2)全面性。班主任在制订教育计划时,既要重视发挥常规课程的功能,也要注意彰显非常规的隐性课程的作用,使学生在密切接触社区生活的同时,能受到社区环境潜移默化的影响。(3)系统性。班主任要深入思考教育计划,不论是在拟订学年计划、学期计划时,还是在拟订月计划、周计划、日计划时,都要把社区的各种教育资源考虑其中。(4)趣味性。班主任所设计的活动,不仅要有教育意义,还要使学生感兴趣,能激发学生参与的主动性、积极性和创造性。

三、大众传媒资源的开发与利用

(一)大众传媒及其特点

大众传媒又称"大众媒介"(mass media),一般泛指所有用以向广大受众传递各种信息的技术手段,包括网络、报纸、杂志、图书、广播、电视和电影等。它具有以下几个特点:

1. 传递的快捷性

这是当今时代大众传媒最明显的特点。巨大的速度优势,是信息网络最重要的特征。广播、电视的现场直播,网络的实时播报等则使新闻报道与新闻事件同步而行。

2. 受众与内容的广泛性

由于大众传媒突破了地域上的限制,使得接受面即受众增加,使不同文化层次的人都可以通过一定的媒体获得大量的、各种各样的信息。

3. 形态的多元性

随着现代信息技术的发展,传媒形态发生了深刻的变化,集中体现为新媒介的涌现和传统媒介的嬗变。最为典型的就是互联网和手机,它们已成为继报纸、广播、电视后的"第四媒体"和"第五媒体"。

4. 运作方式的现代化

各个传媒更加关注受众的可接受程度和能力,都设法从受众的需求出发,了解受众对不同事物的关心程度,从受众的角度提出问题,增强内容的可读性、可视性、可听性和吸引力。同时也尽量扩大受众的参与度,从最初的观(听)众来信、来电到热线点播、短信参与,从受众点播节目到嘉宾参与节目,大众传媒的受众参与度呈现由浅入深、由低及高的发展趋势,尤其是新兴的网络传播,彻底改变了传统的授受关系,人们既是信息的使用者也是信息的传播者。

5. 影响力量巨大化

大众传播对人们获取信息及其他方面的影响越来越大,大众传媒已是无处不在、无时不在,它们传递着形形色色的内容,组成强大的信息网络,覆盖在人们的周围,尤其是网络世界的虚拟方式,吸引人们尤其是青少年受众更多地介入和接受大众传媒。

(二) 大众传媒对当代青少年成长的影响

对于"90后""00后"的年轻一代来说,电视、数码产品就像家中的桌椅一样平常普通,而电脑更是作为令人着迷的技术奇迹般地进入他们的学习生活。另外,由于这一代都是独生子女,缺少玩伴,所以他们把更多时间放在电视和网络中。有研究表明,90%的青少年从媒体中获得对社会的认知和规则,媒体极大地影响着青少年的成长。因此,媒体的发展变化对青少年的社会化成长影响已经不容忽视。青少年成长与现代传媒的发展息息相关,社会学家、教育学家已将传媒列为除家庭、学校、同龄群体以外影响青少年发展的重要因素。因此在传媒影响下成长起来的青少年,接受着传媒的指导和灌输,从传媒中获取各种信息。

1. 积极影响

(1) 丰富了教育内容。大众传媒克服了传统思想政治教育内容单调、陈旧的缺陷,它通过多种形式和手段为思想政治教育提供多种多样的素材和信息。这是因为:首先大众传媒负载了丰富、生动的教育信息,尤其是互联网络,其传递的信息还具有可复制性、共享性、实时传输性,使青少年学生接收到更多更有意义、更有价值的信息,并根据自己的需要进行选择。大众传媒对人类的真、善、美进行宣传和鼓励,对假、恶、丑进行揭露和批判,还对社会发展的热点、疑点、重点、难点问题进行广泛宣传,进行追踪报道,进行深入讨论。社会不同发展时期的热点、疑点、重点、难点问题,亦是思想政治教育所要研究的问题。通过大众传媒对大家明确方向、弄清是非、增长人们见识、开阔眼界、转变人们思想观念提供有益帮助。这是其他方式在短期内无法办到的。

(2) 开辟了教育的新途径。大众传媒以其广阔的覆盖面,向人们传递着不断产生的大量的思想信息和教育信息,从而必将深刻地影响人们的思想变化。另外大众传媒的根本性质决定了它本身具有宣传、鼓励、教育、引导、批评等思想政治教育功能,从而把人们欲知、应知、未知的信息传达给人们,使人们的思想能跟得上时代发展的步伐,使人们的思想不断丰富和发展。广播、报纸、电视、电影、网络等媒体上提供的真实信息都可以成为鲜活的教材。

> **链接**
>
> 一位班主任在班会上给学生放了一段邓亚萍的演讲"转型从零开始",通过这个演讲同学们看到了邓亚萍从一个奥运冠军到上大学获得博士学位,再到成为即刻搜索的掌舵人,实现了她个人的华丽大转身。学生从邓亚萍身上学到了拼搏、自信、豁达等可贵的品质。在看视频的时候,学生就情不自禁地鼓起掌来。这种方式要比老师的说教更能对学生产生震撼。

(3) 创造了教育的新环境。思想政治教育的环境可分为自然环境、社会环境(包括经济、政治、文化、家庭、学校和社区环境等)。大众传媒尤其是网络技术的出现和发展,使人们的环境发生了改变,虚拟环境的影响越来越大。用现代科技元器件组织起来的世界,不仅使传统的社会结构和传统观念受到冲击,而且思想政治教育的人际关系也发生了变化,使教育者和受教育者之间插入了"第三者",使受教育者在虚拟环境中接受教育。相关资料表明,90%以上青少年靠大众传媒提供的世界观、价值观和道德规范的"参考框架"来认识和解释社会现实,并逐渐内化为自己的世界观、价值观和道德品质,使他们往往在不知不觉中,就潜移默化地形成或改变了自己的道德判断和道德信念。

2. 消极影响

(1) 过度沉溺于大众传媒。传媒已经逐步成为青少年认知的主要来源,在其认知过程中占据越来越大的比重。在对青少年的媒体需求调查中,我们看到在书籍、报纸杂志、电脑、电视等媒体选择中,青少年首选电脑、电视等媒体。大众传媒已经成为青少年成长中不可缺少的一部分,占据着非常大的比例。青少年单纯无知,面对传媒传达出来的信息,往往会迷失了方向,把握不住接收信息的主动权,导致沉迷于其中不能自拔。有些青少年放弃学业,终日面对电脑,甚至因为电脑离家出走,青少年沉溺于网络已经到了不可收拾的地步。

(2) 对大众传媒传播的内容缺乏辨别力。伴随电视、电脑成长起来的青少年,他们在看书的同时,听着 MP3;在做作业的时候,看着电视。这些使青少年面对事物时少了很多的思考,对事物缺乏辨别力。另一方面,遇到争执时,青少年在最后回答是电视说的、网络上查的。传媒的影响深深地扎根在青少年脑海中,青少年对接触到的信息内容缺乏基本辨别能力,把所见所听当成正确的道理,青少年成长是一个学习经历的过程,如果缺乏正确的辨别力,面对工作、生活会使青少年受到创伤。

(3) 不恰当地仿效大众传媒的不良内容。青少年社会化要经历从自我迷茫到自我确认的发展过程。沉迷于电视、电影等大众媒体的青少年,从电视、电影中了解人物的特点、形象,而电视电影人物的特点、形象,有可能误导他们的认知与自我实现,如对性别、正确价值观等的错误认知,导致意外事故的发生,伤害了很多父母的心。

(4) 误将大众传媒的虚拟现象等同于现实真相。由于宣传的需要,大众传媒呈现出的实质是不同于现实世界的媒介世界。对社会认知尚不完整的青少年来说,很容易受到电视里面所描绘的社会情景的影响。如韩剧里面的爱情故事,港台剧里面的华丽背景,很容易让青少年在认识上产生错觉,以为现实社会现状也是如此。但是伴随着对现实社会的认识,现实与电视里的情节出现冲突,会影响他们的身心成长。

(三) 大众传媒对班级管理的挑战

1. 大众传媒的开放性削弱了传统教育的权威性

传统德育模式实施的基本前提是德育环境相对封闭,德育工作的信息环境单纯,负面信息干扰较少。大众传媒的迅速发展,信息传播渠道的拓宽,推动着知识信息更新速度的加快,促使青少年学习和生活环境发生了很大的变化,传播媒介、传播主体、传播内容也日益多样化和复杂化。大众传媒成了青少年了解社会的重要渠道,青少年可以通过传媒获得形形色色的资讯。当代青少年思维活跃,观念趋于独立,不喜欢传统的单纯说教,更希望能和教育者进行平等的交流。这也在一定程度上削弱了基于课堂知识灌输的传统德育工作模式的权威性。

2. 大众传媒信息来源和传播途径、方式日益多样化和复杂化,直接给青少年思想道德教育工作带来负面的影响

大众传媒在传播信息的过程中形成的信息污染对受众具有诱惑力和欺骗性,使受众特别是青少年受众在社会化的道路上出现了反叛和回归的波折,可能使部分意志薄弱者由欣赏走向趋同,由无意识模仿走向有意识追求,甚至走上犯罪道路,成为信息浊流的牺牲品。同时,西方国家利用其先进的技术设备和资金优势,在大众传媒,尤其是互联网上进行信息资源的垄断和信息输出,这使得西方文化霸权的态势也愈发明显。这些现象与行为都削弱、抵消了德育工作的有效性,给当前学生工作尤其是班级管理带来巨大的冲击。

(四) 大众传媒的开发利用策略

正如法国新闻学者贝尔纳·瓦耶纳所说:"真正的教育也离不开新闻(媒介),因为大众传播工具是一种扩大器,可以使教育者的作用超越一般传播的对象,大众媒介具有传承社会文化的功能,使社会的精神遗产,如科学知识、文学艺术、价值观念得到继承和发扬。"因此,必须发挥大众传媒的积极作用,克服消极影响,实现大众传媒的班级管理功能。

1. 坚持开放性的管理

班级管理者要保持对大众传媒的开放性,要切实地把思想政治教育纳入社会的大系统中。要在大众传媒所传播的各种价值冲突中,批判不良价值或者在选择、整合有关的价值观念的基础上,引导帮助青少年学生形成正确的价值取向,使他们能在思想政治教育所要求的价值观念指引下,对各种价值观念和思想进行积极的价值判断和选择,坚定自己的价值取向而不至于在各种浪潮冲击中感到迷茫。

2. 转变和培养班级管理者的信息意识和能力

一方面,班级管理者应加强对现代传播理论和知识的学习与掌握,养成利用大众传媒开展班级管理工作的观念和意识;另一方面,提高接收信息和处理信息的能力。班级管理者要善于运用传媒资源和传媒技术,并与教学有效结合起来,充分利用报纸、杂志、广播、电视、电影,尤其是网络上的信息资源以实现班级管理的创新。

3. 培养青少年学生的媒介素养

媒体素养是传统素养(听、说、读、写)能力的延伸,它包括人们对各种形式的媒介信息

的选择、解读、使用、处理能力。要提高受教育者正确使用媒介和有效利用媒介的能力,并建立获得正确媒介信息产生的意义和独立判断信息价值的知识结构,自觉消解和过滤负面信息,做到既对自己的成长负责,也对社会的发展负责。

4. 增强教育内容的时代感

班级管理工作在内容上切忌因循守旧,而应融入开放、开化、国际化因素,增强时代感和现实性。在改革和发展的关键时期,对不断出现的新情况、新问题,以及由此而产生的各种思想困惑,班级管理者要及时回应和释疑解惑。

5. 寻求教育载体的多样化

运用现代化媒体手段,丰富班级管理手段。尤其要主动占领网络思想政治教育新阵地,使网络成为弘扬主旋律、开展思想政治教育的重要手段。如可以在网站上开辟班级工作园地,设立专门的"红色网站";在网上设立电子公告栏、班主任信箱等;利用网络的匿名和互动功能,鼓励学生参与学校决策;建立 QQ 群,开展"在线交流",帮助学生释疑解惑;建立家校交流平台;还可建"博客",树立个性化的形象,启发引导学生多角度思维思考问题,正确看待和处理现实生活中的问题,树立正确的世界观、人生观、价值观。

复习思考题

1. 结合实际分析家长在班级管理中的作用。
2. 家校合作的途径和方式有哪些?
3. 简述新时期家校合作的策略。
4. 社区资源在班级管理中有什么意义?
5. 结合实际谈谈班主任如何利用大众传媒进行班级管理。

本章小结

班级偶发事件是指出乎预料的突发性事件,它具有突发性、偶然性、紧迫性、冲击性等特点,正确处理偶发事件关乎班集体和学生个人的健康发展。处理偶发事件是对班主任管理艺术的考验,有效的处置方法包括趁热打铁法、降温处理法、移花接木法、以退为进法、幽默化解法等。学生操行评定务必坚持实事求是,客观公正;因人而异,突出个性;鼓励为主,促其上进。家庭教育是班级管理的极其重要的支撑和补充,新时期对家校合作提出新要求:协调教育目标,认同学校教育方式,规避不良影响,建立沟通机制。社区教育资源的开发途径有:挖掘社区特色资源,聘请校外辅导员参与班级教育,依托社区开展社会实践活动。

附录一 中小学德育工作指南

教基〔2017〕8号

为深入贯彻落实立德树人根本任务,加强对中小学德育工作的指导,切实将党和国家关于中小学德育工作的要求落细落小落实,着力构建方向正确、内容完善、学段衔接、载体丰富、常态开展的德育工作体系,大力促进德育工作专业化、规范化、实效化,努力形成全员育人、全程育人、全方位育人的德育工作格局,特制定本指南。

一、指导思想

全面贯彻党的十八大和十八届三中、四中、五中、六中全会精神,深入贯彻习近平总书记系列重要讲话精神和治国理政新理念新思想新战略,始终坚持育人为本、德育为先,大力培育和践行社会主义核心价值观,以培养学生良好思想品德和健全人格为根本,以促进学生形成良好行为习惯为重点,以落实《中小学生守则(2015年修订)》为抓手,坚持教育与生产劳动、社会实践相结合,坚持学校教育与家庭教育、社会教育相结合,不断完善中小学德育工作长效机制,全面提高中小学德育工作水平,为中国特色社会主义事业培养合格建设者和可靠接班人。

二、基本原则

(一)坚持正确方向。加强党对中小学校的领导,全面贯彻党的教育方针,坚持社会主义办学方向,牢牢把握中小学思想政治和德育工作主导权,保证中小学校成为坚持党的领导的坚强阵地。

(二)坚持遵循规律。符合中小学生年龄特点、认知规律和教育规律,注重学段衔接和知行统一,强化道德实践、情感培育和行为习惯养成,努力增强德育工作的吸引力、感染力和针对性、实效性。

(三)坚持协同配合。发挥学校主导作用,引导家庭、社会增强育人责任意识,提高对学生道德发展、成长成人的重视程度和参与度,形成学校、家庭、社会协调一致的育人合力。

(四)坚持常态开展。推进德育工作制度化常态化,创新途径和载体,将中小学德育工作要求贯穿融入学校各项日常工作中,努力形成一以贯之、久久为功的德育工作长效机制。

三、德育目标

（一）总体目标

培养学生爱党爱国爱人民，增强国家意识和社会责任意识，教育学生理解、认同和拥护国家政治制度，了解中华优秀传统文化和革命文化、社会主义先进文化，增强中国特色社会主义道路自信、理论自信、制度自信、文化自信，引导学生准确理解和把握社会主义核心价值观的深刻内涵和实践要求，养成良好政治素质、道德品质、法治意识和行为习惯，形成积极健康的人格和良好心理品质，促进学生核心素养提升和全面发展，为学生一生成长奠定坚实的思想基础。

（二）学段目标

小学低年级

教育和引导学生热爱中国共产党、热爱祖国、热爱人民，爱亲敬长、爱集体、爱家乡，初步了解生活中的自然、社会常识和有关祖国的知识，保护环境，爱惜资源，养成基本的文明行为习惯，形成自信向上、诚实勇敢、有责任心等良好品质。

小学中高年级

教育和引导学生热爱中国共产党、热爱祖国、热爱人民，了解家乡发展变化和国家历史常识，了解中华优秀传统文化和党的光荣革命传统，理解日常生活的道德规范和文明礼貌，初步形成规则意识和民主法治观念，养成良好生活和行为习惯，具备保护生态环境的意识，形成诚实守信、友爱宽容、自尊自律、乐观向上等良好品质。

初中学段

教育和引导学生热爱中国共产党、热爱祖国、热爱人民，认同中华文化，继承革命传统，弘扬民族精神，理解基本的社会规范和道德规范，树立规则意识、法治观念，培养公民意识，掌握促进身心健康发展的途径和方法，养成热爱劳动、自主自立、意志坚强的生活态度，形成尊重他人、乐于助人、善于合作、勇于创新等良好品质。

高中学段

教育和引导学生热爱中国共产党、热爱祖国、热爱人民，拥护中国特色社会主义道路，弘扬民族精神，增强民族自尊心、自信心和自豪感，增强公民意识、社会责任感和民主法治观念，学习运用马克思主义基本观点和方法观察问题、分析问题和解决问题，学会正确选择人生发展道路的相关知识，具备自主、自立、自强的态度和能力，初步形成正确的世界观、人生观和价值观。

四、德育内容

（一）理想信念教育

开展马列主义、毛泽东思想学习教育，加强中国特色社会主义理论体系学习教育，引导学生深入学习习近平总书记系列重要讲话精神，领会党中央治国理政新理念新思想新战略。加强中国历史特别是近现代史教育、革命文化教育、中国特色社会主义宣传教育、中国梦主题宣传教育、时事政策教育,引导学生深入了解中国革命史、中国共产党史、改革开放史和社会主义发展史,继承革命传统,传承红色基因,深刻领会实现中华民族伟大复兴是中华民族近代以来最伟大的梦想,培养学生对党的政治认同、情感认同、价值认同,不断树立为共产主义远大理想和中国特色社会主义共同理想而奋斗的信念和信心。

(二)社会主义核心价值观教育

把社会主义核心价值观融入国民教育全过程,落实到中小学教育教学和管理服务各环节,深入开展爱国主义教育、国情教育、国家安全教育、民族团结教育、法治教育、诚信教育、文明礼仪教育等,引导学生牢牢把握富强、民主、文明、和谐作为国家层面的价值目标,深刻理解自由、平等、公正、法治作为社会层面的价值取向,自觉遵守爱国、敬业、诚信、友善作为公民层面的价值准则,将社会主义核心价值观内化于心、外化于行。

(三)中华优秀传统文化教育

开展家国情怀教育、社会关爱教育和人格修养教育,传承发展中华优秀传统文化,大力弘扬核心思想理念、中华传统美德、中华人文精神,引导学生了解中华优秀传统文化的历史渊源、发展脉络、精神内涵,增强文化自觉和文化自信。

(四)生态文明教育

加强节约教育和环境保护教育,开展大气、土地、水、粮食等资源的基本国情教育,帮助学生了解祖国的大好河山和地理地貌,开展节粮节水节电教育活动,推动实行垃圾分类,倡导绿色消费,引导学生树立尊重自然、顺应自然、保护自然的发展理念,养成勤俭节约、低碳环保、自觉劳动的生活习惯,形成健康文明的生活方式。

(五)心理健康教育

开展认识自我、尊重生命、学会学习、人际交往、情绪调适、升学择业、人生规划以及适应社会生活等方面教育,引导学生增强调控心理、自主自助、应对挫折、适应环境的能力,培养学生健全的人格、积极的心态和良好的个性心理品质。

五、实施途径和要求

(一)课程育人

充分发挥课堂教学的主渠道作用,将中小学德育内容细化落实到各学科课程的教学目标之中,融入渗透到教育教学全过程。

严格落实德育课程。按照义务教育、普通高中课程方案和标准,上好道德与法治、思想政治课,落实课时,不得减少课时或挪作他用。

要围绕课程目标联系学生生活实际,挖掘课程思想内涵,充分利用时政媒体资源,精心设计教学内容,优化教学方法,发展学生道德认知,注重学生的情感体验和道德实践。

发挥其他课程德育功能。要根据不同年级和不同课程特点,充分挖掘各门课程蕴含的德育资源,将德育内容有机融入各门课程教学中。

语文、历史、地理等课要利用课程中语言文字、传统文化、历史地理常识等丰富的思想道德教育因素,潜移默化地对学生进行世界观、人生观和价值观的引导。

数学、科学、物理、化学、生物等课要加强对学生科学精神、科学方法、科学态度、科学探究能力和逻辑思维能力的培养,促进学生树立勇于创新、求真求实的思想品质。

音乐、体育、美术、艺术等课要加强对学生审美情趣、健康体魄、意志品质、人文素养和生活方式的培养。

外语课要加强对学生国际视野、国际理解和综合人文素养的培养。

综合实践活动课要加强对学生生活技能、劳动习惯、动手实践和合作交流能力的培养。

用好地方和学校课程。要结合地方自然地理特点、民族特色、传统文化以及重大历史事件、历史名人等,因地制宜开发地方和学校德育课程,引导学生了解家乡的历史文化、自然环境、人口状况和发展成就,培养学生爱家乡、爱祖国的感情,树立维护祖国统一、加强民族团结的意识。

统筹安排地方和学校课程,开展法治教育、廉洁教育、反邪教教育、文明礼仪教育、环境教育、心理健康教育、劳动教育、毒品预防教育、影视教育等专题教育。

(二) 文化育人

要依据学校办学理念,结合文明校园创建活动,因地制宜开展校园文化建设,使校园秩序良好、环境优美,校园文化积极向上、格调高雅,提高校园文明水平,让校园处处成为育人场所。

优化校园环境。学校校园建筑、设施、布置、景色要安全健康、温馨舒适,使校园内一草一木、一砖一石都体现教育的引导和熏陶。

学校要有升国旗的旗台和旗杆。建好共青团、少先队活动室。积极建设校史陈列室、图书馆(室)、广播室、学校标志性景观。

学校、教室要在明显位置张贴社会主义核心价值观 24 字、《中小学生守则(2015 年修订)》。教室正前上方有国旗标识。

要充分利用板报、橱窗、走廊、墙壁、地面等进行文化建设,可悬挂革命领袖、科学家、英雄模范等杰出人物的画像和格言,展示学生自己创作的作品或进行主题创作。

营造文化氛围。凝练学校办学理念,加强校风教风学风建设,形成引导全校师生共同进步的精神力量。

鼓励设计符合教育规律、体现学校特点和办学理念的校徽、校训、校规、校歌、校旗等并进行教育展示。

创建校报、校刊进行宣传教育。可设计体现学校文化特色的校服。

建设班级文化,鼓励学生自主设计班名、班训、班歌、班徽、班级口号等,增强班级凝聚力。

推进书香班级、书香校园建设,向学生推荐阅读书目,调动学生阅读积极性。提倡小学生每天课外阅读至少半小时、中学生每天课外阅读至少 1 小时。

建设网络文化。积极建设校园绿色网络,开发网络德育资源,搭建校园网站、论坛、信箱、博客、微信群、QQ 群等网上宣传交流平台,通过网络开展主题班(队)会、冬(夏)令营、家校互动等活动,引导学生合理使用网络,避免沉溺网络游戏,远离有害信息,防止网络沉迷和伤害,提升网络素养,打造清朗的校园网络文化。

(三) 活动育人

要精心设计、组织开展主题明确、内容丰富、形式多样、吸引力强的教育活动,以鲜明正确的价值导向引导学生,以积极向上的力量激励学生,促进学生形成良好的思想品德和行为习惯。

开展节日纪念日活动。利用春节、元宵、清明、端午、中秋、重阳等中华传统节日以及二十四节气,开展介绍节日历史渊源、精神内涵、文化习俗等校园文化活动,增强传统节日的体验感和文化感。

利用植树节、劳动节、青年节、儿童节、教师节、国庆节等重大节庆日集中开展爱党爱国、民族团结、热爱劳动、尊师重教、爱护环境等主题教育活动。

利用学雷锋纪念日、中国共产党建党纪念日、中国人民解放军建军纪念日、七七抗战纪念日、九三抗战胜利纪念日、九一八纪念日、烈士纪念日、国家公祭日等重要纪念日,以及地球日、环境日、健康日、国家安全教育日、禁毒日、航天日、航海日等主题日,设计开展相关主题教育活动。

开展仪式教育活动。仪式教育活动要体现庄严神圣,发挥思想政治引领和道德价值引领作用,创新方式方法,与学校特色和学生个性展示相结合。

严格中小学升挂国旗制度。除寒暑假和双休日外,应当每日升挂国旗。除假期外,每周一及重大节会活动要举行升旗仪式,奏唱国歌,开展向国旗敬礼、国旗下宣誓、国旗下讲话等活动。

入团、入队要举行仪式活动。

举办入学仪式、毕业仪式、成人仪式等有特殊意义的仪式活动。

开展校园节(会)活动。举办丰富多彩、寓教于乐的校园节(会)活动,培养学生兴趣爱好,充实学生校园生活,磨炼学生意志品质,促进学生身心健康发展。

学校每学年至少举办一次科技节、艺术节、运动会、读书会。可结合学校办学特色和学生实际,自主开发校园节(会)活动,做好活动方案和应急预案。

开展团、队活动。加强学校团委对学生会组织、学生社团的指导管理。明确中学团委对初中少先队工作的领导职责,健全初中团队衔接机制。确保少先队活动时间,小学1年级至初中2年级每周安排1课时。

发挥学生会作用,完善学生社团工作管理制度,建立体育、艺术、科普、环保、志愿服务等各类学生社团。学校要创造条件为学生社团提供经费、场地、活动时间等方面保障。

要结合各学科课程教学内容及办学特色,充分利用课后时间组织学生开展丰富多彩的科技、文娱、体育等社团活动,创新学生课后服务途径。

(四) 实践育人

要与综合实践活动课紧密结合,广泛开展社会实践,每学年至少安排一周时间,开展有益于学生身心发展的实践活动,不断增强学生的社会责任感、创新精神和实践能力。

开展各类主题实践。利用爱国主义教育基地、公益性文化设施、公共机构、企事业单位、各类校外活动场所、专题教育社会实践基地等资源,开展不同主题的实践活动。

利用历史博物馆、文物展览馆、物质和非物质文化遗产地等开展中华优秀传统文化教育。

利用革命纪念地、烈士陵园(墓)等开展革命传统教育。

利用法院、检察院、公安机关等开展法治教育。

利用展览馆、美术馆、音乐厅等开展文化艺术教育。

利用科技类馆室、科研机构、高新技术企业设施等开展科普教育。

利用军事博物馆、国防设施等开展国防教育。

利用环境保护和节约能源展览馆、污水处理企业等开展环境保护教育。

利用交通队、消防队、地震台等开展安全教育。

利用养老院、儿童福利机构、残疾人康复机构等社区机构等开展关爱老人、孤儿、残疾人教育。

利用体育科研院所、心理服务机构、儿童保健机构等开展健康教育。

加强劳动实践。在学校日常运行中渗透劳动教育,积极组织学生参与校园卫生保洁、绿化美化,普及校园种植。

将校外劳动纳入学校的教育教学计划,小学、初中、高中每个学段都要安排一定时间的农业生产、工业体验、商业和服务业实习等劳动实践。

教育引导学生参与洗衣服、倒垃圾、做饭、洗碗、拖地、整理房间等力所能及的家务劳动。

组织研学旅行。把研学旅行纳入学校教育教学计划,促进研学旅行与学校课程、德育体验、实践锻炼有机融合,利用好研学实践基地,有针对性地开展自然类、历史类、地理类、科技类、人文类、体验类等多种类型的研学旅行活动。

要考虑小学、初中、高中不同学段学生的身心发展特点和能力,安排适合学生年龄特征的研学旅行。

要规范研学旅行组织管理,制定研学旅行工作规程,做到"活动有方案,行前有备案,应急有预案",明确学校、家长、学生的责任和权利。

开展学雷锋志愿服务。要广泛开展与学生年龄、智力相适应的志愿服务活动。

发挥本校团组织、少先队组织的作用,抓好学生志愿服务的具体组织、实施、考核评估等工作。

做好学生志愿服务认定记录,建立学生志愿服务记录档案,加强学生志愿服务先进典型宣传。

(五) 管理育人

要积极推进学校治理现代化,提高学校管理水平,将中小学德育工作的要求贯穿于学校管理制度的每一个细节之中。

完善管理制度。制定校规校纪,健全学校管理制度,规范学校治理行为,形成全体师生广泛认同和自觉遵守的制度规范。

制定班级民主管理制度,形成学生自我教育、民主管理的班级管理模式。

制定防治学生欺凌和暴力工作制度,健全应急处置预案,建立早期预警、事中处理及事后干预等机制。

会同相关部门建立学校周边综合治理机制,对社会上损害学生身心健康的不法行为依法严肃惩处。

明确岗位责任。建立实现全员育人的具体制度,明确学校各个岗位教职员工的育人责任,规范教职工言行,提高全员育人的自觉性。

班主任要全面了解学生,加强班集体管理,强化集体教育,建设良好班风,通过多种形式加强与学生家长的沟通联系。各学科教师要主动配合班主任,共同做好班级德育工作。

加强师德师风建设。培育、宣传师德标兵、教学骨干和优秀班主任、德育工作者等先进典型,引导教师争做"四有"好教师。

实行师德"一票否决制",把师德表现作为教师资格注册、年度考核、职务(职称)评审、岗位聘用、评优奖励的首要标准。

细化学生行为规范。落实《中小学生守则(2015年修订)》,鼓励结合实际制订小学生日常行为规范、中学生日常行为规范,教育引导学生熟知学习生活中的基本行为规范,践行每一项要求。

关爱特殊群体。要加强对经济困难家庭子女、单亲家庭子女、学习困难学生、进城务工人员随迁子女、农村留守儿童等群体的教育关爱,完善学校联系关爱机制,及时关注其心理健康状况,积极开展心理辅导,提供情感关怀,引导学生心理、人格积极健康发展。

(六)协同育人

要积极争取家庭、社会共同参与和支持学校德育工作,引导家长注重家庭、注重家教、注重家风,营造积极向上的良好社会氛围。

加强家庭教育指导。要建立健全家庭教育工作机制,统筹家长委员会、家长学校、家长会、家访、家长开放日、家长接待日等各种家校沟通渠道,丰富学校指导服务内容,及时了解、沟通和反馈学生思想状况和行为表现,认真听取家长对学校的意见和建议,促进家长了解学校办学理念、教育教学改进措施,帮助家长提高家教水平。

构建社会共育机制。要主动联系本地宣传、综治、公安、司法、民政、文化、共青团、妇联、关工委、卫计委等部门、组织,注重发挥党政机关和企事业单位领导干部、专家学者以及老干部、老战士、老专家、老教师、老模范的作用,建立多方联动机制,搭建社会育人平台,实现社会资源共享共建,净化学生成长环境,助力广大中小学生健康成长。

六、组织实施

加强组织领导。各级教育行政部门要把中小学德育工作作为教育系统党的建设的重要内容,摆上重要议事日程,加强指导和管理。学校要建立党组织主导、校长负责、群团组织参与、家庭社会联动的德育工作机制。学校党组织要充分发挥政治核心作用,切实加强对学校德育工作的领导,把握正确方向,推动解决重要问题。校长要亲自抓德育工作,规划、部署、推动学校德育工作落到实处。学校要完善党建带团建机制,加强共青团、少先队建设,在学校德育工作中发挥共青团、少先队的思想性、先进性、自主性、实践性优势。

加强条件保障。各级教育行政部门和学校要进一步改善学校办学条件,将德育工作经费纳入经费年度预算,完善优化教育手段,提供德育工作必需的场所、设施,订阅必备的参考书、报纸杂志，配齐相应的教学仪器设备等。

　　加强队伍建设。各级教育行政部门和学校要重视德育队伍人员培养选拔，优化德育队伍结构，建立激励和保障机制，调动工作积极性和创造性。要有计划地培训学校党组织书记、校长、德育干部、班主任、各科教师和少先队辅导员、中学团干部，组织他们学习党的教育方针、德育理论，提高德育工作专业化水平。

　　加强督导评价。各级教育行政部门要将学校德育工作开展情况纳入对学校督导的重要内容，建立区域、学校德育工作评价体系，适时开展专项督导评估工作。学校要认真开展学生的品德评价，纳入综合素质评价体系，建立学生综合素质档案，做好学生成长记录，反映学生成长实际状况。

　　加强科学研究。各级教育行政部门、教育科研机构和学校要组织力量开展中小学德育工作研究，探索新时期德育工作特点和规律，创新德育工作的途径和方法，定期总结交流研究成果，学习借鉴先进经验和做法，增强德育工作的科学性、系统性和实效性。

中华人民共和国教育部
二〇一七年八月十七日

附录二　中小学生守则(2015年修订)

教基一〔2015〕5号

1. 爱党爱国爱人民。了解党史国情,珍视国家荣誉,热爱祖国,热爱人民,热爱中国共产党。
2. 好学多问肯钻研。上课专心听讲,积极发表见解,乐于科学探索,养成阅读习惯。
3. 勤劳笃行乐奉献。自己事自己做,主动分担家务,参与劳动实践,热心志愿服务。
4. 明礼守法讲美德。遵守国法校纪,自觉礼让排队,保持公共卫生,爱护公共财物。
5. 孝亲尊师善待人。孝父母敬师长,爱集体助同学,虚心接受批评,学会合作共处。
6. 诚实守信有担当。保持言行一致,不说谎不作弊,借东西及时还,做到知错就改。
7. 自强自律健身心。坚持锻炼身体,乐观开朗向上,不吸烟不喝酒,文明绿色上网。
8. 珍爱生命保安全。红灯停绿灯行,防溺水不玩火,会自护懂求救,坚决远离毒品。
9. 勤俭节约护家园。不比吃喝穿戴,爱惜花草树木,节粮节水节电,低碳环保生活。

附录三　中小学班主任工作规定

教基一〔2009〕12号

第一章　总　则

第一条　为进一步推进未成年人思想道德建设,加强中小学班主任工作,充分发挥班主任在教育学生中的重要作用,制定本规定。

第二条　班主任是中小学日常思想道德教育和学生管理工作的主要实施者,是中小学生健康成长的引领者,班主任要努力成为中小学生的人生导师。

班主任是中小学的重要岗位,从事班主任工作是中小学教师的重要职责。教师担任班主任期间应将班主任工作作为主业。

第三条　加强班主任队伍建设是坚持育人为本、德育为先的重要体现。政府有关部门和学校应为班主任开展工作创造有利条件,保障其享有的待遇与权利。

第二章　配备与选聘

第四条　中小学每个班级应当配备一名班主任。

第五条　班主任由学校从班级任课教师中选聘。聘期由学校确定,担任一个班级的班主任时间一般应连续1学年以上。

第六条　教师初次担任班主任应接受岗前培训,符合选聘条件后学校方可聘用。

第七条　选聘班主任应当在教师任职条件的基础上突出考查以下条件:

(一)作风正派,心理健康,为人师表;

(二)热爱学生,善于与学生、学生家长及其他任课教师沟通;

(三)爱岗敬业,具有较强的教育引导和组织管理能力。

第三章　职责与任务

第八条　全面了解班级内每一个学生,深入分析学生思想、心理、学习、生活状况。关心爱护全体学生,平等对待每一个学生,尊重学生人格。采取多种方式与学生沟通,有针对性地进行思想道德教育,促进学生德智体美全面发展。

第九条　认真做好班级的日常管理工作,维护班级良好秩序,培养学生的规则意识、责任意识和集体荣誉感,营造民主和谐、团结互助、健康向上的集体氛围。指导班委会和团队工作。

第十条　组织、指导开展班会、团队会(日)、文体娱乐、社会实践、春(秋)游等形式多样的班级活动,注重调动学生的积极性和主动性,并做好安全防护工作。

第十一条　组织做好学生的综合素质评价工作,指导学生认真记载成长记录,实事求是地评定学生操行,向学校提出奖惩建议。

第十二条　经常与任课教师和其他教职员工沟通,主动与学生家长、学生所在社区联系,努力形成教育合力。

第四章　待遇与权利

第十三条　学校在教育管理工作中应充分发挥班主任的骨干作用,注重听取班主任意见。

第十四条　班主任工作量按当地教师标准课时工作量的一半计入教师基本工作量。各地要合理安排班主任的课时工作量,确保班主任做好班级管理工作。

第十五条　班主任津贴纳入绩效工资管理。在绩效工资分配中要向班主任倾斜。对于班主任承担超课时工作量的,以超课时补贴发放班主任津贴。

第十六条　班主任在日常教育教学管理中,有采取适当方式对学生进行批评教育的权利。

第五章　培养与培训

第十七条　教育行政部门和学校应制订班主任培养培训规划,有组织地开展班主任岗位培训。

第十八条　教师教育机构应承担班主任培训任务,教育硕士专业学位教育中应设立中小学班主任工作培养方向。

第六章　考核与奖惩

第十九条　教育行政部门建立科学的班主任工作评价体系和奖惩制度。对长期从事班主任工作或在班主任岗位上做出突出贡献的教师定期予以表彰奖励。选拔学校管理干部应优先考虑长期从事班主任工作的优秀班主任。

第二十条　学校建立班主任工作档案,定期组织对班主任的考核工作。考核结果作为教师聘任、奖励和职务晋升的重要依据。对不能履行班主任职责的,应调离班主任岗位。

第七章　附则

第二十一条　各地可根据本规定,结合当地实际情况,制定中小学班主任工作的具体实施办法。

第二十二条　本规定自发布之日起施行。

参考文献

[1] [英]斯图尔特·克雷纳. 管理百年[M]. 邱琼等,译. 海口:海南出版社,2003.

[2] [美]杜威. 民主主义与教育[M]. 王承绪,译. 北京:人民教育出版社,1990.

[3] [美]斯蒂芬·D. 布鲁克菲尔德. 批判反思型教师 ABC[M]. 张伟,译. 北京:中国轻工业出版社,2002.

[4] [苏]巴赫金. 文本·对话与人文[M]. 白春仁等,译. 石家庄:河北教育出版社,1998.

[5] [日]片冈德雄. 班级社会学[M]. 贺晓星,译. 北京:北京教育出版社,1993.

[6] [美]杜威. 我们怎样思维·经验与教育[M]. 姜文闵,译. 北京:人民教育出版社,1991.

[7] [美]哈什. 道德教育模式[M]. 傅维利,译. 北京:学术期刊出版社,1994.

[8] [法]爱弥尔·涂尔干. 道德教育[M]. 陈光金等,译. 上海:上海人民出版社,2006.

[9] [美]杜威. 道德教育原理[M]. 王承绪,译. 杭州:浙江教育出版社,2003.

[10] [美]泰勒. 科学管理原理[M]. 黄榛,译. 北京:北京理工大学出版社,2012.

[11] 吴式颖. 马卡连柯教育文集[M]. 北京:人民教育出版社,1985.

[12] 王道俊,王汉澜. 教育学[M]. 北京:人民教育出版社,1989.

[13] 鲁洁,王逢贤. 德育新论[M]. 南京:江苏教育出版社,2000.

[14] 吴康宁. 教育社会学[M]. 北京:人民教育出版社,1998.

[15] 王承绪,赵祥麟. 西方现代教育论著选[M]. 北京:人民教育出版社,2001.

[16] 朱晓蔓. 情感教育论纲[M]. 北京:人民教育出版社,2007.

[17] 戚万学. 活动道德教育论[M]. 天津:南开大学出版社,1994.

[18] 金含芬. 学校管理系统分析[M]. 西安:陕西人民教育出版社,1993.

[19] 林冬桂等. 班级教育管理[M]. 广州:广东高等教育出版社,1999.

[20] 张济正. 学校管理学导论[M]. 上海:华东师范大学出版社,1990.

[21] 杨乃虹. 现代教育管理原理[M]. 北京:中国人事出版社,2001.

[22] 冯增俊. 当代西方学校道德教育[M]. 广州:广东教育出版社,1993.

[23] 肖川. 主体性道德人格教育[M]. 北京:北京师范大学出版社,2002.

[24] 班华. 现代德育论[M]. 合肥:安徽人民出版社,1996.

[25] 戚万学,唐汉卫. 学校德育原理[M]. 北京:北京师范大学出版社,2012.

[26] 黄向阳. 德育原理[M]. 上海:华东师范大学出版社,2000.

[27] 檀传宝.德育原理[M].北京:北京师范大学出版社,2006.

[28] 魏书生.班主任工作[M].沈阳:沈阳出版社,2000.

[29] 檀传宝.学校道德教育原理[M].北京:教育科学出版社,2003.

[30] 扈中平.教育目的论[M].武汉:湖北教育出版社,1997.

[31] 魏贤超.德育课程论[M].哈尔滨:黑龙江教育出版社,2004.

[32] 高德胜.道德教育的时代遭遇[M].北京:教育科学出版社,2008.

[33] 甘霖.班主任工作技能训练[M].上海:华东师范大学出版社,1995.

[34] 王鹰等.班主任工作技能训练[M].北京:人民教育出版社,2001.

[35] 王铁军.学校教育社会学[M].南京:河海大学出版社,2003.

[36] 田恒平.班主任理论与实务[M].北京:首都师范大学出版社,2007.

[37] 王瑞清.中学班主任教程[M].南京:南京出版社,1996.

[38] 周荣秋,章士藻.班主任工作教程[M].北京:北京师范大学出版社,1995.

[39] 缪建东.家庭教育社会学[M].南京:南京师范大学出版社,2000.

[40] 魏书生.班主任工作漫谈[M].北京:文化艺术出版社,2012.

[41] 任华文.优秀班主任的50条建议[M].北京:中国青年出版社,2012.

[42] 龚浩然,黄秀兰.班集体建设与学生个性发展[M].广州:广东教育出版社,1990.

[43] 魏书生.班主任工作[M].沈阳:沈阳出版社,2000.

[44] 胡光玉,贾锡钧.中小学班集体建设概论[M].上海:上海科学普及出版社,1998.

[45] 林冬桂等.班级教育管理通论[M].广州:广东高等教育出版社,2008.

[46] 徐长江.班级管理实务[M].北京:高等教育出版社,2010.

[47] 齐学红.班级管理[M].武汉:武汉大学出版社,2011.